ENCYCLOPÉDIE-RORET.

MOULEUR

AVIS.

Le mérite des ouvrages de l'*Encyclopédie-Roret* leur a valu les honneurs de la traduction, de l'imitation et de la *contrefaçon*. Pour distinguer ce volume, il portera, à l'avenir, la *véritable signature* de l'Éditeur.

Roret

MANUELS-RORET.

NOUVEAU MANUEL COMPLET

DU

MOULEUR

OU

L'ART DE MOULER EN PLATRE, CARTON, CARTON-PIERRE, CARTON-CUIR, CIRE, PLOMB, ARGILE, BOIS, ÉCAILLE, CORNE, ETC., ETC.;

CONTENANT

Tout ce qui est relatif au moulage sur la nature morte et vivante, au moulage de l'argile, du ciment romain, de la chaux hydraulique, des ciments composés, des matières plastiques nouvellement inventées;

COMPRENANT EN OUTRE

UN GRAND NOMBRE DE RECETTES ET DE COMPOSITIONS UTILES AU MOULEUR, AINSI QUE L'EXPOSÉ DE CE QUE LES CHIMISTES ONT RÉCEMMENT DÉCOUVERT SUR LA NATURE, LE CHOIX ET LA PRÉPARATION DES MATIÈRES PREMIÈRES, SUR LES COULEURS QU'IL EST POSSIBLE DE LEUR DONNER, SUR LES ENDUITS HYDROFUGES, LES MASTICS, LES VERNIS, ETC., ETC.

PAR M. LEBRUN.

Nouvelle Édition revue et augmentée par M.-D. MAGNIER, Ingénieur civil.

PARIS,

A LA LIBRAIRIE ENCYCLOPÉDIQUE DE RORET,

Rue Hautefeuille, au coin de celle du Battoir.

1850.

AVIS DE L'ÉDITEUR.

Le Manuel du Mouleur ne peut manquer d'être accueilli favorablement du public dans un moment où le goût des beaux-arts, généralement répandu, a gagné toutes les classes de la Société, et où les sciences naturelles sont cultivées avec ardeur. Cet art ne se renferme plus dans l'éternelle reproduction des statues antiques ; il a pris un nouvel essor; il s'associe aux travaux des physiologistes qui, sur les pas de leur immortel maître, se livrent avec persévérance à l'étude des formes extérieures du crâne de l'homme; l'orthopédiste, le naturaliste, l'archéologue, le numismate ont souvent recours au mouleur, et la majeure partie des personnes qui viennent étudier à Paris, s'empressent de joindre la connaissance de son art utile et agréable à toutes celles qu'ils moissonnent dans la capitale, pour les répandre ensuite sur les divers points de la France où ils doivent se fixer. C'est à l'aide du moulage que l'observateur, éloigné du centre des lumières, transmet aux académies et aux corps savants le résultat de ses recherches, qu'il conserve les monstres, les défectuosités, les superfétations qu'il importe d'étudier, de constater et de faire connaître. Le *Manuel du Mouleur*, sera donc, indépendamment de l'attrait attaché à la matière qui en fait le sujet, un livre utile à un grand nombre de lecteurs. Les lumières de l'auteur et celles de M. Frédéric Déniau, sculpteur avantageusement connu, qui a bien voulu revoir le manuscrit, et l'enrichir de ses observations personnelles, nous sont garants que cet ouvrage ne sera pas l'un des moins intéressants de notre collection. Du reste, pour atteindre ce but et nous tenir à la hauteur de la science, c'est M. Magnier qui a été chargé de réviser cette nouvelle édition.

MOULEUR.

INTRODUCTION.

La *plastique* est l'art de prendre des empreintes, de faire des creux sur les reliefs, et de reproduire les originaux à l'aide de ces creux. Cet art est celui du mouleur. Il tient aux beaux-arts et aux arts mécaniques. Appelé à reproduire la sculpture, le mouleur doit en étudier les formes, en sentir les beautés, et se rapprocher ainsi de l'inspiration de l'artiste, tandis que dans la partie technique du moulage, son travail est simplement manuel. Il résulte de cette observation que le mouleur doit opérer avec goût, avec intelligence, en même temps qu'il doit s'efforcer d'acquérir beaucoup d'habitude, et se conformer à l'observation rigoureuse des moyens pratiques du *métier*.

A Paris, beaucoup de mouleurs sont artistes, pourvu qu'ils rendent le moelleux des formes d'une Vénus, la souplesse d'une Diane, le grandiose d'une Cléopâtre : ils ne s'inquiètent pas si le creux, mal rejoint, multiplie les coutures ou lignes saillantes ; si, faute de solidité, il ne pourra fournir que peu de plâtres ; si l'oubli de telle ou telle précaution expose les figures à se gercer, s'écailler, se couvrir de farine, etc. D'autres mouleurs, et c'est le plus grand nombre, surtout dans les provinces, sont uniquement ouvriers. Dénués de réflexion, de sentiment, ils croient avoir tout fait en recouvrant grossièrement de plâtre une statue, et en tailladant au hasard les pièces dont se composent leurs moules. Le rapport des parties, la grâce et le fini de l'ensemble, la fidélité des positions, ne se rencontrent jamais dans leurs productions informes, dont ils ne soupçonnent pas même les défauts. J'ose espérer que notre Manuel fera éviter ce double écueil aux lecteurs.

Le bien-être, le goût éclairé des arts, qu'amènent nécessairement le perfectionnement de l'industrie et l'accroissement des lumières, ont, depuis un certain nombre d'années, donné à l'art du moulage une extension qui doit s'augmenter encore. Mais avant de montrer le haut point auquel la plastique est parvenue de nos jours, jetons un regard sur son origine et ses progrès successifs.

Si les commencemens de la statuaire en bronze et de la sculpture en marbre sont obscurs, ceux de la plastique qui les ont précédés ne le sont pas moins. Quelques assertions des livres saints témoignent que les Égyptiens, les Phéniciens et les Hébreux la connurent d'abord : quelques passages du livre de Job concernant cette matière ; les prétentions des Grecs à sa découverte, qu'ils attribuèrent à Dibutade ; les souvenirs de Dédale, tels sont les seuls éclaircissemens que l'on puisse réunir à cet égard. Cela suffit pour nous prouver que la plastique était connue de l'antiquité, mais non pour nous révéler ses opérations et ses progrès. Après avoir consulté tous les auteurs, recueilli toutes les opinions, expliqué tous les témoignages relativement à la plastique, le savant M. de Clarac, conservateur des Antiques au Musée national, termine par dire que l'argile fut la première matière de cet art, et que les potiers furent les premiers plasticiens. Sa vaste érudition, d'accord avec la vraisemblance, prouve que c'est aux essais, aux productions de ces artisans, que la plastique, la statuaire et la sculpture durent leur naissance.

Le grand nombre de figures en terre cuite qui nous restent, comme monumens de la plastique, sont pourtant loin de remonter à une très haute antiquité. Plusieurs ont été trouvées dans les ruines de Pompéi et d'Herculanum, et portent des traces de peinture et de dorure qui attestent une origine moins reculée ; mais elles n'en sont pas moins intéressantes, et prouvent les premiers perfectionnements de l'art.

La souplesse et le moelleux de la cire feraient penser qu'elle dut être une des substances qui servirent d'abord au moulage, lors même que cette opinion ne serait pas appuyée sur le témoignage des écrivains de l'antiquité. Mais la préparation de la cire, beaucoup moins simple que celle de l'argile, ne permit de l'employer qu'après celle-ci. Une fois son usage reçu, il devint habituel. La cire entrait dans les couleurs, et l'on avait chez les anciens une expression fort usitée, *peindre avec des cires*. Chez les Romains, elle servait à faire les portraits, les bustes, les trophées de famille, que l'on conservait à la fois avec orgueil et piété. Elle devint un accessoire très important de la sculpture.

Le plâtre, qui joue maintenant le principal rôle dans le moulage, n'est vraisemblablement qu'une des dernières matières mises en œuvre, bien qu'elle fut connue des anciens. Hérodote, Théophraste, font mention du gypse (nom que porte encore la pierre de plâtre), mais non point comme d'une substance plastique. « Il a fallu sans doute, » dit M. de Clarac, bien des essais sur différentes matières » minérales, une grande expérience et des découvertes dues » au hasard, avant de parvenir à savoir que pour pouvoir » se servir de cette pierre calcaire, il était indispensable de » la cuire à un certain degré, de la broyer, et de la mêler » avec l'eau dans une juste proportion, pour la rendre » propre aux divers usages dont le plâtre est susceptible, » soit pour former du ciment par son mélange avec d'autres » matières, soit pour se prêter à rendre exactement toutes » les formes comme moule et comme objet moulé. En » admettant même qu'on eût découvert de bonne heure » les propriétés du plâtre, il y avait encore bien des pas à » faire avant de pouvoir en profiter. Cette substance ne se » laisse pas, comme l'argile ou comme le bois, travailler » dans sa masse; elle n'a jamais pu servir à faire un ouvrage » original. Elle ne peut prétendre qu'à reproduire, en s'y » adaptant, les formes qui ont été exécutées avec d'autres » matières. Ses productions sont donc toujours des copies, » ou, si l'on veut, des *fac-simile* d'autres ouvrages : une » statue en plâtre en suppose une autre dont elle n'est que » la répétition. »

Ces observations judicieuses s'appliquent également à l'art et à la matière spéciale de la plastique. Dépendante de la sculpture, elle en a toujours suivi le sort depuis la renaissance des arts, puisque, ainsi que nous l'avons vu, l'usage du plâtre est d'invention moderne. Dans ce beau siècle de Médicis, qui vit la poésie, la peinture et la sculpture se ranimer, le moulage en plâtre parut avec *Verrochio*. Cet artiste en fit usage le premier sur la nature morte ou vivante. Sculpteur et peintre, il n'eut pour but que de choisir les formes les plus heureuses, de réunir de belles proportions, presque toujours séparées, de fixer des traits prêts à s'échapper. Bientôt ce moyen devint un art. Ce ne fut plus un seul individu qui le fit servir à ses études particulières. Sur les traces du *Rosso*, du *Primatice*, qui reproduisent les trésors de l'antiquité, une foule de mouleurs multiplient les statues, bustes, bas-reliefs de la Grèce et de Rome, ruines précieuses, chefs-d'œuvre immortels dont l'étude et l'imitation font naître de nouveaux chefs-d'œuvre. Le moulage, qui secondait cette heureuse révolution, fut bientôt pratiqué en France comme en Italie, quand François 1er appela près de lui les artistes de cette terre, alors patrie des arts. Les importants travaux de la Toreutique, ou statuaire en bronze, ne tardèrent pas à orner les deux pays, et le moulage s'y associa.

La plastique, chez les anciens, s'unissait aussi à la fonte du bronze; mais le plâtre n'y paraissait point. Il était absolument étranger aux opérations dans lesquelles on l'emploie maintenant comme modèle, moule et noyau. Alors le modèle se formait d'argile; on en enlevait une épaisseur égale à celle qu'on voulait donner au métal. Ainsi l'on faisait à peu près ce que nos mouleurs appellent *engraisser*, et le modèle devenait le noyau. Ce noyau se faisait cuire, on le couvrait de cire, et c'était sur la cire terminée et réparée que l'on achevait l'ouvrage, comme cela se pratique encore de nos jours.

Le temps qui s'écoula entre les règnes de François Ier et de Louis XIII fût perdu pour les arts. Mais, à cette époque, protégés par un puissant ministre, ils reparurent, et avec eux le moulage reprit faveur.

Louis XIV fit mouler à grands frais, à Rome, les antiques et toute la colonne Trajane. Les souverains, les amateurs imitèrent cet exemple. L'impératrice de Russie voulut aussi plus tard avoir le moule de la fameuse colonne. Les habitations particulières s'embellirent à la fois des chefs-d'œuvre de l'Italie et des productions des artistes français. Les détails du moulage, ignorés jusqu'alors, commencèrent à se répandre.

De nos jours, le goût des arts subsiste dans toute sa force, dans toute sa pureté; néanmoins le *positif*, qui s'unit à tout, dut chercher des améliorations dans les matières employées. Aussi diverses tentatives furent-elles faites pour composer des pierres factices et des mortiers; aussi la *Société pour l'encouragement de l'industrie nationale* provoqua-t-elle la découverte d'une matière plastique, réunissant aux avantages du plâtre la solidité, dont, par malheur, il est dépourvu; aussi les productions du moulage cessèrent-elles d'être uniquement consacrées à la vue. Elles parurent contenant des liquides, servant de caisses pour arbustes et fleurs, formant des tuyaux et conduites d'eau, etc., etc.

La plupart des autres substances sur lesquelles s'exerce encore l'art de mouler, ont subi des améliorations notables. Ainsi le moulage de la cire a produit celui du mastic, qu'il ne faut pas confondre avec le mastic à préparer les creux. Le moulage du carton a tout récemment produit le carton-pierre. L'art de mouler la sciure de bois est encore une nouvelle conquête de l'industrie.

Ces découvertes, ces perfectionnements, exigeaient nécessairement un nouvel ouvrage sur l'art du mouleur. J'ai pensé que la Collection Encyclopédique des ***Manuels-Roret*** devait offrir cet utile traité.

J'ai cru devoir diviser mon travail en trois parties. La première contient tout ce qui est relatif au moulage en plâtre, depuis le choix du gypse jusqu'aux procédés nécessaires pour la conservation des figures qu'il produit. J'ai soigneusement distingué les différentes espèces de moules, ainsi que la manière de *mouler* et de *couler* le plâtre; car, faute de cette précaution, les détails sur le moulage sont remplis de confusion et d'obscurité, et, par ce motif, le travail de M. Fiquet est inintelligible pour quiconque n'est pas bien au fait de la matière. Cette première partie, qui comprend toutes les opérations du moulage, est la plus importante.

La seconde partie traite des *matières molles ou liquides autres que le plâtre*. Le ciment romain, la chaux hydraulique, les ciments composés, pierres factices, nouvelles matières plastiques, carton, carton-pierre, sciure de bois, etc., sont décrits dans le plus grand détail, quant à leur nature et à leur application. La troisième partie concerne le *moulage des matières solides*, telles que le bois, l'écaille et la corne.

Rien n'a été négligé pour rendre cet ouvrage parfaitement complet, pour réunir les anciens procédés aux méthodes nouvelles. Tous les ouvrages qui pouvaient offrir quelques éclaircissements sur la matière, ont été l'objet de mes recherches. J'y ai joint les résultats de mon expérience personnelle; j'ai examiné les substances, essayé les opérations, fréquenté les ateliers. Je puis donc espérer que ce volume rendra à la fois service aux apprentis-mouleurs, en les familiarisant avec les procédés ordinaires; aux maîtres, en leur indiquant des découvertes précieuses, des méthodes perfectionnées; enfin aux amateurs, en les mettant à même de mouler avec peu de peine une foule d'objets.

PREMIÈRE PARTIE.

MOULAGE EN PLATRE.

CHAPITRE PREMIER.

DU PLATRE. — MANIÈRE DE LE CHOISIR, DE LE CUIRE, DE LE TRITURER ET DE LE TAMISER.

LE plâtre, si nécessaire aux œuvres de la sculpture, rappelle, dans son nom, la plus précieuse de ses propriétés; en effet, écrit autrefois *plastre*, et vraisemblablement dérivé du mot *plastique*, il présente à l'imagination l'idée d'une matière susceptible de prendre rapidement toutes les formes que peut produire cet art. Avant qu'il ait subi la calcination, on l'appelle vulgairement *pierre à plâtre*; on le nomme *gypse* avec les naturalistes, d'après le mot latin *gypsus*, donné par les anciens Romains à cette substance calcaire. La chimie, qui presque toujours dans les noms qu'elle impose aux corps, en fait pressentir la composition, appelle la pierre à plâtre *sulfate de chaux*, (combinaison de chaux et d'acide sulfurique) : le nom de plâtre sert donc à désigner la matière plastique obtenue avec le sulfate de chaux hydraté natif, calciné et réduit en poudre.

Le sulfate de chaux hydraté, (*pierre à plâtre*), se rencontre, en général, dans les parties supérieures des terrains secondaires, et dans les terrains tertiaires. Dans les premiers, il constitue des couches puissantes, intercalées de lits calcaires ; parmi les seconds, il forme des dépôts plus ou moins étendus, accompagnés d'argile ou de marne; c'est ainsi qu'on le trouve aux environs de Paris, d'où, indépendamment de la consommation de cet endroit, il s'en expédie dans d'autres départements et à l'étranger.

La France est le pays qui fournit le plus de plâtre et de la meilleure qualité. Celui des carrières de Montmartre, aux portes de Paris, est très estimé, parce qu'il est plus dur après avoir été détrempé, et se boursoufle moins que tout autre; mais indépendamment de la nature avantageuse du plâtre, ses qualités dépendent, en grande partie, de sa préparation, dont nous nous occuperons bientôt.

On remarque, dans l'extraction de la pierre à plâtre, trois variétés principales. L'une, en cristaux agglomérés ou masses informes, dont on exploite les plus grandes quantités, contient environ douze centièmes de son poids de carbonate de chaux; c'est la pierre communément employée pour former ce plâtre qui sert aux constructions, et pour amender les terres en culture. La deuxième, formée de sulfate de chaux lamelleux, cristallisé et presque pur, se présente en tables biselées à base de parallélogrammes obliquangles; on le rencontre aussi sous la forme de prismes et de lentilles plus ou moins volumineuses, isolées ou groupées en rosaces, en fer de lance, et jaunâtre ou limpide comme de l'eau; il sert à la préparation du plâtre fin, qui est réservé pour les divers moulages, et la fabrication du stuc. La troisième variété, en usage dans les arts industriels, se présente en masses homogènes, demi-transparentes, blanches, offrant des zones jaunâtres; elle est susceptible d'acquérir plus de dureté par un léger recuit, et de prendre différentes teintes. Cette substance, que l'on connaît sous le nom *d'albâtre gypseux*, et dont on fait des vases et divers autres objets d'ornements, ne doit pas être confondue avec l'albâtre des anciens, qui est formé de carbonate de chaux cristallisé de couleur jaunâtre, veiné, susceptible d'un poli très doux.

La fabrication du plâtre consiste en deux opérations successives : cuire le plâtre et le pulvériser. Quelquefois on emploie, pour la calcination de la pierre à plâtre, des fours semblables à ceux dont on fait usage pour cuire la pierre à chaux; mais ce cas est très rare. Dans les environs de Paris, on la divise, à coups de marteau, en morceaux de la grosseur d'un œuf; on entasse ces morceaux, à sec, en forme de voûte, sous des hangards: un feu de bois s'allume sous ces voûtes, et s'entretient jusqu'au moment où les pierres commencent à rougir. Le feu est alors retiré, on fait crouler les voûtes et l'on procède sur-le-champ à la pulvérisation de la pierre calcinée.

Divers moyens sont mis en œuvre pour parvenir à ce but. Le plus simple consiste à battre le plâtre à bras avec une batte. Cet instrument est un long et fort bâton, courbé à son extrémité supérieure, celle que l'on tient à la main; élargi et ferré à son extrémité inférieure, celle qui porte sur la pierre. Cette opération entraîne de graves inconvénients; elle fatigue extrêmement l'homme qui la pratique: en l'exposant continuellement à la poussière du plâtre, elle lui fait contracter des affections de poitrine souvent très dangereuses; enfin, elle est très coûteuse. Un homme fort ne peut battre que 20 à 25 boisseaux par jour, tandis qu'avec différentes machines, on a 40, 50, 80 et même 200 à 300 boisseaux de plâtre battu, dans le même espace de temps.

On trouvera dans le *Manuel du Chaufournier* (1) de M. Biston, chez Roret, *rue Hautefeuille*, n° 10 bis, sur ces machines, des détails intéressants qui seraient inutilement placés ici; le mouleur en plâtre ne pouvant faire la dépense de leur construction, de l'entretien des chevaux qui meuvent les unes, ni se procurer l'eau qui fait agir les autres. Habitant des villes, il ne peut se livrer aux soins étendus qui occupent le manufacturier, et d'ailleurs, quelle que soit l'extension de ses produits, sa consommation en plâtre ne serait jamais en rapport avec la puissance de ces machines. Mais comme il est de la dernière importance pour le mouleur d'employer du plâtre parfaitement préparé, il doit connaître les modes de fabrication qui at-

(1) Faisant partie de l'*Encyclopédie-Roret*.

teignent le mieux ce but. Et, par exemple, s'il achète le plâtre au sac, il donnera la préférence au plâtre écrasé au moulin, sur le plâtre battu à bras. En voici la raison. Les moulins à écraser cette substance sont des moulins à meules verticales, dont l'auge en fonte est percée d'une multitude de petits trous, par lesquels le plâtre passe à mesure qu'il est pilé. Un crible placé au-dessous de l'auge se trouve agité par le mouvement même de la machine, et sépare la poudre très fine de celle qui ne l'est pas encore assez. Cette dernière est remise de suite dans la pile pour être pulvérisée convenablement. Or, pendant ces opérations, la partie la plus délicate du plâtre ne se perd pas en poussière, comme cela arrive lorsqu'il est battu.

Néanmoins, comme les plus grands obstacles à la perfection du plâtre se trouvent dans la manière dont on le cuit ordinairement; comme il doit être mis en œuvre le plus promptement possible après sa calcination, le mouleur fera sagement de l'acheter en pierres. D'ailleurs, c'est le moyen de le choisir convenablement; et si, en outre, le mouleur était obligé de tirer le plâtre d'un pays éloigné, il devrait nécessairement en agir ainsi, sans quoi il aurait du plâtre humide et détérioré. D'après ces motifs, quand il sera question de beaux ouvrages, ou même seulement de mouler un objet quelconque, on devra choisir, calciner, triturer soi-même le plâtre. Quant aux moules de diverses espèces, qui, quoique faits en plâtre, n'en sont pas moins uniquement des instruments pour couler le plâtre, ils n'exigent pas ces soins assujétissants. Aussi, le mouleur achètera-t-il, pour les confectionner, du plâtre en poudre qu'il prendra le plus gras et le plus récent possible. S'il ne l'emploie pas entièrement, il conservera le reste dans des tonneaux ou caisses qu'il aura soin de mettre dans des lieux secs, à l'abri des ardeurs du soleil, pour le transporter de la carrière dans son atelier. Si la distance est peu considérable, le mouleur se contentera de le faire soigneusement renfermer dans des sacs de moyenne dimension. Il ajoutera à ce plâtre celui que lui fournira le rebut du plâtre de choix.

J'ai dit que l'ouvrier choisira du plâtre *gras* ; ce terme, familier aux plâtriers, doit être expliqué ici. Le plâtre gras est celui qui est onctueux, et qui s'attache aux doigts, lorsqu'on l'a délayé avec de l'eau. Je n'emploierai cette expression que cette seule fois pour faire comprendre l'action de *gâcher*. Ainsi donc, lorsque le mouleur voudra acheter du plâtre, il commencera par en gâcher quelque peu, afin d'en apprécier la qualité. Il attendra ensuite quelques instants pour observer les différents états qu'offrira le plâtre; pour juger s'il prend promptement ou avec lenteur, c'est-à-dire s'il absorbe l'eau plus ou moins vite ; s'il se durcit ou conserve toujours une sorte de fluidité. Ces observations lui feront apprécier les diverses qualités du plâtre. S'il est gras, c'est un signe certain qu'il est bien cuit ; s'il prend lentement et finit par beaucoup durcir, on doit croire qu'il est cuit et broyé récemment. Il faut attribuer aux causes contraires les effets opposés, tout en se rappelant néanmoins que bien souvent la nature du plâtre varie suivant les carrières. Celui de Montmartre est très estimé pour sa consistance, et parce qu'il a l'avantage de très peu se gonfler après le travail.

Si le mouleur juge à propos d'acheter le plâtre en pierres calcinées, il devra choisir les pierres ni trop ni pas assez cuites ; il les reconnaîtra pour telles, soit en les cassant, soit en en détachant un peu de plâtre et le gâchant. Dans le premier cas, il faut que la pierre soit blanche, compacte, ne présente aucune partie différente de la masse, ou, comme on dit communément, *sans avoir de noyau* (le noyau est la portion crue qui se trouve au centre des pierres mal cuites). Avant de broyer ce plâtre, si l'on désire qu'il ait une belle blancheur, on gratte la superficie de chaque pierre avec un couteau. Cette précaution est moins utile lorsqu'on fait calciner soi-même : mais s'il s'agit d'ouvrages très soignés, il sera prudent de ne la point négliger.

D'après ce que je viens de dire, on sent l'importance et la difficulté qu'il y a de bien choisir le plâtre, et par conséquent la nécessité de le préparer soi-même, car il est extrêmement rare que celui qu'on fabrique dans les carrières ne soit pas ou brûlé ou en partie cru. Le mouleur prendra donc son plâtre d'élite en pierres non calcinées, mais il ne le prendra pas au hasard. Il saura que le choix de la pierre dans la carrière est aussi essentiel que celui des pierres cuites, ou du plâtre réduit en poudre. Entre des bancs de pierres plus ou moins dures, se trouvent des lits de pierres tendres. Ce sont ces lits qui fournissent le meilleur plâtre; s'ils ne se montrent pas d'abord, c'est qu'ils n'occupent point les parties supérieures de la carrière. En cassant quelques pierres des uns et des autres, on apprend, par comparaison, à juger de la bonne pierre, qui se nomme *roussette.*

S'il est convenable d'employer le plâtre immédiatement après sa calcination, il est bon de ne faire subir cette préparation à la pierre à plâtre que quelques mois après son extraction de la carrière. Cette nécessité est favorable au mouleur, qui peut faire une ample provision de pierres gypseuses, les tenir au sec, puis ensuite les calciner et les broyer à mesure qu'il a besoin de plâtre. De cette manière, il a toujours sous la main du plâtre frais, auquel il donne le degré de finesse qu'exigent ses divers travaux.

La pierre à plâtre bien choisie, bien sèche et suffisamment ancienne, est brisée en morceaux d'environ la grosseur d'un œuf, et on la fait cuire dans un four de boulanger, chauffé comme pour cuire du pain. Après avoir retiré le feu, et balayé convenablement le four, on dispose la pierre par couches de quatre à cinq pouces d'épaisseur; on la laisse cuire douze heures, et l'on obtient du plâtre bien calciné, gras, d'un beau blanc, en un mot, réunissant toutes les qualités requises pour le moulage.

Tous les mouleurs savent que cette préparation exige les plus grandes attentions et que leurs succès, en grande partie, en dépendent. Il est certain que par les procédés ordinairement employés, la cuisson est imparfaite : dans les parties les plus rapprochées du feu, la pierre à plâtre subit une température assez élevée pour occasioner un commencement de fusion ignée, ce qui rend le plâtre incapable d'absorber l'eau ; puis, dans les parties les plus éloignées du feu, le centre de la pierre reste cru. On conçoit que ces portions trop cuites et incomplétement cuites, en différentes proportions, ne peuvent fournir qu'une mauvaise matière. Il est donc généralement difficile de se procurer du plâtre autre que d'une qualité inférieure.

M. Payen, en s'occupant des recherches sur les moyens de faire acquérir constamment au sulfate de chaux la plus grande dureté possible, dans ses emplois comme matière plastique, eut l'occasion d'observer :

« 1° Que ce ne peut être, comme on l'avait supposé jusqu'aujourd'hui, la chaux qui augmente la propriété de se solidifier avec l'eau dans certaines variétés de pierres à plâtre. En effet, la température d'une calcination convenable, fut, dans mes essais, dit ce savant, de beaucoup inférieure à celle qui est utile pour opérer la décomposition du carbonate de chaux ; et si cette dernière substance a concouru, dans les procédés en usage, à améliorer la qualité du plâtre, c'est probablement que, par son interposition, elle aura facilité la transmission de la chaleur et empêché une partie du mauvais effet de la calcination à une température trop élevée ; et peut-être aussi, parce que le carbonate en grains durs aura fait, relativement au plâtre, ce que produit un ciment dans les mortiers.

« 2° Que dans les diverses parties des fours ordinaires, la calcination, très inégale, présente de grandes différences entre les propriétés utiles, du plâtre obtenu, et que presque toutes les variétés produites ainsi sont défectueuses, par suite de l'excès ou du défaut de température.

« 3° Enfin, que, dans les parties de l'intérieur des pierres calcinées avoisinant les cristaux non altérés ou incomplétement privés de leur eau de cristallisation, se rencontrent les propriétés recherchées de cette matière plastique.

« Ces premières remarques, ajoute M. Payen, m'ayant porté à supposer que le degré de température utile à la fabrication du plâtre devait être beaucoup moins élevé qu'on ne l'admet généralement, je ne tardai pas à en acquérir la certitude par l'essai suivant :

« Je réduisis en poudre grossière de la pierre à plâtre de Montmartre, et je la maintins, par une double enveloppe, autour d'un tube que chauffait, à 105 degrés, un courant continu de vapeur, sous la pression correspondante à cette température. Au bout de six heures, je broyai cette poudre, et reconnus, en la gâchant, qu'elle avait acquis la propriété de se solidifier par l'eau avec plus d'énergie que le plâtre de même sorte cuit dans les fours à la manière accoutumée. Voulant connaître la limite de la température à laquelle le sulfate de chaux natif (pierre à plâtre) en poudre très fine perd son eau de cristallisation, j'essayai successivement l'effet des températures inférieures, et constatai qu'à 80° centigrades le plâtre obtenu fait prise solide avec l'eau ; que les fragments de plâtre impur ayant 5 millimètres de grosseur sont suffisamment calcinés à 95° ; qu'enfin, le sulfate de chaux en cristaux réguliers n'éprouve à la même température qu'une dessiccation partielle, pénétrant à peine d'un cinquième de millimètre perpendiculairement aux lames superposées, et d'un demi-millimètre parallèlement à ces lames.

« Ces faits permettent d'espérer qu'à l'avenir on pourra traiter en grand la pierre à plâtre avec beaucoup de régularité, et en obtenir constamment la meilleure qualité de matière plastique. En effet, toute la question de la *cuisson* du plâtre se trouve réduite à une simple dessiccation facile à opérer par la vapeur ; ainsi disparaissent toutes les difficultés que dissimulaient mal les diverses constructions de fours pour le chauffage au bois, à la houille et à la tourbe. »

Nous n'avons pas à étudier ici d'avantage cette question, sur laquelle nous avons cru devoir nous arrêter par rapport à la connaissance de la matière employée par le mouleur ; mais les personnes qui voudraient des renseignements complets sur les dispositions qui seraient applicables, d'après les observations précédentes, à la cuisson du plâtre, les trouveront dans le Dictionnaire technologique, tome 16, page 277 ; pl. 55, fig. 5 et 4.

Occupons-nous maintenant de la trituration du plâtre. Le mouleur, ainsi que nous l'avons vu, ne peut se servir de machines; il doit éviter les inconvénients du battage à bras, d'autant plus que ce mode n'est point du tout favorable au plâtre. Il doit donc le broyer dans un mortier, avec un fort pilon; c'est le moyen de conserver la fleur du plâtre, et de le rendre plus onctueux. Quelques personnes commencent par le battre dans le mortier avant de le piler, mais l'expérience engage à le broyer uniquement. On a soin que, pendant cette opération, le plâtre n'absorbe point d'humidité. Lorsqu'il est suffisamment pilé, on le passe au tamis de crin plus ou moins serré, suivant la nature des ouvrages auxquels il est destiné. S'il doit servir à mouler des objets très délicats, tels que des pierres gravées, des médailles, des fleurs, de petits modèles de monuments d'architecture, etc., on le passe au tamis de soie. Les ouvriers disent communément *passer au pas de crin, au pas de soie*. Il reste une assez forte partie de plâtre sur ces différents tamis; on le remet dans le mortier, on le broie de nouveau, puis on le conserve sans être passé, pour les mêmes usages auxquels on destine le plâtre acheté en poudre. On joint quelquefois à celui-ci le plâtre de tamis appelé *mouchette*, ou bien on le garde à part. Le plâtre tamisé, les mouchettes et tout autre plâtre, sont soigneusement renfermés dans des caisses et tenus dans un endroit parfaitement sec; car le plâtre perd sa force en s'éventant, et s'altère très vite en absorbant l'humidité de l'air. Il ne peut plus alors se durcir en séchant, et l'oubli de cette dernière précaution suffit pour rendre inutiles toutes les précautions précédentes.

Analyse chimique du plâtre.

Il est souvent utile de connaître la composition du plâtre dont on veut faire usage. Le procédé suivant d'analyse chimique remplit facilement ce but : « on traite la pierre à plâtre par l'acide hydrochlorique étendu; elle s'y dissout avec effervescence; parce que le sous-carbonate de chaux qu'elle contient est décomposé; on fait évaporer le dissolution jusqu'à siccité complète. On traite le résidu par l'alcool ; celui-ci dissout le chlorure de calcium et un peu de chlorure de fer provenant de l'oxide de ce métal, que contient ordinairement la pierre à plâtre. La portion du résidu insoluble dans l'alcool est le sulfate de chaux isolé ; on précipite le fer par l'ammoniaque ; on filtre la liqueur, puis ajoutant dans celle-ci de la solution de sous-carbonate de soude jusqu'à léger excès, on précipite à l'état de sous-carbonate toute la chaux qu'elle contient. Il suffit de recueillir ce précipité sur un filtre, et de le faire dessécher à la température de 100 degrés, pour connaître le poids du sous-carbonate calcaire que contenait la pierre à plâtre.

CHAPITRE II.

OUTILS DU MOULEUR EN PLATRE.

Les outils du mouleur en plâtre sont très simples. Nous avons déjà vu qu'il a besoin (voyez *fig.* 32) d'un mortier et de son pilon, de tamis en crin et en soie, de caisses, de tonneaux et de sacs. Ses autres instruments sont presque aussi connus.

Ce sont d'abord pour gâcher le plâtre : 1° des baquets et terrines de différentes grandeurs (*fig.* 33), les vases en terre vernissée ou en faïence sont préférables aux vases de bois, parce que le plâtre ne s'y attache pas. Cependant, comme ils sont toujours plus chers, moins grands et moins portatifs que les baquets, le mouleur se servira également de ceux-ci, pourvu qu'il les frotte d'huile ou de cire, surtout quand ils sont neufs. Les vases et baquets seront toujours tenus bien propres et à l'abri de la poussière. Les autres outils nécessaires pour gâcher le plâtre sont des spatules de fer ou de cuivre, avec un manche de bois; on peut, si on le juge à propos, les remplacer par de très-petites truelles (voy. *fig.* 17-21). Les spatules doivent être assez nombreuses et de différentes grandeurs. (Voy. *fig.* 11 et 12, une spatule de fer vue de face et de profil; *fig.* 13 et 14, autres spatules.)

Ces spatules doivent être de toutes dimensions.

2° Nous avons vu quels sont les instruments propres à préparer le plâtre, à le gâcher; occupons-nous maintenant de ceux qui servent à l'appliquer; ce sont des pinceaux et des brosses. Parmi les premiers, il y en a de petits, de ronds, d'alongés; ceux-ci se trouvent en plus grand nombre que les premiers. Il y en a que l'on nomme *blaireau*, parce qu'ils sont formés du poil de l'animal de ce nom. Les pinceaux en *queue de morue*, c'est-à-dire larges et plats, ne servent que pour les surfaces planes des grandes pièces, tandis que les pinceaux alongés s'emploient presque à tout instant. Il est nécessaire d'avoir des pinceaux très-fins pour les ouvrages délicats.

Les brosses sont des pinceaux faits avec des soies de sanglier ou de porc; ils n'ont souvent pas de manches en bois comme les pinceaux ordinaires. Le mouleur achète des soies, les met en paquets qu'il lie fortement avec de la ficelle cirée, de manière à leur donner à l'extrémité supérieure la forme d'une sorte de poignée; il confectionne ainsi toutes les brosses dont il a besoin. (Voy. *fig.* 35.)

3° Pour tailler ou *parer* le plâtre coulé et durci, il faut des couteaux de bonne trempe, fort aigus, fort minces et bien affilés. (Voy. *fig.* 51.)

4° Pour rejoindre les parties moulées, on doit avoir des *ripés*; c'est un instrument de fer ou d'acier, qui a des dents. (Voy. *fig.* 22-31.) Le mouleur se sert aussi pour cet objet de *grattoirs* ou *râpes*. Cet outil en fer affecte des formes différentes, entr'autres celle d'une S très-large, taillée par les deux bouts. (Voy. *fig* 36-40.)

5° Pour ouvrir les parties des moules on se sert d'une espèce de ciseau de fer ou d'acier, muni d'un manche de bois, nommé *fermoir*. (Voy. *fig*. 53.)

6° Pour retirer les petites pièces moulées, l'ouvrier fait usage de pinces de fer terminées en pointe, ou tenailles aiguës. (Voy. *fig*. 54.) Il se sert aussi d'*annelets*. Ce sont de petites boucles ou agrafes de fil de fer recuit, assez semblables à ce que l'on appelle *la porte d'une agrafe*. Les annelets servent à la fois à retirer les pièces et à les lier aux chapes. (Voy. *fig*. 59.)

7° Comme le plâtre se gonfle naturellement, et que ce gonflement, nommé *poussée du plâtre*, est très-nuisible, le mouleur doit maintenir le plâtre coulé. Pour y parvenir, il met entre le moule et un corps solide un morceau de bois ou une planche carrée qu'il appelle *étrésillon*.

8° Pour maintenir les petites parties du moule, les *pièces* et les *chapettes*, le mouleur a des ficelles, des chevilles de bois, ainsi que des garrots.

9° Pour entourer les *pièces* et les *chapettes*, il fait des *chapes*, et à cet effet il lui faut des *fantons* ou tringles de fer doux, qui soient contournées suivant les formes de l'ouvrage. Les meilleurs fantons sont ceux du Berry : ils se vendent par bottes de cent livres ; il s'en trouve aussi d'un demi-cent. Pour empêcher qu'ils se rouillent, ce qui colorerait désagréablement le plâtre et pourrait même le faire éclater, il est bon, avant de les employer, de les faire chauffer et de les frotter de cire ou de poix-résine. Les fantons réunis pour le soutien d'une chape, ou d'une figure en plâtre forment une *armature*.

10° Pour réparer les pièces moulées, il faut quelques râpes, de la peau de chien de mer, du papier de verre, et surtout un ébauchoir, instrument de buis, d'ivoire, de bronze ou de fer, dont nous donnons, figures 1-10, les formes les plus usitées.

11° Pour faire tremper les plus petites pièces d'un moule dans l'huile, afin de les durcir, on se sert d'un gril de fil de fer suspendu avec d'autres fils semblables, comme le bassin d'une balance.

12° Pour mouler une statue équestre, une figure colossale, un cheval, ou pour faire tout autre moule de cette nature, il faut un châssis en charpente, établi sur un massif de pierre, et soutenu par de puissantes barres de fer. Comme ce châssis nommé aussi *plate-forme*, varie nécessairement d'après le moule, je n'en parlerai pas plus longuement ici.

Les autres outils qui garnissent l'atelier sont la palette à plâtre, représentée par la figure 32 ; la truelle à gâcher le gros plâtre (*fig.* 34); différentes gouges pour travailler le plâtre à sec : elles affectent différentes formes ; les figures 41-48 donneront l'idée des principales.

Le mouleur doit aussi avoir une spatule en acier de la forme représentée par la figure 49, coupant vif en *a*, coupant aussi en *b*, mais ayant ce tranchant plus arrondi ; une grosse brosse (*fig.* 50) qui lui sert à nettoyer l'ouvrage pendant qu'il travaille; différents maillets (*fig.* 55 et 56); une petite sébile à main (*fig.* 57), une équerre, un niveau (*fig.* 58 et 60); enfin des augettes (*fig.* 61) de diverses grandeurs, qu'il emploie suivant la force des ouvrages qu'il est appelé à confectionner.

CHAPITRE III.

GACHAGE. — MANIÈRE DE FAIRE LES MOULES, L'ESTAMPAGE, LE MOULAGE A CREUX PERDU.

Lorsque le mouleur doit couler en plâtre le modèle d'une figure, ou la reproduire lorsqu'elle est achevée, il doit commencer par l'examen de la figure afin de savoir comment il exécutera son moule et à quelle manière d'opérer il donnera la préférence. Il ne s'occupera de la préparation des matériaux que lorsque ses idées seront arrêtées ; car ces matériaux doivent être employés sans délai aussitôt après leur préparation.

Néanmoins, comme le gâchage du plâtre est la première de toutes les manipulations, comme elle revient à chaque instant, c'est par elle que je commencerai.

Quelque simple que paraisse cette opération, elle demande des soins particuliers, car le plâtre mal gâché ne peut plus servir. Si l'on tâche d'y remédier, on compromet gravement le succès de l'ouvrage ; si le plâtre est gâché trop *clair*, c'est-à-dire qu'il ait trop d'eau, il se coagule avec lenteur et n'acquiert pas assez de solidité. Si au contraire il est gâché *trop serré*, ce qui signifie qu'il n'a pas assez d'eau, il se durcit trop vite, et devient très-difficile à employer. Pour obvier à ces deux inconvénients, le moyen le plus sûr, dans l'usage habituel, est de verser doucement le plâtre dans l'eau jusqu'à ce qu'il l'ait absorbée, et d'avoir bien soin de le remuer lentement et uniformément avec une spatule, de manière qu'il ne s'y forme point de grumeaux : en procédant ainsi, le plâtre ne se condense ni trop lentement, ni avec trop de rapidité, et produit une pâte bien égale, qui ne formera point de soufflures. L'eau qu'on emploie doit être très-pure. Il faut, en gâchant, avoir égard à la nature du plâtre. S'il est trop cuit ou éventé, il est sujet à se *relâcher*, c'est-à-dire que se durcissant presque aussitôt qu'il est détrempé, il devient peu après d'une grande mollesse : il ne faut pas craindre de le gâcher serré. Au contraire, le plâtre cuit à point et broyé récemment devient dur et reste dans cet état : il faut le gâcher un peu clair. Il importe aussi de faire attention à la nature de l'ouvrage. Pour les grandes pièces, on gâchera avec moins d'eau que pour les petites : la même pratique aura lieu si la figure doit être exposée à l'air, et si l'on veut lui donner une grande dureté. On gâche plus clair pour couler les figures que pour faire les moules. Suivant aussi le genre de travail, il est avantageux que le plâtre se coagule plus ou moins vite. Pour le faire avancer, on délaie un peu de plâtre dans l'eau tiède et l'on ajoute au plâtre gâché, en remuant avec la spatule; pour le faire retarder, on le noie. Dans ces diverses opérations, l'ouvrier agira lentement et avec précaution, de peur de former des grumeaux ou des soufflures. Quand il s'agit de faire simplement un moule, il est avantageux d'ajouter du rouge ou du noir en poudre au plâtre gâché.

Avant même d'avoir préparé le plâtre, le mouleur s'attache à bien examiner la figure dont il doit d'abord tirer le moule; il doit s'assurer si elle est de *dépouille*. Mais avant de commencer à décrire les procédés de l'art du mouleur, je crois devoir donner quelques explications préalables.

Le moulage consiste à reproduire une figure, en prenant exactement et promptement toutes ses formes et ses contours. Pour y parvenir, il faut d'abord faire un moule ou un creux sur la figure à reproduire. Ce creux, véritable contre-partie de la figure-modèle, servira à couler le plâtre qui la reproduira exactement; mais il ne sera qu'un instrument; on l'enlèvera de dessus le modèle; on l'enlèvera également de dessus le plâtre coulé, et peut-être même on le cassera sur ce plâtre (voyez *creux perdu*); c'est ce qui s'appelle *dépouiller un creux*. Ce creux se dépouille en retirant toutes les pièces dont il est composé (ce que j'expliquerai plus tard); mais toutes ces pièces ne se retirent pas avec la même facilité, et l'on dit *qu'elles sont ou ne sont pas de dépouille*. Les parties rentrantes en dessous d'un objet sculpté en relief ou en creux ne sont pas de dépouille. Ces parties renfoncées, que les Italiens désignent par le nom de *sotto-squadri*, sont appelées *noirs* par le mouleur. Les plis creusés ou joints en cloche dans une draperie, des ornements présentant des cavités dont le fond est plus large que l'ouverture, ne sont pas de dépouille et présentent des noirs. Il en est de même de toutes les saillies dont la largeur supérieure surplomberait la largeur inférieure et la dépasserait; ainsi dans une statue, les draperies sont moins de dépouille que le nu. Ainsi, dans un bas-relief qui représenterait un paysage, les troncs d'arbres et les parties saillantes du feuillage sont de dépouille, et les parties rentrantes ne le sont pas. Ainsi encore, une sphère, enveloppée de plâtre en commençant par le haut, sera de dépouille jusqu'à son horizon : plus bas elle ne le sera plus. Deux pyramides tronquées, l'une posée sur sa base, l'autre sur sa partie tronquée, à peu de distance l'une de l'autre, donneront une idée parfaitement juste des plis fouillés en cloche, ou de toute autre partie rentrante dont l'ouverture est plus étroite que le fond. La première pyramide, placée sur sa base, sera de dépouille, rien ne retenant le plâtre ; la seconde, au contraire, ne le sera pas, parce que le plâtre sera retenu. Pour la dégager du moule, on voit qu'il faudra le briser, et le briser en plusieurs pièces ; c'est ce que l'on fait et que l'on ferait de même quand bien même les parties seraient de dépouille, le gonflement du plâtre y contraignant dans tous les cas. Cette première explication nous mettra sur la voie des procédés du moulage, des obstacles qui peuvent entraver sa marche, et des remèdes qu'il faut apporter. Beaucoup d'objets, tels que certaines statues modernes, les camées antiques, etc., sont très-difficiles à mouler, à raison du manque de dépouille : on est obligé de creuser légèrement les contours en dessous pour les détacher, ou d'en mastiquer les dessous avant d'en tirer l'empreinte.

On conçoit maintenant pourquoi j'ai recommandé au mouleur d'examiner avec soin la figure dont il doit faire le creux. Cet examen lui indiquera le nombre, la forme et la nature des pièces dont il aura besoin pour composer son moule : on appelle cela *raisonner un moule*, ou *un creux*.

De l'Estampage.

Quoique cette opération ne se pratique que pour l'argile, elle doit commencer la description de l'art du mouleur en plâtre, parce que c'est par elle qu'il apprend à se familiariser avec le moulage ; qu'elle est très-facile, et que du reste il en est constamment chargé. Tout est simple dans l'estampage ; point d'autre instrument que les doigts, point d'autres matériaux que de la terre glaise ou argile un peu ferme, quoique liante, et un petit *sachet* rempli de cendre : on appelle ce sachet *une ponce;* point d'autre travail que de recouvrir bien exactement de terre le modèle, et *de pousser cette terre dans les creux*. Ne laissons passer aucune expression technique sans l'expliquer : celle-ci veut dire, *enfoncer la terre dans les parties rentrantes pour en prendre exactement l'empreinte*. Le moule que produit l'estampage se fait d'une ou de plusieurs pièces, mais ces dernières sont toujours beaucoup moins nombreuses que celles qui composent un creux en plâtre, parce qu'une seule pièce en argile remplace plusieurs de celles que l'on serait obligé de faire si l'on employait du plâtre. L'argile s'emploie molle et ne peut être retirée qu'après un certain temps consacré à sa dessiccation; il s'est opéré alors un retrait qui permet la dépouille plus facile de l'objet. Le plâtre qui se gonfle au contraire force le mouleur à faire un plus grand nombre de pièces. Tous ces motifs, qui rendent l'estampage beaucoup moins coûteux qu'un moule en plâtre, engagent les artistes à préférer le premier mode lorsqu'ils ont besoin des diverses parties qui composent les monuments publics, soit une main, un bras, une tête, etc. Le mouleur estampe sur toutes matières, marbre, bronze, bois, argent, etc., à l'exception de l'argile, parce que l'argile elle-même est employée à l'opération.

Supposons que le mouleur se dispose à estamper une tête de marbre, il commencera par prendre *la ponce*, et en donnera de petits coups à différents endroits de cette tête : une poudre fine et légère couvrira le marbre et empêchera la terre d'y adhérer; il fera en sorte que cette poudre pénètre jusque dans les noirs, c'est-à-dire dans les angles formés par les yeux et le nez, dans le creux situé entre les lèvres et les narines. Il prendra ensuite de l'argile et la poussera, en faisant pour ainsi dire un masque au modèle, en observant de commencer par les endroits les plus creux, car il est de principe en moulage de ne couvrir les parties saillantes qu'après les parties rentrantes; mais ce masque ne se fait pas sans interruption : chaque pièce poussée dans les fonds se retire en la soulevant, soit avec l'ongle, soit avec la pointe d'un couteau. Chaque pièce soulevée se coupe un peu en biais sur les bords, que l'on huile ou saupoudre d'un peu de plâtre fin en poudre, pour empêcher que les pièces voisines ne puissent s'y attacher : on la replace ensuite, et quand la tête est toute recouverte d'argile, on soulève doucement cette enveloppe, on en réunit les pièces, en retirant avec soin celles qui pourraient s'être attachées au marbre. On pose doucement cet estampage sur une table, et l'on verse du plâtre clair dans le creux ; lorsqu'il est pris, on enlève l'argile qui ne peut plus servir, et le plâtre est parfaitement semblable au modèle. Il serait à désirer que les mouleurs se servissent, pour appuyer leurs moules, d'une sorte de châssis ou pupître à jour, qui les maintiendrait en place dans la position convenable, ces moules alors ne courraient plus de risque d'être brisés dans leurs parties délicates et saillantes lorsqu'ils sont secs, ou d'être altérés dans leurs formes lorsqu'ils sont encore humides.

Quelques ouvriers revêtent d'une *chape* le creux obtenu par l'estampage. Cette opération presque superflue sera expliquée plus bas. L'estampage fini, on nettoie le marbre avec de l'eau et une éponge.

Moulage à creux perdu.

Le nom de cette sorte de moulage indique assez que les creux qu'il donne ne peuvent servir qu'une fois seulement à reproduire l'objet : en effet, on les détruit pour en tirer la copie unique qu'ils ont servi à faire. Aussi ces moules ne se composent-ils souvent que d'une seule pièce, et rarement de plus de deux ; c'est en quelque façon l'estampage en plâtre.

Ce moulage s'emploie en diverses circonstances, tantôt sur l'argile encore fraîche ou sur la cire, tantôt sur la nature vivante, hommes ou petits animaux. Nous allons donner des exemples de chacun de ces cas, après avoir recommandé de mêler au plâtre que l'on gâche une poudre colorée, rouge ou noire. Cette méthode a deux avantages : l'un, de rendre le plâtre moins compacte, et par conséquent plus aisé à casser; l'autre, d'éviter que le plâtre de l'ouvrage se confonde avec celui du creux, au moment où ce dernier est brisé sur l'ouvrage. On ne doit gâcher d'abord que la quantité de plâtre que l'on croit nécessaire pour couvrir la surface du modèle; quand ce plâtre est appliqué, on en gâche d'autre plus clair.

Manière de faire les creux perdus à une seule pièce.

Application. — Supposons qu'il soit question d'agir sur un vase d'argile récente ou de cire. On couvre ce vase d'une première couche de plâtre gâché, comme il a été dit ci-dessus, et étendu avec le pinceau; ensuite, au moyen d'une brosse douce à longs poils, on le recouvre de nouveau en appliquant du plâtre clair : dès qu'il commence à prendre, on promène la spatule dessus pour lui donner la forme du vase, et déterminer l'épaisseur que doit avoir telle ou telle partie. Quand le modèle est de petite dimension, le mouleur se dispense ordinairement de mettre une seconde couche de plâtre; mais dans tous les cas, il ne doit pas négliger de terminer par polir en quelque sorte avec la spatule. Au reste, comme le plâtre doit avoir de l'épaisseur, il vaut mieux qu'elle soit produite par deux couches que par une seule.

Le vase bien recouvert, le plâtre pris et durci, le mouleur s'occupe de la destruction du modèle. S'il est en cire, il place ce modèle enduit de plâtre sur un feu très-doux, pour le faire fondre petit à petit et ne pas endommager le moule; puis, lorsque la cire est fondue, il la fait sortir en la versant dans un autre vase quelconque, et le creux se trouve dégagé. Si le vase est en argile, il enfonce, par l'ouverture, un couteau bien affilé, et sans toucher en aucun point le plâtre; il enlève partiellement l'argile avec le couteau et des crochets, jusqu'à ce qu'il n'en reste plus (1). On sent que si le vase porte des anses plus ou moins ornées, et surtout très-contournées, il sera nécessaire de les mouler en plusieurs morceaux, à moins qu'on ne puisse y introduire le doigt. Au surplus, nous ne pouvons prévoir toutes les difficultés d'exécution que le mouleur évitera facilement, pourvu qu'il ait l'habitude et le goût de son art. Les ornements ne produisent aucun embarras, lorsqu'on travaille sur la cire.

L'ouverture qui a servi à extraire la matière du vase servira maintenant à introduire le plâtre dans le moule; nous dirons comment on doit s'y prendre, lorsqu'il s'agira de la manière de couler en plâtre. (*Voy.* chap. VI.) Ce plâtre qui remplace le vase détruit en reproduit la copie ou le *fac-simile*. Alors l'opération devient l'inverse de la première. Le mouleur qui d'abord a détruit le vase-modèle pour conserver le moule, casse à présent le moule pour dégager le vase-copie. Afin de le retirer, il brise très-doucement le moule avec un ciseau, en s'efforçant de faire les morceaux les plus grands possible et de les enlever légèrement afin de ne point endommager le vase. Si, malgré ses soins, il se fait quelques éclats, il les met à part, pour les recoller ensuite avec du plâtre fort clair.

Par le moyen des moules à creux perdus, d'une seule pièce, on prend, avec une étonnante vérité, l'empreinte de petits animaux. Les lézards, les grenouilles, les oiseaux, les insectes et même les fleurs, (2), sont reproduits avec

---

(1) Cette manière de faire est peu praticable; le couteau attaquera certainement le plâtre, et détériorera les contours; il vaudrait mieux, dans des cas semblables, faire un moule en deux parties. (*Note de l'éditeur*).

(2) M. DECBLE, graveur à Isington, indique le procédé suivant pour mouler en plâtre les fleurs, feuilles et autres parties des plantes, au moyen duquel on obtient des modèles parfaits en ce genre.

La feuille ou la fleur étant parvenue au degré convenable de développement, est détachée de la plante et mise sur du sable fin humecté, dans la position naturelle, c'est-à-dire de manière à présenter en dessus la surface qui doit être moulée, et à ce que le dessous porte en tous les points sur le sa-

autant de facilité que d'exactitude. On réussit également pour les écrevisses, les poissons, les coquilles et les fruits; bien entendu que les animaux sur lesquels on opère sont morts; mais il ne faut pas qu'ils le soient depuis long-temps; leurs parties, manquant alors de fermeté, se déformeraient lors de la confection du moule. On dispose ces divers objets sur le fond d'un plat ou d'un vase uni, même sur une tablette; puis on les enveloppe d'une couche de plâtre auquel on a mêlé une certaine quantité de terre de pipe ou d'argile. On a soin de ménager dans le moule, à l'endroit le plus convenable ou le moins apparent, un petit canal nommé *masselotte*; et un conduit pour le dégagement de l'air. Quand le moule est bien sec, on le fait cuire. Si cette opération ne suffit pas pour détruire l'objet que l'on a moulé, on le brise et le retire de la même manière qu'on extrait l'argile du creux perdu. On coule ensuite du plâtre par l'ouverture ou masselotte; on le laisse prendre, on casse délicatement le moule et on en retire l'objet moulé avec une exactitude et une finesse d'exécution parfaites.

Les creux perdus à deux, et quelquefois à plusieurs pièces, ne diffèrent pas beaucoup dans l'exécution des autres creux; toute la différence consiste dans le but. Le creux

---

ble. Alors, avec un pinceau fin, on couvre cette surface d'une légère couche de cire et de poix de Bourgogne fondues ensemble; on relève aussitôt la fleur, et on la trempe dans de l'eau froide, ce qui, en raffermissant la cire, permet d'en détacher la fleur sans altérer la forme. Cela étant fait, on place ce moule de cire dans le sable mouillé, de la même manière que la feuille y était précédemment elle-même, et on le couvre de plâtre fin très-clair, qu'on a soin de faire entrer dans tous ses plis et interstices, en le pressant délicatement avec le pinceau. La chaleur produite par le plâtre en prenant ramollit la cire, qui, à cause de la moiteur du plâtre, ne peut s'y attacher, en sorte qu'avec un peu d'adresse on la sépare entièrement de ce moule sans endommager aucune de ses parties.

Les reliefs ainsi obtenus sont d'une perfection admirable, et sont d'excellents modèles pour les dessinateurs, et en général pour tous les artistes qui exécutent des ornements d'architecture et autres. (*Note de l'éditeur.*)

perdu est celui dont on ne peut extraire le modèle, et qu'il faut briser par conséquent; le *bon creux* est celui dont on peut extraire le modèle, ou que l'on enlève par morceaux sur celui-ci. Quand le mouleur aura quelque ouvrage à faire, c'est à lui d'examiner s'il peut mouler à creux perdu ou à bon creux; un crucifix, par exemple, ne peut guère se mouler que de la première manière, à raison de la position horizontale des bras de la croix et des angles des bras du Christ, qui s'opposent à ce que le modèle puisse sortir du moule. Pour le mouler à bon creux, il faudrait tellement multiplier les pièces que cela ne saurait avoir lieu que pour un crucifix de très-grande dimension ou dont on voudrait avoir plusieurs plâtres. D'ailleurs, la nature de l'ouvrage est moins ce qui détermine le choix du moulage à creux perdu que le désir d'éviter la dépense; c'est ce motif qui le fait préférer par le sculpteur qui vient de terminer, en argile, le modèle de la statue qu'il doit reproduire en marbre. Il lui faut nécessairement faire mouler en plâtre le modèle d'argile, pour travailler ensuite le marbre, et par économie, il le commande à creux perdu, parce qu'il lui importe peu que le modèle de terre soit détruit. Alors le mouleur, qui opère ainsi sur un objet de certaine grandeur, doit user de beaucoup de précautions; s'il n'apporte pas assez de soin et se hâte trop en cassant le moule, l'un et l'autre sont également perdus.

Le creux perdu, formé de deux parties égales, s'appelle *creux à coques* et mieux *creux à coquilles*. Prenons pour exemple d'abord un buste grand comme nature, puis un crucifix. Après avoir gâché et coloré convenablement le plâtre, vous commencez par mettre sur le sommet de la tête un fil ciré et fort que vous prendrez assez long pour suivre et dépasser tout le buste; ce fil plié en deux aura un bout derrière la tête et l'autre devant; celui-ci, partant du haut de la tête, divisera longitudinalement le buste en deux parties égales, et pour cela, vous le ferez passer au milieu du front, du nez, de la bouche, etc., à moins que vous ne préfériez le faire aller sur le milieu de chaque épaule, ce qui dépend des formes du buste et du plus ou moins de commodité. Tandis que le premier bout du fil suit le milieu du visage, de la poitrine, l'autre bout suit le milieu du derrière de la tête, de la nuque, du dos. Il sera bon de coller le fil avec très-peu de colle légère, d'amidon, de blanc d'œuf, de gomme, de plâtre clair, de cire, enfin avec la substance qui paraîtra la plus propre à maintenir momentanément le fil sur les sinuosités du modèle, car on doit pouvoir le soulever ensuite aisément. Il n'est là qu'afin de servir à couper, en le retirant, la couche de plâtre dont on le couvrira. Quelques mouleurs commencent par couvrir le modèle d'une très-légère couche de plâtre, avant de mettre le fil, puis ils appliquent une seconde couche bien plus épaisse quand le fil est en place; mais cela n'est point absolument nécessaire, et l'on peut ne commencer à poser le plâtre qu'après le fil, et ne mettre qu'une seule couche, pourvu qu'elle soit épaisse. Cela fait, on laisse le plâtre prendre à demi, c'est-à-dire acquérir une consistance telle qu'il ait assez de fermeté pour se maintenir, mais qu'il soit encore assez mou pour qu'on puisse le couper en relevant le fil. Vous prenez ensuite les deux bouts du fil, après avoir placé le buste perpendiculairement, et vous les relevez d'une main ferme. De cette manière, vous tranchez le moule du buste en deux coquilles, et vous passez sur la tranche, entre les deux morceaux, le bout d'une plume imbibée d'huile d'olive, afin de les empêcher de se rejoindre. Quand le plâtre est parfaitement sec, vous soutenez d'un côté le buste avec la main gauche et le faites appuyer de l'autre sur le premier objet venu; puis prenant un couteau bien affilé, vous partagez en deux le modèle, dont l'argile doit être molle. Si le buste est de forte dimension, il sera nécessaire de soutenir le moule par une *chape*. (Voy. plus bas.)

Il s'agit maintenant de retirer du creux la terre glaise, ce qui n'est pas difficile, puisque vous pouvez agir sur une assez grande surface. Pour cela, vous posez une des coquilles sur la table, de manière à ce qu'elle vous présente l'argile, que vous enlevez avec un crochet, après l'avoir incisée en divers endroits. Vos deux coquilles nettes, vous veillerez surtout à ce que les *coupes* ou *joints* puissent exactement s'appliquer l'une sur l'autre : vous rejoindrez parfaitement les deux parties et les lierez très-fortement avec des cordes de grosseur convenable, pour empêcher qu'elles ne s'ouvrent lorsque vous y coulerez du plâtre et qu'il produira son gonflement accoutumé. Pour plus de précautions, vous boucherez les joints avec de la terre molle, ou du plâtre gâché clair, que vous appliquerez avec la brosse; il ne s'agira plus alors que de couler le plâtre par l'ouverture que le buste doit présenter à sa base. Vous terminerez par casser le moule comme il a été dit précédemment.

Le second exemple que je me suis engagé à donner du moulage à creux perdu, à coquilles, me fournira l'occasion de parler d'une autre méthode. Je m'étendrai nécessairement moins sur cet article, le premier ayant dû familiariser le lecteur avec l'opération. Plusieurs mouleurs n'emploient le fil ciré que pour mouler sur nature et dans la crainte de blesser la personne, en se servant d'un couteau pour faire les joints des coquilles; et même quelques-uns d'eux préfèrent pratiquer une entaille avec un ébauchoir de buis, ou de cuivre bien mince, sans toucher à la chair. Le motif de cette préférence est le désagrément de voir, disent-ils, le fil se déranger ou se rompre, et nuire ainsi à la netteté des joints. Or, si l'on remplace le fil par l'ébauchoir, sur nature, à bien plus forte raison le fera-t-on sur un modèle d'argile qui sera détruit.

S'il s'agit, comme nous venons de le dire, de mouler un crucifix, vous commencerez par le recouvrir de plâtre gâché convenablement; ensuite, dès qu'il sera un peu pris, vous tracerez longitudinalement une ligne avec une règle et un fil appliqué le long de cette règle. Cette ligne devra marquer la juste moitié de la croix, devant et derrière, et dans toute la longueur. Vous ferez entrer un peu de ce fil dans le plâtre, afin qu'il forme un léger sillon; vous le mettrez à part, puis avec la pointe d'un couteau vous taillerez le plâtre tout le long du sillon, vous passerez ensuite entre les coupes une plume imbibée d'huile pour les empêcher de se rejoindre.

Le plâtre bien sec, vous séparez les deux coquilles et vous enlevez l'argile. Dans la partie inférieure, et à l'extrémité supérieure de la croix, vous n'éprouvez aucun embarras ; mais à l'endroit où porte le Christ, le travail est minutieux et difficile, principalement pour enlever la terre dans les bras ; mais au moyen d'un fil de fer fort, sans être trop gros, et plié suivant la forme du bras, vous fouillez partout et nettoyez les parties les plus délicates. Si vous agissez avec précaution, vous n'endommagerez point le creux, ou du moins assez peu pour pouvoir à l'instant même réparer le mal. Vous terminerez comme il a été dit précédemment.

Voici une autre manière de mouler à creux perdu ; elle ne sert que pour les petits objets, tels que bas-reliefs, ornemens en fleurs, et autres objets de peu d'épaisseur qu'on ne voit que d'un côté. Vous commencerez par poser horizontalement le modèle sur une planche ou sur une table, vous gâchez clair et colorez du plâtre fin, vous le versez sur le modèle, de telle sorte qu'il soit partout d'une égale épaisseur, d'une ou deux lignes environ, suivant la grandeur du modèle. Le plâtre un peu pris, vous y passez au pinceau une légère couche d'huile, vous gâchez ensuite du gros plâtre et vous en recouvrez le tout. Si vous craignez que le creux ne se puisse maintenir, vous l'entourez de fil de fer. Quand la dernière couche de plâtre est bien sèche, vous renversez le modèle, c'est-à-dire que vous appliquez alors sur la table le moule au lieu du modèle, et vous travaillez à enlever l'argile. Si l'objet est de très petite dimension, et la terre bien molle (ce qui est important), vous pourrez d'un seul coup de crochet débarrasser le creux, et le rendre parfaitement net ; mais, ce cas excepté, il faut entailler l'argile et opérer bien soigneusement, de peur que la couche de plâtre fin ne se lève en même temps. Le creux complétement libre, on le place encore horizontalement sur la table, comme il était lorsqu'il a fallu enlever la terre ; on l'enduit d'huile, on y coule du plâtre, on l'agite pour qu'il pénètre dans toutes les sinuosités. On laisse alors sécher, puis on renverse le creux et on le casse avec précaution.

CHAPITRE IV.

MOULAGE A BON CREUX.

L'estampage et le moulage à creux perdu offrent beaucoup moins d'intérêt que cette troisième méthode ; car c'est la partie principale de l'art du mouleur : c'est celle qui demande le plus de temps, le plus d'habilité, de pratique et de soins. Elle est complètement différente des deux premiers modes de moulage, puisque les creux qu'elle produit subsistent et servent à couler une certaine quantité de plâtres. Quand ces creux sont bien faits, ils peuvent en fournir plus d'une centaine ; aussi, lorsqu'il s'agit de mouler des antiques, des statues dont, quelle que soit la dimension, le débit est assuré, il y a réellement de l'économie à faire de bons creux, quoiqu'ils soient plus chers. Les Vénus de Médicis, Callipige, les Apollon du Belvédère, les Laocoon, que recherchent toujours les amateurs, ne doivent pas être moulés autrement. Un des caractères distinctifs du moulage à bon creux est la réunion d'un grand nombre de morceaux qui se peuvent détacher l'un de l'autre. Il y a en effet peu de creux qui ne soient composés d'une certaine quantité de pièces, et telle statue drapée en compte plus de douze cents. Toutes ces pièces sont réunies par une première enveloppe, formée de plusieurs parties qui se nomment *chapettes*. Ces chapettes, à leur tour, sont contenues par une seconde et très forte enveloppe, appelée *chape*. Quelquefois la première enveloppe manque, surtout lorsqu'on moule des objets de moyenne grandeur ; souvent l'enveloppe n'est double que dans quelques parties. Voici donc les caractères du moulage à bon creux : moule subsistant, composé de plusieurs morceaux, dont l'ensemble est contenu par une ou deux enveloppes.

On moule de cette façon sur la terre molle, cuite ou sèche, sur le plâtre, le marbre, le bois, le bronze. J'indiquerai les légères différences d'agir selon chacune de ces matières. Je commence par l'argile fraîche.

La première chose que doit faire le mouleur est de *raisonner son moule*, c'est-à-dire d'examiner avec soin quelles seront la forme, la dimension et le nombre des pièces dont il doit le former ; à quels endroits elles formeront des *coutures*, c'est-à-dire se rejoindront. Il doit aussi remarquer les endroits qui sont ou ne sont pas de dépouille. (On se rappelle le sens de cette expression.) Après avoir bien étudié la figure qu'il va reproduire, il devra se figurer les pièces, et marquer au crayon leur forme et leur grandeur. S'il manque d'habitude, ou désire agir à coup sûr, qu'il applique sur la figure, à la place des piéges, des morceaux de papier blanc qu'il collera légèrement par les bords, ce sera en quelque sorte, le patron des pièces de son moule (1). Sans cette étude préparatoire, les morceaux mis au hasard s'entraînent mutuellement, se joignent mal, et lorsqu'arrive le moment de couler le plâtre, tout se dérange, s'écarte; les coutures saillantes et grossières se croisent en tout sens, et le travail est pitoyable ou perdu.

Moulage sur la terre molle. Ce moulage est le plus facile, parce qu'on a l'avantage de pouvoir faire des *coupes*, c'est-à-dire de séparer les bras, et, si l'on veut, la tête du corps de la statue. Si la figure est drapée, et par conséquent beaucoup plus difficile à mouler, on fera plus de coupes, surtout si elle est chargée de fleurs et d'ornemens. C'est alors surtout que je recommande l'étude préparatoire dont je viens de parler; car elle évite non-seulement les coupes maladroites qui se rejoignent difficilement, mais elle les rend fort rares. Or, rien ne témoigne plus de l'habileté d'un mouleur que de faire peu ou point de coupes. Les artistes les recherchent et les louent, parce que rien ne leur fait

---

(1) Cette méthode peu sûre n'est plus en usage : on emploie les bandelettes d'argile. (*Note de l'éditeur*).

plus de peine que de voir leurs modèles taillés en morceaux par un mouleur peu adroit.

Une simple réflexion fera comprendre combien il est important qu'il travaille avec soin, avec intelligence. Le sculpteur fait en terre molle le modèle qu'il doit ensuite répéter en marbre : dès-lors, il en anime les formes; il leur imprime la grâce, la pureté que l'on admirera plus tard sur une matière plus durable. Mais il ne peut de suite travailler le marbre d'après ce modèle, car l'argile, en séchant, amaigrirait, altérerait ces formes gracieuses. Il confie son œuvre au mouleur, pour que celui-ci fixe exactement la pureté, le moelleux de son ouvrage. Si le mouleur opère à la hâte, sans attention et sans goût, il est évident que sa coopération sera très nuisible au sculpteur, auquel son impéritie peut faire perdre un chef-d'œuvre. Aussi les artistes sont-ils très-difficiles dans le choix d'un mouleur. Faisons en sorte que nos lecteurs puissent mériter leur approbation.

Après avoir bien calculé les pièces et les coupes, le mouleur préparera les matériaux qui lui seront nécessaires, indépendamment du plâtre, pour mouler à bon creux. Il devra d'abord avoir de l'argile fraîche pour faire des marques ou *portées* aux endroits où les pièces devront se terminer. Du mastic lui sera ensuite très utile pour remplir les noirs, d'où le plâtre ne pourrait s'extraire. A moitié pris, il manquerait de consistance, et ne conserverait pas la forme de la cavité dans laquelle on l'aurait introduit : durci, comme il ne prête pas, il casserait. Le mastic est donc indispensable pour remplacer le plâtre dans toutes les parties qui ne sont pas de dépouille. Il y a plusieurs manières de le composer.

Mastic à l'arcanson. Faites fondre sur un feu doux, dans un vase de terre vernissée, une livre de cire jaune et une d'arcanson, espèce de colophane ou de résine cuite. Le mélange étant bien liquide, vous y mêlez peu à peu, et en tournant, quatre livres de plâtre fin et tamisé : vous obtenez ainsi six livres d'un mastic qui prend toutes les formes et les conserve. Lorsqu'ils sont légèrement mouillés, les morceaux ne tiennent pas ensemble, et se détachent facilement.

Mastic au soufre. Dans un vase de cuivre ou de terre vernissée, mettez une livre de poix-résine, autant de cire, et un quarteron de soufre en poudre. Ce mélange doit fondre sur un feu médiocrement ardent, sans jamais bouillir. La fonte achevée, ajoutez au mélange cinq ou six poignées de poudre de marbre ou de brique passée au tamis de soie, en remuant avec une spatule de bois. On peut se servir aussi de la poudre à ciment ordinaire. Le mélange achevé, vous retirez du feu; et quand le mastic est froid, vous examinez son état : s'il est trop mou, vous y ajoutez un peu de poudre de brique; s'il est trop dur, vous y mettez un peu de cire fondue à part. On peut substituer du plâtre très-fin à la poudre de marbre ou de brique. Quand vous devrez vous servir de ce mastic, vous le ferez fondre au bain-marie, afin qu'il ne s'attache pas au fond du vase en brûlant.

Mastic gras. Ce mastic n'a pas la même destination que les précédents; il sert à réunir les pièces d'argile qu'on a séparées pour le moulage. C'est un mélange de cire et de résine à égales parties, que l'on fait fondre ensemble sur un feu très-doux.

Lorsque tout est disposé, le mouleur commence son ouvrage. Supposons qu'il ait à mouler une figure nue, grande comme nature; il la pose sur un large bloc en pierre ou en bois d'une hauteur convenable pour travailler commodément. Il prend ensuite un fil de fer ou de laiton fort mince, formant demi-cercle, et terminé à ses deux extrémités par une petite poignée de bois arrondie. Cet instrument est exactement semblable à celui dont se servent les marchands de beurre et de fromage pour diviser leur marchandise. Ce fil métallique doit être placé sur une table ou planche voisine de la figure qui recevra les coupes à mesure que ce fil les divisera. Le mouleur y posera en plusieurs endroits de petits tas d'argile molle huilée; puis appliquant le fil de fer sous l'aisselle de la statue, et tirant d'une main ferme, il séparera le bras du corps : s'il manque d'habitude, il fera sagement de tracer, avec un fil ciré, une ligne autour de l'extrémité supérieure du bras avant de faire usage du fil de fer. La première *coupe* faite, il dépose le bras séparé de l'épaule sur les tas de terre huilée, afin que l'argile de ce membre ne s'attache ni à la planche ni à aucun autre corps. S'il n'avait eu la précaution d'huiler ces tas ou supports en terre molle, cette terre aurait adhéré à celle du bras, qui est également molle. Il agit de même pour l'autre bras; mais préalablement, avec un ébauchoir ou bien un couteau, il a dû tracer deux *repères* sur la coupe, afin de pouvoir, après le moulage, rapporter exactement les parties, et recoller les bras qu'il a séparés.

Les marques nommées *repères* sont tellement usuelles, que je pourrais me dispenser d'en donner l'explication; mais elles peuvent n'être pas connues de quelques lecteurs, et cette possibilité me fait une loi de ne rien omettre. Des *repères* sont des marques arbitraires et correspondantes, que l'on fait sur chaque bord d'un objet divisé, qui doit être ensuite réuni avec précision. J'ai dit *arbitraires*, parce qu'il importe peu quelle figure on donne à ces marques, pourvu qu'elles soient parfaitement pareilles, et placées exactement vis-à-vis l'une de l'autre au même point, de manière, par exemple, qu'en remettant le repère du bras vis-à-vis le repère de l'épaule, on replace la partie au point où elle était avant d'être séparée du corps. Pour être assuré qu'on opère avec exactitude, on fait toujours les repères avant la coupe; et lorsqu'on manque d'habitude, lorsqu'on agit sur des objets de forte dimension, on doit multiplier ces signes, véritables points de jonction.

Le mouleur s'occupe ensuite de mouler les bras. On sait que pour le moulage à creux perdu, on y parviendrait en faisant deux coques ou deux coquilles : pour le moule à bon creux, il faut que chaque coque soit assez divisée pour que d'abord on puisse aisément retirer le modèle et plus tard le plâtre.

Dès qu'il a gâché le plâtre, qui doit être très fin pour les premières couches, il prend de très-petits morceaux de terre molle en forme de dez aplatis, et les place aux endroits où seront terminées les pièces : ces dez d'argile se nomment *portée*, et leur but est de recevoir et de soutenir le plâtre. Il va sans dire que les portées sont huilées, car autrement elles s'attacheraient à l'argile du modèle. On peut donner aux pièces telle forme qu'il convient, soit transversales, soit longitudinales. Dans le premier cas, une des pièces comprend depuis l'épaule jusqu'au coude; l'autre comprend depuis cette partie jusqu'à la main. Dans le second cas, la coquille est partagée dans toute sa longueur d'une extrémité à l'autre du bras; ce dernier mode est le plus usité. On fait deux petites coquilles pour chaque doigt, ainsi qu'une pièce pour la paume, et une autre pour le dessus de la main. Très souvent les pièces sont beaucoup plus multipliées, mais toutes ne se font que les unes après les autres et de la manière qui suit :

Après avoir légèrement huilé la partie que l'on doit immédiatement mouler, on la couvre, au moyen d'un pinceau, d'une certaine épaisseur de plâtre bien gâché. Quoique ce plâtre soit seulement destiné à faire le creux, il ne faut point y mélanger de poudre colorée, l'addition n'en étant pas nécessaire comme pour les moules à creux perdu. Le plâtre convenablement étendu, on le laisse *travailler* et prendre. Cette expression technique indique l'inévitable gonflement qu'éprouve cette substance. Lors donc qu'elle est gonflée et refroidie, on s'occupe à la tailler avant qu'elle soit tout-à-fait durcie. Il faut que l'on puisse encore couper facilement les bords ou tranches du morceau de plâtre. Un peu d'expérience indique ce point au mouleur; alors il détache ce morceau, en passant légèrement entre ses bords et le modèle la pointe du couteau ou de l'ébauchoir, qu'il applique sur les portées afin d'enlever la pièce avec plus de facilité ; ce morceau détaché, il le *pare*, ou le taille sur toutes les tranches et un peu en biais, ou en biseau; cela fait, il le replace exactement à l'endroit d'où il a été enlevé. Les tranches sont huilées et disposées de manière que le morceau suivant puisse être bien contigu à celui-ci, et s'en séparer aisément. L'ouvrier procède ensuite, et de la même façon, à l'application du second morceau ; mais lorsqu'il le pare, il taille le biseau en sens inverse de celui qui précède, afin qu'ils puissent tous deux s'emboîter à recouvrement. Les autres morceaux se font de même. Comme tous les côtés reçoivent des pièces voisines, toutes les tranches sont parées ; mais en d'autres cas, quand une tranche doit rester seule, on se dispense de la parer en biseau. Après avoir moulé le bras, l'ouvrier s'occupe de la main ; il agit comme précédemment : mais lorsqu'il a fait toutes les petites pièces nécessaires, il y pratique des repères, puis les huile légèrement sur toute leur surface ; il prend ensuite du plâtre, gâché un peu plus serré, et recouvre toutes ces petites pièces d'une enveloppe, une pour le dessus, une autre pour le dessous de la main. Cette enveloppe ou plaque, plus épaisse que le creux, s'appelle *chapette*, les tranches en sont parées et emboîtées comme celle du creux : son usage est de soutenir celui-ci. Souvent le mouleur, commençant par les doigts, prolonge ensuite les grandes pièces du bras sur celles de la main, de telle sorte que leur extrémité inférieure sert de chapette. C'est à lui de choisir le procédé qui lui semblera le plus commode et le plus expéditif. Je me déciderais assez pour le dernier. Les pièces faites et séchées, on y trace des repères, on les retire de dessus la terre en les soulevant avec les mains par l'un et l'autre bout, puis on les rassemble et on les lie pour que le creux ne se tourmente pas ; d'étroites sangles suffisent et remplacent la chape qui devrait soutenir le creux du bras. L'autre bras se moule de la même manière.

C'est le corps de la statue qui doit maintenant fixer notre attention. Il se moule en deux *assises* ou parties. La première assise, celle par laquelle on commence toujours, se fait depuis la plinthe, ou base de la figure, jusqu'à la moitié des cuisses ; la seconde s'étend depuis ce point jusqu'aux épaules, car on moule, si on le juge à propos, la tête séparément, sans toutefois en former une coupe. Cette pratique permet de remuer le creux plus commodément.

Dans les figures nues, les pièces doivent être plus grandes que pour les figures drapées : on doit aussi avoir beaucoup plus égard aux rejoints, c'est-à-dire aux endroits où les pièces du creux s'emboîtent à l'aide des précautions que nous avons recommandées plus haut, et en mettant une grande exactitude dans cet emboîtement.

On pourrait rendre ces rejoints invisibles; mais malheureusement il n'en est pas toujours ainsi, et d'ailleurs, nous devons le dire, quelles que soient l'habileté, l'attention de l'artiste, la force des chapes, leur épaisseur et les bandes de fer qui les lient, le plâtre qui se gonfle en s'échauffant, écarte toujours plus ou moins les parties du moule. Il est donc presque impossible d'éviter ce relâchement : l'art ne peut que le diminuer et le réparer. Or, pour le faire avec succès, il est important que toutes les coutures se trouvent sur la même ligne et sur les endroits les plus saillans, les plus faciles à racler. Ainsi, en moulant le visage, on placera le rejoint ou couture sur le milieu du nez, et les autres suivant ce précepte : celui de la mâchoire inférieure sur les endroits les plus saillans de l'os. Il en est de même pour le bras, la jambe, etc. D'ailleurs, la position d'une figure indique assez la ligne des coutures qui passera sur l'épaule saillante d'un gladiateur, sur le dos tendu d'un fils de Niobé, etc., etc.

D'après ces principes, et l'explication du moulage des bras, le lecteur, je l'espère, suivra sans difficulté les détails que je vais donner. Il sait que le moulage doit commencer par le bas de la figure et par les parties les plus renfoncées. Le point de jonction de la jambe au pied, le jarret, sont les endroits *noirs*. Pour remplir ces cavités, le mouleur prend du mastic à l'arcanson, en amollit les morceaux dans l'eau chaude, puis les ajuste les uns à côté des autres, de manière qu'ils enfoncent convenablement : l'eau dont ils sont humectés les empêche d'adhérer les uns aux autres, et lorsque le moule est fini, et qu'on enlève toutes les pièces (ce qui s'appelle dépouiller la figure), les morceaux de mastic sont rassemblés après avoir été extraits de la cavité qu'ils remplissaient. Un creux de plâtre est fait sur leur ensemble et se rejoint exactement aux parties voisines. Le cas dont il s'agit offre peu de difficultés : un ou deux morceaux de mastic peuvent suffire; mais lorsqu'il s'agit de draperies, de plis renfoncés et refouillés en cloche, l'opération est longue et minutieuse; quarante et cinquante morceaux de mastic deviennent souvent nécessaires. Un creux de plâtre couvre le tout, comme je viens de l'expliquer; puis en outre, dans ce creux on en coule un de cire, qui dans le grand moule tiendra lieu de cet amas de petites pièces de mastic.

Plusieurs mouleurs peu au fait, et appréciant mal la nature de leurs pièces avant d'appliquer le plâtre ne s'aperçoivent qu'un morceau n'est pas de dépouille qu'après l'avoir placé, ou seulement par la résistance qu'il offre lorsqu'ils le veulent enlever. Si vous avez comme eux manqué de prévoyance, n'hésitez pas : dès que vous apercevrez quelque obstacle à la dépouille, coupez autour du noir, en évitant bien d'endommager les formes. Enlevez ensuite le plâtre retranché, mettez-le au rebut, et employez le mastic; mais tâchez de n'avoir jamais recours à ce moyen, car non-seulement on perd du temps et du plâtre, mais communément son usage rend la figure moulée très différente du modèle.

D'autres mouleurs ont l'habitude de parer les pièces sur place, et c'est à tort : la meilleure méthode, surtout pour les petites, est de les parer à la main, après les avoir enlevées au fur et à mesure de leur application. Au reste, pour appliquer, parer, emboîter les pièces, je ne veux que rappeler les indications déjà données relativement au moulage du bras. Il n'en est pas de même à l'égard de la disposition et de la forme des pièces, mais il faudrait pour chaque objet une quantité de planches que quelque peu de pratique rendrait complétement inutiles. On sent, en effet, l'impossibilité de représenter toutes les figures que l'on peut avoir à mouler, et la représentation d'une seule ne servirait à rien. Nous nous bornerons donc à dire qu'il faut éviter, autant que possible, de faire les pièces à angles trop aigus, parce que la poussée ou travail du plâtre les casserait, et empêcherait ainsi qu'on ne tirât beaucoup de copies du creux. Le moyen à préférer est de les faire à angles droits, autant que la forme du creux le permet.

Les pièces des jambes étant, comme celles du bras, de peu d'étendue et de dépouille, on peut y faire *pièces-cha-*

pes, c'est-à-dire se dispenser de les envelopper par une chape ou même par une chapette. En ce cas, les pièces doivent avoir autant de force et d'épaisseur qu'en eût donné l'addition de l'enveloppe extérieure. Chaque fois que le mouleur pourra sans inconvénient faire *pièces-chapes*, je le lui conseille, puisque ce sera abréger le temps; mais les très-grandes figures, celles surtout qui sont ornées de draperies, ne permettent guère l'emploi de cette méthode.

Sitôt que les pièces ont quelque grandeur, elles exigent un soin particulier, soit pour être retirées de dessus le modèle, soit pour être fixées après les morceaux de la chapette : ces considérations nous conduisent à parler de l'usage des *annelets*. Ils sont en ficelle ou en fil de fer, ou bien encore en laiton. Les uns sont des boucles en ficelle, les autres des boucles métalliques qui ressemblent beaucoup aux boucles ou portes d'agrafe. Voici la manière de poser les premières. Après avoir appliqué la première couche de plâtre, lorsqu'on commence à faire une pièce, on prend un morceau de ficelle dont le bout retourne sur lui-même, forme une boucle d'une grandeur relative à l'épaisseur que doit avoir la pièce et la chapette. En général, il vaut mieux que cette boucle soit trop longue que trop courte, elle sera perpendiculaire, et pour la maintenir dans cette position, on la presse quelques instans à la base avec le pouce. On répète cette manœuvre à peu de distance. Si l'on ne veut pas couper la ficelle à chaque boucle, ce qui augmente le travail et nuit à la solidité de l'ensemble, on la passe d'une boucle à l'autre; mais en ce cas, il faut que la couche de plâtre sur laquelle pose la ficelle soit assez épaisse pour que celle-ci ne puisse faire saillie sur la pièce, et donner son empreinte au plâtre que l'on coulera. A mesure que l'on applique le plâtre de la pièce, les boucles se trouvent entourées à la base et prennent de plus en plus la position perpendiculaire. A mesure aussi que le plâtre sèche, elles se fixent solidement : on sent combien ensuite il est facile de saisir les pièces par ces boucles pour les ôter et les remettre à volonté. Je décrirai bientôt leur second usage.

On place de la même manière du fil de fer cuit, et les

boucles qu'il forme peuvent se prendre à la main, mais les annelets préparés étant beaucoup plus courts, ne peuvent être saisis que par la pince seulement; ils donnent moins de peine à placer; il suffit de les ficher dans le plâtre lorsqu'il est encore mou. On les emploie de préférence pour les petites pièces qui se dépouillent difficilement, et pour tous les endroits délicats.

Quand le mouleur a recouvert ainsi de pièces sa première assise, il n'a encore rempli qu'une partie de sa tâche, il doit songer alors à consolider le creux. Son premier soin doit être de faire des hoches ou marques arbitraires en creux sur les morceaux pour reconnaître leur place, lorsque plus tard il s'agira de les monter. Si les pièces sont nombreuses, il fera bien de les numéroter ou de les marquer chacune par une lettre de l'alphabet. Des repères placés aux principaux points de jonction seront aussi fort utiles, quoique dans la pratique on s'en serve peu. D'autres soins sont nécessaires si le mouleur doit faire une *chapette :* dans ce cas, et tandis que le plâtre est encore mou, il entaille un enfoncement peu profond et demi-sphérique sur le dessus de chaque pièce. Ces enfoncemens produisent des saillies dans les plaques de la chapette qui les recouvre, et les pièces ne se peuvent déranger. Le mouleur ayant ainsi tout préparé pour la chapette, s'occupe de la faire; il procède comme pour les pièces. Les plaques qui la composent doivent être beaucoup moins nombreuses que les pièces du creux, par conséquent plusieurs rejoints de celles-ci se trouvent sous une seule chapette; mais, grâce aux annelets, il n'est pas plus embarrassant de les fixer les unes aux autres.

Pour faire les chapettes, on prend du plâtre de mouchettes, on le gâche un peu serré, puis on en étend, sur plusieurs pièces du moule, une couche peu épaisse, après avoir huilé celle-ci. On conserve bien la position perpendiculaire des annelets, ayant soin de les tenir élevés à mesure que l'on épaissit la couche du plâtre. En outre, au moyen d'un poinçon, ou de tout autre petit instrument analogue, on enlève circulairement un peu de plâtre autour de chaque annelet, de manière à former un trou rond dans la chapette.

Quand celle-ci est parfaitement sèche, la boucle de ficelle, qui se maintient librement dans le trou et le dépasse, reçoit une cheville de bois, qui, placée transversalement, arrête la boucle en servant de tourniquet. Quand l'anneau est métallique, on agit de même, mais au lieu d'une cheville, on passe dans la boucle une forte ficelle que l'on conduit dans les boucles opposées.

Les bords de la chapette doivent se rencontrer avec ceux des pièces du moule, qui forment un des rejoints continus ou la ligne des coutures. La raison en est simple; pour couler le plâtre dans le creux, il faut que les pièces du moule et celles de la chapette soient parallèles sur les bords, autrement le moulage produirait d'interminables saillies. Les bords de la chapette sont taillés avec soin, en biseau, et s'emboîtent comme les pièces du creux. Si la statue est de petite dimension, et que la chapette suffise, on la *garotte*, c'est-à-dire qu'on l'entoure de sangles, de cordages solidement attachés; puis, pour la serrer davantage, on passe, en divers endroits, dans les cordes, un morceau de bois nommé *garrot*, qu'on tourne fortement et qu'on attache ensuite avec une ficelle.

On procède ensuite au moulage de l'autre assise, et lorsque la statue est tout entière recouverte par le creux et par la chapette, on s'occupe de la *chape*. Cette dernière et forte enveloppe est à la chapette ce que celle-ci est au creux. Ses pièces sont moins nombreuses que celles de la chapette, plus épaisses et plus grossières. Pour la faire, on commence par huiler toutes les surfaces de la chapette, on gâche également du gros plâtre, et l'on en fait une masse épaisse que l'on élève en commençant par le bas. Les parties de cette espèce de muraille sont taillées sur les tranches et s'emboîtent à recouvrement. Elles maintiennent à la fois la chapette et le moule. Pour remplir ce but, il leur faut une grande solidité ; aussi une chape est-elle renforcée d'une *armature*.

On nomme ainsi l'ensemble des bandes et liens de fer dont la chape est entourée. Ces bandes en fer doux, appelées *fentons* ou *côtes de vaches*, sont contournées selon la forme du moule. Ces fentons forment ainsi de grands cercles dont on rejoint et croise les deux extrémités attachées ensuite avec de fortes cordes. Si ces bandes de fer tachaient la chape de rouille, le mal ne serait pas grand ; néanmoins, comme cela pourrait avoir de l'inconvénient, on prévient la rouille en faisant chauffer les fentons et en les frottant de cire ou de résine, ainsi que nous l'avons dit plus haut.

Telle est la méthode employée pour faire les bons creux : nous dirons plus tard quelle est la manière de s'en servir. Les substances sur lesquelles le mouleur exerce son art, ne changent rien aux dispositions principales ; elles exigent seulement diverses précautions accessoires dont nous allons entretenir le lecteur.

Moulage sur la terre cuite. — Comme, en cet état, l'argile est cassante, il faut un soin particulier ; le gonflement du plâtre est en outre plus gênant ; cette substance se resserre alors et donne beaucoup de peine pour son dégagement de dessus la terre qui ne se prête nullement. Il convient donc d'être difficile sur le choix des matières, et d'employer pour faire le creux, le plâtre cuit au four, qui ne sert ordinairement qu'au coulage des figures. Non-seulement les noirs, mais une grande partie des pièces, se font en mastic ; on ne fait en plâtre que les plus faciles, et qui peuvent être *pièces-chapes.* On met une chapette un peu épaisse sur les pièces de mastic, mais généralement on s'abstient de faire une chape, de peur que son poids ne puisse être supporté par le modèle.

On prend indifféremment du mastic à l'arcanson ou au soufre : on le met fondre au bain-marie ; dès qu'il est maniable, on le presse d'abord dans les noirs, puis dans les autres parties, après les avoir lavées d'une eau savonneuse très chargée. Ce mastic, qui prend plus vite que le plâtre, se traite de même. Sitôt qu'il est pris, on l'enlève, on le pare à la main, puis on le remet en place.

On sent qu'il est impossible de donner des règles générales ; telle figure exige l'emploi du mastic pour les pièces, telle autre le rejette. En certains cas, on peut faire des coupes au modèle, et quelquefois cette opération est impossible; c'est au mouleur qu'il appartient d'apprécier ces cas dans la pratique. Ordinairement on ne se permet pas de coupe sur les objets de petite dimension; on forme le creux de telle sorte, que les moules des parties voisines et isolées du bras, par exemple, y tiennent au moyen de la chapette qui maintient le tout; mais en même temps, il faut que les creux du bras, ou autres coupes marquées, puissent se détacher quand on veut les couler séparément.

Si le modèle est fort et que les coupes soient praticables, le mouleur se servira, à cet effet, d'une scie d'horloger, la meilleure et la plus mince qu'il pourra trouver. Pour rejoindre les coupes, on emploie le *mastic gras.*

Moulage sur la terre sèche. — L'argile sèche, sans être cuite, ne souffre aucune coupe, à raison de la facilité avec laquelle elle se casse et se fend. Il arrive même souvent que le modèle est fendu, avant que le mouleur l'ait touché; la terre en se séchant, surtout dans les bas-reliefs, produit ces fentes que l'on bouche avec le mélange suivant, appelé *cire à modeler.*

Cire neuve, une livre; poix de Bourgogne blanche, demi-livre; suif, un quart de livre. Fondre le tout sur un feu très-doux, sans ébullition. Non-seulement cette préparation sert à réparer le modèle, mais elle peut être employée à faire des pièces dans les noirs et autres morceaux difficiles.

Il faut commencer par passer sur la terre sèche une légère couche d'huile et de suif; on la moule ensuite, mais elle ne sert plus lorsque le creux est fait. N'ayant pas assez de force pour résister à l'effort du plâtre, elle se retire presque toujours en morceaux. Si l'on tient à conserver le modèle, il faut employer beaucoup de mastic au soufre, en faire des pièces de moyenne grandeur, et les couvrir de *fausses pièces,* soit en mastic, soit en plâtre léger. On nomme fausses pièces ou chemises celles qui en renferment d'autres, et qui ne portent aucune empreinte de l'ouvrage que l'on a moulé. Sur ces fausses pièces, on fait une chapette, et l'on enlève le tout bien délicatement.

Surmoulage. — Moulage sur le plâtre. — Soit que les artistes fassent leurs modèles en plâtre à la main (opération désavantageuse pour eux et peu en usage), soit que le mouleur doive reproduire une figure coulée en plâtre dont il n'a pas de creux, il aura besoin d'agir avec précaution. Si le modèle doit être conservé blanc, il passera dessus une eau savonneuse très forte. Dans le cas contraire, cette eau sera remplacée par de l'*huile grasse.* Voici la manière de préparer cette huile.

Huile grasse ou *siccative.*

Mettez sur un feu doux, dans un vase de terre vernissé, une livre d'huile de lin ; joignez-y un huitième de livre de cire ; prenez un quart de livre de litharge, enveloppée dans un linge, de manière qu'il forme un sachet ; suspendez ce sachet dans l'huile, et laissez cuire pendant cinq ou six heures. L'huile grasse s'emploie toujours chaude.

Lorsqu'avec l'huile grasse ou l'eau de savon, le mouleur a bouché convenablement les pores du plâtre, il fabrique le creux comme à l'ordinaire. Si quelque partie vient à se casser, on humecte d'eau une éponge fine, et l'on mouille avec précaution les endroits à réparer. On prépare ensuite du *plâtre noyé*, c'est-à-dire gâché bien liquide, et l'on s'en sert pour recoller les morceaux. Si les plâtres cassés sont forts et très secs, on emploie la colle forte et mieux encore la colle de poisson.

Moulage sur le marbre. — C'est l'opération qui exige le plus de soin et d'intelligence ; car s'il arrive quelque accident, il est irréparable, et il ne faut qu'une seule pièce mal entendue pour faire casser la figure en quelque partie. Le travail du plâtre produirait inévitablement ce fâcheux résultat, si l'on n'opposait à sa force du mastic, dont l'effet est ordinairement contraire ; car le mastic se resserre, tandis que le plâtre tend à se gonfler. Tous les endroits fragiles d'une figure doivent être couverts de mastic, et souvent telle statue de petite dimension, tel buste, tel bas-relief, ne supporteraient pas de pièces d'une autre matière.

Le mouleur commence son travail par laver le marbre avec de l'eau bien chargée de savon. C'est une habitude extrêmement vicieuse que d'employer l'huile à cet effet, car elle produit sur le marbre une tache qui ne peut s'effacer et pénètre toujours de plus en plus. On fait ensuite toutes les pièces de mastic à la poudre de marbre ou à l'arcanson, et l'on ne place les pièces, pour lesquelles on ne doit employer que de très bon plâtre, qu'après celles-ci. Il importe de laisser travailler le plâtre de chaque pièce avant d'en former d'autres à côté, et de réserver toujours les plus faciles pour les dernières. C'est surtout lorsqu'on opère sur le marbre qu'il est essentiel de parer les pièces à la main, de peur de le gâter avec la pointe du couteau.

Quand la figure est moulée, selon les procédés ordinaires, on la dépouille avec attention, puis on la lave au moyen d'une éponge imbibée d'eau pure et chaude pour emporter le savon, qui, en séchant, jaunirait le marbre. Si les parties les plus exposées, comme les doigts des pieds, des mains, l'extrémité des draperies, etc., viennent à se casser, il faut les réunir avec du mastic au fromage. Pour bien réussir, on chauffe un peu les morceaux à rejoindre, en évitant avec soin de les brûler, car alors le marbre changerait de couleur et la jonction paraîtrait; après cela, on enduit les parties de mastic froid; on rejoint bien exactement, et l'on ne s'inquiète pas si le résultat tarde à s'obtenir, car le mastic au fromage est très lent à prendre. Ce mastic, dont la solidité est très grande, se compose de fromage blanc nommé vulgairement *à la pie*, et d'une égale quantité de chaux vive; on broie bien le tout ensemble.

Moulage sur le bois. — Point d'autre obstacle pour ce genre de moulage que l'absolue nécessité de s'abstenir de faire des coupes. Le gonflement du plâtre, la fragilité du modèle, ne sont point à redouter; mais l'obligation de mouler des figures entières exige beaucoup de temps et de patience. Le mouleur éprouve de grandes difficultés pour les pièces qui sont multipliées à l'infini, et deviennent très petites. L'emploi des *fausses pièces* est alors indispensable, et malgré la solidité du bois, il faut souvent avoir recours aux pièces de mastic et de cire. Avant de mouler, il est bon de passer sur le modèle une très légère couche de résine, que l'on enlève ensuite en lavant avec un peu d'essence de térébenthine.

Moulage sur le bronze. — Le travail du plâtre n'agissant point sur cette matière, cette sorte de moulage n'offre point de difficulté. On enduit le modèle d'huile avant de faire les pièces pour lesquelles on emploie du plâtre commun, mais néanmoins très fin pour la première couche. Lorsque le moule est terminé, l'ouvrier doit frotter soigneusement le bronze, pour éviter qu'il ne s'oxide. Un linge fin et sec, saupoudré d'un peu de tripoli, le nettoiera très bien.

CHAPITRE V.

MANIÈRE DE FAIRE LES MOULES SUR NATURE.

En traitant des moules à creux perdu, j'ai dû nécessairement commencer par parler des procédés qui feront le sujet de ce chapitre. En effet, les moules pris sur nature ne pouvant être à plusieurs pièces, à chapette, à chape, sont toujours des moules à creux perdu, car on est ensuite obligé de les casser avec un ciseau, après y avoir coulé le plâtre, qui reproduit l'objet moulé.

Le moulage qui nous occupe maintenant se divise forcément en deux parties : 1° le moulage sur la nature vivante ; 2° sur la nature morte. Les précautions nécessaires pour ne pas indisposer la personne qui sert de modèle produisent la principale, et presque l'unique différence, entre ces deux sortes de moulage.

Nature vivante. — Pour peu que l'on ne soit pas tout-à-fait étranger aux arts, on sait que les sculpteurs et les peintres sont presque toujours obligés d'avoir de bons modèles sous les yeux. Ils louent des modèles vivants; mais cette location est onéreuse, et les artistes n'ont souvent besoin que de parties séparées, comme une tête, des bras, des jambes, un torse, etc. Alors il font mouler ces parties. Si le mouleur chargé de l'opération veut, à son tour, se procurer l'image de ces parties de choix, et en avoir plusieurs épreuves, il ne tient qu'à lui de *faire un surmoule* ou de *surmouler*, c'est-à-dire, comme nous l'avons vu dans le chapitre précédent, de mouler à bon creux sur le premier plâtre. Car, je le répète, la nécessité de couvrir tout l'objet d'une seule fois, de n'avoir que deux pièces au plus, fait qu'on ne peut mouler qu'à creux perdu sur nature.

Le mouleur qui doit agir sur une personne vivante commencera par lui donner quelques avertissemens préalables. Par exemple, il l'engagera à demeurer complétement immobile tant que le plâtre ne sera pas pris; il l'engagera aussi à ne pas s'effrayer de la chaleur que le plâtre acquiert et qui va toujours en croissant. Il aura soin de lui affirmer, ce qui est vrai, que cette chaleur ne parvient jamais à un degré qui puisse entraîner ni danger, ni souffrance. Si le visage doit fournir l'empreinte, l'artiste fera bien sentir au modèle la nécessité de tenir scrupuleusement la bouche et les yeux fermés. Il l'avertira encore que le plâtre affaisse la chair, afin que certains modèles ne puissent rien avoir à lui reprocher. Quant aux gens qui se font mouler le visage dans l'intention d'avoir leur portrait très exact, il leur apprendra que la contrainte qu'ils éprouveront, les yeux fermés, la bouche souvent de travers, sont autant d'obstacles à la fidélité, à l'agrément de cette empreinte. Enfin, à moins que le mouleur ne soit bien assuré de son adresse et de sa dextérité, qu'il n'entreprenne jamais de mouler une tête, ou bien moins encore une personne vivante en entier, car il courrait risque de voir périr son modèle entre ses mains. On sent que, dans ce cas, le gonflement du plâtre exige la plus grande promptitude, la plus grande habileté.

Nous ne nous occuperons maintenant que du torse et de la figure, qui sont les deux seules parties exigeant des précautions spéciales. Nous réservons le moulage des membres pour l'article suivant, parce qu'ils se moulent exactement sur la nature morte comme sur la nature vivante.

Pour réussir à mouler le torse, vous faites asseoir le modèle sur un siége sans dossier, lui faisant appuyer les bras sur l'extrémité supérieure d'un dossier de fauteuil placé devant lui afin de les lui soutenir (1); ensuite au moyen d'un pinceau, vous enduisez la peau d'un peu d'huile d'olive pardevant. Avant d'huiler, vous devez garantir, par un linge, les vêtemens qui couvrent les parties inférieures du modèle, et ce linge doit former une espèce de bourrelet au bas du torse. Ces préparatifs achevés, vous prenez du plâtre très-fin et très prompt, vous le gâchez avec de l'eau tiède, et dès qu'il commence à prendre, vous l'appliquez sur tout le de-

(1) En thèse générale, la position du modèle doit être déterminée par la situation qu'on veut représenter. Mais quelle que soit cette position, le mouleur doit songer à donner à la personne qui pose des points d'appui et de suspension disposés de manière à lui épargner la fatigue, suite de l'immutabilité forcée, qui d'ailleurs, en nécessitant des efforts extraordinaires, nuirait à la pureté des formes. S'il s'agit de représenter des situations fortes et la contraction des muscles produite par les grandes commotions de l'ame, l'artiste devra placer le modèle de manière à ce que les organes extérieurs, mis en mouvement par la passion, soient très-apparents dans la pose. Tantôt il lui fera serrer fortement un bâton, tantôt porter un fardeau, d'autres fois serrer les dents, etc. Le *bras d'Hercule en repos* n'est point semblable à celui d'Hercule soulevant sa pesante massue pour en frapper l'hydre; et sans aller chercher pour exemple des contrastes aussi prononcés, les formes de la jambe qui supporte le corps pendant la marche de l'homme diffèrent essentiellement des formes de la jambe qui se meut en avant. Le génie du mouleur doit le guider dans l'appréciation de ces nuances délicates, dont l'observation exacte constitue les beaux ouvrages; il doit le guider dans le choix des poses et dans l'emploi des moyens propres à lui faire saisir la nature sur le fait, et à lui permettre de fixer, sur une matière solide, un mouvement fugitif et passager, mais caractéristique. (*Note de l'éditeur*).

vant du corps ; vous promenez le plus promptement possible le pinceau à longs poils dont vous vous servez, vous mettez sur la première couche de plâtre plusieurs brins de filasse. Cette matière lie le plâtre et empêche la respiration de faire gercer le moule, et pour peu que vous agissiez avec célérité, le mouvement produit par la respiration ne causera nul inconvénient ; mais il est indispensable d'appliquer le plâtre avec précision et rapidité. Par ce motif, et dans la crainte d'exercer une trop forte pression sur l'estomac, vous donnerez au moule le moins d'épaisseur possible. Dès que le plâtre sera posé, vous comprimerez légèrement sur les côtés les tranches avec la pointe de l'ébauchoir ou de la spatule, à moins toutefois que vous n'ayez préféré l'emploi du fil ciré. Le plâtre pris et sec, ce qui doit être l'affaire de quelques instants, vous priez la personne de se lever doucement et de se rejeter en arrière, tandis que vous soutenez le moule avec une forte serviette, et que vous le soulevez doucement sur les côtés avec le bout des doigts. En prenant ces précautions votre moule est intact, et semblable au devant d'une cuirasse (1). Vous songez ensuite à mouler le derrière du torse, partie qui demande beaucoup moins de soins et de vitesse, parce qu'on n'a point à craindre l'influence de la respiration. Lorsqu'elle est moulée, vous tail-

---

(1) Il est des cas où le moulage ne peut être ainsi pratiqué. Ce qui vient d'être dit est parfaitement exact, lorsqu'il s'agit de mouler un homme robuste ; mais si, pour consulter quelque médecin orthopédiste éloigné, pour constater l'état d'une partie avant le traitement, ou pour toute autre raison, on veut faire mouler la poitrine d'une jeune personne délicate, et quelquefois mal conformée, on courra les plus grands risques si l'on recouvre de plâtre tout l'appareil respiratoire. La chaleur intense, l'humidité, la forte pression, qui sont causées par cette opération, produiront une suffocation très-dangereuse et peut-être mortelle. Dans cette circonstance délicate, un mouleur prudent sépare, par une bandelette, la poitrine en deux parties ; il en moule une tandis que l'autre reste libre dans ses mouvements. Cette première partie prise, il la découvre, et moule la seconde. S'il résultait d'observations antérieures que l'un des côtés fût hépatisé, il devrait mouler seulement ce côté, et s'abstenir absolument de mouler l'autre. (*Note de l'éditeur*)

lez ou comprimez les tranches en biseau, de manière à ce qu'elles puissent s'emboîter avec celles de devant, comme nous l'avons expliqué plus haut. Pour détacher ensuite le moule, vous faites encore lever le modèle, vous l'engagez à se rejeter en avant, et les résultats sont les mêmes que dans le premier cas. Pour prévenir les mauvais effets du plâtre sur la peau, il est à propos de la laver avec de l'eau-de-vie pure, ou mêlée de très peu d'eau.

C'est surtout en moulant le visage que l'artiste a besoin de toute sa dextérité. Il commence par graisser la naissance des cheveux, les sourcils, les cils, avec de la pommade ou du beurre frais. Si le modèle est un homme, il doit être parfaitement et fraîchement rasé; le mouleur huile légèrement ensuite la figure, et l'entoure d'une ou deux serviettes pour empêcher que le plâtre ne coule dans les cheveux et dans les oreilles. La personne est couchée horizontalement, les yeux et la bouche fermés. Pour que la respiration demeure libre, on place dans la bouche et dans les narines un tuyau de plume fort petit. A la rigueur, on peut se borner à prendre cette précaution pour les narines seulement; on peut même la négliger tout-à-fait, mais alors il faut bien prendre garde que les narines ne soient bouchées, et poser le plâtre tout autour avec infiniment d'adresse et de rapidité. Au reste, comme on termine l'opération par ouvrir le nez, une minute au plus suffit.

Quand tout est préparé, on gâche de très bon plâtre avec de l'eau tiède, on le laisse un peu prendre, pour diminuer d'autant son action sur le visage (1); ensuite, avec un pin-

---

(1) Peu de personnes gâchent convenablement le plâtre dans cette occasion délicate, et dans toutes les autres où il doit être très-serré. La quantité d'eau, le temps à laisser écouler, ne sont appréciés, d'une manière sûre et constante, qu'après de nombreuses manipulations et l'usage qu'on n'acquiert que par une longue pratique. Il est cependant une façon d'agir qu'il est bon de faire connaître, parce qu'en la suivant, on est presque sûr d'arriver à un résultat satisfaisant.

On commence par mettre l'eau tiède dans le vase où l'on doit gâcher; puis

ceau fin, on applique le plâtre, en commençant par le front, par les joues, et l'on termine par la bouche et le nez. Le plâtre prend sur-le-champ. Alors on relève promptement le modèle, et le masque se détache de lui-même.

Il y a deux et même trois manières de mouler les membres sur la nature vivante et sur la nature morte. La première, que nous avons déjà expliquée en parlant des moules à creux perdu, faits à coquilles : l'emploi du fil ciré, qui partage le moule et marque ses tranches, est le caractère spécial de cette sorte de moulage. J'aurai peu de chose à ajouter aux précédents détails. La pose du fil est le point le plus important.

Que l'on ait à mouler la jambe ou le bras d'un cadavre ou d'une personne vivante, il faut que ce membre soit étendu librement ou placé dans la position convenable ; le bord d'une chaise, d'une table, un morceau d'argile huilé (voyez *a a a*, *fig.* 64) qui soutiendra le pied ou la main, devra le maintenir en place, sans qu'aucun objet posé sous la partie puisse gêner le mouleur. Celui-ci, comme à l'ordinaire, huilera la peau légèrement, car si l'huile était en trop grande quantité, elle produirait des soufflures ; il suffit d'en mettre assez pour empêcher le plâtre d'adhérer. Préalablement, il commence par raser le poil, s'il y a lieu, en se contentant néanmoins de graisser les aisselles avec de la pommade ou du beurre ; il s'occupe ensuite de placer le fil de manière que la partie moulée soit de dépouille. Les jambes et les bras n'offrent aucune difficulté pour peu que

---

on prend le plâtre qu'on verse en tournant, d'abord autour des parois du vase, puis en se rapprochant du centre en décrivant une spirale. On a soin que ce plâtre ainsi versé, fasse au milieu une élévation conique hors de l'eau, qui doit le recouvrir tout autour vers les parois du vase. On examine attentivement la pointe du cône ; et lorsqu'on s'aperçoit que l'humidité l'a gagné, on doit de suite gâcher et employer. C'est le moment qu'il faut saisir ; avant ou après, le nombre des chances de succès diminue en raison de l'éloignement de ce moment décisif. (*Note de l'éditeur*).

l'on ait d'attention. On applique le fil sur les côtés, ou sur le devant et le derrière de la jambe, par exemple, en le faisant passer sous le pied. Il est nécessaire de le fixer avec un peu de plâtre noyé, de cire ou de gomme en divers points de sa longueur, et surtout à ses deux extrémités, qui reviennent nécessairement vers le genou.

Il est un peu plus difficile de mouler les pieds et surtout les mains. Plusieurs positions exigent que le fil, disposé avec un soin minutieux, suive le long des doigts les sinuosités et les intervalles qu'ils laissent entre eux : il importe aussi de se ménager le moyen de dégager ces parties sans briser les petites cloisons qui se forment dans le moule.

Pour rendre cette démonstration plus claire, nous avons représenté (*fig.* 64) un bras posé pour recevoir le plâtre, et déjà en partie recouvert, et (*fig.* 62 et 63) les deux parties ouvertes et en regard d'un moule confectionné.

Commençons par l'explication de la figure 64. On y remarque en *a a a* les parties en terre sur lesquelles le bras est posé; en *b*, une première pièce déjà faite et coupée de dépouille, ainsi qu'il a été dit plus haut : on y voit enfin en *c* un bassin déterminé par la bandelette de terre *d*; cette bandelette doit être intérieurement huilée, ainsi que la place qu'elle circonscrit. C'est dans ce bassin que l'on met le plâtre, en l'étendant d'abord avec une brosse ou pinceau, puis en le versant lorsque la première couche commence à prendre.

Quant aux figures 62 et 63 représentant un moule, pièces et chape, on y distingue les principales divisions indiquées par des lignes : les trous pratiqués dans les pièces et dans la chape de la figure 62 doivent correspondre aux saillies de la figure 63, afin que le moule soit consolidé par leur assemblage lorsque les deux parties en sont réunies.

La seconde méthode n'est, à proprement parler, que le perfectionnement de la première. On la doit à M. Jacquet, fort habile mouleur du Musée national du Louvre. Cet artiste, après avoir frotté d'huile, met avec le pinceau une très-légère couche de plâtre, puis il dispose son fil; il prend ensuite un morceau de mousseline fine et claire, ou de mousseline gaze, dont l'effet est semblable et le prix moins élevé. Cette mousseline, qu'il a préalablement taillée sur la partie qu'elle doit recouvrir, est appliquée sur l'intervalle de la ligne, d'un fil à l'autre. M. Jacquet laisse un peu prendre la première impression du plâtre, auquel la mousseline s'attache peu à peu. Quand il a acquis assez de consistance, il donne une seconde couche plus épaisse. La mousseline conserve une humidité qui favorise l'adhésion du nouveau plâtre : dès qu'il est pris, le fil s'enlève, et les deux parties du moule sont coupées. Enfin, quand il est durci et détaché du modèle, le moule n'a nullement fatigué les chairs, comme il arrive ordinairement. La solidité qu'avait acquise la première couche de plâtre a préservé jusqu'aux parties les plus flexibles, qui n'ayant pas été refoulées par le poids du moule, se sont reproduites avec toute la pureté et le moelleux de leurs formes.

Nature morte. — C'est principalement lorsqu'on moule sur la nature morte que ce moyen est précieux. Les chairs, privées alors du ressort que leur donnait la vie, ne peuvent résister à l'effort du plâtre, qui les affaisse de son poids, les boursoufle par sa chaleur, et rend souvent les formes et les traits méconnaissables. La mousseline s'oppose à cette fâcheuse pression; et si l'on agit vite et que l'on ne fasse pas le moule trop épais, on obtient un creux parfaitement net et fidèle. On rencontre souvent un autre obstacle dont il est bien difficile de triompher.

Au moment de la mort, les yeux se ferment ou s'enfoncent, le nez et la bouche se dépriment dans leurs contours, les joues se tirent, se contournent, enfin une foule de circonstances altèrent la figure, lui enlèvent son caractère et sa physionomie. Tout l'art possible ne peut réparer ces accidents et rendre l'exacte ressemblance de la personne regrettée. La froideur, l'empreinte de la mort, s'y retrouvent malgré tous les soins. Cependant, si l'on appelle le mouleur quand le visage conserve encore sa chaleur, et que par conséquent les chairs ne sont point retirées; s'il est aidé par quelque portrait, si du moins une personne familiarisée avec les traits du défunt aide l'artiste à leur rendre en partie leurs formes; enfin, si l'on agit vite et avec intelligence, on peut encore parvenir à la ressemblance. Si l'artiste moule quelqu'un qui vient d'expirer, l'humanité lui fait une loi d'observer les précautions pareilles à celles qu'il emploîrait pour mouler la nature vivante. Qu'il n'oublie point que la mort ne saurait être bien constatée que par la putréfaction, et qu'en bouchant avec du plâtre les voies de la respiration, il peut donner une mort véritable à l'individu chez lequel le flambeau de la vie n'est point tout-à-fait éteint. Si le malade a succombé à une affection putride ou contagieuse, s'il exhale quelque odeur, le mouleur devra lui laver le visage avec du chlorure de soude ou de chaux, mélangé d'un sixième d'eau, et se frotter les mains dans ce mélange avant et après l'opération. Dans tous les cas, si la mort est certaine et si les chairs sont déjà devenues molles, le mouleur fera bien, pour les soutenir autant que possible, de tamponner les cavités, telles que la bouche et les narines, avec de l'étoupe ou du coton.

L'usage de la mousseline est d'une grande utilité pour mouler la poitrine et le torse, parce qu'elle s'oppose avec beaucoup d'avantage à la gerçure que la respiration fait au moule de ces parties; elle est infiniment préférable à la filasse, dont se servaient anciennement les mouleurs.

La troisième variété du moulage sur nature est appelée *moulage à caisse*, parce qu'en effet on bâtit, avec des planches minces de bois et de la terre molle, une sorte de petite caisse pour loger le membre que l'on veut mouler. Supposons que ce soit un bras : la personne s'assied commodément près d'une table solide, sur laquelle est posée la caisse, à laquelle on a donné approximativement la forme du bras. On gâche le plâtre avec l'eau chaude, et l'on fait en sorte d'en préparer une quantité suffisante pour remplir la caisse et recouvrir le bras. Quand il commence à prendre, on le verse également dans la caisse, où il achève de prendre, et saisit tout le bras; on enlève alors les petites planches qui composent la caisse, sans attendre que le plâtre soit complétement dur. Avec le tranchant du couteau, on trace, sur la superficie de ce moule épais, une ligne sous le bras, en commençant vers le coude, et une autre correspondante à partir de la saignée : elles servent de guide pour l'entaille que l'on pratique avec un ébauchoir de buis ou de cuivre très mince, sans toucher à la chair, mais de manière qu'il ne reste que très peu de plâtre au fond de l'entaille. Le plâtre bien sec, on prend une petite planchette taillée en forme de coin, on en introduit l'extrémité dans l'entaille à divers endroits, on frappe légèrement sur l'extrémité opposée, et la couche de plâtre restée au fond de l'entaille s'éclate. Cette manière d'ouvrir l'entaille me semble devoir être adoptée à raison de sa simplicité et du manque absolu d'inconvénients. Cependant quelques mouleurs sont dans l'usage de remplacer la planchette par un fermoir dont le taillant a été émoussé sur un grès. Avec cet instrument ils font, de place en place, dans l'entaille, une petite *pesée* qui fait ouvrir le creux. Le fermoir, et surtout les planchettes, doivent être bien graissés de suif ou de saindoux. Souvent on les enfonce dans le plâtre encore mou, et, lorsqu'il a durci, la division par leur moyen est une chose très facile. Il est inutile de dire qu'à l'instant de l'ouverture du creux le mouleur doit être prêt à le soutenir pour éviter qu'il ne tombe et se brise. Ce genre de moule exige une assez grande quantité de plâtre, mais on peut le prendre commun, la première couche seulement devant être faite avec du plâtre choisi; toutes les autres parties du corps exigent une caisse préparée d'une manière relative à l'objet ou à la pose du modèle. Le torse et la tête pourraient à la rigueur se mouler ainsi, mais seulement sur la nature morte.

Le moulage à la caisse n'exclut point l'emploi du fil ciré, ni même de la mousseline. Après avoir huilé, on met une très légère couche de plâtre, puis on pose l'un ou l'autre, ou bien l'un et l'autre comme je l'ai dit plus haut. On poursuit l'opération en remplissant le caisse : le plâtre encore mou, on lève le fil, et sans employer ni fermoir, ni plan chette, on ouvre ensuite le creux au moyen d'un effort léger. Ce moulage massif affaisse beaucoup la chair. (1)

CHAPITRE VI.

COULAGE EN PLATRE.

Nous venons de voir de quelle manière le mouleur se procure les moules nécessaires pour reproduire une ou plusieurs fois les figures. Ces moules ne sont à proprement parler, que ses instrumens; néanmoins le *moulage* exige beaucoup plus de temps, de peines et de soins que le *coulage*. Il faut

(1) Nous terminerons ce chapitre par quelques mots sur la manière de mouler la tête entière. Cette opération, qui diffère peu des précédentes, exige cependant quelques soins qui lui sont particuliers. Celui qui, pour avoir son fidèle portrait, se fait seulement couvrir le masque de plâtre, calcule mal son affaire; car il souffre ce que le moulage a de plus pénible : et il perd cet ensemble qui constitue, autant que quelques traits isolés, la parfaite ressemblance. Le mouleur doit d'ailleurs s'exercer à prendre facilement les empreintes du crâne, puisqu'une science nouvelle a fait connaître quelles conséquences importantes peuvent être tirées de la forme de cette partie de la tête.

Pour mouler la tête entière, on fait asseoir la personne; et comme la tête doit être recouverte d'une seule fois, il faut l'isoler entièrement. On met, autour du col, une serviette repliée sur elle-même, afin d'empêcher le plâtre de couler; on graisse ensuite les cheveux, les sourcils, la barbe, si l'on doit la conserver, avec du beurre frais, et on les empâte de manière à les masser le plus convenablement. On s'occupe alors de la pose des fils, dont l'un prend au milieu du derrière de la tête, monte en ligne directe sur son sommet, descend par-devant en partageant le front, le nez, la bouche et le menton, en

près de quatre mois de travail à trois ouvriers laborieux pour faire le moule à bon creux du Laocoon, et celui de la Polymnie du Musée a demandé six semaines.

Le coulage du plâtre se compose de quatre parties. Il faut : 1° sécher et durcir les creux; 2° les monter ou les

---

deux parties égales ; le second croise ce premier en séparant la tête en deux portions égales, une devant, l'autre derrière. On prend, pour les noirs des oreilles, les précautions que nous avons indiquées plus haut pour les endroits qui ne sont pas de dépouille. On arrête ces fils comme nous l'avons également dit, et l'on a soin de remarquer celui qui croise par-dessus l'autre, afin de l'enlever le premier lorsqu'il s'agira de le tirer. (Voyez *a a* et *b b*, fig. 65.)

Ces préparatifs terminés, on gâche le plâtre serré en suivant les indications données plus haut, et l'on couvre avec promptitude toute la tête d'une couche étendue avec un large pinceau, puis, lorsqu'il s'épaissit, on renforce cette première couche en jetant doucement, mais toujours avec diligence, le plâtre avec les mains. Quand tout est mis, on observe attentivement le moment de tirer les fils, et on reconnaît que ce moment est arrivé dès que le plâtre, encore mou, ne happe plus après les doigts : on prend alors des deux mains le fil qui croise par-dessus l'autre (la figure 65 fera connaître la position des mains dans ce cas), et l'on tire ce fil plus d'un côté que de l'autre, suivant la résistance qu'on éprouve, c'est-à-dire qu'on cessera de tirer avec la main gauche s'il se rencontre une petite pierre ou un filament quelconque qui arrête le fil, et qu'on coupera alors le plâtre en tirant avec la droite. Cette opération doit se faire hardiment et de continuité, mais sans précipitation ni brusquerie.

Lorsque les fils sont tirés, on attend encore quelques temps, jusqu'à ce que le plâtre soit bien pris, puis on retire les pièces, qui doivent sortir très-facilement. Pour couler l'épreuve, on prend les deux pièces qui forment la paire, on les ajuste parfaitement et on les soude avec du plâtre mis extérieurement sur la réunion de la coupure. On en fait autant pour les deux autres pièces, et on soude alors les deux coquilles. Le creux étant ainsi obtenu, on le lave intérieurement avec une eau de savon forte, qu'on laisse ensuite bien égoutter, on passe un peu d'huile d'olive, et on coule le plâtre, qu'on laisse bien prendre avant de casser le moule. En faisant cette opération avec le fermoir, on aura soin d'éviter de faire ce qu'on appelle des *pistoles*, c'est-à-dire d'attaquer l'épreuve avec l'outil. (*Note de l'éditeur*).

lier; 3° les remplir; 4° les casser ou démonter. Il y a deux manières de coulage : le *coulage en deux parties*, le *coulage à la volée*.

Manière de sécher et durcir les creux. — Tous les creux subissent une préparation quelconque avant de recevoir le plâtre, mais ceux que l'on doit casser nécessitent beaucoup moins de soin. Lorsqu'on a arraché l'argile du modèle qui a produit un creux perdu, on nettoie et lave celui-ci avec de l'eau légèrement savonneuse; on agit promptement, afin que le plâtre ne s'humecte pas trop. Cela fait, on enduit le creux ou avec de l'huile d'olive pure ou mélangée de suif fondu en petite quantité, ou bien enfin avec de *l'huile de Rome*. La première convient quand le creux est durci; le second mélange quand il est frais. Quant à l'*huile de Rome*, c'est tout simplement de l'argile détrempée dans l'eau et battue avec la spatule, de façon à produire un liquide terreux; il ne s'emploie jamais que pour les creux de peu d'importance.

Lorsqu'un creux perdu a très peu d'épaisseur, comme les moules pris sur nature, et spécialement les *moules-masques*, on le fait bien sécher au soleil ou sur un poêle, puis on le recouvre intérieurement d'une couche d'huile grasse, ou même seulement d'huile d'œillette. Tous les creux légers se préparent de même; mais, au contraire, les creux massifs que donne le moulage à caisse sont humectés au lieu d'être durcis. On en sent aisément la raison; un moule de cette espèce, étant bien dur, ne pourrait se casser sur l'ouvrage. Aussi, dès qu'il a quitté la partie moulée, on le met tremper dans l'eau, jusqu'à ce qu'il ne boive plus; on le laisse ensuite égoutter sur une claie, et on le frotte avec de l'huile d'olive mélangée de suif ou de sain-doux.

Si le mouleur qui vient de faire un bon creux ne veut ou ne peut attendre qu'il soit durci, il en monte toutes les pièces, puis il y passe de l'eau de savon claire, afin d'imbiber les pores du plâtre. Il met fondre un peu de suif dans de l'huile d'œillette, et de ce mélange forme ensuite une couche bien égale sur toute la surface intérieure du creux. Aucune partie ne doit rester recouverte d'huile parce qu'alors le plâtre y deviendrait *flou*. Les mouleurs expriment, par cette expression, l'état de mollesse et d'onctuosité qu'acquerrait le plâtre, état qui l'altérerait inévitablement en cet endroit, et dénaturerait les formes.

Soit que l'artiste ait déjà coulé un plâtre dans un creux préparé de la sorte, soit que le creux n'ait pas encore servi, voici comment il devra préparer ses moules. Ses chapes achevées, et le plâtre qui les forme convenablement pris, le mouleur, après avoir enlevé les fentons, pose ses chapes dans un endroit sec. La manière dont il les met sur des planches n'est pas indifférente, car elles ne doivent pas porter à faux; elles se voileraient, c'est-à-dire qu'elles changeraient de forme par suite de leur propre pesanteur, et se couvriraient de petites fentes imperceptibles. Viennent ensuite les pièces de la chapette, dont le mouleur détache les liens; il les enlève une à une, en commençant par celles qui ont été faites les dernières, et à mesure qu'il les retire, il les dépose sur des claies ou rayons, dans l'ordre de leurs lettres ou numéros, arrangement qui, par parenthèse, l'aidera beaucoup lorsqu'il devra monter le creux. Il agira de même pour les pièces du creux. Je lui conseille fort de ne point mettre sur la même ligne les pièces de la chapette et celles du moule, mais de séparer les unes des autres par des compartiments. Il devrait même assigner une place à chaque creux dans une portion de son atelier. Sur une large et forte tablette inférieure seraient les chapes portant, par exemple, en grosses lettres : CREUX DE LA DIANE A LA BICHE. *Chapes*. Sur un second rayon, *Chapettes*; sur un troisième, *Pièces du creux*. Tous ces rayons seraient situés les uns au-dessus des autres. Cet ordre économiserait à la fois l'espace et le temps. Les armatures, et généralement tous les accessoires du moule, devraient en être rapprochés.

Le mouleur ne négligera point de durcir les creux; cette opération ne le dispensera point, il est vrai, d'y appliquer une couche d'huile d'olive pure à l'instant de couler le plâtre; mais elle leur donnera beaucoup de solidité. Ainsi donc, il fera d'abord sécher toutes les pièces grandes ou petites, au soleil, si c'est en été, et sur un four de boulanger, s'il opère en hiver. Une étuve, ou tout autre endroit de même température, conviendront également. Il est essentiel que le plâtre ne puisse brûler. On fera ensuite chauffer, sans néanmoins la laisser bouillir, de l'huile grasse préparée comme je l'ai déjà dit; puis, avec une brosse, on imbibera les grosses pièces sur toutes les faces de l'empreinte du modèle, ainsi que sur les tranches, afin que le plâtre n'y adhère pas. Quant aux plus petites pièces, comme il serait trop long de les enduire avec la brosse, et que d'ailleurs il s'en rencontre de si délicates qu'elles pourraient se casser, on les met sur une grille de fil de fer suspendue avec des fils pareils, et on les fait tremper dans l'huile. Au bout de quelques moments on les retire, et on les remet sécher dans l'ordre indiqué ci-dessus.

Les creux se durcissent aussi à la cire. Pour cela, on commence par faire bien sécher les pièces, et on les enduit lorsqu'elles ont un certain degré de chaleur. Le point important est que cette chaleur ne puisse recuire et encore moins brûler le plâtre. On fait fondre ensuite de la cire pure ou mélangée avec deux parties de résine; la cire bien chaude, on en verse un peu dans l'intérieur des pièces, et on l'étend avec un chiffon de laine, de telle sorte que les pièces soient bien recouvertes de cire. Elles sont ensuite placées devant le feu, mais à la distance nécessaire pour que le plâtre ne se trouve pas recuit. Les creux cirés deviennent très durs; la cire leur donne plus d'épaisseur, et n'exige pas qu'on passe de l'huile lorsqu'il s'agit du coulage.

Il est probable que l'enduit hydrofuge de MM. Thenard et Darcet, dont je parlerai bientôt, serait excellent pour durcir les creux; mais ce n'est encore qu'une supposition qui demande la sanction de l'expérience.

Quant aux pièces de mastic ou de cire qui servent momentanément à prendre l'empreinte des noirs et des parties fragiles, comme elles sont ensuite reproduites en plâtre, le mouleur les fait fondre, afin de s'en servir de nouveau.

Manière de mouler les creux. — On pourrait plus justement employer le mot *rejoindre*, et il aurait l'avantage de s'appliquer aux deux sortes de moules; en effet, on ne monte pas le creux perdu, on le rejoint, on le lie.

Cette jonction est très souvent le premier soin du mouleur, car ordinairement, avant toute autre chose, il rassemble les coquilles d'un creux perdu, les parties d'un bras d'un moule persistant, et s'empresse de les lier, afin d'éviter le *tourment* ou la *voilée* du moule. En traitant de la confection des moules, j'ai déjà commencé à parler de la manière de les emboîter, de les lier; je n'aurai donc que quelques observations à ajouter.

On se rappelle la nécessité de bien réunir les repères, d'appliquer les joints l'un sur l'autre, de lier les deux coquilles avec des sangles et des cordages, le plus fortement qu'il se peut. Les joints doivent être recouverts de terre molle, de plâtre noyé ou de cire, enfin de toute substance qui puisse parfaitement boucher les intervalles des joints et s'opposer à ce que le travail du plâtre les fasse ouvrir. La plupart des creux perdus, n'ayant ni chapette ni chape pour les soutenir, exigent d'autant plus de soins.

Les bons creux se montent ordinairement en deux parties ou *deux chapes*, la chape de devant et celle de derrière. Il y en a cependant dans lesquels toutes les pièces attachées ensemble ne forment qu'un corps, comme un moule à coquilles lorsqu'elles sont réunies. Ce cas est rare, et n'a lieu seulement que pour le coulage à la volée. Les moules persistants, surtout ceux d'une certaine dimension, se montent communément de la manière suivante :

On commence par la chape de derrière, et par la pose de quelques fentons, dans lesquels on place l'enveloppe extérieure. Dans cette enveloppe, on place les chapettes, et dans celles-ci les pièces du creux, en attachant bien les unes aux autres. La chape de derrière exige que les pièces soient solidement fixées à chaque chapette et à la chape par des ficelles passées dans les annelets, comme il a été expliqué plus haut. Pour y parvenir, on ne monte chaque chapette dans la chape que lorsque chacune de ses parties a reçu les pièces du creux qu'elle doit recevoir. En agissant autrement, le contact de la chape empêcherait de lier les annelets les uns aux autres, après qu'ils auraient pénétré dans les trous de la chapette. Pour opérer promptement et sans risque, il est à propos de monter le creux avec la chapette sur une sorte de pupitre ou de châssis qui en soutient les morceaux.

La chape de devant demande moins de précaution, aussi beaucoup de mouleurs se contentent-ils d'attacher seulement la chapette après la chape; quant aux pièces du creux, ils les enduisent de saindoux à l'extérieur, pour les empêcher de quitter la place qu'elles doivent occuper dans la chapette. D'autres se fient aux saillies du creux qui forment des tenons dans cette enveloppe, et aux annelets passés dans les trous correspondants sans être attachés. Je pense qu'il est préférable de bien consolider tout le creux, et que lorsqu'il s'agit d'une forte statue, il y aurait de l'imprudence à ne le point faire. On peut dire même que cette précaution est indispensable quand il s'agit de mouler à la volée.

Les creux liés ou montés, l'artiste doit y couler le plâtre. Dans presque tous les creux perdus, surtout ceux des jambes et des bras, dans tous ceux à bon creux qui peuvent aisément se tourner, et toutes les fois que l'on veut vendre à bon marché, le mouleur *coule à la volée.* Il importe que le creux soit durci, d'un poids léger, et qu'à son extrémité soit pratiquée une petite ouverture destinée à donner passage à l'air. Sans cette précaution, le plâtre produirait des soufflures. Ainsi, par exemple, si vous devez mouler un bras, vous percerez avec une grosse épingle, ou un petit poinçon, l'extrémité des doigts; c'est ce qui s'appelle *faire un évent.* Vous préparez ensuite de bon plâtre, gâché clair, dans une jatte légère et portative. En soulevant ce vase, vous versez le plâtre dans le creux, que vous roulez bien dans tous les sens, pour que le plâtre pénètre partout. Quand il commence à prendre, vous le versez dans la jatte, et la première couche est imprimée. Pour faire la seconde, vous versez de nouveau le plâtre dans le moule : vous roulez encore, et quelques momens après, vous le reversez comme la première fois dans le vase : en répétant plus ou moins cette opération, on donne à la figure le degré d'épaisseur que l'on juge convenable. Le coulage à la volée est fort en usage chez les mouleurs italiens. A-t-on à mouler de très petits objets, comme de petits poissons, des coquilles et autres petites figures, on se dispense de reverser le plâtre dans la jatte. On épargne ainsi le temps, et le peu de volume de ces objets ne permet pas à la surabondance du plâtre de nuire par son gonflement. Ce sont les seules choses que l'on puisse ainsi mouler massives.

L'autre manière de mouler est plus usuelle et beaucoup plus solide. Quand les deux chapes d'un bon creux sont montées, on huile un peu, on gâche du plâtre fin et fort clair, on en imbibe une brosse douce à longs poils, que l'on passe sur tout le creux, en commençant par les cavités. Cette précaution est surtout importante lorsqu'on coule dans un creux frais, afin d'éviter les boursouflures, mais en toute occasion il est bon de l'observer. Si le creux a beaucoup de parties renfoncées, comme plis de draperies, ornements divers, il faut bien l'examiner au jour, afin de s'assurer que rien n'est omis. Cette première couche de plâtre mise également partout, on gâche du plâtre plus gros et un peu plus serré, et on en applique une couche qui renforce la première. L'artiste peut commencer par l'une ou l'autre chape, à volonté. Le plâtre coulé, on a soin de bien remplir de plâtre les bords des joints, et en même temps, de nettoyer parfaitement les coupes; puis on rassemble les deux chapes l'une sur l'autre, on les lie fortement avec des cordages et les armatures, afin que le tout ne fasse qu'un seul corps. Lorsque l'ensemble est ainsi réuni, si les joints ne se touchent pas partout, on coule du plâtre dans les interstices. On peut aussi n'opérer cette jonction qu'après avoir sorti les plâtres des moules; alors on n'a pas l'embarras de remuer les chapes.

On coule de la même manière les coupes qui peuvent avoir été faites à la figure, puis on les rustique et on les rapporte, tandis que le plâtre de la coupe et celui de la statue sont encore mous. On est guidé par les repères dans cette opération, qui s'appelle *remonter une figure.*

Si l'on veut être certain de la solidité de ce rapport, ce qui est indispensable, on mouille les coupes avec du plâtre noyé, on emploie de même le mastic gras, en soutenant les bras dans la position convenable, et en disposant au-dessous une table ou des rayons placés de manière à les supporter en divers endroits. Si au lieu de mastic, on emploie du plâtre noyé, on évite avec soin qu'il ne coule le long de la statue.

Le plâtre travaille, comme nous le savons, et son gonflement inégal écarte les joints des chapes, pour peu qu'il y ait la moindre différence de niveau entre eux, ou que l'armature ne les réunisse pas avec la dernière exactitude, ce qui ne se peut guère. Pour prévenir, dans tous les cas, cet inconvénient, et arrêter la poussée du plâtre, on place un ou plusieurs *étrésillons.* On nomme ainsi un morceau de bois plat et fort qui se pose entre le creux et un point d'appui quelconque. En soutenant le creux, l'étrésillon s'oppose à la poussée du plâtre.

On laisse bien prendre le plâtre, car on conçoit que si on enlevait le moule avant qu'il fût complètement sec, il en résulterait de graves inconvénients. S'il s'agit d'un bon creux, on ôte les armatures, on détache les cordages, et on enlève les pièces avec précaution, en les posant sur les rayons dans l'ordre accoutumé. Ensuite on s'occupe de la réparation de l'objet moulé, après l'avoir encore laissé sécher.

Les pièces ne pouvant s'affleurer dans leurs joints avec une précision mathématique, il se trouve nécessairement des lignes saillantes ou *coutures* sur la figure moulée. Pour les faire disparaître, le mouleur racle doucement les saillies, afin de les affaiblir et de les effacer par gradation. Il se sert, à cet effet, d'une râpe douce ou de la peau de chien de mer. Mais quelle que soit son habileté, il ne peut empêcher qu'il n'y ait une différence entre les contours; aussi beaucoup d'artistes ne permettent pas qu'on enlève les coutures aux plâtres et aux bosses sur lesquelles ils étudient; ils préfèrent ces traces à l'altération des formes. Le mouleur ne réparera donc pas sans les consulter; mais il nuirait à sa vente, s'il offrait aux simples amateurs des figures non réparées. S'il se trouve des vents ou soufflures dans la figure, on les bouche avec du plâtre noyé.

Après avoir démonté le moule, il arrive quelquefois que le plâtre de la figure est *farineux*, c'est-à-dire terne et comme couvert d'une poussière blanche. Cela vient de la trop grande sécheresse du creux, qui a bu trop promptement l'huile. Pour couler d'autre plâtre, il faut donc laver toutes les pièces à l'eau savonneuse et les enduire d'huile d'œillette très chaude, comme je l'ai dit relativement aux creux tout frais. Il est à propos de les laisser reposer pendant vingt-quatre heures. J'indiquerai plus tard le moyen de réparer la figure farineuse.

Le coulage à creux perdu n'exige pas de raclement, ou du moins assez peu. Tout ce que l'on doit craindre, c'est de faire quelques éclats à la figure en cassant le moule. Pour éviter cet accident, on casse légèrement, en faisant d'abord des fentes de place en place, et en levant délicatement les morceaux, que l'on tâche de conserver aussi grands que possible. Si malgré ces soins l'objet moulé s'écaille en quelque partie, on ramasse soigneusement les morceaux, et on les met à part, pour les recoller avec du plâtre noyé, après que le moule sera entièrement brisé.

Pour donner de la solidité aux figures, surtout à celles de grande dimension, on est obligé de mettre du fer dans les bras et dans les jambes; il faut même mettre dans les doigts qui sont isolés des brins de fil d'archal, ainsi que dans dans le nez, les plis flottans des draperies, et généralement toute partie saillante exposée à se casser. Ces fils de fer, de quelque grosseur qu'ils soient, se placent sous la couche de plâtre fin, puis sont entourés de gros plâtre. Quand les figures sont petites, on emploie du laiton au lieu de fer. Si, lorsque l'on a placé ce métal, on n'a pris aucune précaution contre l'oxydation, on voit bientôt le plâtre se lever en éclats et se tacher en jaune en plusieurs endroits; il faut même par s'écailler et tomber tout-à-fait. Ces accidents sont faciles à prévenir.

On enduit le fer de chaux détrempée, ou mieux encore de cire chaude, de résine, de mastic à l'arcanson; on l'enveloppe d'une forte bande de papier collé en spirale, ou de toile empesée, l'on entoure le fil d'archal de laiton très fin, ou de gros fil de lin, chanvre ou coton. On se sert, si l'on veut, de filasse ou de coton en bourre, enfin de toute matière propre à empêcher l'humidité du plâtre de pénétrer jusqu'au fer et de le rouiller. Mais, de tous ces procédés, l'emploi de la cire est le plus expéditif et le plus sûr.

Les figures en plâtre peuvent aussi avoir leur contrefaçon, c'est-à-dire être *surmoulées*. Mais il est un moyen assuré de rendre cette fraude impossible. Comme les surmouleurs sont obligés de faire des coupes, le mouleur en coulant sa figure introduit aux points des coupes, et assez avant autour de ces points, un paquet de fil d'archal très fin dont il fait un rouleau. Ainsi, par exemple, en rapportant un bras, il met du fil d'archal en paquet dans la partie supérieure, et le fait tenir au fer qui soutient le membre entier. Il en insère également dans l'épaule, joint ces deux rouleaux, rustique ensuite la coupe et la soude comme à l'ordinaire avec du plâtre clair ou du mastic : dès-lors il devient impossible de séparer la coupe du tronc sans endommager toute la figure. Il y a même des mouleurs qui emploient dans ce but des tubes de verre, des goulots de bouteille, des baguettes, des baleines, le tout entouré de fil d'archal ou de laiton. Les surmouleurs sont forcés alors de mouler tout d'une pièce, et le temps, les soins minutieux, les difficultés qu'entraîne une telle opération les découragent entièrement. (1)

---

(1) Ces divers moyens n'offrent point des garanties certaines contre le surmoulage, auquel on pourra encore parvenir en faisant de fausses coupes, seulement indiquées sur les endroits où se feraient les coupes véritables, ou en déterminant ces endroits par des bandelettes, et en moulant séparément chaque partie, comme si la coupe avait eu lieu. Il y a une autre manière de

CHAPITRE VII.

OBSERVATIONS PARTICULIÈRES SUR LE MOULAGE DES STATUES ÉQUESTRES.

Jusqu'ici nous avons vu le mouleur s'associer à l'art du sculpteur, et parfois du peintre : nous allons maintenant le voir préparer les travaux du fondeur en bronze, en moulant une de ces figures colossales destinées à faire un monument, comme, par exemple, une statue équestre. Néanmoins, sauf quelques accessoires qui concernent spécialement les figures en bronze, les creux de ces statues peuvent également servir au sculpteur, qui les doit reproduire en mar-

---

prévenir la contrefaçon. On commence par enduire l'intérieur du creux d'une couche très-mince, de deux millimètres environ ; on passe sur cette couche une eau de savon assez forte, et immédiatement on donne les couches successives, jusqu'à ce que le modèle ait atteint l'épaisseur voulue. Il est impossible de surmouler une figure ainsi construite. Si l'on s'y hasarde, l'humidité du plâtre, sa chaleur, son poids, occasioneront des gerces ; et, lorsqu'il s'agira d'enlever les pièces, le modèle viendra avec elles brisé et réduit en parcelles tellement divisées, qu'il sera de toute impossibilité de les rassembler. Ces gerces, brisures et arrachées, s'étendant en outre au-delà de la pièce, on sera contraint d'abandonner la suite de l'opération, les parties circonvoisines se trouvant altérées, et même parfois entièrement détruites.

Convenons toutefois que les bosses ainsi coulées doivent être, plus que les autres, sujettes à se détériorer par suite des moindres chocs ou pressions auxquelles elles sont exposées, et que l'action destructive du temps [illegible] doit se faire sentir plus promptement sur des [illegible] soit d'ailleurs l'épaisseur des [illegible] quelles ils ne sont [illegible]

bre : l'appareil préparateur, les procédés, les soins, sont absolument les mêmes, à l'exception du moulage en cire. Cette observation nous a semblé nécessaire pour compléter l'instruction du mouleur relativement à la sculpture.

Nous prendrons pour exemple une statue équestre, comme le morceau le plus important et le plus difficile. Il est vrai que le mouleur peut être souvent appelé à faire le creux d'un colosse pédestre, destiné aussi à être coulé en bronze ; mais s'il est bien familiarisé avec les précautions que nécessite la première opération, il peut être assuré de réussir dans la seconde, car elle offre infiniment moins de difficultés.

L'appareil nécessaire pour établir le modèle est un *châssis de charpente*. C'est une plate-forme posée sur un massif de pierre proportionné à la grandeur de la charpente, qui doit excéder d'un pied les plus fortes saillies du modèle. De grosses poutres de chêne assujetties par des tirans et par des boulons de fer composent ce châssis. Sa solidité doit être telle que l'on puisse remplir de maçonnerie les vides qu'il laisse entre les poutres et l'aire de l'atelier. Les pieds du modèle du cheval sont au-dessus de cette charpente ; ils n'y posent pas immédiatement, parce que dans le ventre passent de puissantes barres de fer qui soutiennent le cheval à quelques pieds du sol de l'atelier : ces barres se nomment *pointats*. Le bâtis de la charpente est en ligne droite sur les côtés, et les deux extrémités, à la tête et à la queue, forment des avancements ou circulaires ou à pans coupés. Près des bords supérieurs latéraux du châssis, on cloue de distance en distance des morceaux de bois de trois pouces à peu près d'épaisseur dans le haut, et en pyramide tronquée, qu'on laisse sortir d'un pouce par leur saillie : ces morceaux de bois se logeront dans la surface intérieure de la première assise du moule, la maintiendront et serviront de points de repère pour remettre les pièces en place. Cet appareil particulier empêche ainsi les premières assises du moule de se déplacer, et sert en quelque sorte de chapette. Ainsi se font le dessous et les côtés du châssis ; quant au dessus, il est couvert d'une grille formée de plusieurs barres de fer, fixées à leurs extrémités par de fortes vis sur la charpente. Au moyen des boulons et des vis qui la maintiennent, cette charpente peut être démontée, après le moulage du creux, pour être placée dans la fosse où l'on doit fondre la figure.

Ce plancher, comme nous l'avons vu, n'est point destiné à porter le modèle, soutenu par un appareil spécial; il doit seulement servir de base au moule. Ses bords, qui dépassent le modèle en largeur et en longueur, déterminent par leur avancement en dehors de l'aplomb des parties les plus saillantes du cheval, quelle sera l'épaisseur du moule.

D'après les principes admis jusqu'ici, on commence par raisonner le moule et par régler les assises; elles sont ordinairement de dix-huit à vingt-quatre pouces de hauteur, et celle du bas est dite *la première*. Les pièces qui composent chaque assise doivent être taillées le plus carrément qu'il se peut, mais on ne saurait les faire égales. Les parties qui sont larges et de dépouille, comme les épaules, le ventre, la croupe, seront faites de grands morceaux; celles des jambes, du col, de la tête, seront nécessairement beaucoup plus petites, et plusieurs d'entre elles se trouveront enclavées dans les grandes pièces. Le mouleur veillera à ce que grandes ou petites, toutes les pièces soient conformées et parées sur les bords, de manière à ne pas se gêner mutuellement, lorsqu'on veut les déplacer. Il agira aussi de telle sorte que les rejoints se trouvent dans les endroits les moins délicats de la figure, afin que les coutures soient plus faciles à réparer. Les pièces seront pourvues d'annelets très forts, et numérotées pour éviter la confusion en démontant ou remontant le creux.

Le modèle que l'on moule ainsi est en plâtre durci, c'est-à-dire qu'il a reçu une ou deux couches d'huile grasse; néanmoins, dans le cours de l'opération, il deviendra probablement nécessaire d'imbiber encore d'une légère couche d'huile d'olive les parties recouvertes en dernier lieu. A mesure que l'on a terminé une ou deux assises (cela dépend des endroits), on pratique les chapettes, mais celles-ci ne devront pas être recouvertes et se tiennes par des chapes ordinaires.

De gros blocs de plâtre carrés à l'extérieur et pareils par leur coupe, comme par leurs joints ou refends, à de grosses pierres de taille, font le service des chapes. Ils ont de dix à treize pouces d'épaisseur, deux ou trois pieds de longueur et un à deux de largeur. Celle de leurs parties qui embrasse immédiatement la chapette, en suit les contours et s'unit étroitement avec elle. On a soin de mettre entre les blocs des languettes d'argile fraîche; pendant la poussée du plâtre, elles cèdent à son effort, et s'opposent ainsi à ce qu'il nuise aux pièces du creux en les écartant. Grâce à ces languettes, le gonflement du plâtre n'empêche pas ces blocs de rester en place. Afin de mouvoir commodément les plus gros, on y scelle des anneaux de fer: quand on les démonte, on les numérote et l'on prend des précautions pour les replacer avec exactitude. Si l'on voit que les blocs soient insuffisants, ou selon les circonstances, on renforce le tout par de puissantes armatures en fer, qu'il est bien essentiel de proportionner aux masses qu'elles doivent contenir et soutenir. La statue placée sur le cheval se moule d'après les procédés ordinaires. On attache ses chapes et ses armatures avec de forts cordages après la grille de fer qui recouvre le châssis. Les parties légères du modèle, telles que les mèches détachées de la crinière et de la queue, des portions de draperies, divers accessoires, doivent être moulées séparément, soit en mastic, en cire à modeler ou en plâtre. Il faut être mis à même de voir la quantité de petits moules partiels et complets qu'exige le creux d'une statue équestre, pour pouvoir se faire une juste idée de la complication d'un pareil travail.

On pourrait, à la rigueur, ne faire qu'un seul moule pour une statue équestre colossale, mais il est fort rare que l'on en agisse ainsi, car ce ne serait entreprendre qu'un travail plus considérable, et multiplier les chances de non-succès; et si l'on parvenait à réussir, on n'obtiendrait pas un meilleur résultat. On fait ordinairement cinq moules: un pour le torse de la figure, deux autres pour les bras et deux autres pour les jambes. On ne fait qu'un seul moule principal pour le cheval, mais il n'est pas destiné à jeter la statue en bronze ; il sert seulement à la mouler en cire, comme nous le verrons bientôt.

Récapitulons les pièces de l'appareil qu'a exigées le moule en plâtre de la statue équestre.

1° Massif de pierre pour le soutien de l'établissement du moule.

2° Ancres (ou boulons) et tirans de fer pour lier toutes les parties du massif et s'opposer à leur écartement.

3° Châssis de charpente.

4° Trois pointats garnis d'équerre et leurs supports.

5° Barres de fer pour soutenir le moule de plâtre.

6° Armature.

7° Grande traverse de l'armature. A partir de cette traverse, la partie inférieure sert pour le modèle en plâtre, à l'exception de l'armature des jambes. Celle-ci et l'armature de la partie supérieure du corps seront ajoutées plus tard pour le modèle en cire et le noyau ; deux objets qui concernent le mouleur en plâtre.

8° Traverses qui soutiennent le moule dans toute sa surface, et qui ne font pas partie de l'armature.

9° Chapettes.

10° Blocs de plâtre servant de chapes, et qui maintiennent la masse du moule. La plupart sont garnis d'anneaux de fer.

J'ai supposé que le modèle de la statue équestre avait été fait en plâtre à la main, ce qui, en effet, a lieu quelquefois; mais souvent il est en terre, et le mouleur doit s'occuper d'une opération préalable, avant de mouler le creux ; il doit faire le modèle en plâtre, sur lequel il opérera ensuite. Au reste, toutes les parties de l'art du moulage reçoivent successivement ici leur application.

Le statuaire fait en terre molle un petit modèle que le mouleur estampe ou moule en plâtre.

Le statuaire le répare et l'exécute en grand, toujours en argile; il le confie au mouleur qui le moule à creux perdu.

On coule dans ce creux un plâtre que l'on répare avec soin, et c'est celui qui sert à faire le bon creux dont nous venons de détailler l'opération.

D'après les instructions données sur tous les genres de moulage, nous sommes dispensés d'apporter sur cette suite de travaux des éclaircissements qui ne seraient que d'inutiles répétitions. Aussi, garderons-nous le silence, jusqu'à ce qu'il s'agisse du creux perdu de la statue équestre. Les mesures particulières qu'exige ce creux, vont justifier l'exception faite en sa faveur.

Afin de pouvoir soutenir le modèle colossal, qu'il est obligé de faire en terre, le statuaire l'a muni, à l'intérieur, de fortes armatures en bois et en fer, dont la puissance et la disposition dépendent de celles de la figure. Malgré ces précautions, le modèle est incapable de soutenir, sans se rompre, le poids d'un moule entier; puis, en outre, il est important d'agir de la manière la plus expéditive, afin de ne pas laisser à l'argile le temps de se gercer et de se sécher. Pour y réussir, le mouleur commence par tracer, sur la terre du modèle, la partie du corps qu'il veut mouler. Il en forme la coupe, la moule à creux perdu, enlève l'argile du creux, y coule le plâtre, casse le creux, et met cette partie nouvellement coulée à la place de la partie enlevée du modèle. Il continue ainsi à couper, mouler et reformer toute la statue. Afin de contenir le plâtre, et de lui procurer du soutien, il retient les pièces au moyen des armatures intérieures du modèle. C'est ce plâtre, réparé avec soin, que l'on place sur le châssis de charpente pour le mouler à bon creux. On sent combien cette série de travaux, ces essais successifs du statuaire et du mouleur, offrent de garantie pour le succès du moule. Dans un ouvrage aussi important, aussi difficile que la fonte d'une statue équestre, on ne saurait trop multiplier les précautions.

Moulage en cire d'une statue équestre.

Lorsque le moule en plâtre à bon creux est entièrement achevé, on le démonte, et on range toutes les pièces de chaque assise selon l'ordre des numéros. Ensuite on prend l'une après l'autre toutes les pièces du moule, on enduit les grandes d'huile grasse, on fait tremper les petites dans cette huile, et on les laisse toutes sécher pendant quelques jours. Le châssis de charpente se trouve alors entièrement débarrassé : on le démonte, et de l'atelier de moulage on le transporte dans la fosse où l'on doit fondre la figure. Au fond de cette fosse, on construit une plate-forme en maçonnerie, qui n'est pas pleine, mais divisée en compartiments carrés. C'est sur elle que se pose le châssis, que l'on remonte comme il a été dit précédemment, car il servira encore à supporter le moule, lequel doit également être remonté pour faire le modèle en cire. Cet énorme modèle emploie jusqu'à douze cents livres de cire, non compris les autres substances dont celle-ci est mélangée.

Le mouleur commence par faire fondre sur un feu doux de la cire mêlée de résine et de suif : quand elle est liquide, il prend des moules de plâtre plats, de diverses longueurs, et de deux, trois et même quatre lignes d'épaisseur, non compris l'épaisseur du plâtre.

Ces moules sont semblables à deux tablettes parallèles, qui s'adapteraient l'une sur l'autre au moyen d'un rebord épais d'un doigt, régnant tout autour, et en dessous de la vive arête du moule. Les rebords ou bordures de l'une et de l'autre tablette se rejoignent et s'emboîtent à recouvrement. C'est entre ces deux parties du moule que l'on coule la cire après qu'on les a huilées légèrement. Dès qu'elle a pris, on sépare ces parties, et l'on a une tablette de cire que l'on nomme aussi *épaisseur*. On peut, pour abréger le temps, préparer les épaisseurs de cire sur une planche, avec ou même sans rebord, mais elles n'offrent jamais une surface aussi nette et aussi égale que les tablettes ou épaisseurs moulées. Cela terminé, le mouleur prend l'une après l'autre toutes les pièces du moule, et les frotte d'un peu d'huile d'olive sur leur surface intérieure; il trempe ensuite un pinceau de blaireau dans le mélange de cire, résine et suif appelé *cire préparée*, et maintenu liquide au moyen d'un peu de cendres chaudes, ou mieux encore d'un bain-marie. Le pinceau, passé sur l'intérieur de chaque pièce, leur donne environ une ligne et demie d'épaisseur. Cette première impression un peu refroidie, on la *rustique* avec une ripe, ou grattoir à dents. *Rustiquer* signifie ici, piquer, gratter de manière à faire des inégalités. Cette opération prépare la première couche de cire à s'adapter parfaitement avec les épaisseurs. Immédiatement après cette manœuvre, on fait chauffer une épaisseur de grandeur analogue à celle de la pièce qu'elle doit recouvrir, on la rustique, et on l'applique sur cette pièce enduite de cire. Si, comme il arrive souvent, l'épaisseur dépasse la pièce, on la taille exactement sur cette dernière, et l'on conserve les rognures pour les faire fondre plus tard. Il ne faut jamais mettre une épaisseur de moindre grandeur que la pièce, parce qu'il n'est pas possible de l'allonger.

Afin que la cire et l'épaisseur qu'on y adapte conservent une certaine mollesse propre à favoriser leur union, on entretient un degré de chaleur convenable dans l'atelier. Quelques mouleurs se dispensent de rustiquer les couches des pièces ou les épaisseurs, ou même les unes et les autres; ils se contentent de repousser les dernières avec les doigts pour leur faire prendre la forme des premières couches. Je ne conseille pas de traiter ainsi toutes les pièces, principalement les grandes : car faute de rustiquer convenablement, et de lier bien étroitement les deux parties, il pourrait arriver qu'elles se boursouflassent, et que le plâtre liquide, qui doit ensuite être coulé, passât entre elles et produisît le plus mauvais effet. C'est tout au plus si l'on peut se permettre cette omission pour les petites pièces et les moyennes.

L'épaisseur de la cire ne doit pas être la même partout : on la calcule d'après la force que l'on veut donner au métal, et selon les différentes parties de la statue. A cet effet, il est nécessaire de s'entendre avec le fondeur. Il est de principe que les parties inférieures, qui, par leur position, doivent supporter le plus grand poids, soient plus épaisses que les parties supérieures. Ainsi, il est nécessaire de tenir ces dernières très légères, et de renforcer le reste de la masse, tandis que les paturons des deux jambes, qui portent le tout, sont coulés massifs : d'où il suit que dans ces parties la cire remplira à peu près toute la concavité du moule. Le mouleur n'oubliera point que de l'opération du moulage en cire dépendent la légèreté et la solidité de la fonte. Il ne saurait donc apporter trop de soins dans cette importante préparation.

Dans cette situation, toutes les pièces du moule sont doublées de cire; et le châssis de charpente est établi de nouveau, mais sur la maçonnerie à compartimens de la fosse : alors on remonte le creux carrément et par assise, en commençant par l'intérieur des jambes et le dessous du ventre. Le fondeur prescrit cette disposition pour avoir la facilité de mettre des ferremens dans le creux du moule, dont on laisse la moitié extérieure ouverte. A mesure qu'on place les pièces de chaque assise et leur chapette, on bouche avec de la cire les joints, afin qu'il ne reste aucun intervalle. Comme les jambes supportent tout le poids du corps, elles doivent avoir plus de force : aussi reçoivent-elles, de distance en distance, des bourrelets de cire. Ce sont des envoloppes préparées pour les barres de fer qui les traverseront, et autour desquelles il doit se former des collets de métal qui leur serviront de renfort.

Parvenu ainsi jusqu'au haut des jambes et vers le milieu du ventre, on place les grandes armatures ou fortes barres de fer qui doivent soutenir cette machine colossale, et la rendre assez solide pour résister aux efforts et au poids qu'elle devra supporter. Cet appareil regarde le fondeur; néanmoins j'en donne la description abrégée pour mettre le mouleur sur la voie de ces importants travaux auxquels il prend une part si active, et dont la préparation lui appartient. Une des armatures, épaisse à peu près de quatre pouces sur les quatre faces, traverse le moule dans toute sa longueur :

elle sort divisée en deux branches à la croupe, et n'a qu'une seule branche au poitrail ; ses trois extrémités sont scellées dans des trous pratiqués dans des blocs de grès qui forment les parois de la fosse ; en outre, elle est soutenue par les pointals, placés verticalement, et renforcée par trois autres barres de fer sorties des flancs du cheval et scellées dans la muraille. La queue reçoit aussi une barre. Celle du col en fait la courbure, traverse la tête et se trouve maintenue par une forte tige en fer, qui, servant d'arc-boutant, se rattache à l'armature du poitrail. Les plus importantes de ces barres sont celles qui passent par les jambes, et sur lesquelles porte tout le poids de la statue. On forge ces fers avec beaucoup de difficulté, à raison de la courbure exacte qu'exigent les jarrets, les paturons, et aussi à cause de leur épaisseur, qui varie suivant les parties où ils sont placés, et qui doit être d'une parfaite exactitude. Leur ajustage dans le moule réclame encore beaucoup de soins. Afin de pouvoir être fixées dans le piédestal, ces armatures dépassent les sabots du cheval de trois pieds et demi par le bas, et par le haut elles entrent dans le corps. On établit encore dans le ventre de petites tiges transversales, qui servent à accrocher une grille de fenton fort, ou de petites tringles carrées en fer : elles prendront la forme de cette partie du corps, et contribueront à maintenir le plâtre et à garantir la cire sur laquelle s'applique ce grillage. On dispose en outre, en différents sens, et de distance à autre, plusieurs petites tringles sur toutes ces fortes armatures, puis une grande quantité de fils d'archal tortillés comme des flocons de crins : on les approche le plus possible de la cire, à laquelle, en certains endroits, on les fixe au moyen de petits boutons aplatis, ou têtes, situées à l'extrémité des fils d'archal.

Au-dehors, on lie fortement les assises les unes aux autres avec des crampons de fer ou de fil d'archal. Pour plus de sûreté, et pour prévenir l'écartement du creux, on met des étrésillons de charpente qui portent d'un bout contre la maçonnerie qui environne la fosse, et de l'autre contre les blocs de plâtre qui servent de chape au moule.

Le moule entièrement élevé et consolidé, on fait les *maîtres jets :* on nomme ainsi trois ouvertures de deux pieds carrés, situées, l'une sur le dos du cheval, l'autre entre les oreilles, et la troisième sur la tête de la figure. Lorsque, ainsi qu'on le pratique communément, pour opérer avec plus de facilité, on moule le cheval et la statue séparément, on commence par celui-là, et alors on ménage seulement deux principales ouvertures. Les maîtres jets servent à introduire dans le cheval une masse de plâtre, nommée le *noyau*, et quelquefois *l'âme*, mais bien plus rarement. Ce noyau se compose d'une espèce de mortier formé d'égales parties de plâtre et de brique pilée. Celle que préfère le mouleur est la plus tendre, la plus mal cuite et la plus homogène de pâte. Quelques personnes mettent un tiers de brique pilée sur deux tiers de plâtre ; elles veulent aussi que l'on pratique à chaque jet un godet, auget, ou conduit, auquel aboutit une gouttière pour conduire le mortier du noyau. Ce soin est à peu près inutile.

Il n'en est pas de même de la précaution de faire, dans les parties les plus éloignées des *maîtres jets*, d'autres ouvertures bien plus petites, et qui se nomment simplement *jets*. C'est au mouleur à en déterminer le nombre. Quelques-uns de ces jets sont extrêmement resserrés, et servent seulement à donner de l'air quand on coule le noyau ; aussi les nomme-t-on *évents*. Les plus grands sont appelés *maîtres-évents*. Il va sans dire que les jets et les évents sont tous pratiqués sur la partie supérieure du cheval.

La figure de cet animal est alors entièrement creuse, et garnie de sa cire : au moyen du noyau, le mouleur va le remplir d'une masse pleine et solide, qui entrera dans toutes les formes de la cire et la soutiendra lorsqu'on aura enlevé les pièces du creux. Autrefois on n'attendait pas que celui-ci fût complètement moulé pour le remplir, on introduisait le noyau à mesure que les assises s'élevaient ; cette manière est, dit-on, plus commode et plus simple : on la suit quelquefois encore à présent. Cependant on préfère généralement verser le plâtre par les jets après l'achèvement du moule, ce qui se fait à pleins baquets. Tandis que le noyau est encore liquide, il coule entre les tringles et le fil d'archal qui le retiennent de tous côtés, et pénètre jusqu'à la cire ; il importe de bien remplir exactement et d'éviter les vents ou soufflures. « Ce noyau, dit M. de Clarac, aura la » forme du cheval, moins l'épaisseur de la cire et les on- » dulations inégales de sa surface intérieure : s'il en était » dépouillé, il produirait l'effet d'une statue de cheval » rongée par le temps et par les eaux, et qui, bien dans » son ensemble, a perdu la justesse et le fini de ses con- » tours. »

On laisse parfaitement consolider le creux, au moins pendant vingt-quatre heures, ensuite on démonte pièce à pièce le creux en plâtre qui ne servira plus à cette statue. On le conserve néanmoins jusqu'après la fonte, afin d'en faire usage pour réparer quelques accidents, s'il en survenait en coulant le métal. Les blocs de plâtre, le châssis, sont enlevés comme le moule ; le noyau revêtu de cire, et formant une statue de cheval en cire, demeure seul. Ce cheval isolé est seulement soutenu par la grande traverse de l'armature et par les traverses qui soutenaient le moule dans sa largeur. Le bronze doit remplacer la cire, elle en détermine les formes et l'épaisseur ; on conçoit donc aisément avec quel soin le statuaire appelé la répare, en fait disparaître les coutures, et lui donne tout le fini et la perfection possibles. En réparant la cire, il importe de conserver son épaisseur, parce que si on l'amincissait trop, le métal ne trouverait pas assez de vie pour pénétrer dans les parties que l'on aurait trop affaiblies, ce qui occasionnerait des lacunes et des trous dans la fonte. Le statuaire doit donc sonder souvent les épaisseurs de la cire, et de plus craindre d'en ajouter, car s'il y en avait trop, ce ne serait que plus de métal à enlever ensuite à la statue en bronze, tandis qu'il faudrait en ajouter et rajuster des morceaux après coup si la cire venait à manquer. On ne saurait trop conseiller au réparateur de se servir d'un ébauchoir, d'une échoppe, au lieu de fer chaud, pour enlever les excédans de cire.

Les parties délicates qui avaient exigé des moules séparés, ainsi que la statue, s'établissent, reçoivent un noyau, sont dépouillées du creux et réparées comme le morceau principal. Les premières sont mises en place par le statuaire lorsqu'il répare la figure et le cheval. Celui-ci se fond d'abord, puis chaque partie moins considérable. Le tout ensuite est réparé, ciselé, rassemblé, et les joints ne peuvent s'apercevoir.

Depuis l'opération du réparage de la cire jusqu'au moment de la fonte, les détails offriraient le plus haut intérêt, le tableau le plus pittoresque, mais ils seraient inutiles au mouleur, et je dois m'abstenir de les présenter.

CHAPITRE VIII.

PROCÉDÉS POUR RENDRE LES STATUES DE PLATRE INALTÉRABLES A L'AIR, LEUR DONNER L'ASPECT DU MARBRE OU DU BRONZE. — MANIÈRE DE LES EMBALLER.

Tous les avantages que le plâtre offre au mouleur ont fait longtemps regretter qu'il manquât de solidité, et ne pût résister à l'action destructive de l'eau et de l'air; mais maintenant, grâce à l'enduit hydrofuge, cet inconvénient n'existe plus que pour la routine ou la négligence.

Avant de donner la méthode simple et facile par laquelle on prépare cet enduit, je crois devoir parler des importans services qu'il a rendus à l'économie domestique et aux beaux-arts. C'est le meilleur moyen de prévenir les objections et les doutes. J'emprunte les détails suivans au mémoire que les deux auteurs ont publié sur cette matière importante.

Lorsque M. Gros entreprit, en 1813, de peindre la coupole supérieure de l'église de Sainte-Geneviève, à Paris, il eut recours à MM. Darcet et Thenard : ceux-ci substituèrent, à la préparation employée à cet effet, leur enduit qui, depuis lors, résiste sans la moindre altération. Cet éclatant service, en excitant toute la reconnaissance de M. Gros, a déterminé un peintre également célèbre, M. Gérard, à faire préparer, comme la première coupole, les quatre pendentifs de la coupole inférieure de la même église.

A la Sorbonne, deux salles consacrées à la Faculté des Sciences, étaient inhabitables, même pendant l'été. Le sol en est de plusieurs pieds au-dessous de celui des maisons voisines. Les murs, très salpêtrés, avaient été recouverts de plâtre, afin que les sels fussent rejetés au-dehors. Mais cette tentative ne produisit aucun résultat, puisque les sels traversèrent la couche de plâtre, lui enlevèrent toute consistance, et firent régner la plus grande, la plus malsaine humidité. L'emploi de l'enduit à complètement opéré l'assainissement de ces deux salles, dont le plâtre est parfaitement dur. Elles servent maintenant aux cours des facultés savantes.

Le fait suivant apportera une nouvelle preuve de la force de cet enduit : l'angle de la tablette d'une cheminée du laboratoire des essais de la Monnaie ayant été cassé, on le remplaça par du plâtre imprégné après coup de cet enduit. Ce morceau rapporté est si solide, que le frottement continuel auquel il est exposé, que la pression de la main fortement appuyée dessus n'a pu l'ébranler. Il semble faire corps avec la tablette de pierre de liais à laquelle il est joint, et le *raccord* ne s'aperçoit qu'à grand'peine, et seulement quand, averti de son existence, on l'examine de près. Parmi les nombreuses expériences qu'ont faites MM. Thenard et Darcet pour s'assurer de l'efficacité de leur procédé, nous citerons celle-ci. Un bas-relief et un portrait en plâtre furent tous deux imprégnés à moitié d'enduit, et placés pendant très long-temps sous des gouttières : la partie de plâtre recouverte d'enduit n'a été altérée en aucune manière, tandis que celle qui n'en avait point reçu a été attaquée, rongée, et totalement dissoute. Ces deux pièces ont été mises sous les yeux de l'Académie des Sciences.

Conservation et bronzage des objets en plâtre.

Après de tels exemples, il ne nous reste plus, je pense, qu'à faire connaître ce précieux enduit. Les substances dont il se compose sont toujours les mêmes; cependant il varie suivant les applications. Ainsi, lorsqu'il s'agit d'opérer sur la pierre, on le forme d'une partie de cire et de trois parties d'huile cuite, avec un dixième de son poids en litharge. Nous verrons que, pour le plâtre, cet enduit subit quelques modifications, quoiqu'il s'emploie de cette manière, avec le plus d'avantage. Le bas-relief et le portrait, dont il a été fait mention plus haut, avaient été seulement préparés avec cet enduit, sans aucune addition.

L'application de cet hydrofuge varie un peu. Pour agir sur la pierre, on chauffe, au moyen d'un réchaud de doreur, un mètre carré de muraille, puis, avec de larges pinceaux, on applique le mastic à la température de cent degrés environ. Cette première couche absorbée, on en remet une autre, et ainsi de suite, jusqu'à ce que la pierre ne puisse plus en boire. Pendant le cours de l'imbibition, la pierre est chauffée deux fois, et la chaleur doit être aussi élevée qu'il est possible de le faire, sans courir le risque de carboniser l'huile. Mais pour opérer sur le plâtre, le feu doit être ménagé; car cette substance ne supporterait pas 145 degrés de chaleur sans se décomposer; il ne lui faut que 100 à 120 degrés. Au reste, ce serait bien inutilement qu'on l'exposerait à une chaleur trop forte, puisqu'elle s'imbibe avec beaucoup de facilité, et que l'opération ne présente aucun obstacle. L'application est d'ailleurs absolument la même que pour la pierre. Un avantage immense qu'a cet enduit sur toute autre substance pareille, c'est qu'il est absorbé complétement, pénètre dans le plâtre, le durcit, et change sa nature sans altérer ses formes. L'enduit hydrofuge modifié, tel qu'il suit, est recommandé particulièrement par les savans auteurs pour rendre inaltérables à l'air des statues et bas-reliefs en plâtre, et pour les colorer convenablement.

Prenez de l'huile de lin pure; convertissez-la en savon

neutre au moyen de la soude caustique; ajoutez ensuite une forte dissolution de sel marin, et poussez fortement la cuisson jusqu'au moment où la lessive est assez concentrée pour qu'on obtienne le savon nageant en petits grains à la surface de la liqueur; mettez après cela le tout sur un carrelet. On nomme ainsi un morceau d'étamine placée dans un cadre de bois. Quand le savon est bien égoutté, vous le soumettez à la presse afin d'en exprimer le plus de lessive possible. Faites-le dissoudre alors dans de l'eau distillée, et passez la dissolution chaude à travers un linge fin. D'un autre côté, préparez la dissolution suivante, en mélangeant dans de l'eau également distillée 80 parties de sulfate de cuivre, et 20 de sulfate de fer du commerce. On nomme vulgairement le premier *couperose bleue*, et le second *couperose verte*. Vous filtrez la liqueur, et après en avoir fait bouillir une partie dans un vase de cuivre bien propre, vous y versez peu à peu de la dissolution de savon, jusqu'à ce que la dissolution métallique soit complétement décomposée. Ce point de décomposition étant atteint, vous versez une nouvelle quantité de dissolution de sulfate de cuivre et de fer, vous agitez de temps en temps la liqueur, et la portez à l'ébullition. De cette manière, le savon, sous forme de flocons, se trouve lavé dans un excès de sulfate; après quoi vous le lavez successivement à la grande eau bouillante, et à l'eau froide, vous le pressez ensuite dans un linge pour l'essuyer et le sécher le plus possible, et, dans cet état, vous vous en servez comme je vais l'expliquer ci-après.

Vous faites cuire 1 kilogramme d'huile de lin pure avec 250 grammes de litharge pure en poudre très fine; vous passez le produit à travers un linge, et vous le laissez déposer à l'étuve. Il se clarifie en assez peu de temps.

La clarification achevée, vous prenez :

Huile de lin cuite...............	300 grammes.
Savon de sulfate de cuivre et de fer..........................	160
Cire blanche pure..............	100

Vous mettez ce mélange dans un vase de faïence, et vous les faites fondre au bain-marie ou à la vapeur. Vous le tenez fondu pendant quelque temps, pour laisser dégager le peu d'humidité qui s'y rencontre. D'autre part, vous faites chauffer les pièces de plâtre jusqu'à 80 et 90 degrés centigrades dans une étuve, puis vous les retirez, et y appliquez au pinceau le mélange fondu.

Lorsque les plâtres se refroidissent assez pour que le mélange ne s'imbibe plus, vous les reportez à l'étuve, et vous les faites chauffer de nouveau, à 80 ou 90 degrés. Vous recommencez à y appliquer la composition, jusqu'à ce que le plâtre en ait absorbé suffisamment. Les plâtres retournent ensuite à l'étuve, afin qu'il ne reste pas de mastic à la surface, et pour que toutes les finesses de la sculpture paraissent et ne soient pas empâtées. Alors, vous les retirez définitivement de l'étuve, vous les mettez refroidir à l'air, et les laissez exposés dans un endroit couvert pendant quelques jours ; ou plutôt jusqu'à ce qu'ils aient perdu l'odeur de l'enduit. Vous terminez par les frotter avec du coton ou du linge fin, et le travail est achevé.

Si les pièces que vous voulez préparer étaient petites, comme petits bustes, médaillons, etc., il ne faudrait agir ainsi que pour le durcissement des petites portions d'un bon creux. Par conséquent, vous les tremperiez dans la composition fondue, vous les retireriez avec des pinces ou une très forte écumoire, vous les secoueriez et les mettriez sur une planche pour les essuyer d'un côté, afin de faire pénétrer la composition qui se trouverait à la surface opposée. Le même effet serait produit en présentant cette surface devant un feu clair. Pour faire tremper les pièces, il serait bon d'employer la grille de fil d'archal, mentionnée pour plonger dans l'huile grasse les petites pièces d'un bon creux.

Lorsque les plâtres sont de grande dimension, on emploie le réchaud de doreur dont voici l'exacte description.

Cet ustensile a la forme d'un carré long. Il porte un couvercle, au milieu duquel est placée une poignée, qui sert à l'ouvrir. Ce couvercle tourne, en s'ouvrant, sur deux charnières placées de chaque côté de la poignée. L'une des deux charnières est beaucoup plus rapprochée de la poignée que l'autre, plus voisine de l'extrémité du couvercle.

Le combustible brûle appuyé sur une grille placée verticalement, comme cela se pratique dans les coquilles à rôtir et dans le fourneau du fabricant de cire à cacheter. Six barreaux en gros fil de fer servent à retenir le charbon dans l'intérieur du réchaud. Ces barreaux sont posés horizontalement et ne se voient qu'au devant du réchaud. Les côtés du réchaud les soutiennent, et le bas, fermé par une tôle, forme au-dessous d'eux une espèce de cendrier ou de réservoir pour les cendres.

Le derrière du réchaud est composé d'une large plaque de tôle, qui remplit exactement tout l'intervalle compris entre la partie postérieure du couvercle et celle de la caisse en tôle formant le cendrier, d'une part, et de l'autre, entre les deux lignes postérieures des côtés du réchaud. Au centre de cette partie se trouve une plaque circulaire ou elliptique, également en tôle. Au centre de cette plaque, se voit aussi un manche plus ou moins long, ordinairement placé horizontalement, mais souvent incliné. Ce manche sert à transporter le fourneau, pour l'employer à chauffer les surfaces soit verticales ou un peu inclinées à l'horizon, soit complétement horizontales, telles que les planchers et les plafonds. C'est d'après la position de ces surfaces que le manche est tour à tour incliné ou horizontal. La plaque circulaire qui double au centre le derrière du réchaud, et porte le manche, est destinée à empêcher la chaleur de se communiquer à la main de l'ouvrier, lorsqu'il saisit le manche de l'ustensile.

On peut brûler dans le réchaud du doreur, soit du charbon de bois soit du coke. Le feu s'y entretient comme dans tous les autres fourneaux. La manière de s'en servir est fort simple ; on le prend par le manche, et on le présente, ou on le promène convenablement en face et autour des objets que l'on veut dessécher ou élever à une certaine température. La quantité plus ou moins grande de combustible, la distance plus ou moins rapprochée, le plus ou moins de perpendicularité du fourneau, sont employées par l'ouvrier, en raison du but qu'il veut atteindre. Ce réchaud a ordinairement dix-huit pouces de largeur, mais on le construit de toutes grandeurs, et même on lui donne diverses formes exigées par les travaux divers auxquels il peut être employé.

Pour l'objet qui nous occupe, ce réchaud peut convenir ; mais comme on ne fait pas d'ordinaire des statues de très forte dimension, et qu'un réchaud un peu moins grand est plus portatif, je pense que le mouleur fera bien d'en choisir un de moyenne grandeur. Ainsi donc, les ustensiles nécessaires à cet important perfectionnement du plâtre sont on ne peut plus simples. Une chaudière de fonte, ou toute autre pour l'ébullition de l'huile et de la litharge ; un vase de cuivre pour la préparation du savon métallique ; un autre vase en faïence, qui sert à fondre le mélange ; quelques pinceaux, un réchaud de doreur (pour certains cas seulement), un peu de linge fin, suffisent pour l'opération qui rend le plâtre aussi solide et d'un aussi bel aspect que le marbre ou le bronze.

Les matières employées sont peu coûteuses. Néanmoins, on peut encore, si l'on veut, faire une économie à cet égard, en remplaçant la cire par la résine ; mais, pour des ouvrages précieux, cette économie, qui produit une mauvaise couleur, serait mal entendue. Pour faire apprécier aux mouleurs, comme aux particuliers, les avantages qu'offre cette méthode relativement à la dépense, je transcris ici la note dont MM. Thenard et Darcet ont accompagné leur intéressant Mémoire.

» Les différentes opérations que nous avons eu occasion
» de faire, disent-ils, nous ont prouvé que le plâtre sec,
» pénétré de composition, en absorbait environ 30 cen-
» tièmes de son poids, et qu'il fallait au plus 2,500 gram-
» mes de composition pour préparer, à 0,012 mètre de
» profondeur, une table en plâtre, ayant un mètre carré
» de superficie.

» Nous avons en outre reconnu que le kilogramme de

» composition prête à être employée ne revenait au plus » qu'à quatre francs. Nous allons appliquer ces données à » l'évaluation approximative de la somme qu'il faudrait » dépenser pour obtenir un plâtre de la *Vénus de Médicis* » parfaitement préparé.

» M. le comte de Clarac, conservateur des antiques du » Musée national, ayant eu besoin de connaître la surface » développée de cette statue, la fit calculer par trois mé- » thodes différentes, et arriva à ce résultat, que la sur- » face de la Vénus de Médicis développée était de 23 pieds » carrés 372/1000 millièmes, ou 2 mètres carrés, 4,647.

» Il faudrait donc, pour pénétrer complétement cette » statue, en lui supposant partout une épaisseur de 0,012 » mètre, employer au plus 6 kilogrammes de composition.

» Voici, à peu près, ce que coûterait un plâtre de la » Vénus de Médicis préparé par le procédé dont il est ques- » tion.

» Un plâtre de la Vénus, bien réparé, se » vend.	100
» 6 kilogrammes de compositon à 4 fr. » le kilogramme.	24
» 1 hectolitre de coke, pour chauffer l'é- » tuve ou pour le service du réchaud du » doreur.	4
» 2 journées de deux ouvriers peintres, à » 5 francs chaque.	20
» Menus frais, pinceaux, linge, coton, etc..	2
» Cette statue en plâtre bien préparée, re- » viendrait donc au plus à.	150 fr.

» Une copie de cette statue, en marbre, coûterait 7 ou » 8,000 fr. : une copie en bronze reviendrait à peu près au » même prix; elle coûterait encore 2,000 à 2,400 fr. en » la faisant faire en pierre tendre ordinaire. »

Afin de rendre les statues, vases, etc., plus imperméables à l'humidité, il faudrait couler dans l'intérieur de l'huile de lin cuite. Le plâtre exigerait alors moins de composition à l'extérieur. J'espère que l'on comprend bien maintenant comme cette matière devient inaltérable, puisque tous les pores en sont remplis par une substance qui la durcit, sans rester à la surface, sans former d'épaisseur, sans empâter les finesses de la gravure, et sans rendre *flous* les traits qui y sont sculptés. Les autres procédés employés pour cet objet (et que je donne ici afin de ne rien omettre), feront encore mieux apprécier les avantages de la méthode de MM. Thenard et Darcet, qui paraît leur avoir été suggérée par l'observation des procédés employés pour durcir le plâtre des creux.

Autre description de la même méthode de bronzage des objets moulés en plâtre.

Depuis la dernière édition de ce Manuel, on a publié dans le *Dictionnaire des arts et manufactures*, une description du procédé que l'on vient de lire; l'importance de ce sujet nous engage, pour le cas de quelque point obscur, à reproduire cette description, quoiqu'elle soit moins complète que la notre.

Pour recouvrir les statuettes et autres objets moulés en plâtre, est-il dit, d'un enduit vert très-durable qui imite le bronze antique et qui protège beaucoup mieux le plâtre, contre l'action des agents atmosphériques, que le vernis à l'huile de lin ordinaire; on prépare d'abord un savon avec de l'huile de lin et une lessive de soude caustique, on ajoute ensuite une dissolution concentrée de sel marin, et on fait évaporer jusqu'à ce que le savon vienne nager en petits grains à la surface. On jette alors à travers une chausse en toile; on dissout le savon obtenu dans l'eau bouillante, et on passe à travers un linge. D'un autre côté on dissout dans de l'eau chaude quatre parties de sulfate de cuivre et une partie de sulfate de fer, puis on verse la liqueur dans la dissolution de savon, lentement et en agitant constamment, jusqu'à ce qu'il ne se forme plus de précipité. Ce précipité est un mélange de savon ferrugineux et cuivreux, c'est-à-dire d'oléats de fer et de cuivre ; le premier étant rouge-brunâtre, et le second vert, leur mélange présente la teinte vert-brunâtre du bronze antique. On le recueille sur un filtre, on le fait bouillir quelques instants, dans une chaudière de cuivre avec une partie de la dissolution vitriolique ci-dessus (renfermant un mélange de sulfates de fer et de cuivre), on décante et on met de l'eau chaude; enfin, après une courte ébullition, on décante de nouveau, on lave le précipité à l'eau froide, on le passe dans un linge, on essuie, et on le dessèche le plus possible.

On fait cuire 1 kilogramme d'huile de lin pure avec 250 grammes de litharge finement pulvérisée, on passe à travers un linge et on laisse déposer à l'étuve; l'huile se clarifie mieux. On fond ensuite ensemble, dans un vase de faïence, sur un feu très-doux, et mieux au bain-marie : huile de lin cuite, 300 grammes ; savon de fer et de cuivre, 160 grammes ; cire blanche pure, 100 grammes ; et on tient le mélange fondu jusqu'à ce que toute l'humidité se soit dégagée. On fait alors chauffer les plâtres dans une étuve jusqu'à 90° centigrades environ, et on y applique au pinceau le mélange fondu. On répète, au besoin, cette opération, et on termine en remettant à l'étuve, pendant quelques instants pour qu'il ne reste pas de couleur à la surface.

Lorsque le travail est fait avec soin, et surtout lorsqu'on observe bien la température convenable, le mélange pénètre uniformément le plâtre et le recouvre d'un enduit extrêmement mince, sans en altérer en rien les contours les plus délicats. Au bout de plusieurs jours, lorsque le plâtre n'a plus d'odeur, on en frotte légèrement la surface avec un tampon de coton, et on bronze les parties saillantes avec un peu d'or musif. Les petites pièces peuvent être simplement plongées dans le mélange fondu, égouttées, puis exposées devant le feu jusqu'à ce que la composition ait entièrement pénétré dans le plâtre. (Voir aussi le procédé pour durcir ou aluner le plâtre.)

Préparation de céruse pour rendre les statues en plâtre inaltérables pendant deux années.

Lorsqu'une statue est réparée et mise en place dans un jardin ou tout autre lieu exposé à l'air, on attend qu'elle soit parfaitement sèche avant de lui appliquer la préparation suivante. Il est indispensable que la saison soit chaude ; car c'est le soleil qui doit absorber le reste d'humidité de la figure. Après une belle journée, on met le soir, sur toute la statue, une couche d'huile grasse ou lithargirée, presque bouillante. Si le lendemain offre un beau jour, l'huile pénètre bien le plâtre, et le soir on remet une seconde couche parfaitement égale, qui, comme la première, doit n'avoir laissé aucune épaisseur. Le troisième jour, on délaie avec de l'huile de lin du blanc de céruse ou de plomb, et on y ajoute un peu de litharge en poudre pour rendre ce mélange bien siccatif. Il importe qu'il soit liquide, afin de ne pas empâter les traits de la statue, et masquer la délicatesse des contours. Quelques mouleurs croient perfectionner cette composition en y mettant du vernis ; et c'est à tort, car il produit à la fois l'écaillement de la couleur, et un brillant très-désagréable. Un peu de bleu en poudre, ou quelques gouttes de *bleu en liqueur*, seront d'un bon usage, et serviront à donner un ton de marbre au plâtre. Cette préparation légèrement chaude, est appliquée au pinceau sur toute la surface de la statue. Si l'on négligeait de faire complétement évaporer toute l'humidité du plâtre, il se formerait bientôt des crevasses qu'il faudrait boucher après avec du mastic à l'huile, sur lequel ensuite on remettrait de la couleur.

Une figure de plâtre ainsi préparée ne dure que deux années : au bout de ce temps, on est obligé de renouveler la dernière couche de préparation. Cette mesure est peu de chose ; la nécessité de recouvrir pendant l'hiver, la statue d'une toile peinte ou cirée, est plus assujettissante et plus désagréable. En outre, si la figure est placée sous des arbres, où elle devient plus promptement noire qu'en plein air, l'intervalle des réparations n'ira vraisemblablement point à deux ans ; mais cette méthode, quoique de beaucoup inférieure à celle de MM. Darcet et Thenard, est d'une plus facile exécution.

Sans que je le fasse remarquer, on sent à combien de chances de non-succès on s'expose en confiant à la saison le desséchement de la statue. D'abord, on ne peut opérer qu'en été; et pour peu que l'atmosphère varie, tout le travail peut être perdu. Il vaut infiniment mieux faire sécher la figure à l'étuve, et alors il n'y a que de l'avantage à employer l'enduit hydrofuge.

Badigeon de M. Bachelier, pour servir à la conservation du plâtre.

L'histoire de ce procédé est intéressante et singulière. Frappé de la prompte altération de la pierre employée à la construction des plus beaux édifices de Paris, et des inconvénients du grattage, opération longue et coûteuse, M. Bachelier proposa l'essai d'un badigeon conservateur.

Cet essai fut fait au palais du Louvre ; trois colonnes dans la cour, furent enduites de ce badigeon à moitié de leur hauteur, deux à l'exposition du sud, et la troisième à l'ouest. Il ne formait pas une couche qui pût altérer le fini des sculptures, même les plus délicates, et le temps devait montrer qu'il possédait toutes les qualités désirables. Cinquante-trois mois après, la partie badigeonnée des colonnes se faisait remarquer par un ton de couleur uniforme, et qui tranchait fortement avec le gris obscur et terreux des endroits privés du badigeon. Dans les parties exposées à l'action des vents, de la pluie et du soleil, il s'était également conservé intact, et le frottement réitéré de la main n'y produisait aucune impression.

On eut donc bien sujet de regretter que l'auteur de ce précieux enduit fût mort sans en avoir publié la composition, sans avoir laissé même une seule note à cet égard.

En 1808, l'Institut chargea une commission d'analyser ce badigeon, et d'en retrouver le secret. MM. Berthollet,

Chaptal, Vincent, Vauquelin et Guyton-Morveau, qui la composaient, firent gratter les colonnes enduites, et parvinrent, après une multitude d'essais et d'expériences, à retrouver la composition Bachelier. En voici la recette et la manipulation.

Prenez 17 parties de chaux vive, éteignez-la dans la plus petite quantité d'eau possible, suffisante néanmoins pour qu'elle puisse se réduire en poudre et passez au tamis peu serré, afin de séparer les parties sur lesquelles n'auraient pas agi l'extinction; broyez ensuite cette chaux avec du fromage appelé vulgairement *à la pie*, frais encore, et bien égoutté. La quantité en est variable, et doit être telle, que sa réunion avec la chaux produise une pâte molle, égale et bien liée.

D'autre part, vous prenez de plâtre cuit, (ou sulfate de chaux,) 7 parties, et de céruse, (ou carbonate de plomb,) 6 : ces deux substances, réduites en poudre, s'incorporent avec la pâte précédente, et, par un broiement plus exact, sur un morceau de marbre, avec un peu d'eau, on réduit le tout en une bouillie plutôt épaisse que liquide. Un quart du poids des matières sèches semble être la mesure d'un fromage fraîchement égoutté.

Au moment de badigeonner, on délaie cette bouillie avec l'eau commune, et on applique l'enduit à la brosse ou au pinceau de vernisseur.

Ce badigeon, dont l'emploi est précieux pour les pierres tendres, qui produit le meilleur effet sur la pierre filtrante, qui enfin est susceptible de recevoir une légère teinte rapprochée de la couleur naturelle de la pierre polissable, convient parfaitement à la conservation du plâtre. Après la méthode de MM. Thenard et Darcet, il offre, pour atteindre ce but, le procédé le plus sûr et le plus durable. Les substances dont il est composé se rencontrent partout à bas prix, et l'exécution en est des plus faciles.

D'après le conseil de M. Darcet, les mouleurs feraient sagement d'avoir ce badigeon en provision. Voici de quelle sorte. Dans les temps et dans les pays où le fromage est à bas prix, ils devraient faire incorporer la chaux avec cette matière, de manière à en avoir des trochiques, qui, soigneusement mis à l'abri du contact de l'air, seraient conservés pour l'usage. Comme je l'ai dit plus haut, on terminerait l'enduit à l'instant de l'appliquer.

Pour bien réussir, il faudrait parfaitement sécher les plâtres, et leur mettre une à trois couches d'enduit.

Moyens de vernir, colorer, marbrer et bronzer le plâtre.

Ces procédés sont nombreux : plusieurs d'entre eux, anciennement connus, ont été perfectionnés de nos jours. Réunis aux méthodes pour la conservation du plâtre, ils doivent nécessairement donner un nouveau prix aux produits de l'art du mouleur. Une fois l'avantage des uns et des autres connu, l'usage des figures en plâtre se répandra de plus en plus. Ce qui a été dit au commencement de ce chapitre, relativement à ce sujet, ne doit pas se perdre de vue, pour les travaux sérieux.

Vernis à la cire pour les plâtres.

Cette recette est empruntée au *Journal des Connaissances usuelles*, janvier 1829.

Prenez une once de savon blanc, autant de cire blanche pure, et deux pintes d'eau de rivière; faites bouillir le tout ensemble dans un vase propre. La dissolution achevée et retirée du feu, appliquez-la au moyen d'une brosse douce. Une brosse à barbe un peu usée conviendrait très-bien pour cela.

L'eau savonneuse seule est encore employée pour le vernissage du plâtre. Lorsqu'il est bien sec, on trempe dans l'eau une brosse douce ou une éponge, et l'on donne ainsi plusieurs couches. Le plâtre s'étant bien imprégné de savon, on le laisse sécher, puis on frotte légèrement la figure avec un linge fin pour la polir. Ce procédé a l'inconvénient de jaunir le plâtre.

Procédés pour colorer les plâtres.

Il est rare que l'on veuille avoir des figures colorées; cependant cette fantaisie est celle de quelques amateurs, et le mouleur doit pouvoir satisfaire à tout. Si, avant de couler le plâtre, il est instruit de cette circonstance, il mêlera au plâtre gâché du rouge, du bleu en poudre, ou toute autre couleur désirée; mais il vaut mieux, en général, que cette poussière colorée soit mise dans l'eau avec laquelle se doit gâcher le plâtre.

Si on lui demande, par exemple, une figure de plâtre couleur de terre cuite, et que le mouleur ait dans son magasin, comme il arrive souvent, des statues jaunies par la poussière et salies par les mouches, il devra choisir celles-ci. Il prendra de la céruse ou blanc de plomb broyé dans l'eau, du jaune et du vermillon en poudre également broyés. La quantité n'est point déterminée, elle est relative à la grandeur de la figure. On fait dissoudre séparément ces couleurs dans des vases biens propres: d'autre part, on prépare dans de l'eau tiède une dissolution de gomme arabique, puis on mélange les trois couleurs, et on délaie ce mélange avec la dissolution de gomme. Avant d'employer la couleur, on agit comme les peintres en bâtiment; on l'agite avec le pinceau, et on l'essaie sur un morceau de plâtre ou blanc d'Espagne. Est-elle trop rouge, on y ajoute du blanc; trop blanche, on augmente la dose du jaune ou du rouge, en remuant bien le tout, afin d'incorporer exactement cette addition à la masse. On passe ensuite une couche de cette couleur sur la statue bien sèche, en ayant soin d'éviter de passer plusieurs fois sur la même partie, et de produire des épaisseurs. (1)

MM. Thenard et Darcet donnent le moyen suivant de teindre les plâtres. Pour obtenir, disent-ils, un grand nombre de nuances différentes, préparez des dissolutions alcooliques ou aqueuses de substances colorantes; appliquez

(1) Voyez la note à la fin de ce chapitre.

par couches successives sur les figures ces dissolutions jusqu'à ce que le plâtre ait atteint la couleur désirable ; terminez par mettre sur ces plâtres teints les savons métalliques. Ces savons ne doivent pas être posés au hasard : on appréciera leurs propriétés, et l'emploi qu'il convient d'en faire relativment aux couleurs, lorsqu'il s'agira de bronzer ou de marbrer le plâtre. (*Voyez plus bas.*)

Procédés pour donner au plâtre l'aspect des marbres, porphyres, jaspes, granits, etc.

Pour imiter le marbre blanc, il faut, lorsqu'on prépare l'enduit indiqué par MM. Thenard et Darcet, substituer aux sulfates de cuivre et de fer, le sulfate de zinc (couperose blanche), le sulfate de bismuth et d'étain.

Pour rendre la teinte rouge-brun de certains marbres on emploie le savon de fer seul.

S'agit-il de lui prêter les nuances de l'aventurine, on lui donne d'abord une couche de laque broyée à l'huile siccative : si l'on veut obtenir une teinte plus claire, on y ajoute du blanc de plomb. On prendra ensuite du bronze moulu, de telle couleur que l'on jugera à propos, on en chargera le pouce et l'index, en appuyant les doigts sur la poudre, puis on les passera sur tous les rehauts, ou parties saillantes.

Si l'on veut imiter les porphyres, on commencera par délayer dans de l'huile de la laque ou de la céruse, ou même les deux ensemble, comme dans le cas précédent. On laissera un peu sécher, puis on coupera carrément le bout d'un pinceau épointé, et on le trempera dans une dissolution de gomme arabique, chargée de la couleur convenable. Si l'on désire obtenir l'imitation du porphyre de la Thébaïde, on aura de la couleur rouge ; du porphyre de Corse, il faut du bleu ; du porphyre vert antique, la couleur verte est nécessaire. On imitera ensuite avec le pinceau les petits parallélogrammes caractérisques de cette pierre. On imitera de même le porphyre orbiculaire de couleur brune.

C'est d'après ce procédé que l'on imite également les

marbres de couleur, jaspes, granits, brèches, etc. On leur donne d'abord le fond, soit en employant les couleurs convenables broyées à l'huile, ou dissoutes dans l'eau ou dans l'alcool; on les veine après cela au pinceau. Il ne reste plus qu'à vernir; on y parvient en passant sur la couleur un vernis siccatif appliqué bien également. Immédiatement après l'application, on recouvre toute la pièce d'une toile, afin de la garantir de la poussière jusqu'à ce qu'elle soit parfaitement sèche. Il faut avoir soin que la toile ne pose pas sur l'objet, dans la crainte qu'elle n'enlève le vernis en divers endroits. On peut aussi se dispenser de vernir les plâtres, si on le juge à propos.

Manière de bronzer le plâtre.

Voici la plus importante et la plus intéressante préparation que l'on fasse subir aux figures en plâtre; c'est aussi peut-être celle qui réussit le plus communément; c'est non-seulement un moyen assuré d'embellir les plâtres, de leur donner du prix, mais encore de tirer parti des plâtres tachés par les mouches, ou noircis par la fumée et la poussière : elle est en outre un moyen de conservation; car les plâtres bronzés se nettoient très-facilement, soit au plumeau, soit avec un soufflet; ils se lavent même avec une éponge humide; ce que l'on ne peut jamais pratiquer sur les plâtres blancs.

Il y a plusieurs procédés pour imiter le bronze, ainsi que la *patine* antique. On donne ce nom à cette belle teinte dorée que le bronze acquiert avec le temps, et que les Romains avaient appelée *ærugo*. Selon l'alliage des métaux qui le composent, le bronze prend une teinte plus ou moins colorée. Ainsi le métal de Corinthe prenait une nuance vert-clair, assez semblable à la mousse des arbres. Il dépend du mouleur de l'appliquer sur les plâtres qu'il prépare.

Comme on emploie souvent l'*or musif* dans l'imitation des bronzes, je crois devoir commencer cet article par donner la recette de cet or, nommé aussi *or des alchimistes*.

Préparation de l'or musif.

On fait chauffer pendant quelque temps, dans une cornue de terre, parties égales d'oxide d'étain et de soufre; l'oxigène de l'oxide se porte sur une portion du soufre, et le change en acide sulfureux : celui-ci se dégage, tandis que l'étain désoxidé, c'est-à-dire privé de l'oxigène, s'unit à l'autre partie du soufre, et forme un sulfure d'une couleur jaune et d'un éclat métallique. Comme les alchimistes du moyen-âge présentaient cette opération comme une véritable transmutation de l'étain en or, on lui a donné le surnom dont j'ai parlé.

Premier procédé d'imitation du bronze et de la patine. Nous empruntons ce moyen à MM. Thenard et Darcet. Il consiste à mettre de l'or en coquille sur les rehauts, ou points culminants des plâtres, à les préparer ensuite à l'enduit composé d'huile, de cire et de savon métallique, dont nous avons donné les détails au commencement de ce chapitre.

Pour obtenir la patine rougeâtre que présentent certains bronzes, il suffirait d'augmenter dans l'enduit la quantité du savon de fer, ou même de l'employer seul.

Deuxième procédé. Pour donner à toutes sortes de sculptures en plâtre l'apparence du bronze antique, vous délaierez dans une solution étendue de colle forte, du bleu de Prusse, du noir de fumée, et de l'ocre jaune. Vous étendrez cette couleur au pinceau sur toute la surface de l'objet à bronzer, et réitérerez une ou deux fois cette couche, jusqu'à ce que le plâtre soit convenablement coloré. Avant que la dernière couche soit complétement sèche, vous tremperez le bout du pinceau humecté dans de la poudre d'or musif, qu'on appelle aussi *bronze moulu.* Il ne faut pas employer le pinceau avec lequel on a d'abord appliqué la couleur bronzée. L'or musif s'applique délicatement sur l'extrémité de toutes les parties culminantes de l'objet, dans le but de rendre l'effet de la patine. Vous agirez avec beaucoup de soins; car dès que les teintes sont trop prononcées, cette peinture ne produit plus d'illusion.

Troisième procédé. Broyez à l'huile siccative une couleur verte quelconque ; néanmoins il vaut mieux préférer la terre verte, ou de Vérone, parce qu'elle donne les nuances les plus rapprochées du bronze. Vous n'y ajouterez aucun vernis. Dès que la couleur commencera à prendre de la consistance, vous l'appliquerez au pinceau sur toute la surface de la pièce à bronzer. Vous prendrez ensuite, entre le pouce et l'index, une pincée d'or musif en poudre, et toucherez légèrement les rehauts, en évitant d'agir sur le reste. Vous achèverez en vernissant l'objet, ainsi qu'il a été dit lors de l'imitation du porphyre, à moins que vous ne préfériez laisser le bronze dans son efflеurissement. Si vous le jugez à propos, vous pourrez rehausser votre bronze avec une poudre métallique blanche, que quelques personnes appellent improprement *bronze blanc moulu.* Voici comment se prépare cette composition.

On fait fondre dans un creuset parties égales d'étain, de bismuth et de mercure, en ne mettant ce dernier métal que lorsque les deux autres sont en fusion : on remue bien l'alliage. Quand on veut s'en servir, on le réduit en poudre, et on le mêle avec des blancs d'œufs.

Quatrième procédé. C'est une peinture de bronze à l'huile. Elle se fait en broyant bien fin du *brun rouge* d'Angleterre avec de l'huile de lin. Vous donnez aux plâtres deux couches de cette couleur, que vous laissez sécher successivement : quand la seconde est sèche, vous y passez un *vernis au bronze*, composé d'une solution de gomme laque dans l'esprit-de-vin ; vous trempez ensuite le pinceau au vernis dans la poudre d'or musif, et vous étendez plus particulièrement sur les vives arêtes et les bosses. Cette peinture résiste bien à l'eau.

Cinquième procédé. Commencez pas appliquer sur le plâtre une dissolution de colle de Flandre dans l'eau : laissez sécher ; détrempez, dans cette dissolution, de la terre d'ombre, et donnez au plâtre une couche de cette couleur. Si vous ne trouvez pas la teinte assez foncée, remettez une nouvelle couche ; terminez par poser de l'or musif en poudre sur les parties saillantes. Lorsque la figure est parfaitement séchée, passez une dent de loup sur les saillies, et un morceau de peau de buffle sur toute la pièce, afin de la lustrer.

Sixième procédé. Vous faites d'abord complétement sécher le plâtre destiné à être bronzé; vous y passez ensuite une couche d'huile lithargirée chaude. Cette première couche sèche, vous ajoutez à l'huile un peu de noir de fumée broyé à l'huile. Vous faites encore sécher, puis vous appliquez le *vernis au bronze*, indiqué au *quatrième procédé*, dans lequel vous avez délayé et battu de la poudre d'or musif.

Septième procédé. La figure bien séchée; étendez dessus bien également une couche du vernis au bronze : une seconde couche, dans laquelle vous incorporez du rouge-brun d'Angleterre, doit succéder à la première, lorsque celle-ci est complétement sèche. Donnez une troisième couche composée de vernis gras à l'huile. Dès qu'il commence à sécher, on pose du bronze moulu, soit cuivré, soit blanc, avec une brosse douce, qui le dépose principalement sur les rehauts (1).

---

(1) *Petites figures communes en plâtre.* — Le mouleur en plâtre peut encore s'occuper d'un travail commun et quelquefois grossier, dont les produits servent de jouets aux enfants, et de décoration de cheminée au peuple des provinces. On voit que je veux parler de ces petites figures de saints, d'oiseaux, de chiens, de chats, etc., que l'on expose ordinairement en vente en les promenant sur une planche. Ces objets, moulés par les procédés ordinaires, presque toujours en plâtre commun, reçoivent des couleurs très-vives, qui marquent d'une manière tranchée les draperies des Madones, et autres vêtements des personnages, le plumage des oiseaux, etc. On donne ces couleurs en appliquant une ou deux couches des couleurs en usage chez les peintres en bâtiments; on laisse sécher, puis on met une légère couche de vernis à l'esprit de vin, ou tout simplement de blanc d'œuf un peu vieilli. Comme il arrive ordinairement que les personnages portent des draperies ou manteaux de couleur sur un fond blanc, on a soin de ne pas tacher la partie qui doit rester blanche, à laquelle il est inutile d'appliquer une couleur particulière. Pour colorer le plâtre en *jaune d'or,* vous ferez une décoction de racine d'épinette avec très peu de safran : en *vert,* vous ferez bouillir de la morelle dans moitié eau, moitié vinaigre; *bleu,* des brins d'hyèble, seront bouillis avec un peu

Argenture des figurines. Quelquefois on argente les figurines en plâtre. La méthode consiste à les frotter avec un amalgame composé de parties égales de mercure, de bismuth et d'étain, puis de les recouvrir d'une couche de vernis.

Imitation de plomb. On donne au plâtre une couleur extérieure gris de plomb métallique en le frottant avec de la plombagine porphyrisée.

Manière d'emballer les figures en plâtre.

Le mouleur en plâtre ne doit rien ignorer de ce qui est relatif à son état, et le transport de ses produits doit particulièrement l'intéresser. S'il s'agit d'objets de petite dimension, on peut mettre, dans le fond d'une caisse, un lit de foin et de paille, et sur ce lit les figures séparées entre elles par de petites masses d'étoupes, de rognures de papier, d'herbes sèches, etc. Ces matières, ou autres semblables, les recouvrent exactement, puis d'étroites sangles passées à travers les trous de la caisse, croisées les unes sur les autres, de manière à former des intervalles à carreaux rapprochés, maintiennent les figures. Il doit se trouver assez d'étoupes entre celle-ci et les sangles, pour qu'aucune partie délicate ou saillante ne puisse être altérée par la pression de ces liens. Cette précaution prise, on étend sur les sangles un lit de paille ou de foin, comme dans le fond de la caisse, et l'on continue de la même manière. Il va sans dire que les pièces les plus légères sont réservées pour les rangées supérieures.

Une figure de grande dimension exige encore plus de soin.

---

d'alun ; *rouge*, faites bouillir, avec un peu d'alun, du bois de Fernambouc ; *brun*, du bois de Brésil dans une forte lessive ; *noir*, décoction d'écorce verte d'aulne, avec de l'eau alunée. Vous vous servirez d'eau de colle pour appliquer les couleurs. Ce genre d'industrie est certainement bien peu de chose ; mais il peut servir à exercer au moulage les enfants, les jeunes apprentis : il offre un petit bénéfice d'autant plus clair, qu'on n'y consacre que du loisir et des matériaux perdus. On doit n'y employer que des restes de plâtre gâché.

On fait construire une caisse de grandeur proportionnée, en fortes planches de sapin, nommées madriers, et emboîtées à queue d'aronde. On place dans le fond de la paille recouverte de papier coupé, et l'on colle intérieurement des bandes de papier sur les joints de la caisse. Cette précaution a pour but d'empêcher la fuite de la sciure de bois qui remplira les vides. On place la statue dans le fond de la caisse, puis on cloue des traverses de bois autour de la plinthe. On en contourne d'autres, suivant les saillies de la figure, et on les assujétit avec des vis. On remplit avec des chiffons, du papier, des étoupes, tous les intervalles entre ces tasseaux et la statue; enfin, pour plus de sûreté, on achève de remplir les vides de la caisse avec de la sciure de bois.

DEUXIÈME PARTIE.

MOULAGE DES MATIÈRES MOLLES ET LIQUIDES AUTRES QUE LE PLATRE.

CHAPITRE PREMIER.

DES CIMENS NATURELS.

La première partie de ce travail a été consacrée au moulage du plâtre ; cette substance méritait les longs détails dans lesquels nous sommes entrés, parce que son emploi pour imiter les sculptures constitue un art séparé ; parce que nulle autre n'est employée aussi souvent ; parce qu'enfin elle prend avec une extrême facilité les empreintes les plus délicates, et n'exige, pour reproduire de la manière la plus fidèle les chefs-d'œuvre des arts, que des opérations peu difficiles et rapides. Mais un inconvénient grave doit être placé en regard de tant d'avantages. Le plâtre s'altère vite : la promptitude avec laquelle il est détruit par l'humidité, par l'effet de la gelée, est un obstacle qui ne permet pas de l'appliquer avec succès à la décoration extérieure de nos édifices. A la vérité, on peut le préserver des atteintes de l'humidité ; et j'ai indiqué, dans le chapitre qui précède, plusieurs procédés pour cela ; mais presque tous consistant à recouvrir le plâtre d'un enduit plus ou moins épais, il arrive que les formes sont altérées. L'enduit hydrofuge de M. Darcet pénètre dans le plâtre, et n'a pas les mêmes inconvéniens : mais l'application en est encore longue et assez difficile. La dépense ne laisse pas que d'être élevée ; et quoique l'efficacité de cet enduit, comme *hydrofuge*, soit maintenant à l'abri de toute contestation, la propriété qu'on lui attribue de préserver *complétement* le plâtre n'est peut-être pas encore assez bien constatée pour qu'on doive renoncer à faire des tentatives d'un autre genre.

Aussi, dans le temps, la Société d'encouragement a-t-elle proposé un prix pour la découverte d'une matière se moulant comme le plâtre, et capable de résister à l'air autant que la pierre.

Jusqu'à présent ce concours n'a amené aucun résultat bien satisfaisant ; mais il est encore ouvert, et je transcris ici le nouveau programme, parce qu'il fait parfaitement connaître l'état de la question.

« Le plâtre est, pour l'art du mouleur, une matière des plus précieuses : il donne le moyen d'obtenir promptement et à peu de frais des copies identiques de toutes les productions de la sculpture, et de multiplier indéfiniment ces copies. Malheureusement il se décompose trop rapidement en plein air pour être d'un bon usage dans les décorations extérieures ; et tout ce qu'on a tenté jusqu'à présent pour en augmenter la solidité n'a donné aucun résultat satisfaisant.

« L'argile est également propre à prendre des empreintes fidèles, et de plus, elle offre l'avantage de prendre au feu une dureté égale à celle de la pierre ; mais la cherté du combustible augmente considérablement les frais de fabrication. D'ailleurs le retrait qu'elle prend au feu ne peut guère être soumis à un calcul précis ; il en résulte de l'altération dans les formes, laquelle s'augmente en proportion des grandeurs ; aussi obtient-on difficilement des morceaux d'une grande dimension.

Ce serait donc une découverte utile aux arts que celle qui procurerait le moyen de rendre le plâtre capable de résister en plein air autant que nos bonnes pierres calcaires, ou bien qui ferait connaître quelque ciment réunissant à l'avantage d'une pareille solidité celui de se mouler aussi bien que le plâtre.

« Ces deux conditions semblent pouvoir être remplies.

« D'après l'excellence des mortiers des anciens, dont quelques-uns sont susceptibles de prendre le poli, on ne peut guère douter de la possibilité d'obtenir un ciment qui devienne, avec le temps, dur comme la pierre. La préparation de ces mortiers n'est pas un secret perdu, puisque plusieurs de nos constructions modernes ont toute la solidité des constructions anciennes.

« On ramasse, aux environs de Boulogne, sur les côtes de la mer, une espèce de galet, ayant ainsi que le plâtre, lorsqu'il est convenablement calciné et pulvérisé, la propriété de se durcir sur-le-champ avec l'eau; aussi l'emploie-t-on à faire de grandes cuves, des conduites d'eau et des constructions hydrauliques. Les mêmes galets se trouvent sur les côtes de l'Angleterre, et à Londres on emploie le ciment de Boulogne avec un très grand succès pour revêtir les constructions en briques. On le travaille comme le plâtre; on en fait des corniches, des ornemens qui se moulent assez facilement.

« Comme il est très brun, on est obligé, lorsqu'il est encore frais, de le peindre avec un lait de chaux : c'est une vraie peinture à fresque. Cette couleur est produite par de l'oxide de fer, qui, d'après l'analyse de M. Guyton, insérée dans le premier volume du *Bulletin de la Société*, p. 59, entre pour un neuvième dans le ciment de Boulogne; mais les belles expériences de M. Vicat, sur les chaux factices et les mortiers hydrauliques, prouvent que le fer n'est pas indispensable à la solidité des cimens, ou du moins qu'il peut y exister dans une proportion assez faible pour que la couleur ne diffère pas de celle de nos pierres à bâtir.

« Ainsi, on a tout lieu de croire qu'il est possible de préparer un mortier blanc, réunissant toutes les propriétés du ciment hydraulique de Boulogne; et d'ailleurs on n'exige pas qu'il se durcisse aussi promptement que le plâtre, pourvu qu'il prenne bien les empreintes, et qu'avec le temps il acquierre la solidité demandée, quand bien même cette dureté ne pourrait s'obtenir que sous l'eau, comme celle des bétons.

« Le problême consiste donc, soit à durcir le plâtre par quelque mélange qui le fasse résister en plein air, soit à composer de toutes pièces un stuc ou ciment de couleur claire, se moulant avec autant de facilité que le plâtre, d'un grain assez fin pour prendre les empreintes les plus délicates, et capable d'acquérir avec le temps une solidité comparable à celle des pierres calcaires employées dans la sculpture.

« La Société d'Encouragement propose, pour la solution de ce problême, un prix de *deux mille francs*, à celui qui aura satisfait à toutes les conditions du programme.

» Les concurrents adresseront à la Société, les échantillons de ciment ou de plâtre durci.

» Ils décriront avec précision les procédés qu'ils auront employés, pour que l'on puisse répéter les expériences, et obtenir de nouveaux produits, qui seront, ainsi que les échantillons, soumis, au moins pendant un an, aux épreuves nécessaires pour en reconnaître la solidité. »

On sent bien que je ne peux pas présenter comme découverte, dès à présent, la solution du problême demandée en vain depuis plusieurs années par la Société d'Encouragement. Mais je peux faire connaître les tentatives qui ont été faites pour en approcher, les matériaux que fournit pour cela la nature, et ceux qu'on a préparés à son imitation. On a donné le nom de ciment à ces diverses substances : je commencerai ce que j'ai à en dire par le plus célèbre de tous, par le ciment anglais, dit *ciment romain*.

§. 1er. *Ciment anglais, dit* ciment romain.

MM. Parker et Wyatts obtinrent à Londres, en 1796, une patente pour l'exploitation d'une pierre à chaux très-argileuse, connue vulgairement sous le nom de *roman cement*, (*ciment romain*). Cette substance se faisait remarquer par sa propriété de se solidifier aussi promptement que le plâtre lorsqu'elle était exposée à l'air, de se solidifier plus promptement encore sous l'eau quand on l'avait mélangée d'abord avec ce liquide, de façon à lui donner la consistance d'une pâte un peu épaisse. Mais au lieu de s'arrêter, cet *endurcissement* continuait, et bientôt le *roman cement* devenait aussi dur que la meilleure pierre calcaire. Il en résultait que ce ciment était préférable à tout autre pour les constructions hydrauliques, ou destinées à être placées dans un lieu humide.

Bientôt on sut que le *roman cement* était préparé avec une pierre calcaire assez commune en Angleterre : plusieurs fabriques se formèrent à l'instar de celles de Parker et Wyatts. Toutes prospèrent; et quoique que le prix du *roman cement* soit d'environ 100 fr. le mètre cube, on en fait de fréquents envois à l'étranger, et on l'exporte jusqu'aux Indes.

La pierre qui donne le ciment romain a présenté à l'analyse les substances suivantes :

Carbonate de chaux		0,657
Carbonate de magnésie		0,005
Carbonate de fer		0,060
Carbonate de Manganèse		0,019
Argile	silice	0,180
	alumine	0,066
	oxide de fer	0
Eau		0,013
		1,000

Cette pierre, compacte, dure, à grain serré, susceptible de poli, est calcinée dans des fours coniques à feu continu, entretenu avec de la houille. Il faut diriger le feu avec beaucoup de précaution, car si on élève la chaleur au-dessus du terme, la pierre éprouve un commencement de fusion, et n'est plus d'aucune utilité.

Lorsque la calcination a été convenablement dirigée, le ciment qui en résulte donne à l'analyse :

Chaux.	0,554
Argile.	0,360
Oxide de fer.	0,086
	1,000

Aussitôt que cette pierre est calcinée, on se hâte de la réduire en poudre à l'aide de différents procédés mécaniques qui n'ont aucune influence sur la nature du ciment; on enferme la poudre dans des tonneaux bien bouchés, et c'est en cet état qu'on l'expédie.

Pour employer le ciment romain dans les constructions, on le gâche, comme le plâtre, en pâte un peu consistante, et l'on n'en prépare que peu à la fois, parce qu'il durcit très-vite. A Londres, on en fait un usage considérable pour maçonner les fondations, les caves, les citernes, les aqueducs; on s'en sert aussi pour crépir les maisons. On l'a employé exclusivement à tout autre ciment pour la construction du *pont sous la Tamise*; et il paraît que la promptitude avec laquelle ce ciment acquiert la dureté de la pierre a seul permis d'entreprendre cette prodigieuse excavation.

Au reste, on comprend sans peine qu'une substance qui se laisse réduire en poudre très-fine et qui durcit encore plus rapidement que le plâtre, peut être moulée de la même manière, et a sur le plâtre le grand avantage d'être beaucoup plus dure et par conséquent inaltérable.

§. II. *Ciment de Boulogne-sur-Mer.*

Un ingénieur militaire (M. Lesage) publia un mémoire détaillé sur une pierre calcaire qui se trouve aux environs de Boulogne, et dont les propriétés sont les mêmes que celles du ciment anglais. Néanmoins, comme la pierre calcaire dont il parlait ne se trouvait qu'en cailloux roulés, qu'elle n'était pas très-abondante, cette substance fut bientot oubliée. Aussi, à la paix, quand les Anglais établirent à Guernescy un dépôt de leur ciment romain, et le répandirent sur toute la côte, en le regarda comme une substance aussi nouvelle qu'étonnante.

Il est facile cependant de reconnaître l'analogie de la pierre calcaire de Boulogne avec celle que donne le *roman cement*. Nous avons donné l'analyse de cette dernière, voici celle de la pierre de Boulogne, telle que l'a trouvée M. Drapier :

Carbonate de chaux		0,616
Carbonate de fer		0,060
Argile	silice	0,150
	alumine	0,048
	oxide de fer	0,030
Eau		0,066
Perte		0,030
		1,000

En comparant l'analyse de cette pierre à celle de la pierre anglaise, on trouvera la différence très-faible. La même ressemblance se retrouve dans les résultats de la calcination de ces pierres.

Le ciment de Boulogne renferme :

Chaux	0,540
Argile	0,310
Oxide de fer	0,150
	1,000

Ainsi le ciment français ne diffère du ciment anglais que parce que le dernier contient quarante millièmes d'argile de plus, un peu moins d'oxide de fer et un peu plus de chaux.

La pierre de Boulogne doit être calcinée comme la pierre anglaise, et avec les mêmes précautions. Elle perd par la cuisson environ 0,383 de son poids. Elle prend au feu une couleur jaunâtre, quelquefois mêlée de longues taches brunes et rougeâtres. A l'état de pierre, on peut la conserver longtemps sans altération, en ayant soin de la garantir de l'humidité.

Pour l'employer, il faut la pulvériser comme le ciment anglais. Cette poudre est d'un gris légèrement jaunâtre qui se change en couleur de rouille dès qu'on le gâche avec de l'eau. On conserve la poudre dans des tonneaux bien fermés, car l'humidité de l'atmosphère l'altère promptement.

Le ciment de Boulogne a les mêmes propriétés que le ciment anglais; on le travaille de même et on l'emploie aux mêmes usages. Le programme de la Société d'Encouragement, que j'ai transcrit plus haut, fait connaître tous ses avantages et tous ses inconvénients.

Moulage au plâtre-ciment.

On peut, comme nous le verrons Chapitre III, faire divers moulages d'ornements et de statues avec le *plâtre-ciment*, (nom donné d'abord par M. Lesage à la chaux hydraulique obtenue par la calcination ménagée de la pierre calcaire compacte, qui compose les galets de Boulogne-sur-Mer), aussi bien qu'avec le plâtre, si ce n'est qu'il est inutile de laisser du jeu dans les moules, ce ciment n'augmentant ni ne diminuant de volume après la prise. On se sert de saindoux ou d'huile pour graisser les moules.

Les objets moulés en plâtre-ciment ne résistent pas toujours long-temps à l'action de l'air sec, surtout relativement à certaines variétés de cette matière.

§. III. *De la possibilité de trouver presque partout la pierre à ciment.*

Ce n'est pas seulement auprès de Boulogne et en Angleterre que l'on trouve la pierre à ciment. MM. Clapeyron et Lamé, ingénieurs français attachés au service de Russie, ayant été chargés de chercher dans ce vaste empire de la pierre à chaux hydraulique, observèrent un gisement dont les pierres donnent un ciment préférable à celui des Anglais, et qui, d'après l'analyse de ces savants, contient, lorsqu'il est calciné, 0,620 de chaux et 0,380 d'argile. Ce ciment est blanc, se solidifie un peu moins vite que celui de Londres, et en quelques mois acquiert sensiblement plus de dureté.

Suivant M. Pelouze, on retrouve la pierre à ciment entre Valogne et Carentan, dans le département de la Manche, sur les communes de Blasville, Ravenasville, Sainte Marie-du-Mont, Houesville et autres.

M. Minard, ingénieur du canal du Centre, a trouvé, dans le département de Saône-et-Loire, plusieurs carrières de pierre à ciment. M. Lacordaire, ingénieur des ponts-et-chaussées, en réduisant à trois jours la cuisson du calcaire argileux de l'Auxois, qui avant était de six jours, n'a calciné à l'état de chaux hydraulique que les deux tiers environ du volume total. Le reste n'est pas susceptible de s'éteindre dans l'eau et y conserve sa dureté. Si on profite de cette circonstance pour séparer cette partie, on trouve qu'elle forme un ciment naturel, qui, pulvérisé et employé comme le plâtre, prend avec une telle rapidité, qu'en quelques minutes on peut en obtenir des corps solides et même des moulages de diverses formes. Les premières expériences promettent un ciment naturel d'une qualité au moins égale à celle du ciment anglais.

Cette découverte n'est pour ainsi dire que la conséquence d'observations beaucoup plus générales faites par MM. Vicat et Minard. Le premier, si connu par ses importants travaux sur les chaux et les mortiers, a fait remarquer que les fragments de chaux *morte*, recalcinés, donnent toujours de la chaux carbonatée en partie; que cette chaux (de même que les marbres et toutes les pierres à chaux grasse imparfaitement calcinées) est amenée à un état particulier, qui n'est ni celui de chaux, ni celui du carbonate, et qui présente des propriétés analogues à celles du *ciment romain*.

D'un autre côté, suivant M. Minard, la propriété de

donner du ciment romain appartient à toutes les pierres calcaires, à celles même qui ne contiennent qu'un centième d'argile. Il suffit pour cela que leur calcination soit lente et peu avancée, en sorte que certaines pierres à chaux donnent à volonté du *ciment romain*, qui prend en un quart-d'heure; du ciment qui ne prend qu'en quatre ou cinq jours, ou enfin de la chaux grasse qui ne prend pas sous l'eau.

M. Minard conclut de ses expériences que le *ciment romain* des Anglais doit ses importantes propriétés au *sous-carbonate de chaux*, produit par une calcination appropriée sur un carbonate naturel. Peut-être dans ses conclusions y a-t-il quelque chose d'un peu hasardé. Peut-être a-t-on trop généralisé les conséquences qui résultaient des faits observés; mais ces observations suffisent pour faire concevoir qu'il en sera pour le *ciment romain* comme pour la chaux hydraulique, qu'on regardait d'abord comme extrêmement rare et qu'on a fini par trouver presque partout où on l'a cherchée.

Si cette espérance se réalisait, on sent quelles conséquences elle aurait pour le mouleur en plâtre, et combien acquerrait d'extension cet art, qui s'exercerait alors sur une matière aussi dure et aussi solide que la pierre. Afin de faciliter autant que possible l'obtention de ce résultat important, je vais donner la manière de reconnaître les pierres à chaux, qui, convenablement calcinées, peuvent donner du ciment: j'engage fort tous les mouleurs en plâtre à faire quelques essais sur toutes les pierres de cette nature qu'on exploite dans leur voisinage. Une heureuse découverte en ce genre peut être une source de richesses pour celui qui saurait la faire et en profiter.

§. IV. *Manière de reconnaître les pierres calcaires propres à donner du ciment.*

Si l'on a fait attention aux analyses que j'ai données des ciments anglais et de Boulogne, on aura remarqué que ce qui les compose principalement c'est la chaux et l'argile. Les autres substances qui s'y trouvent en plus ou moins grande abondance sont à peu près inutiles ; et le fer, quand il y en a trop, a pour principal résultat de donner au ciment une couleur désagréable. On a pu remarquer aussi que sur 100 parties il en a plus de 30 d'argile. Cette circonstance se rencontre rarement ; et il y a beaucoup de probabilité que les propriétés du ciment sont dues à ce mélange.

Il en résulte que si nous pouvions savoir bien facilement combien il y a d'argile dans tel ou tel morceau de pierre calcaire, nous pourrions à peu près deviner si cette pierre donnera ou ne donnera pas du ciment. Or, pour connaître la quantité d'argile contenue dans une pierre calcaire, il y a un moyen aussi simple qu'assuré.

Broyez-la pierre et réduisez-la en poudre très-fine que vous ferez bien de passer à travers un tamis de soie. Mettez au fond d'un verre 10 grammes de cette poudre pesés bien exactement ; versez dessus peu à peu et presque goutte à goutte de l'acide muriatique ou esprit de sel mêlé avec environ autant d'eau. Cette liqueur bouillonnera fortement en tombant sur la poudre. Vous remuerez de temps en temps avec un tube de verre, et vous cesserez d'ajouter de l'acide quand il ne se produira plus de bouillonnement au moment où il tombe sur la poudre. Il ne vous en fraudra que très-peu pour arriver à ce point, et, d'ailleurs, cet acide est à vil prix. L'acide dissout la chaux ; lorsque le bouillonnement cesse, il n'y a plus de chaux à dissoudre. Alors on mêle ce qui est dans le verre avec un demi-litre d'eau, on agite le tout, et on passe la liqueur à travers un filtre de papier sans colle. Les filtres se font aisément en pliant une feuille de papier en carré, et en la plissant ensuite comme un éventail ; il en résulte, quand on l'a développée, une espèce de cornet qu'on place dans un entonnoir et dans lequel on verse la liqueur. Comme la chaux est complétement dissoute par l'acide, elle passe à travers le papier ; mais l'argile, qui n'est pas dissoute, reste dessus. On la recueille, on la fait bien sécher au feu et on la pèse : dès-lors on sait combien d'argile contenaient les 10 grammes de pierre qu'on avait employés. Si dans les 10 grammes de pierre calcaire il y a à peu près 3 grammes d'argile, on peut être presque certain que la pierre ainsi analysée est une pierre à ciment. Quand même la pierre ne contiendrait que un et demi gramme ou 2 grammes sur 10 d'argile, on aurait encore fait une précieuse découverte; ce serait un indice que la chaux que donnerait la pierre serait puissamment hydraulique, et on rendrait un grand service en faisant connaître cette propriété aux ingénieurs du département si elle ne leur était pas connue.

Le moyen d'analyse que je viens d'indiquer fournit sur la nature de la chaux que doit produire la pierre essayée, les présomptions les plus fortes ; mais tout se réduit à des présomptions, et il est un moyen facile de les changer en certitude.

Prenez plusieurs morceaux de la pierre dont vous voulez connaître les propriétés, placez-les dans un foyer ordinaire dont le feu soit bien soutenu. Au bout de quelques heures retirez un fragment et pesez-le; il doit avoir été pesé avant d'être mis au feu, et si on trouve que par la calcination il a perdu 8 pour 100, on le met à part; s'il a moins perdu, on le remet dans le foyer. On procède de la sorte en retirant graduellement les morceaux de façon à en avoir qui aient perdu, 8, 10, 12, 15, 20, 30 pour 100 et même davantage. On éteint séparément dans l'eau tous ces échantillons, et on voit ce qui en résulte. S'il y a des parties qui ne s'éteignent pas, ce qui est probable pour les échantillons qui n'ont perdu que peu de chose, on pulvérise la partie qui est restée dure, on la gâche comme du plâtre, et on observe attentivement ses effets; c'est parmi les échantillons de cette nature qu'on a l'espérance de trouver du ciment.

Au reste, des échantillons qui ne donneraient pas de ciment pourraient encore donner de la chaux très hydraulique, et comme la chose est importante, je dois indiquer un moyen facile de s'en assurer. Éteignez la pierre avec très peu d'eau, pétrissez-la de manière à lui donner la consistance du mastic de vitrier, mettez-en au fond d'un verre une couche d'un pouce d'épaisseur, que vous avez soin de bien unir à la surface. Achevez de remplir le verre d'eau.

Si au bout de trois jours la chaux ainsi recouverte d'une couche d'eau est devenue assez dure pour ne plus fléchir sous le doigt, on peut la regarder comme très hydraulique.

CHAPITRE II.

DE LA CHAUX HYDRAULIQUE.

Application au moulage de la chaux hydraulique naturelle.

Tout ce qui précède ce chapitre fait suffisamment connaître l'importance de la chaux hydraulique. On sent combien elle doit être utile pour les constructions à faire sous l'eau ou dans les endroits humides; il est facile de deviner que puisqu'elle a la précieuse propriété de durcir sous l'eau avec une promptitude assez grande, elle peut servir au moulage de beaucoup d'objets. Pourquoi, par exemple, ne s'en servirait-on pas pour faire, à l'aide du moulage, des conduites d'eau, des auges, des vases de jardin? Il serait facile de les exécuter dans des moules en bois, de les mettre à l'eau avec le moule pour leur faire acquérir d'abord un commencement de dureté, et lorsque cette dureté serait devenue suffisante, on pourrait les retirer du moule pour les déposer dans un bassin plein d'eau pure et tranquille, où ces ouvrages achèveraient de se consolider. On sent qu'alors les vases, les auges, les ornemens d'architecture qu'on aurait exécutés de la sorte résisteraient parfaitement aux intempéries des saisons. La difficulté de se procurer des moules en bois en quantité suffisante ne devrait pas arrêter. On voit, en effet, que je propose d'employer ce procédé, seulement pour les ouvrages de formes simples, de sorte qu'il serait très aisé de travailler les moules. Il serait d'ailleurs assez facile encore d'employer le plâtre pour les ouvrages délicats, et surtout pour les ornemens d'architecture. Seulement on aurait à prendre la précaution bien simple d'*hydraufuger* les moules sur toutes leurs surfaces, à l'aide de l'enduit de MM. Thénard et Darcet. De cette manière, on les mettrait à l'abri de l'altération que sans cela pourrait leur faire éprouver un long séjour dans l'eau. Enfin on pourrait y adapter des anses en fer, ou les fixer dans de petits baquets en bois, afin de prévenir les inconvéniens qui pourraient résulter de leur fragilité, et les remuer plus aisément.

Le perfectionnement dans l'art du mouleur est d'autant plus désirable que la chaux hydraulique se trouve dans bien des localités, et qu'on peut en faire d'artificielle là où elle n'existe pas naturellement.

J'ai donné dans le précédent chapitre la manière de reconnaître la chaux hydraulique naturelle ; je vais maintenant enseigner la manière de préparer la chaux hydraulique artificielle ; les procédés que je ferai connaître pourront mettre sur la voie pour faire découvrir de nouvelles méthodes de préparer des cimens artificiels.

Chaux hydraulique artificielle de M. Treussart.

Suivant M. le général Treussart, si l'on prend de la chaux vive commune, et qu'on l'éteigne avec le quart de son volume d'eau, dans laquelle on a fait dissoudre de la soude, de manière qu'elle marque cinq degrés au pèse-liqueur, on obtient de la chaux en poudre sèche avec cette quantité d'eau seulement ; si on laisse reposer cette poudre pendant un mois, et qu'on la fasse recuire au four au bout de ce temps, on obtient une chaux qui, mêlée avec du sable, forme un mortier qui devient très dur dans l'eau, au bout de quarante-huit heures.

On obtient un effet absolument semblable en se servant du carbonate de soude du commerce.

Si au lieu d'éteindre la chaux avec de l'eau de soude, on l'éteint avec le quart en volume d'eau, dans laquelle on a fait fondre autant de sel de cuisine qu'elle a pu en dissoudre, si ensuite on fait reposer cette chaux en poudre mêlée avec du sable après avoir été recuite, elle forme un mortier qui devient très dur dans l'eau en trente-six heures.

Si la même chaux était employée sans avoir été recuite après deux mois et demi de repos à l'air, il lui faudra vingt jours pour durcir sous l'eau.

Chaux hydraulique artificielle de M. de Saint-Léger.

En mélangeant une partie d'argile avec 4 parties de craie de Meudon (en volume), M. de Saint-Léger est parvenu à fabriquer en grand une chaux artificielle. La craie de Meudon et l'argile de Vanvres ou de Passy, dans les proportions que je viens d'indiquer, sont mises en morceaux et broyées ensuite dans un bassin circulaire plein d'eau, au moyen d'une meule de grès verticale qu'un cheval fait mouvoir. Cette opération se continue jusqu'à ce que les matières forment une bouillie liquide bien homogène, et qu'on a soin de purger de tous les corps étrangers : on fait écouler cette bouillie dans des bassins découverts où le mélange de craie et d'argile se précipite au bout de quelques jours, et d'où l'on enlève l'eau avec des pompes. Lorsque le mélange a atteint le degré de consistance de la terre à potier, on l'enlève à l'aide d'un outil semblable aux moules à briquettes ou aux louchets pour tirer la tourbe. On étend sous un hangard, pour les faire sécher, les espèces de briques qui résultent de cette opération; ensuite on les cuit au four comme la chaux ordinaire. La grande difficulté consiste à bien saisir le point de calcination convenable; la chaleur doit être moins élevée que pour la chaux ordinaire.

CHAPITRE III.

DES CIMENS ARTIFICIELS.

Les heureux essais que l'on a faits pour obtenir de la chaux hydraulique prouvent que l'on pourrait sans grand'-peine arriver par les mêmes procédés à obtenir des cimens artificiels. La chose n'est pas fort difficile, puisque l'on connaît la composition de la pierre à ciment avec une très grande exactitude ; aussi il paraît que dans les laboratoires on a réussi aisément à reproduire le ciment anglais. Néanmoins, aucune opération de ce genre n'a encore été tentée en grand, et je crois qu'à cet égard la Société d'Encouragement a ouvert une grande et belle carrière à l'industrie. Les procédés de M. Treussard peuvent mettre sur la voie pour résoudre le problême ; quoique dispendieux lorsqu'il s'agit de faire de la chaux hydraulique, ils ne le sont pas trop quand on s'occupe de la confection d'une bonne matière plastique. Ce que j'ai déjà dit des travaux de MM. Minard et Lacordaire doit augmenter les espérances ; enfin je vais réunir dans ce chapitre plusieurs notices sur diverses tentatives qui peuvent faire naître des idées nouvelles et amener le succès.

Ciment Loriot.

Parmi tous les cimens factices, un de ceux qui me semblent convenir le mieux au mouleur, quoiqu'on ne l'ait pas encore fait servir à cet usage, est celui de M. Loriot. Il n'est pas très connu, et par ce motif, j'entrerai dans des détails assez étendus sur sa préparation.

M. Loriot prit de la chaux éteinte depuis longtemps dans une fosse couverte avec des planches sur lesquelles on avait étendu une bonne quantité de terre, de sorte que la chaux avait conservé par ce moyen toute sa fraîcheur : il en fit deux lots séparés, qu'il gâcha avec une égale attention.

Le premier lot, sans aucun mélange, fut mis dans un vase de terre vernissé et exposé à l'ombre à une dessiccation naturelle. A mesure que l'évaporation de l'humidité se fit, la matière se gerça en tous sens; elle se détacha de la paroi du vase et tomba en mille morceaux, qui n'avaient pas plus de consistance que les morceaux de chaux récemment éteinte qui se trouvent desséchés par le soleil sur le bord des fosses. Quant à l'autre lot, M. Loriot ne fit qu'y ajouter environ un tiers de chaux vive mise en poudre; amalgamer et gâcher le tout pour opérer le plus exact mélange. La matière fut placée de même dans un vase de terre vernissé; bientôt il sentit que la masse s'échauffait : dans quelques minutes elle acquit une consistance pareille à celle du plâtre employé et détrempé à propos. C'est une sorte de lapidification consommée en un instant. La dessiccation absolue de ce mélange est achevée en peu de temps, et présente une masse compacte sans la moindre gerçure, et qui demeure tellement adhérente aux parois du vaisseau, qu'on ne peut l'en tirer sans le briser.

Le résultat de ce mélange de la chaux vive, quelque surprenant qu'il soit au premier abord, s'explique tout naturellement. La chaux vive, portée par un exact mélange jusque dans les parties les plus intimes de la chaux éteinte, absorbe l'eau qui s'y rencontre, occasionne ce dessèchement total et subit qui ne surprend point dans l'emploi du gypse. Il se passe la même chose dans les deux cas; car on sait très bien que dans le plâtre le sulfate de chaux est mêlé d'un peu de chaux carbonatée que la calcination fait passer à l'état de chaux vive, et qui contribue à la prompte absorption de l'eau et à la rapide solidification du composé.

La plus précieuse propriété de cette substance est de n'être sujette à aucune gerçure, de n'éprouver ni retraite ni extension, et de rester perpétuellement au même état où elle se trouve au moment de la fixité. Ce phénomène tient aux mêmes raisons. Tandis que le mortier ou ciment ordinaire ne se dessèche que par l'évaporation de son humide superflu, cet humide reste ici dans la masse; il ne fait que se combiner avec la chaux vive qui s'en empare; c'est une dessiccation pour ainsi dire interne, et la masse reste la même. Les parties étant d'ailleurs rapprochées autant qu'elles peuvent l'être, il ne doit y avoir aucunes gerçures, car elles ne proviennent que de l'évaporation de l'humidité superflue et du rapprochement des parties qu'elle tenait écartées.

M. Loriot s'assura que son composé avait l'éminente qualité de rester impénétrable à l'eau. Il forma avec son ciment des vases propres à contenir de l'eau, les laissa sécher, les remplit d'eau, et tandis que ce liquide n'avait éprouvé aucune altération, les vases avaient précisément le même poids qu'avant.

Enfin il exposa à l'air pendant deux ans d'autres échantillons de son mortier; ils étaient, au bout de ces deux ans, dans un parfait état de conservation, et paraissaient avoir gagné en solidité.

Le ciment Loriot se prépare avec une partie de brique pilée et tamisée, deux parties de sable fin, une assez grande quantité de chaux éteinte pour faire un mortier ordinaire; enfin à peu près autant de chaux vive en poudre qu'il a fallu de brique. Les doses de chaux ne peuvent être exactement fixées, cela dépend de la nature de la pierre, et pour fixer les quantités, il est indispensable de faire plusieurs essais. Il est indispensable aussi de fixer exactement les proportions, car s'il y a trop de chaux vive, la dessiccation est trop prompte, le ciment est en poudre au bout d'un instant; et s'il n'y a pas assez de chaux vive, la surabondance d'humidité occasionne les crevasses en s'évaporant. Quand le dosage a été bien fait, le ciment est aussi dur au bout de deux jours que le mortier ordinaire au bout de six mois.

Il y a deux manières d'opérer pour faire le mélange. On peut mêler ensemble la chaux éteinte, l'eau, le sable, la brique, et en former un mortier plus clair qu'à l'ordinaire; en cet état, on y ajoute la chaux vive en ayant soin de mêler très exactement. On peut aussi (et cela vaut mieux pour le moulage) mêler ensemble, à sec, la chaux vive, le sable et la brique; d'un autre côté on délaie ensemble la chaux éteinte et l'eau, et avec la bouillie claire qui en résulte, on arrose les substances sèches qu'on gâche comme du plâtre et qu'on emploie aussitôt.

M. Loriot avait employé avec grand succès ce ciment au moulage des bas-reliefs, des pilastres, des vases d'ornement : on pourrait, je crois, étendre beaucoup plus ces applications.

Il importe de faire observer que le succès que l'on attend de l'emploi de ce ciment dépend de trois conditions essentielles : 1° le dosage exact; 2° le mélange exact de la chaux vive avec les autres substances, il devient assez facile quand on a d'abord mêlé la chaux en poudre avec le sable et la brique; 3° l'emploi de la chaux très récemment calcinée. Au bout de trois jours, elle a déjà beaucoup perdu de sa force.

Avoir de la chaux vive en poudre en quantité suffisante était dans le principe un des plus grands obstacles à la préparation du ciment Loriot; Guiton-Morveau, qui y attachait une grande importance, leva cette difficulté. Il conseilla de laisser la chaux se réduire naturellement en poudre à l'air, de la tamiser, puis de l'étendre sur le sol d'un petit four construit exprès pour la calciner de nouveau. Elle rougit, on la remue de temps en temps, et lorsqu'elle est redevenue bien vive, on la retire pour en remettre d'autre. De cette manière, on peut avoir toujours de la chaux récemment calcinée et mise en poudre très fine, sans qu'on soit obligé de recourir à une opération pénible pour les ouvriers dont les yeux et les organes respiratoires sont dangereusement affectés par la poudre caustique qui s'échappe et se mêle à l'air pendant la trituration.

Mortier-Fleuret.

Ce mortier a été appliqué avec beaucoup d'avantage à la construction des conduites d'eau. M. Fleuret s'en est servi pour la conduite d'eau de Clamery, qui a 1650 toises de longueur : il se compose de deux parties de ciment (ou argile calcinée) de première cuite, en poudre, de quatre parties de sable fin, et de trois parties de chaux récemment éteinte par immersion. Pour confectionner ce mélange, on recouvrira la chaux d'un mélange bien parfait de sable et de ciment, et on le laissera se réduire en poussière ; alors on brassera toute la masse à sec en y ajoutant peu-à-peu la quantité d'eau nécessaire pour lui faire acquérir à peu près le même degré d'humidité qu'à la terre excavée à un mètre de profondeur. Dans cet état, le mélange sera jeté dans un petit bassin, où il sera battu avec un pilon jusqu'à ce qu'il ait acquis l'onctuosité nécessaire pour être employé, ce qu'on reconnaîtra par son adhérence au pilon. On ne réussirait pas si on ne s'astreignait à suivre exactement cette marche. Ce ciment est d'autant meilleur que la chaux employée est plus hydraulique.

Mortier de M. de Saint-Léger.

M. de Saint-Léger compose ce mortier avec les matériaux de sa fabrique. Il y entre :

Une partie de chaux hydraulique vive réduite en poudre;

Une partie de pouzzolane d'argile cuite ;

Une partie de sable fin de rivière ;

Deux parties d'eau.

Ce ciment prend avec une telle rapidité, qu'on est obligé de gâcher les matières dans une auge à la manière du plâtre, et en petite quantité. Au bout de vingt-quatre heures il retient parfaitement l'eau. La pouzzolane artificielle, qui en forme une partie, est préparée par M. de Saint-Léger de la même manière que sa chaux hydraulique, avec trois parties d'argile et une partie de chaux ordinaire en pâte.

Mastic de M. Beunat.

On mêle ensemble du marbre ou du granit réduit en poudre fine, de la fleur de farine, de la terre de Cologne, ou autre qui puisse la remplacer, mais égale à la terre anglaise : on ajoute de la colle forte en quantité suffisante pour réunir ces ingrédiens. On fait cuire le tout et réduire en consistance de pâte, qui se mettra dans des formes gravées en cuivre ou en acier. On frappe les ornemens au balancier.

Mastic de Wilson.

On l'emploie à la confection des tablettes et des devans de cheminées. La Société formée à Londres pour l'encouragement des arts a décerné à son auteur une récompense de 25 guinées. Voici sa recette :

Prenez deux boisseaux de sable de rivière et un boisseau de chaux vive pulvérisée et tamisée, mêlez le tout avec suffisante quantité d'eau, et pétrissez ce mélange pendant trois ou quatre jours, chaque fois pendant une demi-heure, mais sans y ajouter de nouvelle eau.

Ensuite mêlez à 8 pintes d'eau une pinte de colle chauffée, et un quart de livre d'alun en poudre, dissous dans de l'eau chaude. On prend, pour former le mastic, environ une pelletée de la composition de chaux et de sable ; on y pratique un trou au milieu, et on y verse trois-quarts de pinte du mélange d'alun et de colle, auquel on ajoute trois ou quatre livres de plâtre : le tout doit être bien broyé et pétri jusqu'à ce qu'il forme une masse compacte. On met cette masse dans des moules de bois, ayant la forme de la pierre qu'on veut fabriquer, et dont les extrémités des côtés et le dessus peuvent s'enlever ; on passe préalablement, dans l'intérieur de ces moules, un enduit huileux épais, composé d'une pinte d'huile et d'une égale quantité d'eau de chaux claire.

Pour former les chambranles de cheminée, on remplit d'abord les moules à moitié de la composition de chaux, de sable et de plâtre ; on y étend alors, dans le sens de la longueur, des fils de fer et de la filasse de chanvre, puis on remplit le moule et on enlève l'excédent du mastic avec une truelle de bois.

Cette opération étant achevée, on place le couvercle sur

le moule, qu'on soumet à l'action d'une forte presse à vis ; il doit y rester pendant 20 à 30 minutes, jusqu'à ce que le mastic ait atteint la dureté nécessaire.

Les parois des moules sont réunies par des brides de fer maintenues par des clavettes. Le fil de fer et la filasse de chanvre qu'on mêle dans le mastic ont le double avantage de donner plus de solidité au chambranle, et d'empêcher qu'il ne se brise entièrement s'il se fendait par accident.

On peut faire les chambranles unis ou à moulures ; on les finit en les frottant avec de l'eau d'alun, et en les polissant avec une truelle chargée d'un peu de plâtre mouillé.

Matière plastique de M. Dedreux.

La matière plastique employée par M. Dedreux est composée de sable, d'argile cuite, de tessons de porcelaine, d'éclats de marbre blanc, pulvérisés et mélangés avec de la litharge et de l'huile. L'huile est en si petite proportion, que le ciment n'en est seulement qu'humecté, et qu'en le pressant il ne contracte pas plus d'adhérence que le sable des fondeurs ; mais peu à peu la matière s'échauffe, les molécules se collent entre elles, et en peu de temps on en forme une pâte assez ductile pour prendre l'empreinte d'un moule.

Que l'on soit parvenu avec une pareille matière à mouler une statue, dit-on dans un rapport à la Société d'Encouragement, c'est assurément un tour de force de l'art plastique, car on ne peut la couler comme le plâtre. Il faut, lorsque, à force de la pétrir, on l'a rendue assez ductile pour prendre et garder les formes du moule, la presser contre ses parois partie par partie. Il faut que la pression soit égale pour que les pièces du moule ne sortent pas de leur place ; il faut enfin surmonter beaucoup de difficultés.

Dans le moulage en plâtre, les figures ne sont pas coulées entières et d'un seul jet, mais en plusieurs parties que l'on rajuste ensuite parfaitement : avec la matière plastique de M. Dedreux, on moule la figure toute entière, et l'opération ne peut être interrompue. Elle dure une journée pour une figure de 5 à 6 pieds. On conçoit que cette manière de mouler par compression doit fatiguer beaucoup les moules, aussi ne peuvent-ils produire qu'un petit nombre de bonnes épreuves : celles qui suivent ont des pièces renfoncées et des coutures très apparentes. On fait disparaître ces inégalités en réparant la statue, et le travail de cette réparation n'est pas sensible s'il est confié à une main habile.

On moule dans cet établissement beaucoup plus de statues que d'ornemens d'architecture : cela tient à ce que la matière doit rester longtemps dans le moule avant qu'on puisse l'en sortir, et l'exposer à l'air pour achever sa dessiccation. Or, dans une frise dont les ornemens se répètent, il faudrait avoir une grande quantité de moules, ou attendre bien longtemps avant de produire la quantité d'ornemens nécessaires pour décorer un édifice. Cependant cette matière plastique a l'avantage de résister à l'air beaucoup mieux que le plâtre. L'expérience de plusieurs années l'a démontré.

Moulage du ciment anglais, ou ciment romain, du ciment de Boulogne et autres cimens artificiels ayant des propriétés semblables.

Ces divers objets nous ramènent à l'emploi des pierres à ciment naturel ou factice non susceptible de produire, par la calcination, une chaux fusible à l'eau, mais qui doit être, avant son emploi, pulvérisée finement et bien tamisée.

Le moulage de ces cimens diffère peu du moulage en plâtre. Ce sont les mêmes creux, les mêmes procédés à employer. La seule différence consiste dans une plus grande facilité; car ce ciment, se soudant avec beaucoup de succès, on peut multiplier les coupes, et par là éviter les longues et minutieuses opérations d'estamper dans les *noirs*. On peut aussi, par la même raison, couler plus dur qu'avec le plâtre, qu'il faut employer très liquide, afin qu'il pénètre dans les parties renfoncées, souvent fort éloignées du tronc principal.

Pour souder les coupes et pièces, il suffit d'humecter les bords et de les enduire d'une légère couche de ciment encore humide. On termine par rapprocher les bords en réunissant les repères.

Les objets coulés au ciment se polissent parfaitement sous la dent de loup. Si l'on veut les colorer, on les nuance au moyen de couleurs gâchées avec la matière avant le coulage. On leur donne l'aspect du marbre en mêlant aux cimens une dose plus ou moins forte en poudre de marbre pilée très fin. Ce même moyen s'emploie pour imiter l'albâtre gypseux : il suffit de gâcher avec les divers cimens des recoupes pulvérisées de cette substance.

Moulages des tuyaux pour conduites d'eau, suivant la méthode de Fleuret.

Pour la fabrication de ces tuyaux, servez-vous : 1° d'un moule composé de trois madriers de sapin de 4 pieds de longueur; 2° de deux autres morceaux de chêne, qui, assemblés à coulisse avec les premiers, forment ensemble une caisse. A l'intérieur, cette caisse a 4 pieds de long et 8 pouces en carré; elle est traversée par un cylindre de bois de chêne ou de noyer de 6 pieds de longueur et de 3 pouces de diamètre. Les dimensions varient toutefois. Celles-ci sont relatives à des tuyaux de 4 pieds de long sur 8 pouces de grosseur, et 3 pouces de diamètre intérieur.

Le canal du tuyau formé par le cylindre ayant 3 pouces de diamètre, est élargi à chaque extrémité dans la profondeur de deux pouces, sur 1 diamètre de 4, qui s'évase un peu vers le bout du tuyau. Ces élargissures sont destinées à la jonction des tuyaux entre eux.

Pour les former, on adapte au cylindre deux anneaux de bois dur, dont l'un est attaché au cylindre ; l'autre est mobile, mais on l'arrête quand il le faut avec une broche de fer qui traverse le cylindre. Pour faire les angles coupés des tuyaux ou petites faces, on attache sur le bord inférieur des madriers, une tringle dans la longueur du tuyau : ces tringles s'enclavent dans les rainures du fond. Ces trois pièces réunies reçoivent dans leurs coulisses deux pièces, percées d'un trou dans lequel s'emboîtent les deux anneaux qui garnissent le cylindre.

Cet assemblage devant résister à l'effort du mortier, on le maintient solidement par deux liens de fer et des coins. Ces liens répondent aux coulisses, parce que c'est là que le moule est le plus fatigué quand on fait mouvoir le cylindre. Garni de ces liens de fer, le moule est prêt à recevoir le mortier qu'on étend dans le moule par lits successifs de 2 pouces d'épaisseur, superposés les uns aux autres, en massivant bien chaque lit jusqu'à ce que le cylindre soit entièrement garni. Pour cela, on se sert d'un instrument nommé *piloir*. C'est une barre de fer large de 18 lignes, épaisse de 4, longue d'un pied entre les coudes; elle est garnie de deux manches, hauts d'environ 15 pouces.

Le moule étant rempli de manière que le mortier forme comble d'environ 1 pouce au-dessus de ses bords, on tourne le cylindre en lui faisant faire plusieurs révolutions; et pour en faciliter le mouvement on se sert d'une cheville, afin que le mortier s'arrange autour du cylindre sans laisser aucun vide, et pour y amener le fluide du mortier qui forme une espèce d'enduit vernissé et très dur sur toute la superficie du canal.

Le mortier doit encore après cela être bien serré, et à cet effet on pose par dessus un madrier, coupé de manière à laisser une ligne de jeu entre ses bords et ceux du moule.

Pour donner plus de force à ce dernier madrier, ou pièce de compression, on adapte deux autres petits morceaux de chêne solidement cloués par dessus. On serre sur le mortier cette pièce de compression au moyen de deux brides. Les extrémités de celle-ci sont percées de manière à y introduire une clavette.

La pièce de compression placée, on met la clavette qui joint les deux branches des brides et qui en prévient l'écartement au moyen d'un laiton. On pose les coins, on les serre, le mortier se comprime, et l'on tourne le cylindre pour la deuxième et dernière fois, jusqu'à ce qu'on le retire du moule.

Le tuyau étant comprimé, on enlève successivement les coins, la clavette, les brides, le madrier : on aplatit le mortier avec la truelle pendant qu'il est encore frais. Trois heures après environ, le mortier ayant déjà pris une certaine consistance, on retire le cylindre.

Le tuyau ainsi achevé, on le laisse encore dans le moule pendant quelques heures avant de vider celui-ci, afin que la matière puisse conserver la forme du moule. Le sol sur lequel on place les tuyaux à côté les uns des autres ayant été bien aplani, on répand du sable par-dessus, on en forme un lit épais d'un pouce, lit qu'on égalise avec un bout de latte, afin que toutes les parties du tuyau posent sur le sable.

Pour vider un moule, deux ouvriers le saisissent par les bouts et le portent dans l'endroit convenable, ils le posent sur un de ses côtés et le renversent en le mettant à la place qu'occupera le tuyau, de façon que le fond du moule soit par-dessus. Ils le traînent ensuite dans le sens de sa longueur, en le repoussant alternativement par les bouts pour lui donner une position convenable. Alors on dégage le tuyau du moule en ôtant les coins et les liens de fer ; on enlève le fond, ensuite les côtés du moule ainsi que les pièces. On est quelquefois forcé de frapper à petits coups de truelle, vers les extrémités, pour dégager les côtés et le fond du moule.

Moulage des auges de pierre factice, suivant la méthode de Fleuret.

Supposons une auge de 9 pieds de long sur 4 de large, et 2 et demi de profondeur, dont les parois auront 6 pouces d'épaisseur ; construisez-la sur un massif de maçonnerie en blocage. Ce massif, dont le dessous est élevé de 4 pouces au-dessus de la superficie du terrain, servira à établir le moule ou l'encaissement pour faire les parois de l'auge.

On tracera sur le sol les contours du massif, on creusera

la terre à 10 pouces de profondeur, et l'on affermira le terrain avec des pilons. S'il manque de solidité, et s'il est formé de terres rapportées, on y posera une charpente sur laquelle posera le massif de maçonnerie.

Si le fond du terrain est bon, on le couvrira : 1° d'un lit de pierres plates, ou de petites pierres dures ; 2° d'un lit de bonne maçonnerie haut de 6 pouces ; 3° de lits de mortier hydraulique et de cailloux que l'on battra fortement. Ces lits successifs achèveront de remplir l'intervalle qui reste jusqu'au dessus du massif. Une couche de mortier doit terminer ces lits.

Le moule se compose, à l'extérieur, de quatre panneaux, dont deux grands pour les côtés de l'auge, et deux petits pour les bouts. C'est un assemblage de planches bien jointes. Quatre châssis maintiennent ces panneaux en place : il y en a deux grands pour les longs côtés du moule, et deux petits pour les deux autres côtés.

Le massif qui forme le fond de l'auge étant achevé et aplani, on y tracera avec de la pierre noire le plan des parois de l'auge, et l'on posera le moule.

Les petits panneaux seront placés, puis les grands, en appuyant leurs extrémités sur des tringles adaptées aux petits panneaux, et tandis que des aides les soutiendront dans cette position, d'autres ouvriers poseront les grands et les petits châssis autour des panneaux, en les faisant joindre par leurs entailles. Pour mieux maintenir l'encaissement, on enfoncera aux quatre coins, dans la terre, de petits pieux, au moyen d'une masse.

Quant à l'intérieur du moule, on place les quatre panneaux à la place convenable, et on les y maintient avec des traverses. On répand dans le moule ainsi monté, un lit de mortier épais d'un pouce, puis un lit de cailloux, en observant qu'aucun ne touche les panneaux de l'encaissement : on bat ces lits, puis on place successivement des lits semblables jusqu'à la hauteur du mur, en battant toujours les lits de cailloutage avec un pilon, composé d'une masse et de son manche.

Quand les parois de l'auge seront élevées jusqu'à 2 ou 3 pouces de l'encaissement, on se servira d'une batte à main pour massiver les derniers lits du mortier. L'auge achevée, on ne démontera le moule que trois heures après; et comme, pendant la massivation, le fluide du mortier s'est porté vers les planches de l'encaissement et qu'il y a formé une sorte d'enduit, il suffira, après avoir démonté le moule, de frotter toutes les parois de l'auge avec du lard qu'on aura fait bouillir, ou avec de l'huile siccative ; enfin l'on frottera ces parois avec un caillou, en l'appuyant fortement et à diverses reprises.

CHAPITRE IV.

MOULAGE DU CARTON.

Le carton que l'on doit au collage ou à la décomposition du papier, offre au moulage une substance qui devient plus intéressante de jour en jour. Autrefois sa composition était fort simple, et son usage fort restreint; maintenant cette matière plastique, améliorée par d'ingénieuses combinaisons, est susceptible de recevoir les formes les plus heureuses, et les applications les plus variées. Dans ce quatrième chapitre, nous traiterons de ses préparations ordinaires, des procédés reçus pour la mouler. Le cinquième chapitre contiendra les détails de deux applications particulières du carton ; et le sixième sera consacré aux perfectionnemens connus sous la dénomination de *carton-pierre, carton-cuir*.

Le présent chapitre se divise naturellement en deux paragraphes. 1° Manière de préparer le carton. 2° Manière de le mouler.

Préparation du carton.

Le carton dont la fabrication va nous occuper d'abord,

est le *carton de collage*, ainsi nommé parce qu'il est formé par la réunion de plusieurs feuilles de papier collées les unes sur les autres. C'est le moins compliqué, le moins fort et le moins avantageux de tous les cartons; mais c'est aussi le plus facile à faire.

Carton de collage. — Les matériaux qui composent ce carton sont : 1° Du papier gris ordinaire, désigné sous le nom de *papier trace*, et de *papier main-brune*. C'est le papior le plus commun de tous; mais à raison même de sa mauvaise qualité, il présente ici un double avantage : sa pâte grise, épaisse, ôte la transparence au carton au milieu duquel il se trouve collé, et prend parfaitement la colle, de telle sorte que le carton est ferme et solide, quoiqu'il soit assez mince. Le carton de collage a besoin aussi de *papier joseph*, papier blanc et fin, qui prend bien exactement l'empreinte des moules; 2° De la colle de pâte, ou colle de farine, que l'on prépare en délayant et faisant cuire de la farine de blé dans suffisante quantité d'eau.

Toute l'opération nécessaire pour faire ce carton est de passer une légère couche de colle sur une feuille de papier joseph, d'appliquer sur celle-ci une feuille semblable. Cela fait, on encolle une feuille de papier main-brune et on l'applique sur le papier joseph. Une seconde feuille de main-brune est encollée et appliquée sur la précédente. Deux feuilles du même papier, posées l'une sur l'autre, sont appliquées de nouveau, mais non collées entre elles : on ne les encolle que sur la surface qui s'appliquera sur le tas collé, et sur celle qui doit recevoir une cinquième et dernière feuille de papier main-brune.

Cet arrangement varie toutefois suivant la force que l'on veut donner au carton, ou suivant l'élégance des objets auxquels on le destine. Par exemple, dans le premier cas, on colle des feuilles doubles, triples; on place entre les couches de papier main-brune du papier collé très-fort, ou d'autres matières dont nous parlerons quand il sera question du moulage. Dans le second cas, lorsqu'il s'agit de mouler des figures délicates, telles que celles qui tendent à imiter le biscuit de Sèvres, on n'emploie que du papier blanc ordinaire, sauf le papier joseph, ou le *papier Cartier;* papiers minces et fins, qui sont destinés à prendre convenablement les empreintes.

Le carton de papier blanc se contourne parfaitement, et se prête beaucoup mieux à toutes les formes que celui que produit le papier main-brune ou gris. Afin d'économiser sur le prix du papier, on achète dans les papeteries le papier de rebut, appelé *papier cassé.* Ce papier, qui se vend au poids, est composé de feuilles déchirées ou ayant des défauts ; la préparation du carton que fournit le papier cassé n'est pas plus embarrassante que la précédente. Après la première feuille double de papier joseph, on superpose les unes aux autres les feuilles altérées que l'on encolle, et que l'on applique successivement. Le nombre ne peut en être déterminé ; il dépend de l'épaisseur relative du carton. Si les feuilles déchirées ne sont pas entières, il faut ajouter des pièces, afin que l'épaisseur soit égale partout. La fabrication du carton de collage se réunit souvent à celle de l'autre espèce de carton qui va nous occuper.

Carton de moulage. On le connaît vulgairement sous le nom de *papier pourri* ou *papier mâché.* Il se compose de tous les débris de carton, rognures de papier que l'on décompose dans l'eau, et que l'on réduit en pâte.

Le mouleur qui aura à faire des figures en carton, commencera donc par ramasser tous les mauvais papiers qu'il pourra trouver. Il fera acheter chez les marchands et les relieurs toutes leurs rognures, et chargera les chiffonniers de ramasser tous les papiers écrits ou non, peints, salis, il n'importe. C'est ainsi que les cartonniers se procurent les matériaux qui leur sont nécessaires.

Le triage du papier est la première chose dont il faut s'occuper, car il est indispensable d'ôter toutes les ordures, surtout les pierres, le sable, etc., qui rendent le carton extrêmement mauvais. Cette opération est ennuyeuse et souvent dégoûtante ; mais on emploie à cet effet un instrument facile et peu coûteux, qui la rend singulièrement prompte.

C'est un cylindre de trois pieds de diamètre ; formé de deux tourteaux unis l'un à l'autre par des lattes d'égale longueur. Ces lattes sont placées à un pouce de distance. Un axe traverse ce cylindre dans toute sa longueur, et porte sur les deux côtés extrêmes d'une caisse ; une manivelle est placée à l'un des bouts de l'axe.

On met dans le cylindre une certaine quantité de papiers à nettoyer, avec trois ou quatre boules de métal d'environ deux pouces de diamètre ; on tourne assez rapidement la manivelle ; alors les boules tombent et retombent fortement sur le papier. Cette manœuvre détache les petits cailloux, les ordures, etc., qui sortent du cylindre à travers les lattes.

Voici comment opèrent ensuite les personnes qui travaillent sur de petites quantités ou qui ne veulent faire usage que des plus simples instrumens. Elles remplissent un vase, par exemple, un baquet plat, du papier nettoyé ; elles y versent suffisamment d'eau pour que celui-ci soit baigné, et le laissent se décomposer. On renouvelle souvent l'eau pour empêcher la corruption. Lorsque le papier est parfaitement détrempé, ces personnes le retirent du baquet, le battent dans un mortier pour le réduire en pâte, et terminent par le faire bouillir pendant un certain temps dans une chaudière.

Cette préparation, appelée *trempis*, s'exécute différemment dans les ateliers, et surtout dans les manufactures de carton. Les matières sont d'abord mises dans de grandes auges, et arrosées d'eau à plusieurs reprises, puis on les retire et on les soumet à l'action d'une machine dont je vais donner la description, après avoir prémuni le mouleur contre un préjugé des cartonniers. Ils croient que la fermentation du papier est indispensable. En conséquence, après avoir sorti le papier des auges, ils le mettent en tas sur le pavé, afin que l'eau ne s'égoutte qu'en partie. L'eau qui reste produit la fermentation désirée à tort, laquelle détruit inutilement une très grande quantité de pâte.

La machine en question se compose : 1° d'un cuvier

conique ; cerclé de deux bons cercles en fer, et dont les douves, solidement assemblées, doivent bien contenir l'eau. Ce cuvier, de 110 centimètres de hauteur, et dont les diamètres des deux bases sont dans le rapport de 36 à 28, est tapissé intérieurement d'une feuille de tôle repiquée en forme de râpe ; 2° un arbre ou forte branche en fer, auquel on fixe solidement un cône tronqué en bois compacte et parfaitement rond, est placé verticalement dans le cuvier. On garnit toute la surface du cône de bandes de fer minces placées parallèlement et à la distance de 2 centimètres environ, dans la partie la plus large, de la même manière que dans les papeteries on le pratique pour le cylindre hollandais. Ces bandes de fer doivent approcher de très près la piqûre de la tôle, mais sans la toucher ; elles glissent légèrement à une petite distance, afin que la masse puisse tourner entre deux. Un trait de scie, donné dans le cône à la profondeur de 2 centimètres, suffit pour retenir fortement la bande de fer. Le bois se gonfle par l'humidité, le fer se rouille par la même cause, et cela suffit pour consolider ces lames qui sont saillantes de 2 à 3 millimètres, tout autour du cône de bois. Il est bon de mettre sur le tour le cône lorsqu'il est ainsi préparé avec les bandes de fer, afin qu'elles aient toutes une égale saillie.

Un pivot est pratiqué dans la partie inférieure de l'arbre qui tourne dans une crapaudine portée par une vis ; celle-ci traverse le fond du cuvier, de manière que par dehors on peut élever ou abaisser le cône pour le faire plus ou moins approcher de la paroi interne du cuvier.

La partie supérieure de l'arbre porte une roue d'angle de 8 dents, qui engrène dans une grande roue d'angle de 36 dents. Il est mieux que la petite râpe ait 12 dents, et la grande 54. Sur une des extrémités de l'arbre de cette dernière roue est placée la manivelle qu'un seul homme fait mouvoir. On voit qu'à chaque tour de manivelle le cône fait quatre tours et demi.

Sur un des côtés du cuvier est adapté un tuyau en ferblanc, ou mieux en cuivre rouge, de dix centimètres de diamètre, contourné en demi-cercle, dont les deux extrémités se placent, l'une au-dessus, et l'autre au-dessous du cône, afin que l'eau et la masse puissent entrer librement dans l'intérieur du baquet, et soient maintenues dans un mouvement continuel.

Au-dessus du cône, et sur son grand diamètre, sont fixés quatre liteaux, arrangés de manière à présenter deux angles obtus placés dans la direction que prend la machine dans sa rotation. Par ce moyen, la masse est continuellement agitée, et toujours lavée et lancée dans le tuyau qui la porte sous le cône, d'où elle est poussée de bas en haut par l'action de la force centrifuge. Les matières sont écrasées et déchirées par la circonférence extérieure du cône contre la surface intérieure du cuvier, et réduites en peu de temps en pâte de papier. (Voyez *Manuel du Cartier et du Cartonnier*). (1)

On conçoit aisément qu'en continuant ainsi de travailler cette masse, elle acquiert plus de finesse. On abrège encore ce travail, et on le perfectionne en couvrant le cuvier avec des couvercles de bois épais, et en employant, au lieu d'eau froide, de l'eau chaude, parce que celle-ci contribue à hâter la solution des colles dont les matières sont imprégnées.

Manière de mouler le carton.

Pendant que le papier détrempe, si on l'a pu, avant de préparer le carton, il faut s'occuper du creux. Il est, comme on se le rappelle, toujours avantageux de faire le creux à l'avance, afin d'avoir le temps de le laisser sécher. Le carton fabriqué avec le papier cassé, permet de tailler les pièces fort grandes, parce que la dépouille en est très aisée. Le carton de papier gris demande des pièces un peu moins étendues.

Les opérations préliminaires sont semblables à celles du moulage en plâtre. Supposons que vous ayez à mouler une figure en terre de grandeur naturelle. Vous commencez

---

(1) Faisant partie de l'*Encyclopédie-Roret*.

par pratiquer les coupes comme à l'ordinaire ; seulement vous les faites un peu plus nombreuses ; car, sans cette précaution, le papier ou la pâte ne sècherait pas dans les noirs de la statue.

Vous faites ensuite, sur chaque coupe, un creux en deux coquilles, avec les repères accoutumés. Vous faites ce creux en pièces-chapes, et ne faites par conséquent ni chapette ni chape pour ces parties. Le tronc se moule en deux assises pour faciliter l'opération ; chaque assise est composée d'un petit nombre de pièces, et d'une chape en deux morceaux qui contient ces dernières. Ce creux de plâtre, confectionné et terminé comme tous les autres, est retiré de dessus l'argile, et durcit si le temps le permet. Dans le cas contraire, vous y passez une forte couche d'huile d'œillette mêlée de suif, procédé indiqué précédemment.

Le creux parfaitement sec, vous songez à mouler le carton. Le carton de collage n'exige qu'une partie des opérations nécessaires pour l'autre. C'est par lui que nous commencerons. On doit se rappeler comment, pour obtenir ce carton, on superpose des feuilles de papier les unes aux autres.

Vous serez assis devant une table, sur laquelle sera placée horizontalement une des coquilles d'une des coupes ; supposons que ce soit la jambe. Cette coquille est posée de manière que ses reliefs touchent la table, et que par conséquent elle vous présente ses creux. Vous mettez à gauche, en tas, les feuilles de papier dont vous aurez besoin, et à droite, le pot à la colle, ainsi que la brosse pour l'étendre. Cette brosse, formée de crins longs et flexibles, est plate, et porte un manche que vous saisirez avec la main droite pour encoller votre papier. Une autre brosse ronde et petite est aussi nécessaire.

Vous savez maintenant ce que vous avez à faire, c'est de coller d'abord le papier joseph sur la surface intérieure de la coquille, de telle sorte qu'il en suive exactement tous les contours. Vous ne manquerez pas de commencer par les parties les plus renfoncées, et pour mettre la colle sur ces parties, la petite brosse vous sera utile. A mesure que vous appliquerez du papier, vous vous servirez, pour appuyer dessus, d'un tampon de linge fin, afin de bien l'incorporer à la colle. Vous agirez délicatement, surtout à la pose des premières feuilles, dans la crainte de faire quelques déchirures, ou tout au moins de déranger le papier. Vous terminerez par donner une couche de colle, vous préparerez l'autre coquille de la même manière, enlevant à l'une et à l'autre les parties excédentes du papier sur les bords, tandis qu'il est encore mou.

Vous continuez à garnir de cette façon tout l'intérieur du moule avec ses couches successives de papier. Dans les pièces du dos, du ventre, et généralement dans tous les morceaux de grande étendue, on met, entre la seconde et la troisième couche de papier gris, des lames de fer très minces pour renforcer l'ouvrage. Le creux entièrement revêtu, vous le faites sécher, soit au soleil, soit dans une étuve, soit enfin devant le feu. Il importe de ménager la chaleur par gradation. Lorsqu'il se trouve des parties trop renfoncées, qui ne se chauffent que difficilement, vous avez soin d'y répandre du sable chaud ou de la cendre chaude, afin qu'elles sèchent bien également. Quand le carton commence à sécher, tamponnez doucement et fréquemment.

Le carton complètement sec, retirez-le de devant le feu, laissez-le refroidir avant de le toucher, pour ne point nuire à sa fermeté, à sa force. Pour le retirer du creux, renversez les coquilles et frappez un peu dessus. Agissez de même pour toutes les autres pièces. Cette dépouille est d'ailleurs de la plus grande facilité.

Il ne s'agit plus maintenant que de coudre ensemble les parties qui doivent former la figure. Pour y réussir, on rapproche les repères; on perce le carton sur les bords et de place en place, avec une grosse épingle longue, ou mieux encore un poinçon très fin. On prend ensuite un fil de fer cuit et mince, et on s'en sert pour coudre les morceaux. On peut remplacer le fil de fer par du laiton. Afin que les joints soient inaperçus, on les recouvre de papier collé.

Passons maintenant à la manière de mouler la seconde espèce de carton, dite *carton de moulage*. Lorsqu'il est réduit en pâte, on y ajoute un peu de colle de farine pour lui donner de la consistance : on fait ensuite sécher cette pâte, on la râpe, et on la rend ainsi très fine et susceptible de prendre les empreintes les plus délicates. Dans cet état, on peut la conserver quelque temps pour l'usage. Au moment de s'en servir, on la met dans une terrine ou jatte avec un peu d'eau ; dès qu'elle est en pâte, on l'étend dans les fonds du moule sans autre instrument que les doigts. On l'étend le plus également possible, de l'épaisseur d'une ligne environ. Cela fait, on prend une petite éponge fine sèche, dont on se sert pour absorber doucement l'eau que l'on a préalablement mise dans la pâte pour l'humecter et la rendre ductile. Lorsqu'on a fini de tamponner légèrement avec l'éponge, et que le creux est complètement garni, on passe sur toute la superficie du carton récemment appliqué, une couche de colle, et on le fait sécher comme il a été dit pour le carton de collage. Il importe encore plus de ménager le feu en commençant, dans la crainte que le carton ne coule et ne se déjette. On emploie également une poussière chaude pour sécher les noirs.

Vous reconnaissez que le carton est suffisamment sec, lorsqu'en frappant sur le creux, vous le voyez s'en détacher ; alors vous le retirez du feu et pratiquez diverses opérations pour lui donner de la force. La plus ordinaire est de coller successivement sur la surface intérieure du carton moulé, des feuilles de papier, comme si l'on procédait au carton de collage. Souvent aussi, après avoir ainsi réuni les deux modes de cartonnage, on substitue à la couche finale de colle de farine, une couche de colle forte ou de colle de gants, dans laquelle on met quelquefois des étoupes coupées en morceaux de moyenne longueur. On termine par poser sur cette colle une toile forte et bien appliquée. J'ai oublié de dire, que lorsqu'en collant le papier sur les contours délicats, comme ceux du nez, des yeux, etc., il se forme des plis, il ne faut point s'efforcer de les aplatir, car on n'y parviendrait qu'imparfaitement, et les contours seraient altérés; il vaut mieux déchirer le papier et le rejoindre avec attention. Comme il est mouillé par la colle, il se prête très facilement à cette manœuvre.

S'il arrivait que la figure moulée fût altérée en quelque endroit, ou que les contours n'eussent pas toute la pureté désirable, le mouleur réparerait ces défauts avec de la terre molle, un peu de cire, de mastic : il opérerait le plus délicatement possible, et cacherait les réparations en collant du papier blanc par dessus. Cette observation concerne les deux espèces de carton. Le moulage terminé, on fait de nouveau sécher la figure. Lorsqu'elle doit être argentée ou dorée, on la livre au doreur, qui passe quelquefois dessus dix-huit à vingt couches de blanc à la colle forte blonde, dite *colle de Flandre*. Le mouleur veillera à ce que ces nombreuses couches ne puissent nuire à la pureté des formes.

Non-seulement on fait avec le carton des figures de toutes grandeurs, mais encore cette matière sert à mouler des vases, des candélabres, et toute sorte d'ornemens pour les salles de spectacle, les fêtes, les catafalques, etc. On l'emploie même pour les corniches et rosaces de plafonds et autres décorations semblables. Ces ornemens sont plus durables qu'en plâtre; il est fort rare qu'ils se détachent : en ce cas même, le danger est nul, et la réparation peu coûteuse.

Les figures et autres objets en carton durent fort longtemps lorsqu'ils sont tenus dans un endroit sec.

CHAPITRE V.

MOULAGE DES LAQUES FRANÇAIS. — DES MASQUES.

Tout le monde connaissait autrefois les *laques chinois*, ouvrages en carton recouvert d'un très beau vernis, orné de figures et de dorures aussi bizarres que brillantes. Aujourd'hui tout le monde connaît les *laques français*. Aussi solides, aussi beaux que ces cartons de la Chine, nos produits sont bien supérieurs pour la pureté et le goût du dessin.

Les laques se font également avec le carton de collage et le carton de moulage; mais le premier ne pouvant convenir qu'aux objets plats, tels que les plateaux, etc., nous ne nous occuperons, dans cet article, que du carton de moulage appelé encore ici *papier pourri*, ou *papier mâché*. Celui-ci est le seul que l'on puisse employer avantageusement pour des objets à forme ronde, tels que les vases, dits *Médicis*, etc.; mais il a dû subir d'importantes modifications.

Le carton de moulage, tel qu'on l'emploie ordinairement, ne présente pas assez de consistance; son tissu est trop lâche et trop mou pour avoir la solidité des laques chinois. En conséquence, les fabricans que nous venons de citer se servent d'une pâte ainsi composée. Ils emploient du *parum* ou râtissure de peau, pour préparer une colle, à laquelle ils mêlent un peu de colle forte, dans la proportion d'une livre de colle sur vingt-cinq de *parum*. Ce mélange, délayé avec soin, et cuit ensuite, prend une consistance un peu moins forte que la colle faite avec de la farine, mais il a beaucoup plus de solidité. On laisse à l'ordinaire sécher la pâte de carton, et lorsqu'on veut la mouler, on la fait tremper dans la colle tiède jusqu'à ce qu'elle soit bien imprégnée.

Voici un procédé qui m'a été communiqué sur le perfectionnement de la pâte de carton. La personne qui me l'a appris en fait usage avec le plus grand succès. On prépare d'abord la pâte de papier pourri comme à l'ordinaire ; on exprime ensuite l'eau qu'elle contient.

D'autre part, on prend de la colle de gants, dite aussi *colle d'épicier*, et on la mélange bien avec la pâte précédente. On en met une quantité suffisante pour que le mélange soit d'une consistance un peu ferme. Si l'on manquait de colle de gants, on pourrait y substituer la colle forte ordinaire, à laquelle on joindrait assez d'eau pour qu'elle ait, étant refroidie, la consistance de gelée très molle. Il ne reste plus qu'à bien lier toutes les parties de cette pâte. Pour y parvenir, on coupe, avec des ciseaux, en brins de deux à trois lignes, de l'étoupe, et on joint ces brins au mélange en mêlant bien exactement le tout. Il ne faut qu'une très petite quantité d'étoupe. Moulée et refroidie, cette composition est d'une force et d'une dureté remarquables.

Suivant une troisième modification de la pâte de carton, après avoir convenablement fait tremper la pâte et l'avoir battue ensuite dans un mortier, on la serre bien pour exprimer toute l'eau. On prépare en même temps une solution de gomme arabique, ou de colle forte, dans laquelle on délaie et fait bouillir la pâte de papier. On moule ensuite, tandis que le mélange, un peu refroidi, est encore tiède et liquide.

Ces trois différentes pâtes se moulent de la même façon, dans des moules de plâtre ou de bois. Si l'on se sert des premiers, on opère absolument comme s'il s'agissait de pâte de carton ordinaire. Si l'on préfère les seconds, il faut que le sens du bois soit contrarié dans les différens morceaux dont se compose le moule, qu'on doit durcir en le séchant au feu, puis en le trempant dans l'huile siccative ou l'essence de térébenthine.

On peut mouler des objets de toute forme et de toute dimension, quelque compliqué que soit leur contour : bains de pied sans rebord et avec rebord, vases, candélabres, colonnes, de quelque grandeur qu'elles puissent être, entablemens, frontons, voitures, panneaux d'appartemens, bijoux, figures, etc. On introduit avec les doigts la pâte dans le moule huilé. Quelquefois on lui donne une épaisseur relative à la grandeur des objets, puis on met sécher le creux ainsi garni de pâte, soit à l'étuve, soit à l'air pendant la chaleur. On sort les pièces des moules lorsqu'elles sont bien sèches, puis on les fait sécher de nouveau, en sorte qu'elles deviennent aussi dures que le bois. Elles prennent alors le nom de *laques*.

Il s'agit maintenant de passer les laques à l'huile lithargée, à laquelle on ajoute : 1° un quart d'essence de térébenthine; 2° un peu d'alun pour la rendre plus pénétrante. Si les objets sont très grands, on étend cette huile très chaude avec des éponges ou des pinceaux. Les surfaces extérieure et intérieure en sont également enduites. Si la grandeur des laques le permet, on les trempe dans l'huile, ce qui vaut bien mieux. Cette opération terminée, on les met sécher dans une étuve. Dès qu'ils sont secs, on les vernit avec du carabé pur, et on leur donne les apprêts.

Ces apprêts forment encore un des perfectionnements apportés à la fabrication des laques. On prend de la terre d'ombre et du blanc calciné broyé à l'eau : à l'instant de s'en servir, on les broie de nouveau avec un vernis fait avec du carabé en sorte, dans lequel on a soin de mettre très peu d'essence. On en enduit la pièce au moyen d'un pinceau; la première couche terminée, on la répète plusieurs fois. Ces apprêts gras pénètrent bien dans le laque, s'insinuent dans toutes les parties du carton, qui devient imperméable à la fin de l'opération; elle consiste à placer l'objet dans un four extrêmement chaud, afin de dessécher les apprêts. Ensuite on peut poncer l'ouvrage et le vernir.

Quant aux vases, ornemens, bijoux, que l'on confectionne par le troisième procédé que j'ai indiqué, on fait usage d'un vernis noir, qui pourrait également servir pour les deux autres. Après avoir moulé différens bijoux en les pressant dans des moules huilés, on les laisse bien sécher comme les laques, puis on les enduit d'un mélange de colle et de noir de fumée. On procède ensuite à l'application du vernis. Voici comment on le prépare. Vous faites fondre, dans un vaisseau de terre vernissée, un peu de colophane jusqu'à ce qu'elle devienne noire et friable ; vous y jetez peu à peu trois fois autant d'ambre réduit en poudre fine, en y ajoutant de temps à autre une très petite quantité d'esprit ou d'huile de térébenthine. L'ambre fondu, vous saupoudrez ce mélange de la même quantité de sarcocolle, en continuant de remuer le tout, et d'y ajouter de l'esprit-de-vin, jusqu'à ce que la composition devienne fluide. Après cela, vous la passez à travers une chausse de crin clair, en pressant doucement la chausse entre des planches chaudes.

Vous mêlez avec ce vernis du noir d'ivoire en poudre fine, puis, en vous tenant dans un lieu chaud, vous l'appliquez sur la pâte moulée, que vous placez ensuite dans un four fort peu chauffé. Le lendemain, vous la mettez dans un four plus chaud, et le troisième jour, dans un four très chaud. On l'y laisse chaque fois jusqu'à ce que le four soit refroidi. La pâte ainsi vernissée est noire, dure, brillante et susceptible de supporter les liqueurs froides et chaudes. C'est ce vernis que l'on a imaginé en Angleterre pour imiter les vases à la fois légers et forts, que les Japonais ont l'habitude de fabriquer, tels que plats, bassines, jattes, cabarets ; les uns paraissent faits avec de la sciure de bois, les autres avec du papier mâché. Voici la méthode adoptée pour les contrefaire.

On fait bouillir dans l'eau une quantité voulue de rognures du papier gris ou blanc ; on les remue avec un bâton pendant l'ébullition, jusqu'à ce qu'elles soient réduites en pâte. On broie ensuite dans un mortier cette pâte que l'on comprime légèrement. On la couvre, à la hauteur d'un pouce, d'une dissolution épaisse de gomme arabique, et on la fait bouillir dans un vase de terre vernissé, en remuant bien. Voici maintenant un exemple de la manière de mouler cette matière.

Supposé que vous vouliez faire un plat : vous avez un

morceau de bois bien dur que vous livrez au tourneur; celui-ci le travaille de façon qu'il puisse emboîter le dos au côté extérieur du plat. Vous y faites pratiquer, vers le milieu, un ou deux trous qui passent au travers du moule. Vous aurez, outre cela, un autre morceau de bois dur auquel l'ouvrier donnera aussi la forme d'un plat, et seulement une ou deux lignes de diamètre de moins qu'au premier. Frottez bien d'huile la partie tournée jusqu'à ce que l'huile en découle. Prenez ensuite le moule percé de trous, huilez de nouveau, posez à plat sur une table solide, étendez la pâte encore molle, le plus exactement que vous pourrez, de telle sorte qu'il y ait partout trois lignes d'épaisseur à peu près. Huilez le second moule, posez-le dessus le premier ainsi revêtu; pressez fortement au moyen d'un poids lourd; laissez ainsi pendant vingt-quatre heures, puis faites sécher à l'air sec et chaud. Vous pouvez, par ce procédé, mouler aussi des tabatières.

Manière de mouler les masques.

C'est le carton de collage qui sert à cette fabrication. Le papier qu'on emploie à cet effet est connu sous le nom de papier *bas-à-homme*. C'est une espèce de papier gris-blanc, non collé, assez fort, dont la rame pèse de trente-quatre à trente-six livres. Vous prenez ce papier feuille à feuille, vous les pliez en deux dans le sens du pli que la feuille présente lorsqu'on l'a mise en main, et vous collez, avec de la colle de farine, ces deux parties l'une sur l'autre, ce qui donne l'épaisseur du carton. Vous entassez l'une sur l'autre ces feuilles ainsi collées, et lorsque le tas est assez considérable, vous le couvrez d'une planche de bois dur, et vous mettez dessus un poids assez lourd. Vous laissez la colle prendre convenablement, et vous ne l'employez que lorsqu'elle est desséchée au point de conserver seulement de la moiteur.

On plie alors chaque feuille de carton en deux dans sa longueur, comme on le pratique dans l'imprimerie pour former un in-quarto. On pose ensuite sur ce carré un patron en carton qui donne la moitié de la figure que l'on veut imiter. A l'aide d'un outil en laiton fait en langue de carpe, et dont le tranchant est bien arrondi, on trace tout autour les traits nécessaires pour indiquer l'endroit de la coupure. Afin d'économiser le carton, on place la partie droite du patron sur le bord de la feuille du carton doublé, opposée au pli qu'on a fait avant de marquer les traits. On pose la feuille doublée sur le bord de la table, et appuyant la main gauche à plat sur le côté où se trouve le pli, on déchire, en suivant les traits, les deux épaisseurs de carton d'un seul coup. Il importe de ne pas se servir de ciseaux dans cette manœuvre, afin qu'il reste des barbes de papier sur les bords qui se colleront l'un sur l'autre.

Vous découpez ainsi les deux moitiés du même masque, et le carton qui reste entre ces deux parties est étendu, et sert à d'autres masques. Quand vous en avez ainsi préparé une certaine quantité, vous vous occupez de les mouler.

Pour cela, vous êtes fourni d'un assez grand nombre de creux en plâtre ou en ciment de Boulogne. Ces creux sont moulés d'après une figure en relief sculptée exprès, absolument comme il a été dit sur la manière de mouler le visage sur la nature morte ou vivante.

Maintenant que nous avons des pièces de masques taillées et des creux en nombre convenable, nous allons nous occuper du moulage, tandis que le carton conserve encore une moiteur suffisante. Vous vous asseyez devant une table, ayant à votre droite le tas de pièces de masques préparées, et les creux à votre gauche. Vous prenez un de ceux-ci, et, à l'aide d'un pinceau, vous le frottez légèrement à l'intérieur avec du sain-doux, ou de l'huile, afin que la colle ne puisse s'y attacher. Vous enduisez ensuite la moitié du moule de colle de farine, au moyen d'un pinceau ou d'une brosse de mouleur. Cela fait, vous placez dessus une des deux pièces d'un masque, et vous la forcez à s'appliquer sur toutes les parties de la figure et du creux, de manière que le carton en dépasse le bord de deux à trois lignes au plus. Vous n'employez que les doigts pour y réussir.

C'est de cette façon que l'on obtient le premier patron

on prend le quart d'une feuille de papier, on le coupe d'un côté, de manière à ce que, placé verticalement dans la direction du milieu du front, du nez, du menton, il touche partout le fond du moule. On le replie ensuite sur la moitié de la figure, dont, en le pressant avec les doigts, on lui fait prendre exactement l'empreinte.

Revenons au moulage du masque dont nous avons fait la première moitié. Vous encollez la seconde moitié du creux, vous posez dessus la seconde pièce du masque, et vous collez d'abord soigneusement la ligne par laquelle les deux parties se rejoignent. Vous opérez ensuite comme pour l'autre moitié, en rectifiant le tout, s'il y a lieu. Vous laissez suffisamment sécher le moule à l'air libre lorsqu'il est sec et chaud, sinon vous employez le secours d'une étuve.

Lorsque vous avez ainsi confectionné et fait sécher une certaine quantité de masques, vous procédez au *réparage :* il consiste à voir si toutes les parties sont bien collées, si l'empreinte est bien exacte. Si vous apercevez quelques défauts, vous soulevez le papier en le déchirant avec une pointe : vous pressez comme il faut avec les doigts, en mettant de la colle de farine par dessous le papier soulevé, puis vous terminez en appliquant de nouveau papier sur celui-ci.

Cinq jours de la semaine sont ordinairement employés au moulage ; le sixième est destiné au réparage. Alors le mouleur livre les masques au coloriste. Après qu'ils ont reçu les premières couches de couleurs, un artiste les peint avec les couleurs délicates employées pour la miniature.

Masques de cire. — On moule de la même manière les masques en cire ; mais au lieu de carton, on emploie la toile de lin fine et à demi-usée : on achète de vieilles chemises ou tout autre linge très fin, on coupe la toile avec des ciseaux sur un patron ; on graisse le moule, on l'encolle, on pose une toile sur la moitié de la figure, absolument comme nous l'avons décrit précédemment. Pour lui faire prendre exactement l'empreinte, on frappe sur la toile avec une brosse à poils courts, afin de forcer la colle à bien s'imbiber dans le linge. On l'étend ainsi parfaitement ;

mais souvent il arrive que la toile fait des plis qu'on ne peut faire disparaître ; alors on pince le pli tenace, qu'on relève verticalement, on le coupe avec des ciseaux, on fend un peu la toile de chaque côté et on la colle l'une sur l'autre ; cela évite des épaisseurs qui nuiraient à la transparence. On place de la même façon l'autre morceau de toile qui doit faire la seconde moitié de la figure.

Sur ces deux morceaux de toile, on en place deux autres semblables de la même manière et avec les mêmes précautions. On a soin, dans ces deux opérations successives, de bien coller les deux jointures, qui doivent se recouvrir de deux lignes environ. Le masque étant bien sec, on lui fait subir les opérations du *réparage* et de l'*ébauchage*. Cette dernière, dont j'ai oublié de parler, se pratique ainsi pour les deux espèces de masques.

On commence par porter à la cave les masques réparés et entassés ; on les y laisse toute une nuit, afin qu'ils reprennent une légère humidité : on pose chaque masque sur un moule en relief, qui n'est autre chose qu'un masque en carton, beaucoup plus fort, fait sur le même creux, puis on prépare une couleur de chair très claire, délayée avec de la colle de peau, cette colle étant nécessaire pour donner de la consistance à la toile et au carton. Au moyen d'un pinceau, on passe sur la surface de chaque masque une couche uniforme de cette couleur, on la laisse sécher sur les moules, et lorsque la couleur est bien sèche, les masques retournent encore à la cave pendant une nuit ; ce séjour leur fait reprendre la moiteur nécessaire pour le second *réparage* ou *ébauchage*.

Le lendemain matin, l'ouvrier examine chaque masque l'un après l'autre, et lorsqu'il s'aperçoit que l'empreinte n'est pas exactement prise dans quelques parties, il le replace dans le creux ; ensuite, à l'aide d'un instrument en buis ou en ivoire bien arrondi, ou avec une dent de loup enfoncée solidement dans un manche, il lui fait prendre, par le frottement, la forme du moule, qui avait échappé d'abord au premier travail. Il répare ainsi tous les défauts qu'il peut remarquer, et les fait disparaître avec soin. Le même ouvrier passe ensuite une seconde couche de couleur de chair délayée avec de la colle de farine. Cette teinte est appropriée à l'âge et au sexe. Il y a quatre nuances différentes : la première, qui est la plus rosée, est pour les enfans et les femmes ; la seconde, pour les jeunes gens ; la troisième, pour l'âge mûr, et la quatrième pour les vieillards. Les autres couleurs doivent être mises par des mains exercées.

Après avoir été réparés, ébauchés et peints, les masques en cire sont prolongés verticalement les uns après les autres dans un vase qui contient de la belle cire blanche presque bouillante. Après quelques momens d'immersion, on les retire, on les laisse égoutter un moment, la cire se fige, et les masques sont prêts à être vernis.

Le vernissage se donne en couvrant toute la surface du masque avec un vernis blanc à l'esprit-de-vin. Les masques de carton se vernissent de même ; seulement, après qu'ils sont peints, ils reçoivent un encollage de colle de farine claire qu'on laisse bien sécher : on met ensuite le vernis. Cet encollage a pour but d'empêcher le vernis de tacher la figure. Pendant toutes ces opérations, il faut un moule en relief pour supporter chaque masque qu'on travaille ou qui sèche : cela prouve la nécessité d'avoir un grand nombre de ces moules.

CHAPITRE VI.

MOULAGE DU CARTON-PIERRE. — DU CARTON-CUIR. — DU CARTON-TOILE EN RELIEF.

Depuis quelque temps, on cherche à remplacer en France les ornements en plâtre de l'intérieur de nos édifices, par une matière plus légère, plus économique, et susceptible de prendre aussi bien les empreintes. Le carton, déjà anciennement employé pour cet usage, mais dont le goût s'était perdu, réunit ces avantages. M. Gardeur est le premier qui se soit occupé de ce travail et qui l'ait fait avec succès. Depuis 1806, on fabrique divers ornements imitant les plus riches sculptures, à l'aide du moulage d'une composition plastique dans laquelle la craie (carbonate de chaux) et la colle forte s'unissent à la pâte de carton. On les emploie surtout pour les décors en bas-reliefs, encadrements ou bordures dorées. Un rapport fait l'éloge des procédés que M. Beunot met en usage pour donner la dureté et la solidité du bois au mastic qu'emploient ordinairement les décorateurs. Cette invention a été récompensée par une médaille. Enfin, après eux, feu M. Hirsch a imaginé un *carton-pierre* propre au moulage de la figure et des ornements. On a vu cette nouvelle matière plastique à l'exposition du Louvre en 1819 : elle a été employée avantageusement à la décoration de la salle de l'Opéra (rue Lepelletier). Les successeurs de cet artiste exécutèrent de grandes pièces en carton parfaitement moulées. M. Tirrant, à l'aide d'une forte pression, offre une telle netteté dans l'exécution, que le *réparage* devient inutile. A l'exposition de 1827, M. Romagnesi, ornemaniste, a présenté une statue et de grands candélabres dans lesquels on remarquait des lignes bien nettes et des contours très purs.

Les auteurs des procédés à l'aide desquels de pareils résultats ont été obtenus en font mystère ; mais un fait bien indépendant de leur volonté, une circonstance tout-à-fait étrangère à leur fabrication, a mis le public sur la voie.

Il y a quelques années qu'on porta à Pétersbourg une sorte d'ardoise factice, qui avait été fabriquée par un nommé *Alfuid Faxe*, de Carlscroon en Suède. Cette substance attira l'attention générale : M. Georgi fut chargé par l'Académie de Pétersbourg, d'en faire l'analyse, et il parvint à en découvrir la composition. Cette matière d'une grande légèreté, imperméable à l'eau, incombustible, parut très précieuse pour remplacer avantageusement les ardoises. Quant à nous, il nous paraît démontré que cette ardoise artificielle n'est autre chose que le *carton-pierre*. Sauf l'addition de l'huile, les procédés employés par le savant russe vont fournir la preuve de cette opinion.

Voici premièrement les matériaux dont il s'est servi : 1° la terre bolaire blanche, rouge et ferrugineuse, selon les cas ; 2° la craie ou blanc d'Espagne (carbonate de chaux) ; 3° la colle forte, dite *colle d'Angléterre;* 4° la pâte de papier mâché ; 5° l'huile de lin.

La terre bolaire et la craie sont réduites, chacune séparément, en poudre dans un mortier, et passées dans un tamis de soie, de la même manière que les mouleurs en plâtre préparent cette substance.

La colle se dissout dans l'eau suivant la méthode ordinaire. (On peut y substituer la colle de gants pour les petits objets.)

La pâte de papier employée est celle que l'on connaît dans les papeteries sous le nom de *papier commun* (papier bulle), que l'on fait macérer dans l'eau ; on exprime ensuite cette eau au moyen d'une presse. Au lieu de cette pâte, on se sert avec plus d'avantage de débris de papiers blancs et de rognures de livres que l'on fait bouillir pendant vingt-quatre heures, et dont on exprime par la presse, la surabondance d'eau. Quant à l'huile de lin, elle est employée crue.

Il y a plusieurs compositions provenant des divers mélanges de ces cinq substances, mais leurs proportions seulement varient, la base reste la même. La masse de papier se mêle toujours dans un mortier, avec la colle dissoute, et se forme en pâte par l'addition de la terre bolaire et de la craie. On bat bien le tout dans le mortier, puis on verse par-dessus l'huile de lin lorsque la recette l'indique. On prend alors une certaine quantité de ce mélange qu'on étend avec une spatule sur une planche munie d'un rebord propre à déterminer l'épaisseur de la couche. Ce moule grossier fut nécessaire à M. Georgi pour faire des lames de carton à l'imitation des feuilles d'ardoise, mais nous ne nous occuperons pas de la manière dont il s'y prenait pour obtenir ces feuilles; un autre moulage plus gracieux, et pour nous plus important, appelle notre attention.

Voici les diverses compositions qui donnent les meilleurs résultats; nous les indiquerons par numéros.

1° Une partie de pâte provenant de vieux papiers et de rognures de livres, une demi-partie de colle, une partie de craie, deux de terre bolaire et une d'huile de lin, produisent un carton mince, dur et très lisse.

2° Avec une partie et demie de pâte de papier, une de colle, une de terre bolaire blanche, on obtient un carton très beau, très dur et très uni.

3° Une partie et demie de pâte de papier, deux de colle, deux de terre bolaire blanche, et deux de craie donnent un carton uni, aussi dur que l'ivoire.

4° Avec une partie de pâte de papier, une de colle, trois parties de terre bolaire blanche, et une partie d'huile de lin, vous confectionnerez un carton fort beau, ayant la propriété d'être élastique.

5° Enfin, une partie de pâte de papier, une demi-partie de colle, trois parties de terre bolaire, une de craie et une et demie d'huile de lin, forment un carton infiniment supérieur à celui qu'on obtient par le procédé n° 4. Cette substance a en outre la propriété de retenir le type qu'on lui imprime : teinte de quelques grammes de bleu de Prusse, elle prend une couleur bleu-verdâtre. On voit combien il est facile de lui faire prendre la teinte du bronze.

On substitue avantageusement à la craie (carbonate de chaux), et à la terre bolaire, dont nous avons parlé jusqu'ici, la *chaux carbonatée pulvérulente*, découverte en Toscane par Fabbroni, qui lui donna le nom de *farine fossile*. Il s'en servit pour fabriquer des briques flottantes, remarquables par leur légèreté et leur solidité. Faujas a trouvé en 1800, dans le département de l'Ardèche, à quatre lieues des bords du Rhône, une couche considérable de cette terre dans un endroit très accessible. Cette substance n'est pas rare; Brongniart affirme qu'elle recouvre, sous la forme d'un enduit d'un centimètre d'épaisseur, les surfaces inférieures ou latérales des bancs de chaux carbonatée grossière. On en trouve assez communément aux environs de Paris, notamment dans les carrières de Nanterre. Cette terre blanche et légère comme du coton se réduit en poussière par la plus faible pression.

Ces *cartons-pierres* sont d'une solidité vraiment surprenante : 1° une macération dans l'eau froide continuée pendant quatre mois consécutifs, ne leur a fait éprouver ni le moindre changement, ni aucune augmentation de poids, preuve certaine que l'eau n'avait pu pénétrer leur substance; 2° exposés à un feu violent pendant quinze minutes, ils furent à peine déformés, et furent convertis en plaques noires très dures; ils paraissaient seulement noircis et comme grillés. On a construit dans la ville natale de leur inventeur, à Carlscroon, une maison en bois, que l'on a revêtue de toutes parts avec ce carton : on l'a ensuite remplie de matières combustibles auxquelles le feu a été mis. La maison a résisté à l'action de la flamme; la même expérience a été répétée à Berlin, avec le même succès.

Lorsqu'on emploie le carton-pierre pour faire des colonnes et pilastres, des frontons, des entablements, des corniches et autres ornements d'architecture exposés à l'air, après les avoir posés et assujettis avec des clous, on remplit les interstices avec un ciment composé d'huile de lin siccative, de blanc de céruse et de craie, mêlés parfaitement et employés presque à l'état de fluidité. Il est bon d'en recouvrir les joints de tous les objets préparés avec cette substance.

Le *carton-pierre* de M. Hirsch, qui est blanc, et a toutes les propriétés de celui dont nous venons d'indiquer la composition sous le N° 4, est donc connu, et de plus, on voit qu'il est susceptible de perfectionnements.

Moulage du carton pierre.

La précieuse matière plastique que nous avons décrite, n'offre aucune difficulté au moulage. Comme elle ne se gerce jamais pendant sa dessiccation, elle demande moins de précautions que le plâtre. Son seul inconvénient est de se tourmenter et de se voiler, par conséquent de présenter souvent une surface raboteuse. On y remédie en soumettant les petits objets à l'action d'une presse, mais on sent que ce moyen est impraticable pour les figures et autres objets d'une certaine grandeur. Cependant on parvient facilement à triompher de cet obstacle.

On commence par mouler un creux de plâtre sur un modèle ordinaire; supposons qu'il s'agisse de la Vénus de Chio. Les cuisses et les jambes ont un creux en deux coquilles, ainsi que le corps, car la dépouille est fort aisée, et, autant que possible, il faut éviter de multiplier les rejoints. Le creux du torse se réunira sur le côté, c'est-à-dire sur la ligne qui suit les flancs, le dessous du bras, l'épaule, le côté du cou et l'oreille. Une des moitiés de ce creux est posée horizontalement sur une table. Le mouleur a préparé une suffisante dissolution de colle forte blonde, dite *colle de Flandre*, et s'en sert pour gâcher du plâtre choisi, bien cuit et bien fin, en un mot le meilleur qu'il pourra se procurer. Il faut préférer à tout autre, pour cette opération, le plâtre qui ne contient que du sulfate de chaux, sans aucune partie de carbonate de chaux.

Cependant le mouleur pourrait, au lieu de plâtre, délayer de la craie dans la dissolution de colle; mais je crois ce procédé moins bon. Quelle que soit la composition qu'il préfère, il en applique, au pinceau, une couche extrêmement légère sur la surface intérieure du creux huilé, et le plus également possible. Cela fait, il laisse à peine prendre le plâtre, et pose sur cette première couche une autre couche épaisse de la composition de carton-pierre dont il a fait choix. Il va sans dire que celle-ci doit être molle au point de prendre aisément sous le doigt toutes les impressions qu'on veut lui donner; pour cela, il faut ne la préparer qu'à l'instant de s'en servir. Il serait bon d'appliquer une légère couche de solution de colle sur la couche de plâtre avant d'apposer le carton-pierre. On l'emploie absolument comme le carton ordinaire.

Le mouleur met ensuite sécher le creux qu'il vient de garnir, et s'occupe de l'autre partie. Il procède de même pour les bras. L'air libre, s'il fait chaud, une étuve, ou le voisinage du feu dans le cas contraire, opèrent la prompte dessiccation du carton-pierre, qui se détache comme tout autre carton. On réunit les parties en rapprochant les repères, puis en les collant avec de bonne colle forte. Il y a cependant un moyen de jonction, qui quelquefois est préférable : il consiste à poser avec attention sur la vive arête des morceaux, des clous de moyenne longueur, peu écartés entre eux et très pointus. Les têtes, enfoncées de deux lignes environ dans le carton encore mou, se fixent bien solidement lors de la dessiccation. Après, on perce avec un petit poinçon dans l'intervalle laissé entre chaque pointe de clou; on rapproche les deux vives-arêtes, et les pointes de chaque morceau s'enfoncent dans le morceau opposé. On les enfonce le plus possible, en serrant et frappant, puis on passe sur le rejoint un peu du ciment dont il a été parlé plus haut. On y met aussi, avec un pinceau fin, une petite couche de plâtre délayé dans de la colle, qui cache parfaitement la couture. Si elle produisait quelques saillies, on les râperait doucement avec la peau de chien, lorsque le plâtre serait pris suffisamment.

Il ne reste plus qu'une seule et bien simple opération. On fait bouillir de l'huile de lin, ou bien on la rend siccative en y mêlant un peu d'oxide de plomb; ensuite, au moyen d'un pinceau, on enduit de cette composition les deux surfaces de la figure. Il va sans dire que l'on enduit ainsi l'intérieur du bras avant de le réunir au tronc. Quant à la surface intérieure de la statue, on fait cette application avant d'avoir réuni les parties, mais cet enduit n'est utile qu'autant que la statue doit être exposée à l'air.

Quand on veut se dispenser de rapporter les deux parties d'un creux, on attache fortement les deux coquilles, puis on coule à la volée la première couche de plâtre ou de craie gâché clair avec la colle. C'est le moyen d'avoir cette couche extrêmement légère. Mais comme le carton-pierre que l'on doit poser dessus ne se peut couler ainsi, il faut pouvoir introduire la main dans l'intérieur de la statue pour l'appliquer également partout. Cette pratique, comme on l'imagine, offre beaucoup de difficultés.

Voici une autre manière d'obtenir le carton-pierre. On commence d'abord par mettre dans le creux une couche peu épaisse de plâtre à la colle. Immédiatement après, on applique sur cette couche de l'étoupe bien également disposée. Sur cette étoupe, on colle une couche fort épaisse de plâtre grossier.

Le mélange de pâte à papier, de colle de gants et d'étoupe coupée en petits brins, indiqué à l'article des laques, peut fournir aussi une sorte de carton-pierre.

Moulage du carton-cuir.

Depuis 1822, on fabrique une nouvelle espèce de carton. On la nomme *carton cuir*, parce qu'elle est confectionnée avec tous les débris de peaux que l'on peut se procurer. On achète à bas prix chez les peaussiers, chamoiseurs, gantiers, culottiers, tous les déchets et rognures. On les pile et on les broie. D'une autre part, on prépare une pâte à papier, rendue très épaisse; on la réunit à la pâte de cuir, en les mêlant toutes deux le plus exactement possible; on en réunit les molécules avec diverses colles ou mucilages : le tout forme une pâte qu'on jette dans des moules, et l'on donne la forme et la consistance convenable au moyen de la presse. Le *carton-cuir* est spécialement employé à faire des arabesques, des rosaces, des chapiteaux, des modillons, des sujets de bas-reliefs, etc., ordinairement destinés à être dorés. On huile les creux dans lesquels on le moule afin qu'il n'adhère pas à leur surface.

Carton-toile.

En 1842, MM. Commetti et Galvani prirent un brevet, de cinq ans, pour l'invention de cette nouvelle matière qu'ils destinaient à l'application, non-seulement de tous les ouvrages d'ornements exécutés avec le carton-pierre, mais encore à beaucoup d'autres genres d'ouvrages qui ne peuvent s'obtenir au moyen du carton.

Ce moyen de fabrication, disaient les inventeurs à qui nous empruntons ce qui va suivre, réunit à la solidité et à la légèreté la facilité de l'application et du transport à peu de frais, sans que l'on ait à craindre des avaries comme il en arrive dans l'expédition du carton-pierre, qui souvent présente des pertes de 30 ou 40 pour 100.

A tous ces avantages, il y a à ajouter que le carton-toile en relief se prête facilement à être découpé, de manière qu'on peut l'appliquer doré, peint dans toutes ses nuances et façons, sur toutes sortes d'étoffes et à un prix inférieur à celui du carton-pierre.

Manière de fabrication.

On se sert de pâte de chiffons; on donne de la consistance à cette pâte au moyen de l'eau de riz ou de colle de farine ou d'amidon.

Une telle préparation faite, il faut étendre sur une table de marbre un morceau de drap en laine, et l'on y verse la pâte préparée ainsi qu'on l'a dit.

Au moyen d'une brosse, on réduit la pâte à l'épaisseur que l'on désire, selon l'objet que l'on veut fabriquer.

En appliquant sur la pâte une toile métallique, on absorbe, au moyen d'une éponge, l'eau excédente qu'elle contient.

Après cela, on retire la toile métallique et on introduit la pâte dans la matrice ou creux qui sert pour former le relief.

La matrice ou creux peut être en métal, terre cuite ou autre matière dure, selon le plus ou moins de pression qu'il faut pour obtenir le relief que l'on se propose.

Ensuite il faut prendre un morceau de toile que l'on colle des deux côtés et on l'applique sur la pâte qui se trouve dans la matrice, en mettant une autre couche de pâte.

Tout cela préparé, on applique une contre-partie soit mobile, soit immobile, et l'on soumet le tout à une presse hydraulique moyennant laquelle on obtient le relief.

CHAPITRE VII.

MOULAGE DE LA SCIURE DE BOIS, NOMMÉE STUC LIGNEUX ET BOIS COULÉ.

Cet ingénieux procédé est dû à M. Séb. Lenormand, qui a rendu de si importans services aux arts. En 1784, ce savant technologiste imagina de mouler le bois comme on moule le plâtre. A cette époque, on était dans l'usage de couronner les glaces d'appartement par des sculptures représentant ordinairement des trophées. M. Lenormand montra un de ces couronnemens, moulé par son procédé, à un marchand miroitier son parent : celui-ci en fut charmé, et tous deux formèrent une association qui leur devint très profitable. La perfection de l'ouvrage, et la modicité du prix auquel ils le livraient, attira un nombre considérable d'acheteurs.

On prend de la colle très claire avec cinq parties de colle de Flandre et une partie de colle de poisson. On fait fondre séparément ces deux colles dans beaucoup d'eau ; on les mêle ensemble, après les avoir passées dans un linge fin pour en séparer toutes les ordures et les parties hétérogènes qui n'auraient pu se dissoudre. La quantité d'eau ne se peut fixer, parce que toutes les colles ne sont pas également homogènes et qu'il y en a certaines qui en exigent plus, et d'autres moins. On connaît le degré de liquidité convenable en laissant parfaitement refroidir les colles mélangées ; elles doivent former une gelée très peu consistante ou, pour mieux dire, un commencement de gelée. S'il arrivait que refroidies elles fussent encore liquides, on ferait évaporer un peu d'eau, en exposant le vase qui les contient à la chaleur. Si, au contraire, elles avaient trop de consistance, on ajouterait un peu d'eau chaude. D'ailleurs, quelques essais indiqueraient le degré suffisant de liquidité.

La colle ainsi préparée, on la fait chauffer jusqu'à ce qu'on ait de la peine à y tenir le doigt plongé; par cette opération, il s'évapore un peu d'eau, ce qui, par conséquent, augmente la consistance de la colle. Aussi faut-il toujours prendre d'abord la précaution de la faire très-légère, car il arriverait que, par cette dernière manœuvre, elle prendrait trop de consistance, et que les ouvrages se fendilleraient. Alors on prend de la râpure du bois que l'on veut mouler, et qu'on a eu soin de faire, soit avec une râpe fine, soit avec des copeaux séchés au four et pilés, soit avec de la sciure du même bois, qu'on a passé par un tamis très fin. On forme avec cette râpure une pâte dont on place une couche de deux ou trois millimètres d'épaisseur sur toutes les surfaces du moule de plâtre ou de soufre que l'on a fait sur le modèle de l'objet à mouler. Les creux en soufre sont plus durs que ceux de plâtre, et pour cette raison on doit souvent les préférer. Les uns et les autres s'enduisent d'huile de lin ou de noix, comme si l'on voulait mouler en plâtre.

Pendant que cette première couche commence à sécher, on en prépare une seconde plus grossière avec les poussières du même bois, qui n'ont pu passer par le tamis fin, et qu'on a passées par un crible plus gros. C'est l'équivalent du plâtre de *mouchette*. On remplit complètement le moule avec cette seconde pâte, qui soutient la première et lui donne de la consistance; on a soin de la tasser dans le moule avec la main, afin que la première prenne exactement les formes de la sculpture. Ensuite, on la couvre avec une planche huilée qu'on charge, afin que la pâte entre bien dans tous les contours, et on la laisse sécher suffisamment pour être retirée sans accident. On connaît facilement, à la retraite que la pâte fait dans le moule en se séchant, le point convenable pour l'en extraire. Mais avant tout il faut, avec une lame assez large, enlever tout ce qui peut excéder la hauteur du moule, afin que le dessous de la pièce présente une surface plane. La pâte n'étant pas alors suffisamment sèche, l'excédant se coupe très facilement : l'on aurait beaucoup plus de peine si l'on attendait, pour aplanir le derrière, que les empreintes fussent entièrement sèches.

On colle ensuite la sculpture sur le meuble auquel on la destine. Si elle doit rester de la couleur du bois, on y passe dessus quelques couches de vernis à l'esprit-de-vin, ou de cire à l'encaustique, comme cela se pratique pour les sculptures ordinaires. Il faut beaucoup d'attention pour reconnaître que ces sortes d'ornemens sont moulés : il faut même être prévenu à l'avance. On peut les dorer à l'ordinaire; l'or y prend bien, et la dorure en est très solide.

On peut mouler de cette façon toute espèce de statues, et de toute grandeur ; on peut aussi mouler des meubles en employant des pâtes de bois de différentes couleurs. Ce moulage supporte très bien l'humidité et le froid sans en être altéré.

En 1805, MM. Bosc et Cadet de Gassicourt indiquèrent la composition d'une matière propre au moulage du bois, laquelle se rapproche du procédé de M. Lenormand.

Ces savans précipitèrent une solution de trois livres de colle forte par une décoction de deux livres et demie de noix de galle : ce mélange fut fait à froid. Le précipité, séparé de la liqueur, présenta une matière jaune et tirant sur le fauve, brunissant à l'air et exhalant une odeur de lessive. Cette substance se dissout en partie dans l'eau chaude quand le précipité est récent ; mêlée avec un tiers environ de poussière de bois, elle conserve assez de ductilité pour recevoir et garder l'empreinte des moules.

Les bois en poudre, tels que le buis, l'acajou, le bois de gayac, de poirier, se mêlent très bien avec la gélatine tannée, et se prêtent aux moulures : mais quand les pièces n'ont pas une certaine épaisseur, elles se gauchissent et sont cassantes.

La poudre d'ardoise est la plus favorable à l'estampage. Cette poudre tamisée, s'allie très bien à la gélatine tannée, et forme une pâte noire bleuâtre qui se moule parfaitement, présente un bel aspect, et prend en séchant beaucoup de solidité.

Le sumac peut remplacer la noix de galle : le saule blanc et la racine de benoîte (*geum urbonum*) pourraient être employés avec succès pour le même objet.

Bois plastique.

En 1843, M. Joseph Cotelle a pris un brevet, de cinq ans, pour l'invention de deux compositions pour un bois plastique, dit-il, propre à toute espèce de moulure et dont il a donné les descriptions suivantes :

Première Composition.

La proportion s'établit ainsi :

Colle forte.	6 parties.
Résine.	2
Huile grasse lithargirée dans laquelle on fait fondre la résine.	1
Gomme arabique.	1
Pâte de papier ou de carton.	6
Blanc d'Espagne.	40
Ciment Romain.	8

La manutention s'opère comme ci-après :

1° faire détremper la colle forte dans un baquet pendant quatre heures; après, la mettre dans un vase et la faire fondre à petit feu.

2° faire fondre la résine dans l'huile grasse lithargirée.

3° faire dissoudre la gomme arabique.

Quand la fonte des objets ci-dessus est opérée, versez la résine ainsi que la gomme dans le vase de la colle forte.

Il faut avoir soin de verser la résine la première dans la colle, sans cela le mélange ne s'opérerait pas. Lorsque cette solution est achevée, ajoutez la pâte de papier ou de carton dans le vase ; ensuite remuez le tout ensemble avec une palette de fer, jusqu'à ce que le mélange soit complet et forme une espèce de bouillie épaisse.

On place cette bouillie, par partie, sur une table en pierre ; on la saupoudre alternativement, soit avec du blanc d'Espagne, soit avec du ciment ; ensuite on a soin de bien pétrir et manipuler toutes ces matières jusqu'à ce qu'elles forment une pâte assez ferme. Quand cette opération est terminée et que l'on doit employer ce plastique, l'estampeur en coupe un morceau qu'il manipule encore un peu dans ses mains et le dépose sur une table en marbre, puis avec un rouleau, il en fait une galette qu'il place sur une matrice, ayant soin auparavant de l'enduire d'huile, afin que le plastique ne s'attache pas au creux ; puis avec une éponge et la pression de ses doigts, il fait prendre à sa galette l'empreinte du moule. Lorsque ce travail est achevé, il place son moule, pendant six heures, à l'étuve, et, après ce laps de temps, l'on peut soumettre l'objet estampé à la dorure, au bronze ou à quelque genre de peinture que ce soit.

Deuxième Composition.

Huile grasse fortement lithargirée. . . .	4	parties.
Colle forte.	2	
Chanvre broyé et pulvérisé, et tout ce qui tient aux filaments ligneux ou plantes ligneuses.	6	
Blanc d'Espagne.	25	
Ciment dit romain, ou de Molenne, Vassy, Pouilly, etc, etc.	6	

La manutention de cette deuxième composition s'opère comme la première.

Les plastiques, objet du brevet, sont destinés à remplacer la sculpture dans ses divers usages, et notamment à reproduire tous les bas-reliefs et statues, n'importent leurs dimensions, les encadrements de glaces et de tableaux; (d'une seule pièce) les pendules, vases, candelabres, lustres et culs-de-lampes, rosaces, et tout ce qui tient aux décors d'appartement. Les lettres en relief pour enseignes, les meubles sculptés, enfin tout ce qui a rapport aux ornements, même les plus compliqués.

En outre, les avantages de ces plastiques, à raison de leur nature même, sont de pouvoir les dorer à l'eau et sans couche de blanc, surtout pour le bruni. (1)

CHAPITRE VIII.

MOULAGE DE LA CIRE.

Nous avons déjà vu, en suivant les progrès successifs de la plastique, que la cire a été la seconde matière employée dans cet art. Il est probable que jusqu'à l'invention du moulage en plâtre cette substance a été d'un usage fréquent, à raison de sa ductilité lorsqu'elle est chaude, et de sa dureté lors de son refroidissement, état qui la rend si propre à prendre toutes les formes et à les conserver.

Nous avons vu que chez les Romains on employait la cire à reproduire les traits des ancêtres. Elle servait aussi chez les Grecs à faire des portraits, puisque nous voyons que le frère du célèbre Lysippe moula, avec de la cire, le visage de beaucoup de personnes : il peignait ensuite ces moules, et tâchait ainsi de rendre la ressemblance exacte. C'est à l'exception de ce dernier point, à peu près le procédé que l'on suit encore aujourd'hui pour mouler les figures en cire.

Le moulage dont nous allons nous occuper ici n'a aucun

---

(1) Voyez la *Méthode pour faire toutes sortes d'ornements à l'imitation des bois ciselés.*

rapport avec le moule à cire perdue, que j'ai décrit lorsqu'il a été question du moulage des statues équestres.

La cire est d'un prix trop élevé et d'une nature trop délicate pour qu'on l'emploie à faire des creux : elle ne sert, à proprement parler, qu'au coulage. Cependant, en certain cas, elle sert à prendre des empreintes sur nature, et voici comment :

Si l'on veut mouler sur nature, une main, un pied, par exemple, on fait fondre de la cire et l'on engage le modèle à plonger à plusieurs reprises la main dans cette cire encore chaude, mais n'ayant déjà plus que la chaleur nécessaire pour rester encore liquide. De cette manière, on donne au creux telle épaisseur qu'on juge convenable. On laisse un peu prendre : ensuite, avec une brosse, on applique une couche épaisse de plâtre assez grossier pour maintenir la cire. Quand le plâtre est durci, on l'ouvre de la même façon que le *creux à caisse*.

On moule de même divers petits objets, tels que des poissons, des oiseaux, des fleurs. Pour ces dernières, la cire doit être tiède à y pouvoir tenir le doigt. On plonge dans cette cire la fleur sur laquelle il se forme une petite couche transparente, qui en laisse apercevoir toutes les parties, et contribue à les conserver. Au reste, ce genre de moulage est très peu usité.

On sent qu'il est impossible de mouler la cire sur nature lorsqu'il s'agit d'une tête, d'un torse; dans ces cas, et presque toujours on emploie des creux en plâtre, et on coule la cire à la volée, comme il a été dit pour le plâtre.

On commence par bien attacher le creux afin que les joints ne produisent point de coutures. On fait fondre la cire au bain-marie dans un vase parfaitement propre. Selon l'âge, le sexe ou le climat, on colore la cire, si l'on doit représenter la nature. S'il s'agit d'une figure d'enfant ou de jeune femme, on met assez de rouge pour donner à la cire une teinte rosée. On s'assure que le creux est bien propre et bien durci, on le renverse, et on y verse la cire à plusieurs reprises, afin de donner sur toute la surface une égale épaisseur. Pour empêcher la cire de se déjeter, et par conséquent afin d'augmenter la solidité de la figure, on coule dedans un noyau de plâtre, c'est-à-dire que l'on introduit, par l'ouverture de la base, du plâtre assez grossier, qui achève de remplir l'intérieur de la statue. Les petites figures en cire, que l'on voit partout, les maquettes, ou mannequins non colorés que l'on moule pour les sculpteurs, n'ont pas ordinairement de noyau.

S'il s'agit de couler la cire dans le creux pris sur le visage, sur un bas-relief, on applique la cire à chaud avec le pinceau. On le pourrait aussi pour les grands objets, en agitant cette matière absolument comme du plâtre; mais il est rare qu'on prenne tant de soins. Lorsqu'on a coulé dans le creux de cire, on le retire du plâtre qui le soutenait, et on le fait fondre pour un autre usage.

La cire prend du retrait en se refroidissant : les formes perdent leur vivacité, souvent dans des proportions inégales, et l'on est toujours obligé de réparer la cire pour leur rendre de la fermeté. A cet effet, on emploie la peau de chien, et l'on agit comme si on avait à réparer une figure en plâtre. Il ne reste plus qu'à faire peindre la figure avec les couleurs délicates employées pour peindre les masques. On la confie alors à des mains exercées. L'opération finit par la pose des yeux d'émail.

Que le mouleur me permette un conseil. « Mieux les » figures en cire coloriée sont faites, plus elles paraissent » froides. On ne se contente plus de la couleur; on voudrait les voir se mouvoir, respirer, vous répondre : leur » immobilité, la fixité de leurs regards rompent tout le » charme; ce ne sont plus que des morts qu'on a fardés des » couleurs de la vie. » Ces observations sont pleines de raison et de goût. Aussi, lorsque vous désirez fixer les suffrages des artistes, des personnes d'un goût délicat, tâchez d'éviter l'écueil que signale M. de Clarac; donnez à vos figures l'état du sommeil, de l'évanouissement ou de la mort. Représentez-nous Cléopâtre mourante, Endymion endormi, Niobé succombant à sa douleur, etc.

On moulait autrefois en cire pour le service et les ornements des tables, des fruits coloriés. On n'en fait maintenant que pour les collections botaniques, telles que celles de la galerie du Jardin des Plantes, à Paris, dans laquelle on voit des fruits d'une vérité frappante. La collection des champignons est surtout remarquable. Pour mouler ces objets, on emploie deux méthodes. La première consiste à prendre sur nature un moule en deux coquilles, que l'on enlève de dessus le modèle, que l'on réunit ensuite, et dans lequel on coule la cire. Le second moyen est celui que j'ai indiqué, page 28, à l'article des creux perdus pris sur nature pour reproduire les plus petits objets avec une vérité étonnante.

CHAPITRE IX.

MOULAGE DU PLOMB.

Les détails dans lesquels nous allons entrer pour le moulage du plomb, rappelleront en partie ceux que nous avons donnés plus haut relativement à la manière de mouler les statues équestres. Ces deux sortes d'opérations, quoique bien diversement estimées, ont encore un point de rapport dans les difficultés qui accompagnent leur exécution. Dans les deux cas, le mouleur doit toujours avoir devant les yeux que la moindre négligence peut faire manquer tout l'ouvrage.

Supposons que vous ayez à couler en plomb le modèle en terre molle, du Bacchus, N° 154, du Musée national. Vous commencerez par faire les coupes aux bras, aux jambes; mais vous observerez de réunir la jambe moulée au torse avant d'enlever l'autre, et vous prendrez les précautions nécessaires pour que cette jambe, qui porte tout le poids du corps, ne vienne pas à s'affaisser. Les creux des coupes seront faits solidement, en plâtre et à deux coquilles; ils porteront les repères accoutumés. Le reste de la figure sera moulé en deux assises : vous ne ferez que deux ou trois pièces pour la face de la première assise. Les pièces auront trois ou quatre doigts d'épaisseur. Il est important que la dépouille en soit facile, car il faudra les arracher de dessus la terre du modèle, et les casser ensuite sur le plomb coulé.

Le creux moulé servira à couler le plomb; mais ce ne sera qu'après plusieurs opérations successives. La première doit déterminer quelle sera l'épaisseur du métal. Après avoir retiré toutes les pièces du moule de dessus le modèle, on les étale sur une table solide, de manière à ce que leur surface intérieure soit en évidence. On commence par mettre à chaque extrémité des coquilles, des portées en argile plus ou moins épaisses, suivant la force que le plomb devra avoir dans ces parties; car ici l'argile molle sert au même usage que la cire pour les statues équestres. On huile ensuite l'intérieur des pièces, puis on y applique une épaisseur d'argile, de trois lignes environ. Au bas des jambes, l'épaisseur doit être telle que les deux coquilles rapprochées ne laissent que très peu d'intervalle entre elles; il vaut même mieux que cette partie soit complétement massive, parce qu'elle est destinée à supporter le poids entier du moule. On huile aussi la surface des épaisseurs.

Pour rendre les épaisseurs de terre molle bien égales, on doit, de place en place, y enfoncer une longue épingle ou un poinçon, lequel marquera trois lignes à partir de la pointe. Quand la terre ne s'élèvera pas à cette marque, on l'élèvera; on l'abaissera dans le cas contraire. Quelques personnes font usage d'une planchette et d'un rouleau de bois huilés, qu'elles passent, dans le même but, sur la surface de l'argile.

Immédiatement avant l'épaississement du moule, on creuse la fosse destinée à la fonte, et on la rend plus ou moins profonde à proportion de la hauteur de l'objet à mouler. On dispose dans le fond de cette fosse une plate-forme de plâtre, ou même de maçonnerie, dans laquelle on enfonce et on scelle un poteau un peu moins élevé que la figure. Un peu au-dessus de la base, et au milieu de ce poteau, sont fixés solidement des bras ou barres de fer, qui serviront à maintenir le noyau. A cet effet, ils seront placés horizontalement, de manière à traverser la figure lorsqu'elle sera remontée. C'est dans la fosse et le long du poteau que le moule se remonte. On attache fortement les assises, on les revêt de leurs chapes, et on en fixe les armatures après les bras de fer qui passent dans le moule. Tous les joints sont bouchés soigneusement avec de la terre molle, et l'on pratique dans la partie la plus élevée du moule une ouverture pour introduire le plâtre du noyau. Assez communément on place autour de cette ouverture un *godet* ou *auget*, c'est-à-dire une petite masse d'argile fraîche, percée circulairement d'un trou correspondant avec l'ouverture. Il a pour objet d'empêcher le plâtre de se répandre au dehors pendant qu'on le verse dans le moule.

Ces préparatifs terminés, on gâche le plâtre du noyau, soit pur, soit mélangé, avec un quart de ciment, ce qui est préférable. Ce plâtre, fort clair, est versé par le godet dans le creux, et remplit tout l'intervalle qui se trouve compris entre les épaisseurs de terre molle. On laisse bien prendre le noyau, puis on démonte pièce à pièce le creux, en commençant par la partie la plus élevée. A mesure que le noyau reste à nu, on le soutient avec des fentons que l'on attache après le poteau. Le creux enlevé totalement, le noyau reste semblable à l'ébauche informe d'une statue, ou à une figure rongée dégradée par le temps, et que l'on s'efforcerait de soutenir avec des cercles de fer. En effet, on ajuste avec beaucoup de soin sur ce noyau les fers de l'armature qui préalablement servaient de soutien au creux. On les contourne selon les formes du noyau, qu'ils doivent embrasser exactement sans le dépasser en la moindre chose. Afin que les fentons ou bandes de fer se trouvent ensuite attachées au plomb, il importe que, de place en place, elles présentent des ouvertures en forme de mortaises; le métal y pénétrera, et l'armature se trouvera ainsi scellée. On dispose de la même manière à peu près les creux des coupes des bras.

Le noyau bien consolidé, on enlève de dessus les morceaux du creux toutes les épaisseurs d'argile, que l'on pèse exactement. Chaque livre de terre exige dix livres de plomb pour la remplacer. Ce calcul achevé, on ajoute à la quantité de plomb un excédent considérable, afin que dans le cas où le creux prendrait jour par quelque endroit, l'on ait assez de métal en fusion pour n'être pas forcé d'interrompre la fonte pendant le temps qu'on emploierait à fermer le trou.

Le succès de l'opération dépend de la parfaite dessiccation du noyau et du moule; car s'il se trouvait la moindre humidité dans l'un ou dans l'autre, la fonte serait manquée aussitôt. Pour prévenir cet échec, on fait recuire à la fois le noyau et le moule.

Toutes les pièces de ce dernier rassemblées et réunies autour du noyau, vous bâtissez autour d'elle un petit mur avec des briques, du plâtre, ou mieux encore avec les épaisseurs d'argile précédemment enlevées de l'intérieur du creux. De cette façon, les pièces du moule se trouvent tenues entre le noyau et le petit mur; vous laissez à celui-ci une ouverture qui vous permet d'allumer le feu de bois ou de coke que vous avez préalablement disposé sur la plate-forme; cette espèce de porte est fermée ensuite par une plaque de tôle, ou toute autre chose que vous pouvez ôter librement pour augmenter le feu. Je dis pour l'augmenter, parce qu'il est indispensable que le feu, d'abord assez faible en commençant la recuite, ne devienne plus fort que par gradation.

Il va sans dire que l'on construit le petit mur de manière à mettre le poteau en dehors à l'abri du feu.

Pendant que le noyau et le moule recuisent, l'on bâtit un fourneau à hauteur d'appui, à peu de distance de la figure; sur ce fourneau, on établit une vaste chaudière, et dès que le plâtre est suffisamment cuit on commence à faire fondre le plomb. On éteint le feu, on laisse refroidir les pièces jusqu'à ce qu'on puisse les toucher, ce qui tarde peu; puis on s'occupe de remonter le moule le plus solidement possible. Indépendamment des nouveaux fentons qu'on emploie pour le consolider, on se sert de crampons de fer que l'on serre avec des coins de bois; on couvre tous les joints avec du plâtre et de l'argile, afin que, si le plâtre venait à se gercer, la terre empêchât le plomb de couler au travers. On pratique ensuite des évents, et l'on fait fondre du suif ou de la résine que l'on jette dans le creux pour prévenir les soufflures du métal. On achève de remplir la fosse avec la terre qui en avait été extraite, et on la bat fortement à mesure que l'on remplit. Il faut se hâter pendant cette manœuvre, de peur que le plâtre ne contracte quelque humidité.

Pendant cette opération le plomb s'est liquéfié; il est convenablement chaud, et l'instant est venu de couler la figure. Le mouleur doit avoir trois ou quatre aides : monté sur un trépied, il tient à la main une très grande cuiller, que deux de ses aides remplissent sans interruption de plomb fondu et maintenu très chaud; les autres aides sont continuellement occupés à boucher avec de la terre molle tous les endroits où le métal trouverait un passage. Quelque chose qui puisse arriver, le mouleur doit verser sans relâche par un godet de tôle ou de fer-blanc remplaçant le premier godet. Le creux étant plein, la matière monte par dessus les évents et commence à bouillonner. On laisse prendre, refroidir, et l'on procède au coulage des autres parties de la figure.

Il s'agit maintenant de casser le moule, après l'avoir débarrassé de tous ses liens : on se sert à cet effet de morceaux de bois taillés en forme de coins, afin de ne pas endommager le plomb avec des outils. On coupe les jets qui ont pu se former, et l'on songe à rapporter les coupes. On soutient convenablement ces parties, en rapprochant les repères, répétés sur le plomb, à mesure que l'on a cassé le creux, puis on les soude avec du plomb rouge. Pour l'obtenir, on renouvelle vivement le feu sous le restant de la matière, et pour juger s'il est assez chaud, on y jette un morceau de papier; si le feu s'y communique subitement, le plomb est au degré convenable de chaleur. La réparation des coutures et autres défauts doit être confiée au ciseleur.

Récapitulons les opérations successives du moulage d'une figure en plomb.

1° On fait le creux sur le modèle en terre;

2° On creuse la fosse, on la dispose comme il faut;

3° On applique des épaisseurs de terre sur le creux;

4° On le monte une première fois;

5° On coule le noyau;

6° On démonte le creux;

7° On consolide le noyau;

8° On le fait recuire ainsi que le moule;

9° On bâtit le fourneau;

10° On fait fondre le plomb;

11° On remonte le moule;

12° On coule la matière;

13° On casse le moule;

14° On réunit les coupes;

15° On livre l'ouvrage au ciseleur.

CHAPITRE X.

MANIÈRE DE MOULER LES MÉDAILLES ET CAMÉES. — MOULAGE DU MASTIC, DU SOUFRE ET DU TALC. — MOULAGE A L'AIDE DE LA GÉLATINE, DE LA COLLE FORTE, ET DE LA MIE DE PAIN. — PATES BONNES A MOULER POUR CHAPELETS. (1)

Le moulage des médailles et des camées est l'ouvrage le plus délicat pour le fini, et le mouleur est assez souvent appelé à le pratiquer, parce que les antiquaires, les savants, les amateurs des beautés antiques, se plaisent à demander

(1) Voyez le *Manuel du Mouleur en Médailles*, faisant partie de l'*Encyclopédie-Roret*.

l'image des médailles, monuments de l'histoire, et des camées, chefs-d'œuvre de l'art.

Pour mouler ces objets, il faut, comme pour tout autre, appliquer une couche de matière plastique qui en prenne exactement l'empreinte. Mais aussi comme à l'ordinaire, cette première empreinte représente l'objet en creux, et ne peut servir qu'à en reproduire d'autres, qui alors représenteront la médaille en relief. Cette première empreinte sera donc le *moule* ou le *creux* dans lequel on coulera ensuite la matière plastique dont on aura fait choix.

Moulage du mastic. — On se sert quelquefois du mastic suivant pour estamper les médailles et camées. Prenez une livre de cire neuve, une demi-livre d'huile d'olive, une livre de la poudre dont on se servait autrefois pour poudrer les cheveux, ou remplacez-la par de très belle farine de froment : il vaut mieux encore y substituer de la farine de riz. La cire fondue dans un vase de terre vernissée bien propre, vous y mêlez l'huile ; vous retirez la composition de dessus le feu, et vous y mêlez la poudre avec une spatule, en remuant toujours jusqu'à ce que la consistance de la pâte ne soit ni trop ferme, ni trop molle. Vous prenez ce mastic encore chaud, vous en appuyez une petite portion sur la médaille, mouillée d'un peu d'eau tiède, et vous pressez bien avec les doigts pour pouvoir prendre exactement l'empreinte des traits les plus délicats. Quand le mastic est pris, vous renversez la médaille ; vous frappez légèrement dessus, et vous en avez l'image en creux.

On se sert pour le même usage de cire ordinaire, de la cire à sceller, et même des mastics ordinaires, soit préparés à l'arcanson, soit avec le soufre ; mais alors il faut que les objets ne soient pas de trop petite dimension, et ne présentent pas des traits d'une grande délicatesse, car ces matières seraient peu convenables.

Les substances dont je viens de faire mention ne pouvant se couler, ne sont propres qu'à l'estampage des médailles, et par conséquent offrent moins de facilité au mouleur qu'une matière plus ductile. Elles ne peuvent faire que les creux de ces objets délicats ; car si on recommençait à s'en servir pour estamper de nouveau dans le creux qu'elles fournissent d'abord, on aurait l'image en relief ; mais, selon toute apparence, les traits seraient altérés plus ou moins. Il faut couler dans ce creux ; et, pour cela, il n'y a pas de matière plastique plus fine et plus délicate que le plâtre.

Moulage du soufre. — Le soufre destiné au moulage doit être préparé de la manière suivante. Faites fondre à feu doux du soufre dans une cuiller de fer bien propre ; ajoutez, par once de soufre, une demi-once de la couleur que vous désirez donner aux objets moulés, soit vermillon, cendre verte, ocre jaune, massicot, noir de fumée. Comme le soufre est principalement consacré au moulage des médailles, et qu'il est naturel de le bronzer en ce cas, vous le mélangerez de noir de fumée et de cendre verte pour obtenir la teinte du bronze. Afin d'imiter la patine antique, vous pourrez y ajouter un peu d'*or de chat*. La mine de plomb produirait la nuance la plus agréable ; mais, par malheur, elle s'unit difficilement au soufre.

Il est important de ne pas laisser brûler le mélange ; il faut aussi l'écumer, ou enlever avec la lame d'un couteau la crasse qu'il forme en cuisant. La cuisson terminée, vous huilez une plaque légère de fer blanc ou une feuille de papier, et vous coulez dessus le soufre coloré que vous réservez pour l'usage.

Au moment de vous en servir, vous faites fondre de nouveau dans la cuiller de fer, et vous écumez encore. Cela fait, vous huilez très légèrement la médaille ou le camée avec une barbe de plume, ou un petit pinceau ; vous essuyez pour qu'il reste infiniment peu d'huile, et vous entourez l'objet à mouler d'une petite bande de papier placée de manière à produire un rebord, puis vous coulez très rapidement le soufre à la volée pour obtenir un creux. Quand le soufre est pris, vous renversez la médaille, et le creux se détache de lui-même. Vous recommencez à couler de la même manière dans le creux de soufre, après l'avoir saupoudré de talc en poudre, dans la crainte que le soufre coulé ne s'incorpore avec le creux. Vous avez alors la médaille parfaitement moulée en relief.

Comme le talc altère l'empreinte, il vaut mieux couler dans le soufre un peu mouillé de la cire colorée, ou un mastic fusible à une faible chaleur. Si l'objet moulé est d'une certaine dimension, vous pouvez couler dans ce creux de soufre du plâtre parfaitement cuit et très fin, que vous gâcherez extrêmement clair; mais il est fort important de choisir du plâtre qui s'échauffe le moins possible en gonflant; car on sent qu'alors il agit sur le soufre, l'amollit et détruit ainsi la délicatesse des traits. La chaux sulfatée cristallisée pure est la matière qui convient le mieux.

Moulage du talc. — Le talc, avec lequel on coule ordinairement de petites figures et autres pièces délicates, est tout ce qu'il y a de meilleur pour mouler les médailles et camées, les bas-reliefs précieux, et autres choses semblables, auxquelles on veut donner une parfaite blancheur. Comme il est trop fin pour avoir beaucoup de consistance, on ne peut l'employer à faire des creux qu'en y mêlant partie égale de plâtre commun. Le talc est un gypse fin et cristallisé qui se trouve dans les carrières à plâtre; il est diaphane et d'un blanc verdâtre. Il faut, avant de le faire cuire, le diviser par feuillets de deux lignes d'épaisseur, puis on le met dans un four de boulanger quelque temps après la sortie du pain. On le broie et on le passe au tamis de soie.

Moulage à l'aide de la gélatine ou de la colle forte. — Cette substance, si propre à s'attacher au vase qui la contient, à en conserver fidèlement l'empreinte, est une matière plastique bien précieuse pour les objets très délicats; aussi convient-elle pour le moulage des camées et médailles. Elle rend, avec une étonnante précision, les parties les plus déliées, les contours multipliés des pièces d'anatomie. La colle forte, qui n'est, comme on le sait, qu'une gélatine altérée et moins pure, est propre aux mêmes usages que cette dernière.

On a, de nos jours, voulu donner comme une découverte

cette application de la gélatine au moulage : c'est une erreur : car dans l'ancienne Encyclopédie, le chevalier de Jaucourt indique la manière d'employer cette substance à mouler différens objets.

Ce moulage est facile. Après avoir fait tremper pendant vingt-quatre heures la gélatine dans une quantité suffisante d'eau, on la fait fondre sur le feu, et réduire, de manière qu'étant refroidie elle produise une gelée épaisse. On emploie cette matière à faire des creux, dans lesquels on coule ensuite du plâtre ne contenant point de carbonate de chaux, ou même de la cire à peine liquide et par un temps très froid. Le principal avantage de la gélatine consiste dans son élasticité ; elle s'insinue liquide dans les parties qui ne sont pas de dépouille facile. Sa flexibilité permet de l'en retirer sans altération, et son élasticité la ramène de suite à la même place.

Lorsqu'on veut faire le creux en gélatine d'un objet quelconque, supposons un petit poisson, on plonge plusieurs fois l'objet dans la matière liquide, jusqu'à ce qu'elle commence à présenter le caractère de gelée tremblante. On lui donne ainsi l'épaisseur que l'on juge à propos. On agit ensuite comme pour opérer la dépouille des creux moulés sur nature ; on partage le moule en coquilles avec un fil ; mais la manière d'opérer présente une différence. Le fil n'est pas mis à l'avance, car on sent qu'il serait impossible et inutile à la fois de prendre cette précaution sur de très petits objets. Le fil s'applique lorsque l'objet est moulé et la gélatine prise. On dépouille ensuite avec facilité.

Le moulage de la colle forte s'opère exactement de la même façon.

Moulage de la mie de pain. — Prenez de la mie de pain chaude et peu cuite, pétrissez cette pâte avec un rouleau, ajoutez-y un peu d'aloès dans la crainte que les vers ne s'y attachent. Ces préparatifs terminés, prenez votre pâte de mie de pain, et servez-vous-en pour estamper la médaille. Ayez soin de pousser dans les noirs avec autant de soin que vous le pourrez. Laisser sécher, renversez la médaille, détachez le creux et servez-vous-en pour couler du soufre, du plâtre fin, du talc, de la craie, de la cire, mais non pour estamper de nouveau, soit avec du mastic, de la pâte de mie de pain, etc.; vous courriez risque de n'obtenir que des traits méconnaissables.

En général, avant de mouler, examinez bien le camée ou la médaille : s'il s'y trouve beaucoup de parties enfoncées, soyez sûr que l'estampage ne peut que difficilement réussir; la mie de pain seule, et surtout la gélatine, pourront vous donner des résultats un peu satisfaisants.

Pâte bonne à mouler pour chapelets.

Cette pâte odorante et solide fournira au mouleur le moyen de préparer des chapelets très jolis.

Faites fondre de la gomme arabique dans de l'eau rendue odorante par l'addition d'un parfum quelconque, ajoutez-y de la poudre de ciment ou d'ardoise passée au tamis de soie. Selon la nature du parfum que vous voulez obtenir, mettez dans l'eau de gomme ou du storax, ou du benjoin, ou de l'encens, ou de la poudre d'iris, ou de l'ambre, ou du musc, ou toute autre substance analogue. Ayez de petits moules ronds en deux coquilles que vous remplissez de cette pâte, vous les fermez bien, vous laissez prendre un peu : vous n'attendez pas que la dessiccation soit complète, et vous percez chaque grain avec une aiguille de fer, afin de pouvoir l'enfiler. Vous polissez ensuite les grains en les frottant sur un linge trempé dans de l'huile d'aspic où vous avez fait fondre de la colophane. Vous vous servez pour le même objet d'un morceau de drap enduit de cire jaune : l'un et l'autre polit également bien.

Pour obtenir des grains noirs, vous employez de la poudre d'ardoise ou d'ébène. Les voulez-vous roux? vous préparez la pâte avec du ciment ou de la sciure de bois d'Inde. Jaunes? il vous faut de la sciure de bois ordinaire. Doivent-ils être grisâtres? c'est de la sciure de poirier ou de chêne qu'ils exigent. Enfin, les grains sont-ils marbrés? vous mélangerez ces poudres. Blancs ? employez de la poudre d'iris avec un peu de craie, ou de la sciure de bois blanc.

MANIÈRE DE MOULER LES ORNEMENS AVEC DES MOULES DE FER ET DE SOUFRE.

La composition dont on se sert pour obtenir des empreintes au moyen de moules de fer ou de soufre est formée de gélatine, d'huile de lin et de blanc d'Espagne, mélangés, pétris ensemble, pressés dans les moules au moyen d'une presse à vis, et séchés pour l'usage. Lorsque l'on veut tirer des empreintes sur des surfaces concaves, on applique la composition lorsqu'elle est encore élastique, et avant qu'elle sèche. Si les pièces sont composées de parties superposées ou juxta-posées, on les lie au moyen d'attaches placées dans le moule dans l'épaisseur de la matière.

Les moules en soufre n'ayant pas assez de ténacité pour soutenir l'effort d'une grande pression, on en compose de plus résistans en faisant dissoudre, dans du soufre fondu, des batitures de fer. Ces moules sont plus faciles à faire et coûtent moins que ceux de cuivre : ces batitures sont pulvérisées et mélangées dans une proportion facile à trouver. La fusion s'opère promptement et prend aisément l'empreinte des détails les plus fins de l'original. On peut en faire usage dans un grand nombre d'arts.

CHAPITRE XI.

MOULAGE DE L'ARGILE.

Première matière qu'employa la plastique, l'argile a ses avantages et ses inconvéniens. Ses avantages sont d'être onctueuse, liante et tenace ; d'offrir, mêlée avec l'eau, une facilité à se réduire en pâte glutineuse telle qu'elle puisse se modeler à la main, et presque sans le secours d'aucun instrument. Ses inconvéniens sont de faire retraite, soit en séchant, soit en cuisant, de telle sorte que les formes qu'on lui a données sont inévitablement et fortement altérées. Si du moins ce retrait était régulier, on l'évaluerait, on y aurait égard pour les proportions, et le mal serait prévenu en partie. Mais il n'en est pas ainsi : le retrait s'opère inégalement et varie surtout suivant les différentes espèces d'argile. On sent donc combien est importante la connaissance de ces variations. Aussi des détails convenablement étendus sur *la nature de l'argile* formeront-ils le premier paragraphe de ce chapitre. *Le moulage de l'argile* sera l'objet du second, et l'opération de *la cuisson et de la dessiccation* celui du troisième.

De la nature de l'argile.

Il serait inutile de faire connaître ici la composition chimique de l'argile, et d'énumérer les caractères qui la distinguent des autres mélanges terreux, tels que les marnes, craies, schistes, etc. Il serait de même également superflu de parler des quatre dénominations génériques adoptées par les minéralogistes pour distinguer les espèces d'argile employées dans les arts. Deux seulement d'entre elles nous occuperont. C'est d'abord la première divison, celle des *argiles apyres*, qui, à l'exception du kaolin, ou terre à porcelaine, sont nommées par M. Brongniart *argiles plastiques*. C'est ensuite les *argiles fusibles*, parmi lesquelles se trouve l'*argile figuline* ou terre à potier. Cette dernière est ainsi nommée d'après le titre que lui donnaient les Romains ; ils l'appelaient *creta figulina*. Le potier qui mettait cette terre en œuvre était appelé *figulus*. Dans la nouvelle nomenclature minéralogique, on désigne aussi par les épithètes de *plastique* et de *figuline* les argiles propres au moulage et au modelage.

Voici quels sont les principaux caractères de ces argiles. Les premières, dites plastiques, sont compactes, douces, et presque onctueuses au toucher; elles se laissent même polir en passant les doigts dessus. Elles prennent beaucoup de liant avec l'eau, et donnent une pâte ductile. Quelques-unes d'entre-elles acquièrent dans l'eau un peu de translucidité. Les meilleures argiles plastiques de France se trouvent aux environs de Dreux, de Houdan, de Montereau-sur-Yonne, de Gournay, de Gisors, de Savigny près Beauvais, à Forge-les-Eaux, etc.

Les argiles figulines, qui, avec l'*argile smectique*, ou terre à foulon, sont les plus importantes de la seconde classe comprenant les argiles fusibles, ont la plus grande analogie avec les argiles plastiques; toutefois elles sont généralement moins compactes, plus friables, et se délaient plus facilement dans l'eau. M. Brongniart ne leur a jamais reconnu cette sorte de translucidité, qu'il a remarquée dans les argiles plastiques lorsqu'elles ont un certain degré d'humidité; elles n'offrent pas non plus cette onctuosité que possèdent les terres à foulon; enfin, elles acquièrent par la calcination une couleur rouge plus ou moins foncée, tandis que les autres sont jaunâtres, roses ou blanches après la cuisson. Les argiles figulines sont mélangées de chaux, de fer, et contiennent souvent des pyrites; aussi ne peut-on les employer que pour faire des poteries grossières, pour modeler, estamper; elles ne pourraient supporter une forte calcination. Elles se trouvent dans presque toutes les localités; celles qu'on emploie à Paris sont tirées des environs de Vaugirard, d'Arcueil, de Vanvres, etc.

L'argile à modeler s'achète ordinairement chez les potiers, qui la débitent en pains à bas prix. C'est l'argile la plus grasse parmi celles que l'on destine aux briqueteries et tuileries. On la réserve pour les poteries, parce que, sans être trop maigre, l'argile doit être d'autant moins grasse que les ouvrages auxquels elle doit servir seront plus épais. Ainsi, pour certaines pièces à modeler, on voit que l'argile prise chez les potiers est peu convenable. D'ailleurs il faut faire un choix relatif aux objets auxquels on l'emploiera.

L'argile trop grasse, c'est-à-dire contenant une faible proportion de silice, se tourmente et se fend au feu : vous ne la prendrez que pour exécuter les ouvrages en terre molle, comme l'estampage, les portées des pièces, l'huile de Rome; elle peut servir également pour les modèles en terre fraîche. Les mouleurs préfèrent, en ce cas, opérer sur les modèles qu'elle fournit, parce qu'elle a plus de solidité que l'argile maigre. Cet argile, qui contient beaucoup de silice, se dessèche sans se tourmenter ni se gercer, mais elle durcit peu et n'est guère résistante. Ce ne sera donc pas celle que l'on devra choisir pour le moulage. Elle sera meilleure entre ces deux points, c'est-à-dire ni trop grasse ni trop maigre; et comme les potiers ont intérêt à se débarrasser des terres qui sont en-deçà ou au-delà du point convenable, le mouleur apportera dans leur choix une sérieuse attention.

Lorsque l'argile est trop grasse, on la porte au degré désirable pour l'ouvrage que l'on projette, en y mêlant, soit une terre limoneuse et végétale, soit du sable qui se vitrifie difficilement. On nomme cette opération *dégraisser*. Les sables siliceux sont en ce cas préférables. Quand elle est trop maigre, on la mélange avec de l'argile pure et bien grasse.

La coloration que les argiles prendront au feu ne peut être jugée par la teinte qu'elles ont naturellement. Souvent une argile blanchâtre devient très rouge au feu, et une argile colorée est blanche après la calcination. Mais c'est, au reste, une chose assez indifférente, malgré l'opinion de quelques mouleurs, car il est extrêmement facile de colorer l'argile, même après la cuisson.

Ordinairement l'argile qui a supporté les gelées, et qui se dégèle au printemps, se travaille beaucoup mieux. Néanmoins, il y a des espèces d'argile qui, lorsqu'elles ont gelé, sont moins avantageuses. L'expérience peut seule à cet égard, guider le mouleur. On en peut dire autant sur l'appréciation du retrait que fera l'argile après qu'elle sera cuite ou séchée, ce retrait variant suivant sa qualité. Plus l'argile est grasse, plus le retrait est grand, et l'argile pure est plus sujette qu'aucune autre à cet inconvénient. L'argile choisie pour le moulage diminue d'un septième dans ses proportions ; mais on ne peut en faire une règle d'après laquelle on tiendrait son ouvrage un peu plus fort de dimension, afin d'obtenir une figure de grandeur déterminée. Il est indispensable, pour arriver à ce résultat, de bien connaître son argile et la manière dont elle se comporte en séchant et en cuisant. Or, on ne peut le savoir qu'en l'essayant dans les deux opérations.

Le mouleur en plâtre qui n'emploie l'argile que comme accessoire, peut prendre moins de soin pour la choisir ; il lui suffit, par la même raison, de s'en fournir chez les potiers. Mais le mouleur en terre, pour lequel elle est le principal objet, doit en agir autrement. Indépendamment du choix qu'il devra faire, il doit aussi penser à s'approvisionner en grand. C'est dans les briqueteries qu'il doit faire ses achats, lorsque l'argile destinée à faire les carreaux (1) est piétinée trois, quatre, cinq et même six fois, ce qui s'appelle, dans les deux derniers cas, *voies de terre* et *mettre à deux voies*. Cette préparation de l'argile, très importante pour le briquetier, l'est également pour le mouleur, car l'ouvrage est d'autant meilleur qu'on a plus souvent pétri la terre en la foulant, qu'on l'a bien dégagée de toutes les petites pierres, cailloux, etc. Les expériences de M. Gallon, lieutenant-colonel du génie, ne laissent aucun doute à cet égard; plus l'argile est corroyée, plus elle acquiert de densité, plus elle résiste aux efforts qu'on fait pour la rompre lorsqu'elle est cuite, et plus elle dure long-temps. Le mouleur prendra spécialement celle qui est la plus anciennement tirée de la fosse, et dont la pâte est fine et douce. Il la maintiendra humide dans une fosse revêtue d'une bonne maçonnerie, et la battra avec la quantité d'eau nécessaire lorsqu'il voudra la travailler. Il fera bien aussi d'acheter en masse, et dans la fosse, de l'argile de potier ; elle lui servira à mélanger l'argile de carreaux, et pour confectionner les ouvrages de peu d'épaisseur.

---

(1) Le briquetier-tuilier réserve, pour faire les carreaux, l'argile la plus grasse, immédiatement après celle que l'on destine à la poterie.

Manière de mouler l'argile ou d'estamper dans les creux.

Le moulage de l'argile porte cette seconde dénomination, parce qu'en effet c'est une sorte d'estampage. On voit que cette opération n'est point étrangère au mouleur en plâtre; aussi l'exécute-t-il ; mais accidentellement, comme un accessoire ; tandis que le mouleur de terre cuite en fait son principal et souvent son unique objet. Au surplus, le premier doit toujours s'associer au travail du second, auquel il fournit les creux nécessaires ; et si, habitant une ville de province, il se trouvait manquer d'occupation, il devrait réunir le moulage en argile au moulage en plâtre. A Paris, c'est tout différent, et certainement un mouleur du Musée du Louvre aurait grand tort de s'exercer sur les terres cuites, ses ouvrages étant plus intéressants.

Les instruments du mouleur en argile sont, comme on doit le penser, extrêmement simples. Quelques baquets en bois enduits d'un corps graisseux, pour empêcher l'argile d'adhérer à la surface intérieure ; plusieurs spatules et truelles semblables à celles qu'on emploie pour délayer le plâtre et l'appliquer lorsqu'il est gâché bien serré ; un ou deux couteaux bien affilés pour couper les parties excédantes de la terre ; des ficelles, cordes, quelques fentons pour attacher les creux ; enfin des moules en une ou deux pièces, voici tous les outils. Les matériaux sont de l'huile, du vinaigre et du plâtre grossier.

Les moules dans lesquels on *pousse la terre* (c'est l'expression technique) sont avec pièces ou sans pièces. Les uns sont les creux ordinaires qui servent à couler le plâtre; les autres sont des empreintes prises à creux perdu. Je me sers de ce mot pour me faire comprendre; car ce terme de creux perdu ne convient plus, puisque les moules de cette façon servent plusieurs fois pour le moulage en terre : ces derniers sont préférés et spéciaux. On en sent la raison : le mouleur n'a point la peine de les attacher comme les précédents, et il ne craint point que les pièces en se dérangeant, l'exposent à l'inconvénient des coutures.

Le moulage en argile se pratique de deux manières : 1° en masse ; 2° à noyau.

Le mouleur commence d'abord par la préparation de la terre. Premièrement, pour apprécier la retraite qu'elle fera, il en prend une certaine quantité, par exemple un pied cube mesuré avec soin ; il le met sécher à l'ombre, à l'abri de l'humidité, puis, quand il est bien sec, il le fait cuire dans un four de potier. Il termine par le mesurer de nouveau, et sait alors quelle sera la diminution qu'il doit attendre dans les proportions de son ouvrage. Il choisit en conséquence un creux d'une dimension relativement plus forte que celle de l'objet à mouler. Préalablement l'ouvrier aura battu convenablement son argile, et l'aura dégraissée, s'il y a lieu.

L'essai achevé, il prendra le moule dans lequel il doit opérer ; si c'est un moule à plusieurs pièces, il attachera le plus solidement et le plus étroitement possible tous les morceaux du creux, des chapettes, de la chape. Il n'oubliera pas de boucher les joints avec de l'argile, et d'huiler le creux comme s'il voulait couler du plâtre ; après cela, il prendra avec une assez large truelle de la terre un peu ferme, il passera l'instrument dans la main gauche, et avec la droite poussera la terre dans le creux placé horizontalement sur une forte table. Il ne manquera pas de commencer par le bas de la figure, et par les noirs ou parties renfoncées. Tout en poussant, il prendra bien garde que les pièces ne se dérangent.

Après avoir ainsi placé sa première empreinte, nécessairement fort inégale, le mouleur s'occupera de la renforcer, en y appliquant plus ou moins de terre selon ses vues. S'il moule en masse, il remplit exactement le creux avec de l'argile, en frappant bien avec la paume de la main, ou la truelle. S'il veut, au contraire, mouler à noyau, il s'arrangera de manière à laisser un vide intérieur. Pour faire convenablement tenir la terre du centre à celle qui forme la première couche, il la mouillera un peu avec de l'eau ou avec de l'huile de Rome. Une éponge humide posée sur l'argile déjà poussée, et même la terre qu'il doit ajouter étant plongée un moment dans le liquide, suffiront pour rendre l'une et l'autre convenablement happantes. Mais s'il craint qu'elles ne tiennent pas assez, il pourra mettre entre elles une légère couche d'argile très grasse, ou même d'argile pure.

Le mouleur ayant poussé sa terre dans la moitié du creux, l'humecte bien s'il a travaillé en masse ; s'il a opéré à noyau, il la laisse sécher, à l'exception cependant des bords, qui, devant se rejoindre avec ceux de l'autre partie du moule, seront maintenus dans l'humidité. Pour l'un et l'autre cas, il parc ces bords en biseau un peu prolongé ; il songe ensuite à remplir de terre l'autre moitié du creux. Cela fait, il rejoint les deux parties, les serre fortement avec des cordages ; puis avec le secours d'une autre personne, si le creux est de grande dimension, il le pose dans une situation verticale.

La terre ayant eu le temps de bien s'imprimer à l'extérieur, de s'agglomérer intérieurement, et de sécher un peu, ce qui exige un ou deux jours, le mouleur se prépare à retirer les pièces du creux. Il doit le faire avec tout le soin possible, de peur d'arracher la terre avec les pièces. S'il se fait quelques éclats, il les recueille, et après avoir dépouillé la figure, les recolle au moyen d'un peu de terre délayée fort claire, ou d'huile de Rome.

Pour le moulage à noyau, l'ouvrier ménage, comme nous l'avons vu dans chaque moitié du creux, un vide qui, rapproché quand le creux est rejoint, produit une cavité au milieu de la statue. Cette cavité est destinée à recevoir du plâtre appelé *noyau*. Pour l'introduire dans la figure, il laisse une ouverture à la base. Ensuite, lorsqu'il s'agit de mettre son ouvrage dans une position verticale, il la renverse la tête en bas, en ayant soin de la faire soutenir par un châssis ou autre appareil approprié. Il gâche du plâtre de mouchettes, ni trop lâche ni trop serré, et le coule en le versant dans l'intérieur. De temps en temps, à mesure qu'il verse, il tâche de remuer un peu la figure afin que le plâtre s'attache bien également à toutes les parois de la cavité. Lorsqu'elle est remplie, il ferme l'ouverture avec une forte couche d'argile grasse, et laisse au plâtre le temps de prendre comme il faut : une journée est suffisante pour cela et pour le travail de l'argile. Il ne reste plus qu'à démonter le creux, ainsi que je l'ai dit plus haut. Le moulage à noyau est préférable à l'autre ; il est moins lourd, et le plâtre qui donne de la consistance à l'objet empêche que la terre ne se rompe et ne se déjette.

L'huile dont il a fallu imbiber le creux pour pousser l'argile, laisse ordinairement sur la surface de celle-ci un aspect graisseux fort désagréable. On ne peut l'éviter, mais on y remédie en soufflant du vinaigre dessus.

Les figures que l'on moule dans les creux d'une seule pièce se font absolument de même : seulement il faut encore apporter plus de soin au dépouillement, de peur d'enlever quelque partie de la surface. Si le creux résiste alors, on trempe dans l'huile une plume que l'on introduit doucement entre l'objet moulé et lui.

Manière de sécher, cuire et réparer les figures en terre cuite.

Les figures, soit vases, statues, et autres ornements étant dépouillés, on les met sécher à l'ombre sous des hangards à l'abri de toute humidité. Le temps nécessaire à leur parfaite dessiccation dépend de leur grandeur et de la saison; mais il faut au moins environ une semaine pour dessécher des objets de moyenne grandeur. Souvent, malgré les soins apportés dans le choix de l'argile, il arrive que la figure se fendille en séchant; cet accident a lieu surtout dans les grandes chaleurs, aussi sera-t-il à propos d'en préserver les objets à sécher. On y remédie avec le mastic suivant :

Prenez du ciment broyé très fin, détrempez-le avec de l'huile de lin, et ajoutez-y un peu de litharge en poudre. Ne préparez que la quantité nécessaire pour la réparation. Mettez un peu de ce mastic sur le bout d'une spatule, et faites-le pénétrer dans les fentes : appuyez fortement cet instrument sur l'endroit réparé, enlevez l'excédant ; achevez l'opération en polissant avec la spatule, et les fentes ne s'apercevront nullement. On met aussi ce moyen en usage pour raccommoder les parties cassées des figures de terre sèches ou cuites.

Quand les objets seront convenablement secs, vous les ferez cuire dans un four de potier. Tâchez de pouvoir en rassembler de quoi faire une fournée, parce qu'alors vous pourrez diriger vous-même la cuisson, ce que vous ne saurez obtenir si le potier mêlait ses produits avec les vôtres.

Observez que plus vos figures seront sèches avant d'être enfournées, et plus vite elles seront cuites; que le feu doit être ménagé dans le commencement, et poussé ensuite par gradation; qu'il faut mettre dans le fond du four les pièces les plus dures à cuire; qu'il importe qu'elles ne s'embarrassent pas les unes les autres, parce qu'en défournant, les parties isolées, comme le bras, une jambe isolée, une draperie flottante, ou bien une anse de vase, etc., seraient exposées à être cassées. Observez aussi qu'il faut laisser refroidir les objets un certain temps avant de les retirer du fourneau.

Lorsqu'après leur cuisson et leur défournement vous trouvez les figures trop pâles, ce qui arrive rarement, vous y remédiez de la manière suivante : vous prenez du ciment extrêmement fin, du vermillon en poudre, que vous délayez dans une dissolution tiède de gomme arabique ou de colle forte; mais en ce cas, la dissolution doit être extrêmement légère : vous obtenez ainsi une bouillie claire que vous remuez bien avec le pinceau, puis vous en mettez une légère couche sur l'objet à colorer. Vous pouvez aussi employer les procédés mis en usage pour donner au plâtre une couleur rouge, ou l'apparence de la terre cuite.

Les statues, vases, bas-reliefs et autres ornements que l'on obtient par le moulage, servent ordinairement à la décoration des jardins. Cependant le mouleur produit aussi des ornements pour les poêles de faïence, tels que fruits, fleurs, statues, têtes d'animaux, etc. Tous ces objets reçoivent ensuite un vernis quelconque, mais il ne faut pas moins les travailler avec soin. Le mouleur en plâtre en fournit les moules qui sont toujours faits à creux perdus.

Les figures destinées à l'ornement des jardins se brisent quelquefois par accident. Il serait bon, pour prévenir ce dégât, de mettre en moulant, dans le centre de la figure, des armatures qui soutiendraient les jambes, les bras, à peu près comme il arrive aux figures coulées en plâtre, ou comme les armatures de fer qui soutiennent les grandes figures modelées par les sculpteurs. Cette méthode n'est pas employée communément. Peut-être pourrait-on l'essayer.

Les brisures que nous voulons prévenir se réparent de trois manières. La première, au moyen du mastic de ciment que je viens d'indiquer pour fermer les fentes sur la terre sèche; la seconde se pratique en délayant du blanc de plomb dans de l'huile siccative; la troisième avec du mastic de vitrier, composé, comme chacun sait, avec du blanc d'Espagne pulvérisé et de la litharge trempés d'huile de lin ou de noix. Si l'on doit employer ce dernier mastic sur la terre sèche, ou sur la terre cuite, dans l'intérieur d'un bâtiment, on y met de la colle de Flandre fondue dans de l'eau. Dans les jardins, et surtout si la brisure a déjà été réparée, on y joint de l'alun de roche dissous dans un peu d'eau et un peu de chaux vive en poudre; mais quelque soit l'avantage de ces procédés, on doit leur préférer le mastic formé de fromage à la pie et de chaux vive. Lorsque les terres cuites se cassent au four par l'action du feu, on emploie le *mastic gras*. On doit se rappeler qu'il est formé d'égale partie de cire et de résine. Il est bon d'y ajouter un peu de ciment, et de faire chauffer les parties que l'on veut rejoindre.

Manière de recoller les objets en grès.

Pour recoller les objets en grès, on se sert du ciment suivant qui résiste parfaitement à l'action des agents atmosphériques : on mêle 20 parties de sable de rivière bien blanc et sec, 2 p. de litharge finement pulvérisée et 1 p. de chaux vive en poudre, avec assez d'huile de lin ordinaire, ou mieux, d'huile de lin siccative, pour que le tout ne soit qu'humecté sans former une masse pâteuse ; on enduit d'abord les parties à recoller d'huile de lin au moyen d'un pinceau ; ce ciment finit au bout de quelques semaines par acquérir une dureté et une adhérence supérieures à celles du grès ; il en vient même au point de donner des étincelles sous le briquet. Lorsqu'on remplace la chaux vive par 10 pour 100 de calcaire en poudre, on obtient le *ciment-mastic* qui remplace actuellement dans beaucoup d'endroits le ciment romain pour couvrir les terrasses, etc., et que l'on emploie aussi fréquemment pour mouler des statues qui présentent sur celles en plâtre le grand avantage de ne pas s'altérer à l'air libre par l'action des agents atmosphériques.

TROISIÈME PARTIE.

CHAPITRE PREMIER.

MOULAGE DU BOIS.

Ce moulage offre les moyens d'orner, à peu de frais, de dessins en relief, les frontons, les colonnes, les lambris, les meubles de prix, ainsi que les boîtes, tabatières, coffrets élégants, etc. Les portraits, paysages et autres objets qu'il fournit, comme les rosaces, les feuillages, et autres ornements variés, multiplient de mille façons l'application de cet art.

Nous devons commencer par faire observer que les bois dont le fil suit une direction constante sont peu propres à être moulés, surtout lorsqu'il s'agit d'ouvrages délicats; car les fibres peuvent se rompre par suite de la pression, et il en résulte des défauts nuisibles à la perfection du dessin. Les loupes de frêne, d'érable, celles de buis surtout, sont bien préférables, parce que les fibres y sont croisées dans tous les sens. Néanmoins, on peut employer aisément dans les moulages communs certains bois tendres, tels que le tilleul. En revanche, on doit s'abstenir toujours de mouler les bois résineux, parce que la résine ou huile essentielle qu'ils renferment entre leurs fibres, entrant en ébullition par l'effet de la chaleur pendant l'opération du moulage, il s'y forme des boursouflures, qui venant à crever, font des taches désagréables sur la pièce.

La presse est le principal instrument pour le moulage du bois : elle est tout en fer et d'une seule pièce. Sur une forte base ou semelle en fer s'élèvent deux montants, qui, par en haut, se réunissent, en formant une espèce d'arcade. Au centre de l'arcade est un œil dans lequel on ajuste un écrou ou canon taraudé en cuivre dans lequel se meut une forte vis, qui par conséquent, est verticale. La tête de cette vis est carrée, elle est séparée du filet par une embase; on la tourne avec un fort levier percé à son extrémité, ou au milieu, si l'on doit opérer des deux mains, d'un trou carré dans lequel entre exactement la tête de la vis. Cette presse se monte sur un établi fait exprès pour la recevoir, haut de deux pieds, très massif et très solide, dans lequel la presse glisse à coulisse. On peut d'ailleurs fixer la presse où l'on voudra, et même dans le plancher avec deux fortes vis.

Les autres instruments nécessaires sont :

1° Un assortiment de plateaux circulaires en fer, épais d'un pouce au moins : il faut en avoir plusieurs paires, à moins qu'on ne veuille mouler que des pièces d'un même diamètre.

2° Plusieurs anneaux aussi de différentes dimensions. Ils sont faits en fer, garnis intérieurement de viroles en cuivre entrées de force et rivées de haut en bas sur une feuillure qu'on a faite tout autour du bord intérieur de l'anneau. Le dedans de ces anneaux ou de la virole en cuivre doit être bien uni, et leur diamètre est un peu plus grand d'un côté que de l'autre. Il est bon de faire une marque à la plus grande ouverture, afin de la reconnaître de suite.

3° Des matrices gravées. On les fait ordinairement en cuivre fondu, et elles portent en creux ce que le bois doit reproduire en relief. Ces empreintes sont creusées sur des plateaux circulaires en cuivre, de la grandeur des anneaux dont nous venons de parler.

4° Un tasseau ou une espèce de cube en fer parfaitement dressé par dessous, un peu creux par dessus, et pénétrant sans peine dans les anneaux.

5° Des tampons en bois dur passant librement par les anneaux, et destinés à en faire sortir la pièce qu'on a moulée.

6° Un autre tampon en fer d'un diamètre presque aussi grand que celui du petit anneau.

7° Enfin plusieurs rondelles de cuivre qu'on nomme *galets*, épaisses de trois ou quatre lignes, et passant librement par le plus petit anneau.

Voici maintenant la manière de se servir de ces outils : on prendra une rondelle de bois de la grandeur convenable, arrondie, modelée sur le diamètre intérieur de l'anneau dont on veut se servir, et bien dressée sur ses surfaces. C'est cette rondelle qui doit recevoir l'empreinte, et il faut lui laisser au moins cinq lignes d'épaisseur. Lorsque les fibres du bois sont parallèles à son diamètre, il prend plus aisément les empreintes, les conserve moins bien, et ne reçoit pas celles des traits trop délicats, ce qui importe beaucoup dans le moulage, dont l'agrément dépend de la netteté et de la finesse des traits. Lors, au contraire, que les fibres ont été sciées transversalement, l'empreinte est plus parfaite, mais il faut employer une pression beaucoup plus considérable : on peut, si on le juge à propos, au lieu de dresser entièrement la surface qui doit porter les reliefs, y laisser quelques saillies dans les parties correspondantes aux creux les plus profonds de la matrice ; l'ouvrage en réussit beaucoup mieux.

On chauffe deux des plateaux de fer ; pendant ce temps, on met dans un des anneaux une des matrices gravées, l'empreinte étant tournée en dessus. On met par dessus la rondelle de bois, et sur cette rondelle, on applique un des galets en cuivre. Toutes ces pièces doivent être mises par le côté le plus large de l'anneau, et aller très juste jusqu'au fond.

Lorsque les plateaux en fer sont suffisamment chauds, ce qu'on reconnaît en y faisant tomber une ou deux gouttes d'eau qui s'évaporent rapidement en pétillant, on en met un sur la base ou platine de la presse. On pose sur cette plaque le moule ou anneau rempli de toutes les pièces dont je viens de parler. On met dans l'anneau la seconde plaque aussi chaude que la première, en se servant, pour les posur l'une et l'autre avec célérité, de pinces plates de forgeron. Sur la dernière plaque on met le tampon en fer, par dessus on pose le tasseau carré, sa concavité étant tournée en dessus. On fait descendre la vis jusqu'à ce qu'elle joigne bien le tasseau ; puis on donne un ou deux tours pour presser un peu fort. On laisse le tout dans cette position pendant deux minutes, en attendant que la chaleur des plateaux se soit communiquée aux autres pièces ; puis, en se faisant aider au besoin par une ou deux personnes, on serre avec beaucoup de force. On attend encore quelques minutes, puis, après avoir desserré d'environ un quart de vis, on serre encore autant qu'il est possible de le faire ; on laisse ensuite refroidir le tout, ou, pour avoir plus tôt fait, si la presse peut se séparer de l'établi, on la plonge dans l'eau froide. Il ne reste plus alors qu'à sortir du moule la pièce gravée ; pour cela on desserre la vis, on ôte le tasseau, le tampon, la plaque, en renversant l'anneau ; on le place sens dessus dessous sur la platine, sa plus grande ouverture étant tournée en bas. On place le tasseau sur cette matrice, et on fait de nouveau descendre la vis ; alors la rondelle de bois est chassée jusqu'à l'ouverture la plus large, et en soulevant l'anneau on la retire aisément chargée de tous les reliefs donnés par le creux.

Il faut, en opérant, avoir grand soin de ne pas trop faire chauffer les plaques, car si elles étaient rouges ou presque rouges, le bois se carboniserait. Malgré cette précaution, le bois est toujours un peu bruni ; mais peu importe, puisqu'on n'a plus à le polir, le poli étant naturellement donné par la matrice, quand elle a été convenablement polie elle-même, ce qu'on ne manque jamais de faire. Il arrive d'ailleurs très souvent que la couleur brune survenue par suite de la chaleur, disparaît après une longue exposition à l'air ; mais comme cela peut ne pas arriver, il faut éviter de retoucher, car la couleur ne pénètre pas avant, et les parties que ce travail mettrait à nu seraient d'une nuance différente.

Procédé de M. Straker pour faire des reliefs sur le bois.

Cette méthode de travailler le bois en relief est fondée sur ce fait, que si l'on creuse la surface du bois avec un outil sans tranchant, la partie ainsi déprimée reprendra son premier niveau lorsqu'on la plongera dans l'eau.

Pour mettre cette propriété à profit pour le moulage, on confie d'abord au menuisier le bois dont on doit se servir, on lui fait donner la forme convenable, et préparer à recevoir le dessin qu'on veut y imprimer. Après avoir déterminé la place où il doit être, on y applique un instrument sans tranchant, une espèce de refouloir ou d'ébauchoir en acier, qu'on enfonce à coups de marteau jusqu'à une certaine profondeur. Cet instrument, tel que les emporte-pièces, doit avoir à son extrémité la forme du dessin que l'on veut obtenir, de manière qu'en s'enfonçant il produise en creux ce que plus tard on veut reproduire en relief. Cette opération doit être faite avec beaucoup de ménagement, et peut-être au lieu de la percussion, vaudrait-il mieux employer une pression graduée, ce qui ne serait pas impossible. Il suffirait, pour cela, de placer l'outil et la pièce de bois sous la vis de la presse à mouler le bois que nous venons de décrire. Dans tous les cas, on prend beaucoup de précautions pour ne pas rompre les fibres du bois avant que la profondeur de la dépression soit égale à la hauteur que l'on veut donner au relief des figures. On retire ensuite l'instrument, et, à l'aide du rabot ou de la râpe, on réduit la surface du bois au niveau des parties déprimées. On plonge ensuite la pièce de bois dans de l'eau froide ou chaude ; les parties qui avaient été comprimées reprennent leur premier niveau, et forment ainsi un relevé en bosse, qu'on peut aisément terminer à l'aide d'un ciseau, d'un ébauchoir ou d'un petit fermoir, instrument analogue aux deux premiers. Si la pièce de bois était trop grande, on pourrait se dispenser de la plonger dans l'eau, et se contenter de la frotter à plusieurs reprises avec une éponge imbibée d'eau chaude, ce qui produirait un effet suffisant.

Procédé d'Isaac Sargent pour ramollir et courber les bois.

Les pièces de bois courbes sont particulièrement utiles au mouleur en bois; mais presque toujours ces pièces prises dans un plus fort morceau de bois qu'on était obligé de scier, se trouvaient ou lourdes ou fragiles; car il était impossible de ne pas couper le fil du bois.

M. Neuman avait, il est vrai, imaginé en France de ramollir les bois en les faisant bouillir dans l'eau, et de les contourner ensuite dans des moules disposés exprès, suivant la forme déterminée. Il réussissait parfaitement; mais la grandeur des chaudières, d'autres difficultés d'exécution avaient empêché ce moyen d'être fréquemment usité. Un Anglais a récemment rajeuni en France cette même méthode, mais avec des modifications qui en rendent l'exécution bien plus facile. Voici les moyens qu'il emploie : il fait travailler le bois à droit fil en lui donnant la forme et la longueur qu'il doit avoir après qu'il sera courbé; on ne lui conserve que la force nécessaire. Ensuite, on l'expose à la vapeur de l'eau bouillante assez longtemps pour qu'il soit ramolli au point de pouvoir être plié ou courbé sans se rompre.

Quand le bois est assez ramolli, on le contourne dans un moule disposé convenablement. Rien n'empêche de le faire faire en bois; pour peu qu'on ait à préparer un certain nombre de pièces de la même forme, on sera bien dédommagé de la dépense que l'on fera pour cela. Ces moules sont ordinairement composés de deux pièces. On laisse les bois sécher à l'ombre sans les sortir des moules. Quand ils sont bien secs, ils ont acquis invariablement la forme qu'on leur a fait contracter, et, pour la leur enlever, il faudrait les ramollir de nouveau. Ces bois, ainsi préparés à droit fil, ne perdent rien de leur souplesse ni de leur élasticité. Il n'est pas douteux qu'en naturalisant ces procédés en France, M. Isaac Sargent n'ait rendu un éminent service à notre industrie, et principalement au moulage en bois.

CHAPITRE II.

DU MOULAGE DE L'ÉCAILLE ET DE LA CORNE.

L'écaille est une des substances sur lesquelles le moulage s'exerce avec le plus d'agrément et de facilité. La nature en est connue. Le *caret*, sorte de tortue de mer, qu'on trouve en Asie et en Amérique, fournit l'écaille, qui forme sa coque ou couverture. Les naturalistes ont nommé *carapace* cette coque qui se compose de treize lames superposées les unes aux autres.

Bien qu'elle soit à peu près du genre des cornes, l'écaille est cependant beaucoup moins liante. L'écaille est néanmoins susceptible d'être ramollie et elle acquiert beaucoup de ductilité par le moyen du feu ou de l'eau bouillante; mais dès qu'elle est refroidie, elle reste dans la forme qu'on lui a prêtée et devient aussi cassante qu'auparavant. On voit combien il est aisé de mettre à profit ces caractères.

L'écaille a trois couleurs distinctes : le blond, le brun et le noir clair. Quelquefois une ou deux de ces couleurs dominent, mais elles sont rarement seules. Quelle que soit sa teinte, l'écaille est toujours transparente, dure et très fragile. Elle possède une propriété singulière, c'est de pouvoir se souder sans le secours d'aucun agent.

Les feuilles d'écaille sont ordinairement bombées sur leur surface; c'est pourquoi la première chose à faire, pour les rendre propres à être employées, est de les redresser. Pour cela, on les met tremper pendant un temps suffisant dans l'eau bouillante, jusqu'à ce qu'elles soient amollies; ensuite, on les place sous la presse les unes sur les autres, en les séparant par des plaques de fer ou de cuivre de deux lignes d'épaisseur, bien droites sur leur surface, et qu'on a fait chauffer auparavant. On serre la presse petit à petit, et on laisse le tout se bien refroidir avant de rien retirer.

On peut aussi redresser l'écaille au feu, en la présentant devant la flamme d'un feu clair; mais il faut la mouvoir continuellement, autrement elle brûlerait et ne serait plus bonne à rien. Comme on ne court pas le même risque en la faisant tremper pendant un temps suffisant dans l'eau bouillante, on doit préférer cette manipulation à l'autre. D'ailleurs le feu change la couleur de l'écaille, ce que ne fait pas l'immersion dans l'eau.

Après avoir entretenu le mouleur de la nature de l'écaille, et de sa première préparation, je vais lui indiquer les outils fort simples qu'il doit employer pour mouler convenablement cette substance.

Il lui faut premièrement des moules de plusieurs formes, selon les divers objets à mouler, mais toujours composés de deux parties ou coques, comme les petits moules à creux perdu, et encore comme ceux à fondre les cuillers d'étain. L'ouvrier doit aussi avoir une petite presse en fer qui puisse contenir le moule.

Le grattoir ou fer bretté, que l'on nomme souvent fer à dents, lui est nécessaire pour mettre d'épaisseur la feuille d'écaille. La table d'acier de cet outil est toute striée de cannelures parallèles à la longueur du fer. Le tranchant est hérissé d'une suite de petites dents triangulaires, dont la pointe raie l'écaille sans être sujette à la faire éclater.

Le rabot à dents qu'emploie ordinairement le menuisier peut servir au même usage que le fer bretté. Il est fait, en ce qui concerne le fût, comme les rabots ordinaires, mais un peu moins fort. La coupe de la lumière est aussi beaucoup plus droite: quelques-uns même ont le fer droit : néanmoins, comme cette dernière position nécessite une conformation toute particulière dans la lumière, on se contente communément de 60, 70 ou 80 degrés d'inclinaison. Le fer de ces rabots est cannelé du côté de l'acier, il s'affûte à biseau plus court que les rabots ordinaires. Ces expressions bien connues des fabricans de rabots, ces détails qui leur sont familiers, mettront le mouleur à même de se procurer les instrumens convenables.

Reste à décrire maintenant l'opération du moulage de l'écaille. La feuille d'écaille préparée, c'est-à-dire redressée comme je l'ai expliqué plus haut, on la met d'épaisseur avec l'un des deux outils précédens, puis on la fait ramollir dans l'eau bouillante. C'est alors que l'on met chauffer le moule, qui est ordinairement en cuivre ; on y place l'écaille, et l'on serre assez pour que les quatre repères ou goujons commencent à entrer dans les trous. On sent que les repères sont indispensables pour réunir parfaitement, et rapprocher aux mêmes points, les deux coques du moule. Cet instrument ainsi fermé à demi, est placé sous la presse, et l'on fait seulement appuyer la vis dessus jusqu'à ce qu'on éprouve une légère résistance : on met alors le tout dans l'eau bouillante et l'on serre la vis petit à petit, jusqu'à ce que les deux parties du moule se touchent exactement. Cela fait, on retire aussitôt la presse de l'eau bouillante, et on laisse refroidir. Quand le refroidissement a eu lieu, on desserre la vis, on ôte le moule de dessous la presse, que l'on essuie bien exactement pour éviter qu'elle ne se rouille. Quant au moule, on le laisse tremper dans l'eau fraîche pendant l'espace d'un quart-d'heure avant de l'ouvrir, et on en retire l'écaille, qui ne peut plus alors perdre la forme qu'on lui a donnée.

Moulage de l'écaille fondue.

Ce procédé, qui date de quelques années, a été d'abord tenu secret. Il économise le temps et la matière, car il donne le moyen de tirer partie des débris d'écaille, tournures, râpures, etc., qu'on achète à très bas prix chez les ouvriers qui travaillent l'écaille. On verra, par les détails suivans, que les instrumens employés pour l'opération sont bien simples.

L'ouvrier doit avoir des moules en bronze de deux pièces, l'une entrant dans l'autre, comme les poids de marc. Les partie inférieure doit être fixée à un châssis en fer qui porte une vis à la partie supérieure, et qui presse sur la partie supérieure du moule. Il faut avoir un moule semblable pour le bas d'une tabatière ou boîte quelconque, et un autre pour le couvercle. Une cinquantaine de moules différens compose l'assortiment ordinaire.

Dans le fourneau construit exprès, doit être placée une chaudière de forme carré long : cette chaudière contient trois moules dans sa largeur et huit dans sa longueur.

Les fragmens d'écailles cassés par petits morceaux se pèsent en deux petites parties : l'une sert pour le fond de la boîte, et l'autre pour le couvercle, y compris le déchet qui se fait en tournant et ajustant plus tard l'ouvrage. Les ouvriers se taisent sur la dose, mais on la connaîtra facilement après quelques expériences.

On met dans chaque moule le poids voulu d'écaille en fragmens ou en râpures, on pose dessus le contre-moule, c'est-à-dire la seconde partie du moule : on serre ensuite la vis. On dispose ainsi vingt-quatre moules, et on les arrange par ordre dans la chaudière, dont on a déjà bien fait chauffer l'eau. On entretient le feu ; dès que l'eau bout, on serre tant qu'on peut la vis de la première pièce, puis celle de la seconde, et ainsi de suite, jusqu'à la vingt-quatrième. On recommence ensuite en entretenant toujours l'ébullition jusqu'à ce que le contre-moule ne s'élève plus au-dessus de la surface du moule, ce qui annonce que le vide pratiqué entre les deux parties du moule, est rempli par l'écaille fondue.

Il est indispensable d'entretenir constamment l'eau bouillante à la même hauteur dans la chaudière, en remplaçant celle qui s'évapore, au moyen d'un filet d'eau bouillante que fournit continuellement un vase placé au-dessus de la chaudière. Ce vase supérieur est mis et entretenu en ébullition par le feu du même fourneau. Il faut que les têtes des vis soient toujours hors de l'eau, afin de pouvoir les tourner facilement à l'aide d'une clef. Les vingt-quatre presses (puisqu'il y en a une à chaque moule) se calent réciproquement, de sorte qu'elles ne peuvent pas bouger pendant qu'on serre les vis.

J'ai oublié de donner un conseil au mouleur : dans le moule du fond de la boîte, il fera bien de pratiquer une raînure profonde, dans laquelle il placera un cercle en belle écaille, qui doit servir à faire la gorge. Le cercle devra être irrégulier dans sa partie, qui est saillante hors de la raînure. C'est par là qu'on le soude avec le reste de la boîte, afin qu'il ne forme qu'une seule pièce avec elle.

On fait ainsi bouillir pendant environ une heure ; l'ébullition doit être moins prolongée lorsqu'il se trouve seulement des râpures d'écaille que lorsqu'on doit faire fondre des fragmens. A l'instant convenable, on retire le feu, on laisse refroidir l'eau; quand tout est froid, on sort les moules, on les démonte, et l'on en retire l'écaille moulée. Selon les dessins, qui sont tracés en creux sur les moules, les fonds et les couvercles de tabatières ou boîtes, présentent, en relief, sur leur surface extérieure, des figures, portraits, fleurs, caractères, sujets d'histoire, en un mot, tous les sujets gravés sur les moules. Il ne reste plus qu'à livrer au tourneur les pièces bien moulées, non pour rien réparer à la forme, mais pour les ajuster ensemble, les approprier intérieurement et les polir tant à l'intérieur qu'à l'extérieur, afin de les livrer au commerce.

Moulage de la corne.

A Paris, dans plusieurs autres villes de France, et aussi en Hollande, on moule la corne pour en faire des poires à poudre, des tabatières, bonbonnières, etc.

Les procédés pour le moulage de la corne sont semblables à ceux que l'on emploie pour le moulage de l'écaille; seulement la température, soit pour fondre, soit pour mouler, doit être plus élevée. La râpure de cette substance se réunit en corps solide par une chaleur suffisante, et se moule facilement comme celle de l'écaille.

Soit que l'on moule la corne en feuilles, en fragmens ou râpures, il faut éviter de la toucher avec les doigts, ni avec aucun corps gras, si l'on veut que la réunion soit parfaite. Par conséquent, on remue cette substance avec des fourchettes de bois, lorsqu'on lui fait éprouver diverses lotions. Ces lotions sont de deux sortes. Les unes, formées d'eau chaude, ont pour but de séparer la corne des parties étrangères qui pourraient la salir ou l'altérer; les autres, que compose une lessive caustique à un certain degré, ont lieu pour la dégraisser et la débarrasser des parties huileuses au moyen d'appareils construits exprès afin de ne pas calciner la râpure; ceux que le mouleur emploie pour la fusion de l'écaille pourront également lui servir. S'il veut se procurer des moules à boutons, tels que ceux dont on se sert dans plusieurs ports de mer, il pourra aussi fabriquer cette marchandise.

Si le mouleur tient à produire des ouvrages délicats (ce que je lui conseillerais), il choisira d'abord des feuilles de corne empruntées aux chèvres et aux moutons, parce qu'elle est plus blanche que celle des autres animaux. Il devra surtout s'attacher à lui donner l'apparence de l'écaille. On y parvient par les moyens suivans.

Procédé pour donner à la corne l'apparence de l'écaille

1° Pour communiquer une teinte rouge à la corne on répand sur la surface une dissolution d'or dans de l'eau régale (acide nitro-muriatique.)

2° On lui donne une couleur noire, en répandant de même une dissolution d'argent dans de l'acide nitrique.

3° La corne prendra une couleur brune si elle reçoit une dissolution faite à chaud dans de l'acide nitrique.

Si l'on emploie ces diverses substances avec goût et par place sur la surface de la corne, on lui procurera une ressemblance si exacte avec l'écaille, qu'il sera bien difficile de distinguer les deux substances entre elles.

QUATRIÈME PARTIE.

D'après ce que nous avons exposé, dans les trois premières parties de cet ouvrage, on a dû voir combien l'art du mouleur était étendu. Cependant, nous n'avons pu le comprendre ici dans sa totalité, parce qu'elle embrasse une foule de traités spéciaux dans lesquels on trouve décrits très longuement les procédés de moulage dont on fait usage dans chacun d'eux. Nous citerons pour exemples les Manuels sur la fonte des métaux, la fabrication des tuiles, des papiers et cartons. Cependant, afin de rendre ce travail plus complet, nous nous sommes livrés à de nouvelles recherches, et nous y avons ajouté (dans cette 4me Partie) des faits qu'on n'a point encore vus dans aucun de nos traités, et sur lesquels peu d'auteurs ont écrit. Nous avons cru devoir y joindre un chapitre sur l'emploi du bitume pour les trottoirs, les terrasses, etc.; c'est une sorte de moulage qui possède en quelque sorte les propriétés de la pierre, et sur lequel on n'a généralement encore que très peu de données. Enfin, cette quatrième Partie forme une sorte d'Appendice ou de complément à l'art du mouleur, et tend à en augmenter l'intérêt.

CHAPITRE PREMIER.

MOULAGE DU VERRE A L'IMITATION DES CRISTAUX TAILLÉS.

Personne n'ignore le prix élevé des cristaux taillés, et, quoique la concurrence et l'emploi des machines inventées pour suppléer à la main-d'œuvre en aient fait baisser le prix, les belles pièces ne se vendent pas moins très cher, parce qu'outre la blancheur et la transparence du verre, elles sont le travail des plus habiles ouvriers, et qu'elles exigent beaucoup de temps pour recevoir les ornemens en relief qu'on y applique par la taille.

Le moulage du cristal s'opère ordinairement en soufflant une boule de verre préparée au bout de la *canne* dans un moule de bronze poli; le cristal, très mou, se dilate, remplit toutes les cavités du moule et en prend exactement la forme. C'est ainsi qu'on est parvenu à obtenir le moulage de parties anguleuses, et à imiter assez bien les cristaux taillés. Ce genre d'industrie est très répandu en Angleterre, et les verres, flacons et autres petits objets de cristallerie y sont moulés soigneusement. Il est bon de faire observer que le fini et la beauté de ces cristaux dépendent de la netteté parfaite des formes du moule, de son poli parfait et de l'adresse de l'ouvrier qui souffle dans la canne. Le moule que nous allons décrire vient d'Angleterre; il fut importé en Prusse par M. Gerlke, qui en a obtenu des bons effets dans sa verrerie : ses arêtes intérieures sont en effet très vives, et les moulures bien exécutées et bien polies. Il est employé au moulage de carafes, d'huiliers, qui en sortent bien nets et décorés d'ornements dont le relief est très prononcé. Ces moules, en changeant les formes, peuvent être employés au moulage de tous les autres objets susceptibles d'être taillés. Ce moule est représenté par les figures 66, 67, 68, 69 et 70. La fig. 66 montre l'élévation vue de face; les deux tenons saillans *g*, *g*, reçoivent des poignées servant à ouvrir la partie supérieure du moule.

La fig. 67 nous montre le moule vu en dessus, et les deux moitiés *g*, *h*, *i*, et *g*, *h*, *i*, ouvertes; elles sont réunies par une vis *k*, serrée par un écrou et autour de laquelle elles tournent. Les lignes ponctuées indiquent la position de ces moitiés, quand elles sont fermées pour y souffler le verre; *k*, *k*, sont deux arêtes contre lesquelles viennent buter les deux moitiés du moule, quand elles sont ouvertes; *l*, est une vis à oreilles portant une embâse carrée et serrée par un écrou *m*; elle tient les deux parties du moule solidement réunies.

La fig. 68 est une élévation latérale du moule.

La fig. 69 est une coupe verticale suivant la ligne *a*, *b*, fig. 67 et 68.

La fig. 70, autre coupe montrant la boule de verre *f* dans l'intérieur du moule au bout de la canne *c*.

Le seul reproche que M. Gerlke adresse à ce moule, c'est d'être dépourvu d'un chapeau comme l'indiquent les lettres *d*, *d*, fig. 69 et 70, car, étant plus large en *d* qu'au milieu du col, il en résulte que lorsque l'ouvrier souffle fort, le verre se répand en *d* et peut sortir du moule; alors le col n'a plus l'épaisseur convenable, et les moulures sont peu saillantes. M. Gerlke conseille donc d'employer un chapeau *c*, *d*; il empêche le verre de s'étendre au-delà du besoin, et ne laisse à la canne qu'une ouverture nécessaire pour pouvoir s'y loger après que la boule *f* a été introduite dans le moule. Au moyen de ce perfectionnement, on peut souffler avec la plus grande force, et le verre, ne trouvant aucune issue, prend exactement toutes les formes du moule.

M. Gerlke regarde, avec juste raison, l'emploi des moules métalliques comme un nouveau progrès de l'art de la verrerie; ces moules bien exécutés et bien polis intérieurement, donnent des produits variés et bien exécutés, avec facilité et promptitude. Il est vrai que ces moules perfectionnés sont chers, mais ils dispensent d'avoir ou de former des ouvriers dont le salaire est plus élevé, ce qui permet de les livrer au commerce à des prix modérés.

Observations de M. Robiquet. — L'art de mouler les cristaux est connu en France depuis plus de vingt ans, avec beaucoup de succès, et l'on y fabrique des moules qui ne laissent rien à désirer sous le rapport de la netteté des formes, des ornemens et de leur poli. Le chapeau, proposé par M. Gerlke, est utile en ce qu'il sert à retenir l'air dans l'intérieur du moule, ce qui occasionne moins de fatigue au souffleur.

CHAPITRE II.

DU MOULAGE DE LA PORCELAINE ET DE LA POTERIE.

Toutes les pièces de forme ovale, octogone, triangulaire, parées de feuillages, d'ornemens ou de figures d'architecture sont du ressort du mouleur en porcelaine. Il doit se servir d'une peau de mouton jaune pour faire ses *croûtes*; il doit avoir soin de la bien mouiller pour l'étendre sur une pierre de liais, afin qu'elle ne fasse aucun pli. Il étend ensuite la pâte avec le poing, puis avec le plat de la main, et au moyen d'un rouleau en bois, il opère comme le pâtissier, pour lui donner la dimension en largeur et en longueur que comporte la pièce qu'il doit mouler. Il se sert de règle d'épaisseur suivant la pièce à mouler. Le moule doit être ensuite saupoudré comme celui d'une assiette. La pâte en plaque ou croûte est mise ensuite dans une partie du moule, ou sur le moule, où elle est arrangée avec les mains, pour la disposer à prendre sa forme. Par rapport à l'épaisseur, il faut faire en sorte qu'elle ne fasse aucun bourrelet, ou qu'elle ne fende pas; ensuite l'éponge comprime. Il faut que les coups d'éponge soient donnés droit, de manière à ménager les épaisseurs; les parties creuses, comme les filets, sont imprimées avec les doigts. Comme il faut rapporter de la pâte dans ces parties, il faut, avec le pinceau mouillé, faire un peu *barbotine*, et rapporter la pâte qui doit remplir les creux. On tapote avec l'éponge sur cette pâte rapportée; on trempe ensuite les doigts dans l'eau pour frotter et bien égaliser, et ôter l'excédent du rapport, même avec un ébauchoir; on retape de nouveau avec l'éponge, et l'on unit avec celle-ci, un peu mouillée, en la passant et repassant dans tout l'intérieur de la pièce; car, pour éviter un long travail dans le fini, il faut mouler de manière qu'il n'y ait que le papier sablé qui serve de paroi dans l'intérieur. La pièce étant moulée, le mouleur rapproche les parties du moule qu'il réunit d'abord par les tenons qu'il fixe, ensuite, par une grosse ficelle qu'il passe tout autour et qu'il arrête par une fiche en bois de sapin qu'il introduit entre la ficelle et la paroi du moule, par une ouverture qu'il fait au moyen d'un outil en fer. Cette fiche, après avoir été tournée plusieurs fois, fait disparaître le lâche de la ficelle, qui devient très tendue, et est arrêtée par un bout de la même, que l'on passe à plusieurs tours, et que l'on fixe pour que celui-ci ne se relâche point. La fixité étant bien assurée, il faut, avec l'ébauchoir, préparer les parties qui doivent être conjointes; avec un peu d'eau, on doit faire ce qu'on pourrait appeler entaille, liquéfier en légère barbotine, et, ajoutant un petit colombin dans cette entaille, on l'applique avec les doigts et le pouce quand on le peut, l'on tape avec l'éponge pour resserrer toutes les parties entre elles. S'il y a trop de pâte, on l'ôte avec l'ébauchoir, et on retape encore avec l'éponge, avec laquelle on unit bien. On appelle cette opération ajuster; elle exige une grande attention; car il en résulte un grand dommage au four, si elle est mal faite. La platerie se moule un peu comme l'assiette; cependant il faut frapper avec l'éponge pour l'imprimer sur le moule. Le frappement doit être raisonné pour conserver les épaisseurs et être droit; on doit bien prendre garde de ne pas déchirer la pâte. Les filets, le cordon, s'impriment mieux avec les doigts; on remplit les creux avec de la pâte; on force avec celle-ci les angles pour prévenir les fentes, en la pressant et en la serrant: l'éponge unit. Comme les bords des plats et des jattes sont toujours plus épais qu'ils ne doivent être, on ôte la pâte de trop avec l'ébauchoir, en inclinant celui-ci sur le moule pour ne pas écorcher la pâte, et on retape avec l'éponge pour resserrer toutes ses mies; ensuite on unit bien, de manière qu'il n'y ait que fort peu de chose à gratter quand on finit. Pour les pieds, on fait un colombin proportionné; on mouille les doigts, que l'on passe dans cet état sur le contour où doit se trouver le pied, et l'on rapporte le colombin, que l'on presse avec les doigts, pour lui donner la forme du pied; on l'amincit et on l'unit avec une mauvaise éponge. Il est des mouleurs qui forment le pied avec un moule ; ceux-là peuvent espérer un ovale régulier dans le pied ; mais alors il faut qu'ils saupoudrent le cul du plat ou plateau avec le poussier du biscuit, afin que le moule ne s'attache pas à ce cul, et qu'il pompe moins l'humidité. Ainsi, le pied étant moulé et mis à son épaisseur, il faut se hâter d'enlever le moule pour prévenir la fente, le tremper ensuite le pinceau humecté dans la barbotine ou dans l'eau, et le passer tout autour en dedans du pied, pour assurer la jonction et prévenir le décollage au four, ce qu'on ne peut empêcher si le pied est formé à la main.

Tout plat, plateau et jatte, à angles et à filets, doit, après le moulage, être démonté et mis dans des réservoirs garnis de poussière de tournure : cela est de rigueur à cause des fentes et de la réussite au four. Le dépouillement est le même que celui pour l'assiette. Si, après avoir enlevé la pièce du moule, l'on aperçoit une fente, il faut se hâter de l'arrêter. Pour les pièces évasées, on ne les conserve droites qu'en les posant sur des rondeaux bien dressés, et en les renversant sur leur bord, quand ils sont droits et quand la pièce est à demi sèche. Presque tous les mouleurs collent les garnitures à sec ; cette manière n'est pas la meilleure. Pour les pièces moulées, le collage doit être frais, afin d'être exempt de toute crainte au four.

Quand une pièce a été bien moulée, que les épaisseurs ont été données et conservées, et qu'elle a été soignée pendant la dessiccation, elle est aux trois-quarts finie. Cependant le mouleur doit diminuer et régulariser les épaisseurs avec des lames de couteau, des morceaux de scie ou avec un outil en fer, afin de faire revivre les ornemens et les filets ; il se sert aussi de l'ébauchoir et du pinceau ; pour les contours, les cordons, les cannelures, il doit faire et se servir de calibres en fer. Pour unir le moulage, on se sert de crin ; mais le papier sable est préférable ; l'uni en est plus vif, et puis on ne trouve pas le crin dans la pâte, ce qui évite un décantage. Toute pièce moulée doit rester sur le rondeau jusqu'au moment où elle est portée au globe. Le moule ne rend pas toujours les traits, la chevelure, la draperie, le feuillage et les formes ; mais le goût et la pratique viennent suppléer au dessin ; or, quand le moule devient rebelle à ces beautés, le pinceau et l'ébauchoir doivent y suppléer. Pour imprimer la figure dans le moule, il faut une pâte un peu molle, et, pour prévenir le contre-moulage, on emploie un linge, parce que les doigts sont susceptibles d'enlever la pâte, ce qui n'a pas lieu avec la toile. Pour bien imprimer, il faut fortement appuyer avec les doigts sur la pâte. Les figures, les têtes, etc., sont moulées creuses ; les bras et les cuisses le sont aussi ; les parties sont toutes jointes avec la barbotine. Tout se répare et se colle à frais ; voilà pourquoi les figures et leurs parties, au sortir du moule, sont mises dans des gazettes, couvertes de toile humectée, et la gazette est couverte avec un rondeau. La figure se cuit avec des supports en pâte de porcelaine. On supporte souvent la tête, quand elle est penchée, les bras et les cuisses, et généralement toutes les parties qui présentent une certaine surface.

DES CAMÉES.

On fait d'abord une pâte avec celle de la porcelaine, du sable blanc d'Etampes, de la potasse blanche superfine et la soude d'Alicante. A une partie de pâte de porcelaine, on en ajoute deux de frite Boyée. Voici la manière d'opérer :

Quand les doses sont bien pilées et tamisées, on passe sous un four à faïence, en ayant soin de former un bassin de sable, auquel on donne une grandeur d'environ 10 pouces. Cette opération constitue la frite. On la pile et l'on broie le tout dans un moulin ; enfin le moule doit être de grès.

On prépare en même temps la *terre lavée*, en mettant la pâte de porcelaine dans un vase plein d'eau ; on délaie et l'on décante. Le dépôt formé par cette eau est ce qu'on nomme terre lavée.

Bleu à camée.

Cobalt de Suède en poudre et tamisé, 1 livre.

On le fait chauffer dans un creuset et au bain de sable, pour en dégager tout l'arsénic. Le résidu est pilé et tamisé, et l'on y ajoute la moitié de son poids de frite. On introduit ce mélange, intimement fait, dans un creuset qu'on place dans un four. Le produit est ce qu'on nomme *bleu royal*.

Moulage des camées.

Pour y parvenir, on prend de la pâte blanche qu'on imprime dans un moule de cuivre en forme de bague. On l'enveloppe ensuite de papier blanc, qu'on garnit de ronds de chapeau; on soumet ensuite à la presse; on trempe après cela un pinceau de poils de blaireau dans le bleu, et l'on y peint de l'épaisseur d'environ une ligne; on le regarnit ensuite de ronds de chapeau, et l'on soumet de nouveau à la presse. On conserve frais celui-ci, au moyen d'un linge humide. Cela fait, on enduit le moule d'huile douce et d'essence de térébenthine. L'on n'ignore pas que le moule qui représente un sujet a des parties saillantes, même sur sa surface, et d'autres concaves. Ces concavités sont remplies de pâte pour maintenir ou pour donner les épaisseurs. On imprime avec le pouce. Le moulage étant parfait, on ôte la bavure du contour du médaillon, et l'on forme le pourtour droit. Le sujet est posé sur la pâte coloriée en bleu, et l'on soumet de nouveau à la presse, pour opérer l'adhésion; on cuit alors le camée au four. Il est bon de faire observer que plus le feu est vif et long, plus la composition de bleu doit être réglée sur le degré de calorique qu'elle doit éprouver, parce qu'il fait couler ou mange les couleurs tendres.

Moulage des figures.

La terre argilo-siliceuse et le plâtre sont employés par le modeleur; ses outils sont l'*ébauchoir*, les pinceaux en blaireau et en sanglier, des règles, des baquets et des terrines.

Le choix du plâtre n'est pas indifférent; il faut bien le tenir à l'abri de l'air, afin qu'il ne s'évente pas. On doit le gâcher plus ou moins clair, suivant les sujets. Celui qui doit reproduire les figures et les ornements doit être passé au tamis de soie ; pour les épaisseurs du moule, on peut se servir d'un de crin ; dans les parties concaves, on y introduit le plâtre avec un pinceau, et l'on y souffle afin qu'il s'imprime dans toutes les parties fines du sujet, et éviter les bouillons et boursoufflures. Le modeleur doit savoir diviser le moule en différentes parties. Pour faciliter la dépouille au moulage en porcelaine, et combiner les contours extérieurs, afin que chaque partie du moule se détache facilement de la chappe, ou boîte d'encaissement du moule qui est aussi en plâtre ; pour que toutes les parties du moule se détachent, on se sert d'argile délayée dans l'eau, ou bien de savon blanc, auquel on ajoute une ou plusieurs parties d'huile d'olive qu'on fait chauffer ensemble; il en est qui y ajoutent de l'essence de térébenthine. Avec un pinceau en blaireau, on enduit les parties du moule qui doivent se détacher. Pour de plus grands détails, nous renvoyons au Manuel du Porcelainier de *l'Encyclopédie-Roret*.

Moulage d'assiettes.

L'assiette en porcelaine s'ébauche à la housse, en *terre* dite *anglaise*. Elle se moule à la croûte. La croûte se fait sur une pierre garnie de peau. Le mouleur emploie le rouleau pour former entièrement la croûte ; l'œil lui sert de règle pour l'épaisseur. Après avoir fait une quantité de croûtes, la première est posée sur un rondeau en bois, et les autres successivement les unes sur les autres ; elles sont disposées sur l'entablement du tour, afin que le mouleur puisse les prendre au fur et à mesure. Le tour du mouleur d'assiettes est le même que le tour franchi. Le moule de l'assiette est creux, en plâtre, et représente la forme de l'assiette vue extérieurement. En porcelaine, ce moule est nommé *mère*. On le pose sur un paston en bois, ébauché sur la girelle du tour, fixée au bout d'un axe vertical de fer que le mouleur agite avec les pieds, en imprimant à la roue le mouvement de rotation convenable au moulage de l'assiette. Le mouleur procède ainsi au moulage : après avoir dressé le moule sur le paston, il prend la croûte qu'il pose dans le moule et qu'il étend avec les doigts sur toute la surface du moule, en évitant les plis. L'assiette moulée, l'ouvrier coupe la bavure du bord avec un fil de fer tendu. Il ne démonte l'assiette que lorsqu'elle est devenue consistante; il polit alors avec la corne, en plaçant le fond en dehors, sur un mandrin en bois fixé sur la girelle. On les transporte ensuite au four à biscuit. Voyez, pour plus de détails, le Manuel du Porcelainier, de *l'Encyclopédie-Roret.*

Moulage des pièces de formes en terre de pipe.

Toutes les pièces ovales et rondes, représentant des ornemens, sont moulées à la croûte; les moules sont en une ou deux pièces, selon les objets. Pour mouler en terre, on fait usage d'éponges et de morceaux de chapeau. Le moulage doit être net et sortir fini du moule; l'intérieur des pièces aux parties jointes et concaves, qui exigent des rapports en terre, demandent une sorte de fini à l'outil. Il est certain que toutes les jointures et toutes les terres rapportées demandent un mouillage léger auparavant; c'est aussi par ce moyen que les ornemens s'appliquent frais sur la pièce. Les anses simples ou cannelées se moulent à la presse, au travers d'une espèce de filière, profilée de diverses manières; elles sortent en lanières cannelées, que l'on coupe par morceaux, suivant la grandeur des anses.

Quant aux corbeilles qui sont toutes moulées, elles se découpent avec un instrument en fer, très mince, quand elles sont au quart sèches; on fait en sorte que la branche soit bien unie.

Moulage des pipes.

Quand la terre propre à cette fabrication a été battue, on en forme des pains qu'on pétrit sur une table : le rouleau en forme alors des rouleaux qui ont la forme d'une pipe, et on les rassemble par poignées de 15, que les ouvriers nomment des douzaines. On les dispose sur trois couches en forme pyramidale; la première est composée de six rouleaux; la deuxième de neuf, et la troisième de six et de quatre; la terre de ces poignées doit être assez ferme pour que les rouleaux puissent se soutenir et être tournés en tous sens pour se sécher. En cet état, on les perce avec une broche de fer, pour que ce travail soit plus actif; en faisant le rouleau, pour le tuyau de pipe, on introduit la broche dedans, afin de conserver ainsi son ouverture, la broche y reste ordinairement. L'ouvrier prend le rouleau qui doit former la pipe, entre deux doigts, qui suivent la pointe de la broche; à mesure qu'il la fait avancer en poussant le manche; il lui faut du tact pour sentir au travers de la terre une petite éminence circulaire qui est au bout de la broche; celle-ci doit être de la longueur du moule; parvenu dans toute la longueur du rouleau, il donne un coup de pouce à la tête de la pipe appelée *boule* encore, pour lui donner l'inclinaison qu'elle doit avoir pour entrer dans le moule. Celui-ci est frotté d'huile avec un pinceau, pour favoriser la dépouille. Ce moule est formé de deux pièces qui représentent la pipe et ses ornemens, si l'on en désire. Le mouleur met dans l'une des parties du moule, le rouleau qui est rapporté après la deuxième partie de ce moule; pour que les deux parties se joignent bien et ne se dérangent pas, le modeleur a fait des repères à l'une des allonges, un peu en-dehors du moule, et, dans les trous des repères, on introduit de petites chevilles en bois pour le maintien des deux parties du moule, qui ne doivent point se déranger pendant la pression. On place alors le moule dans une petite presse, bien assujétie par des vis et des écrous sur une petite table. Cette presse est formée d'une gouttière en fer fondu; le fond et les côtés sont d'une seule pièce; mais on remarque, dans l'intérieur de cette espèce de gouttière, deux planches, dont l'une en fer poli, l'autre en bois, qui n'est retenue auprès de la gouttière que par deux boulons de fer, qui servent de conducteur, quand le mouleur presse la planche par la vis qui entre dans l'écrou, lequel a une tête qui l'arrête dans le côté gauche de la gouttière de fonte. Au moyen de cette vis, la planche de fer est fortement pressée contre le moule qui s'appuie sur la planche de bois, laquelle est retenue par la joue de la gouttière de fonte. Il suffit que la planche soit de bois, parce qu'elle n'est pas susceptible d'être endommagée par la vis comme celle de fer, qui est exposée à son action. Par le coup de presse, le tuyau de la pipe se forme soudain dans le moule; mais, la tête qui n'est qu'ébauchée, exige qu'on laisse le moule dans la presse; avec l'index, le mouleur forme le godet, il amincit la terre par cette pression et forme le creux; l'épaisseur que l'estampeur introduit dans la tête du moule régularise le tout. Nous devons faire observer que le moule pour les porcelaines a un petit rebord pour les sujets creux, ou pour la platerie, qui forme l'épaisseur des bords; c'est avec cet instrument qu'il forme ce qu'on nomme le talon; l'estampeur est garni d'un morceau de cuir fixe qui sert de polissoir et d'arrêt. Le moule étant retiré de la presse, la broche de fer est poussée jusqu'à la poignée, pour former la communication du tuyau avec la tête de la pipe; on la retire de suite du moule pour la finir avec un instrument nommé *lestriqueur*, de forme à peu près semblable à l'estampeur, cette forme ressemble à la tête d'un gland; le mouleur emporte les bavures et unit le tuyau, en coupant son excédant avec une lame de fer ou de cuivre qui est attachée obliquement à un manche en bois; avec la pointe de cette lame, il retire adroitement la petite boule de terre que la broche a poussée dans la tête de la pipe. Celle-ci est alors mise sur une planche à mesure que le moulage se continue, et les pipes posées de même et arrangées sur les planches les unes sur les autres, mais à tête bêche, pour qu'elles se sèchent en partie; lorsqu'elles sont parvenues à une certaine consistance, les bavures des têtes sont grattées avec un couteau et arrondies, comme l'ont été les tuyaux, avec un petit bouton de cuivre ou de corne; l'instrument dont on se sert pour cette opération a, dans son intérieur, une rainure qui arrondit la pipe et perfectionne les arrêtes de l'ouverture de la tête; les pipes sont remises une seconde fois dans le moule, afin d'y être redressées, remises et arrangées de nouveau sur la planche à rainure, dans laquelle entre le talon de la pipe. C'est dans cet état qu'on les laisse se raffermir, pour pouvoir supporter le dernier poli, la marque de l'ouvrier et la dentelle. Le poli se donne en frottant les pipes avec deux cailloux, connus sous le nom de *pierres de torrent*, dans lesquels on a creusé des carreaux ou calibres, de la grosseur du tuyau de la tête de la pipe. La marque de la manufacture s'imprime sur le tuyau, à 2 ou 3 pouces du talon, avec un instrument en fer. Pour imprimer la dentelle sur la tête de la pipe, l'on introduit le bouton dans le godet, afin de donner à celui-ci plus de force pour résister à l'impression qui s'opère avec une scie, qui, en parcourant le pourtour de la tête, imprime de cette manière. Quand le moule porte lui-même l'empreinte des ornements, l'ouvrier les retouche avec un poinçon de fer, et enlève les bavures. Telles sont les opérations du moulage de pipe. Quant au moulage des briques et tuiles, nous renvoyons aux Manuels spéciaux que nous y avons consacrés dans *l'Encyclopédie-Roret*.

CHAPITRE III.

RÉFLEXIONS SUR LE MOULAGE EN CIRE.

Personne n'ignore à quel point de perfectionnement les Lemonier, les Auzou, les Dupont, les Despine, ont porté le moulage de l'homme avec ses diverses affections morbifiques ; M. le professeur Egenbert Wachellausen a publié, sur ce sujet, un travail plein d'intérêt, dont l'analyse ne sera point dénuée d'utilité.

Il est bien reconnu que l'impression que font les figures humaines en cire, est presque toujours celle des cadavres bien conservés, auxquels, après leur avoir mis du rouge, on les aurait habillés, et on leur aurait donné les attitudes convenables. Il est certain aussi qu'on peut représenter en cire les plantes grasses, en donnant à cette représentation leur forme, leurs couleurs, et jusqu'au léger duvet que l'on remarque sur certaines feuilles : nous devons convenir cependant que les images en cire n'ont jamais ce caractère, cette individualité que la sculpture et la peinture peuvent donner à leurs productions, et que l'on estime même plus que la ressemblance exacte. Malgré cela, il n'en est pas moins évident qu'au moyen des moulages en cire, l'anatomie peut être mise à la portée des gens du monde, des peintres, enfin de tous ceux que la dissection des cadavres attire dans les amphithéâtres ; les préparations en cire donnent aussi, en peu de temps, des notions très précises sur l'art des accouchemens. Dans les derniers temps, on a aussi figuré plusieurs points de vue, des maladies externes et les opérations chirurgicales qu'elles nécessitent, leurs opérations, celles de la pierre, surtout. L'art enfin de travailler la cire peut offrir, à différentes dissections pathologiques, une utilité réelle et durable pour l'art de guérir : c'est ainsi qu'on pourrait ou qu'on peut examiner le cerveau des fous et des frénétiques : figurer leur différence d'avec celle des hommes à l'état normal. Ces travaux pourraient peut-être indiquer les limites entre la folie et la raison avec bien plus d'exactitude que les ingénieuses hypothèses de Porta et de Lavater ; par ce moyen, on peut rendre jusqu'aux plus petites ramifications de ce précieux organe. Pour démontrer les immenses avantages que la *céroplastique* offre à l'art de guérir, on n'a qu'à visiter le superbe cabinet de Florence, celui de la Faculté de Médecine de Paris, celui de M. Dupont, etc., etc. C'est-là qu'on peut contempler la nature dans toutes ses aberrations, ses difformités, et dans la série des maux qui affligent l'espèce humaine. La plupart de ces pièces sont horribles de vérité.

On ne saurait assigner l'époque de la naissance de la céroplastique ; elle semble se perdre dans la nuit des temps. Il est cependant probable que cet art a passé des Égyptiens et des Persans aux Grecs, parce que ces deux peuples se servaient de la cire pour embaumer les cadavres, comme l'attestent Hérodote et Cicéron (*Hérodote II. Ciceron tuscul.*) Il est même des auteurs qui assurent que le mot *mumie* provient d'un ancien mot Égyptien *mum*, qui signifie cire.

Au rapport de Pline, ce fut Lysistrate qui moula le premier, d'après nature, des figures humaines, et qui coula de la cire dans ces moules; il était né à Sycone, et vivait du temps d'Alexandre-le-Grand, c'est-à-dire dans la 114me olympiade. Cette méthode se propagea ensuite chez les Romains. En effet, Pline assure aussi que dans les vestibules de leurs palais, les familles romaines avaient placé les bustes en cire de leurs ancêtres, et qu'on mettait un certain luxe à les faire porter devant le défunt lors des funérailles.

Dans le moyen-âge, la céroplastique éprouva le sort de tous les autres arts; il paraît cependant qu'elle se conserva dans les cloîtres, puisque dans les cérémonies religieuses, les visages, des figures de saints, étaient représentés en cire.

Dans les derniers siècles il paraît que c'est *Andrea del Verochio*, maître d'*Andréa de Vinci*, qui essaya le premier d'imiter en cire le visage des personnes mortes ou vivantes. Ce dernier vivait vers le milieu du quinzième siècle. Il paraît cependant que la première idée de faire des préparations anatomiques en cire, est due à *Guetano Julio Zumbo*, né à Syracuse, en 1656. Sans chercher à établir s'il fut prêtre ou gentilhomme, nous dirons qu'il avait un talent particulier pour l'imitation. Ainsi, par une étude constante du beau et de l'anatomie, il parvint à enrichir Bologne, Florence, Gênes, etc., d'un grand nombre d'ouvrages pleins d'utilité et d'intérêt. Ce qui frappait surtout l'attention des connaisseurs c'était l'expression des divers degrés de putréfaction des corps humains, et les diverses influences de la peste sur l'homme. Ces préparations ont figuré long-temps dans la galerie de Florence, jusqu'au moment du grand duc Léopold qui en fit présent au docteur Lugusi, son médecin. L'application de la céroplastique à l'anatomie fut d'abord cultivée à Bologne. Ercole Lelli, après avoir étudié le dessin dans l'Académie Clémentine, s'appliqua, par ordre du Pape, à l'étude de l'anatomie, et fit un grand nombre de modèles en bois et en cire, destinés à ceux qui se consacraient à la chirurgie ou au dessin : c'est sous lui que Giovani Manzolini, en 1700, étudia l'anatomie ; et sous *G. Carlo Ledretti* et *F. Monti*, il étudia la sculpture. Lelli profita des talens de cet artiste pour l'anatomie, pour l'aider dans ses modelages anatomiques. Manzolini, piqué de ce que Lelli s'appropriait son propre travail, le quitta, et fit plusieurs pièces remarquables pour l'institut de Bologne, la société royale des sciences de Londres, etc. Il mourut en 1755 ; mais sa femme continua avec plus de succès ses travaux : car, elle sut donner plus de perfection à ses travaux en cire, en y appliquant le coloris naturel ; elle indiqua les veines, les artères, les nerfs, et les autres parties, par des numéros qui se rapportaient à une description qui était son ouvrage. Elle exécuta aussi diverses parties, telles que l'œil, l'oreille, dans des dimensions trois fois plus grandes que nature. Plusieurs de ses ouvrages ont passé à Turin et à St-Pétersbourg. L'institut de Bologne possède une collection de préparations anatomiques de cette célèbre artiste. Antonio Galli, professeur de chirurgie à Bologne, a contribué aussi à enrichir cette dernière collection ; en 1750, il fit exécuter, par différens artistes, des acteurs avec des fœtus, dans leurs différentes situations, pour les démontrer dans son cours. Cette collection est une des plus belles, en ce genre, moins cependant pour l'art actuel que pour le grand nombre de pièces. Les autres artistes les plus distingués sont :

L. Galza qui fit, en 1760, la collection du professeur Gograffi, à Padoue ;

Philippe Balugani, qui, en 1768, exécuta quelques préparations anatomiques en cire, qui méritent d'être placées à côté de celles d'Ercole Lelli ;

Ferrini, qui est le premier qui ait mis la céroplastique en honneur, à Florence ;

Le chevalier *Félice Fontana*, qui a porté cet art à un degré de perfection inconnu jusqu'alors, et qui s'est acquis un nom si distingué dans la physique, l'histoire naturelle, etc.

Parmi les artistes français, on ne doit point oublier :

Mademoiselle *Bierrh*, née en 1719, et morte en 1795.

Elle exécutait des préparations anatomiques, en même temps que mademoiselle Bassepotte travaillait à la suite des objets d'histoire naturelle, peints sur vélin, qui sont maintenant au Muséum d'histoire naturelle. L'impératrice de Russie acheta plusieurs de ses préparations.

M. Pinson, qui exécuta pour le duc d'Orléans, ses préparations qui sont au Jardin national. On y remarque, surtout, des tableaux qui représentent tous les états du poulet dans l'œuf, pendant l'incubation et à sa sortie, ainsi que tous les états de la limace et de la sangsue.

M. Bertrand, qui a consacré principalement ses travaux à la représentation des cas pathologiques, sous la direction du célèbre Dessault.

M. Laumonier, de Rouen, et son épouse, la sœur du professeur Thouret, doyen de la faculté de Paris. Leurs ouvrages sont très remarquables par leur exactitude et la perfection de leur fini. M. Laumonier a fait plusieurs élèves, entre autres, M. Delmas, professeur à la faculté de médecine de Montpellier. Enfin, cet art semble avoir atteint de nos jours un degré de perfection étonnant, entre les mains des artistes déjà cités dans la partie de cet ouvrage consacrée à son historique. Pour en acquérir une preuve certaine, on n'a qu'à parcourir les belles collections de Bologne, Florence, Madrid, Saint-Pétersbourg, Paris, etc.

Nous ne passerons point sous silence le musée d'Utrecht, par Bieutaud. L'Angleterre est surtout remarquable par la beauté des collections pathologiques en cire; une des plus belles est celle de *Guys hospital:* le *Musée de Hunter; Lincoln innfield*, se distinguent surtout par la beauté des pièces d'anatomie pathologique; le Musée des chirurgiens de Dublin, quoique moins grand, est plus complet; celui d'Edimbourg, quoique inférieur à ce dernier, est cependant très beau, et, sous divers points de vue, supérieur à celui de Paris. Celui de l'hôpital Saint-Barthélemy, à Londres, n'est pas dépourvu d'intérêt.

MOULAGE EN CIRE DANS LES ÉTABLISSEMENTS THERMAUX.

M. le docteur Despine fils, a eu l'heureuse idée de présenter une série de faits pris sur nature, positifs et choisis, qui, dispensant de lectures fastidieuses et s'éloignant de tout système, offrissent à l'œil l'état des maladies et celui de leur guérison. Pour cela, il a formé une collection de pièces en cire, qu'il a déposée dans l'établissement thermal d'Aix-en-Savoie ; il a voulu, ainsi, parler aux yeux. Cette précieuse collection présente déjà plusieurs cas remarquables de guérisons opérées par les eaux thermales. Nous devons faire observer que ces pièces de conviction sont annuellement moulées par le docteur Despine lui-même, dont l'habileté en ce genre est avantageusement connue. Il serait à désirer que les autres établissemens thermaux, au lieu de rassembler des collections de vieilles médailles, ou quelques tronçons de pierre, pour attester les antiquités de leurs bains, ce qui ne saurait rien ajouter à leurs vertus, formassent des Musées pathologiques semblables; ces archives médicales resteraient-là comme les *ex-voto* des églises, pour attester leurs miraculeuses guérisons. Nous allons donner ici la nomenclature des pièces qu'offre déjà ce Musée.

Erythema nodosum guéri au bout de huit jours.

Poussée des eaux simulant un herpès phlyctenodès.

Olécrartrocace.

Le même cas guéri au bout de 6 mois.

Carie scrofuleuse de la région tarso-métatarsienne, amendée pour un temps, mais qui plus tard a nécessité l'amputation.

Fracture de la tête du cubitus. La fistule qui existait à l'arrivée du malade s'est fermée au bout de 35 jours.

Pièce représentant l'extrémité globuleuse des doigts de la main, chez une femme de 50 ans, qui n'avait jamais ou la moindre disposition à la phthisie ni aux maladies du cœur.

Main droite d'un enfant de trois ans présentant une tumeur *encéphaloïde* traitée inutilement pendant deux ans par toutes sortes de remèdes, guérie par un traitement à Aix, dans l'espace de 30 jours.

La même main guérie.

Psoriasis inveterata chez une femme de 42 ans, guérie à moitié lorsqu'elle partit, et que je n'ai plus revue.

Impetigo occupant la région interne de la cuisse et de la malléole gauche, chez un enfant de 10 ans, guéri après 3 mois de traitement.

Syphilide tuberculeuse de la face.

Le même cas après la guérison.

Lichen agrius considérablement amendé au bout de 25 jours.

Exostose du 5e os du métacarpe avec trois fistules.

Le même presque guéri.

Rétraction de l'aponévrose palmaire, suite de lésion accidentelle.

Le même beaucoup amélioré.

Rétraction des doigts de la main droite, suite de lésion accidentelle du nerf cubital.

Le même guéri.

Tumeur scrofuleuse de l'os maxillaire droit.

Tumeur scrofuleuse de la malléole externe guérie au bout de vingt jours.

Carie de l'articulation tibio-tarsienne considérablement améliorée après 35 jours de traitement.

Tumeur blanche énorme du genou, encore en traitement.

Ulcère gangréneux de la jambe.

Tumeur sarcomateuse de l'articulation huméro-cubitale accompagnée de l'œdème du membre et de trois fistules.

Le même cas en voie de guérison.

Maladie de la peau dans des tissus de nouvelle formation que je n'ai trouvée décrite dans aucun auteur.

Syphilide varioloïque de la région thoracique guérie en deux mois.

Erithema papulatum occupant tout le thorax; après une cure de vingt jours le malade était presque guéri.

Moulage des cadavres au moyen de la cire.

Cicéron, dans ses ouvrages, dit que les Persans moulaient leurs morts avec de la cire, afin de les mettre à l'abri de la putréfaction. Les amis d'Agésilas, ajoute Émilius Probus, désirant emporter sa dépouille à Sparte, la couvrirent de cire fondue, faute de miel, et la transportèrent dans son palais. Hérodote parle de l'embaumement des Mages au moyen de la cire; Aldrovande en fait également mention. Il est quelques auteurs qui reconnaissant, avec Hérodote et Cicéron, que les persans et les Egyptiens se servaient de la cire pour embaumer les cadavres, assurent que le mot *mumie* provient d'un ancien mot égyptien *mum*, qui signifie cire. Je m'en suis servi moi-même avec succès, pour conserver quelques oiseaux et même des plantes. Mais on doit ajouter à la cire un huitième de belle térébenthine; par ce moyen, elle a plus de liant et ne se gerce pas. Ce moulage, s'il est bien fait, et d'une épaisseur de six pouces, peut reproduire exactement les traits et les formes du défunt, en s'opposant même à toute putréfaction. En Egypte, on suppléait à la cire par le bitume, et nous ne doutons pas que celui qu'on prépare pour recouvrir les terrasses, les trottoirs, etc., ne produisît le même effet.

Nous devons ajouter que nous avons vu au Musée de Hunter, à Londres, un cadavre très bien conservé par la seule injection de la térébenthine dans les veines et les cavités.

Moules élastiques pour les préparations anatomiques.

M. Fox a imaginé de remplacer la cire ou le plâtre employés pour former des moules, par un corps élastique, flexible, qui peut, tout en cédant à l'effort qu'on fait pour l'enlever, reprendre sa forme primitive; la gélatine lui a réussi. Il assujétit le corps dont il doit prendre l'empreinte, à un pouce au-dessous de la surface d'une table, après avoir eu soin de l'huiler; il l'entoure alors, à la distance aussi d'un pouce, d'une languette d'argile, qui dépasse la hauteur de l'objet. Il coule alors, dans cette enceinte, de la gélatine en dissolution, saturée à chaud. Par le refroidissement, elle se prend en masse. Il a soin de laisser en contact avec le corps, des fils qui servent à couper le moule en autant de parties qu'il est nécessaire pour l'enlever. On coule dans ces moules, en plâtre ou en cire, pourvu que celle-ci ne soit pas trop chaude.

Cire molle perfectionnée.

M. Vandamme a donné la formule suivante :

Cire jaune en morceaux......	500 grammes.
Racine d'orcanette concassée.	48
Essence de térébenthine......	1000

On introduit la cire dans un pot de faïence; d'un autre côté, on fait infuser, pendant dix minutes, la racine d'orcanette dans l'essence de térébenthine; on passe à travers une toile serrée; on verse la liqueur sur la cire; on laisse le mélange pendant vingt-quatre heures; alors, la cire est complétement dissoute : il ne suffit plus que d'agiter la composition avec une spatule en bois.

Ce procédé paraît préférable à celui au moyen duquel l'usage du feu dénature en partie ce produit, en faisant évaporer plus ou moins d'essence; enfin en exposant le préparateur à des accidents funestes.

Farinage et emploi du chlorure de zinc pour l'éviter dans le moulage de parties anatomiques, de pièces en cire, etc.

M. Gourlier a fait, au nom du comité des arts économiques, un rapport sur l'usage proposé par M. Stahl, mouleur du Muséum d'histoire naturelle, de l'emploi du chloure de zinc dans le moulage des pièces anatomiques et des objets d'art. Les termes de ce rapport, que nous transcrivons ci-après, feront assez connaître l'objet du procédé de M. Stahl pour qu'il nous soit inutile d'y rien ajouter. Voici textuellement le rapport de M. Gourlier :

Le moulage en plâtre soit des pièces anatomiques, soit des objets d'art, présente souvent des difficultés et des inconvéniens connus sous le nom de *farinage*, consistant en ce que des parties du plâtre employé au moulage adhèrent à la surface des pièces à mouler ou des moules à bon creux, et nuisent à la fidélité et à la finesse des empreintes.

Ces inconvéniens ont lieu principalement dans les différens cas ci-après :

Soit lorsqu'on veut obtenir l'empreinte des parties anatomiques molles encore fraîches, cas auquel on les recouvre d'une couche d'huile ;

Soit lorsque ces pièces ont été préalablement immergées, pour leur conservation dans l'alcool ;

Soit lorsqu'il s'agit de mouler une pièce établie en cire ;

Soit enfin lorsqu'on se sert de moules à bon creux, surtout lorsqu'ils sont un peu anciens et restés sans usage pendant un peu de temps.

Habitué à apporter les plus grands soins dans les moulages dont il est chargé pour le Muséum d'histoire naturelle, M. Stahl a recherché la cause de ce farinage et les moyens d'y remédier. Il a été amené à remarquer que cet inconvénient n'avait jamais lieu dans le moulage des pièces molles conservées dans une solution de chlorure de zinc au lieu d'alcool ; il a pensé dès-lors, que ce liquide, en affermissant davantage les différentes surfaces avec lesquelles il est en contact, s'opposait à l'adhérence du plâtre, soit aux pièces à mouler, soit aux moules mêmes; enfin après des essais multipliés, il a déterminé le mode de procéder et le degré, le dosage de la solution qu'il convient d'employer dans les différens cas.

S'il s'agit de pièces anatomiques molles et de peu de valeur, ou fraîches ou conservées pendant plus ou moins de temps dans l'alcool, il les immerge pendant quelques heures dans une solution de chlorure de zinc à 20 ou 25 degrés environ, et le moulage peut avoir lieu sans aucune autre préparation.

Si, au contraire, ces pièces sont d'une valeur trop considérable pour pouvoir être immergées, il suffit d'imbiber suffisamment de la même solution, ou la totalité de chaque pièce à la fois, ou successivement ses différentes parties.

Ce dernier procédé est également applicable à des figures en cire plus ou moins considérables.

S'agit-il enfin de se servir de moules à bon creux, après les avoir savonnées quelques heures avant le moulage, on les imbibe également d'une solution de chlorure de zinc, qui doit, dans ce cas, être portée à 50 degrés, puis d'une couche d'huile, ainsi qu'on le fait ordinairement.

On voit, par un extrait du compte rendu des séances de l'Académie des sciences, du 8 mars 1847, que cet objet avait été accueilli par l'académie et renvoyé par elle à l'examen d'une commission composée de MM. Brongniart, Flourens et Serres, et l'on ne peut que regretter que les procédés de M. Sthal n'aient pas encore été appréciés par des savans aussi compétens.

Tout récemment l'académie des beaux arts, sur un rapport de sa section de sculpture, a donné son approbation aux procédés de M. Stahl.

Les épreuves qu'il a soumises à la Société, et qui sont sous les yeux du conseil, font voir l'extrême finesse de détails que ces procédés permettent de reproduire.

Le comité des arts économiques, auquel l'examen de ces épreuves a été renvoyé, a, en outre, pris connaissance d'autres résultats plus remarquables encore; telle est particulièrement une collection de diverses pièces anatomiques et d'animaux tous entiers, en partie de très grandes dimensions, moulées sur nature après la mort et l'enlèvement de la peau, collection déposée dans le Musée de l'école de médecine.

Tel est également dans un autre genre, le moulage fait par M. Sthal, d'une belle figure d'étude, établie en cire, il y a longues années, par feu M. Giraud, statuaire distingué, actuellement en la possession de M. Vantinelle, graveur en médailles et ancien pensionnaire de l'Académie de France à Rome, qui, d'après le refus de plusieurs mouleurs, désespérait de pouvoir reproduire cette étude soit en plâtre, soit en bronze ; ce à quoi il est parvenu, grace au moulage que M. Sthal en a fait de la manière la plus fidèle.

Enfin M. Sthal a opéré, en différentes fois, en présence des membres du comité, soit sur des pièces molles, fraîches ou conservées dans l'alcool, soit sur des moules plus ou moins anciens ; et ce comparativement avec l'emploi ordinaire du savon et de l'huile ; et dans ces différens cas, tandis que ces derniers procédés donnaient toujours plus ou moins lieu au farinage et ne permettaient dès lors, que la reproduction plus ou moins incomplète, quelquefois presqu'entièrement nulle, des détails anatomiques ou des finesses de l'objet à mouler ; l'emploi de la solution de chlorure de zinc a toujours eu lieu sans aucun farinage et avec la reproduction la plus fidèle et la plus complète des détails les plus minutieux, tels que les écailles des plus petits poissons, les légères stries qui y existent, etc.

D'après tout ce qui précède, votre comité a acquis la conviction que M. Sthal a rendu un véritable service nonseulement aux études anatomiques mais aussi à l'art de mouler en général, et il a, en conséquence, l'honneur de vous proposer :

1° de remercier M. Stahl de sa communication ;

2° de le féliciter hautement de ses travaux et de l'engager à poursuivre des efforts aussi recommandables pour le perfectionnement de son art ;

3° Enfin de faire connaître ses travaux et votre approbation par l'insertion du présent rapport dans le bulletin.

Signé : Gourlier, rapporteur.

Approuvé en séance, le 13 septembre 1848.

Nous croyons prudent de faire remarquer que l'emploi de la solution de chlorure ne serait aucunement applicable au moulage sur nature vivante, en raison de l'effet nuisible qu'il aurait.

CHAPITRE IV.

NOUVEAU PROCÉDÉ DU MOULAGE A MODÈLE PERDU.

Ce procédé, qui est dû à M. Lecour, consiste à substituer au moulage en cire perdue, un métal moins fusible que la cire, présentant assez de solidité pour battre dessus le sable ou la terre; mais étant assez fusible pour le couler dans des moules de plâtre et de terre, sans les endommager, et former le modèle des bas-reliefs ou statues qui offrent assez de ductilité au sculpteur pour être réparés par lui avant d'être moulés, et qui ne peut s'attacher à la terre ou potée.

Les avantages du procédé de M. Lecour sont d'abord d'économiser les onze douzièmes du temps qu'on emploie pour le moulage en cire, et de mettre les couches de potée avec une grande vitesse, puisque l'on peut élever ce métal à une température de cinquante-cinq et même soixante degrés, sans qu'il se ramollisse, tandis que là, sur la cire, il est indispensable que la potée sèche à l'air, ce qui fait que cette opération est fort longue. Secondement, il permet, dans le moulage des grandes pièces, de pouvoir y battre un noyau en sable, sans craindre de déformer le modèle, ou de le couler en plâtre et briques, et de le faire sécher vite. Dans le moulage en sable, on évite toutes les pièces de rapport dont le déplacement ou la retraite du sable laissent des coutures ou fentes qui se remplissent de métal et gâtent les formes que l'artiste a données à son modèle; la solidité qu'offre le moule permet de battre le sable, autour et au-dessus sans le déformer; on se dispense aussi de mettre en potée et de substituer une préparation de plâtre et de terre, ou la terre à mouler ordinaire, et de la battre en dedans et en dehors pour lui faire prendre les contours, ce que l'on ne peut faire sur la cire. Ce procédé offre enfin la faculté de fondre et de couler une pièce dès qu'elle est moulée, sans craindre l'humidité, l'eau étant totalement vaporisée par la chaleur de 70 à 80 degrés, qui est nécessaire pour la sortie du modèle, que l'on peut aussitôt remplacer par la coulée du cuivre, du bronze ou du fer, ce qui contribuera à éviter les accidents que peut causer la malveillance d'un ouvrier, qui, en jetant dans le moule une petite boule de terre humide, ferait manquer l'opération, et d'empêcher le gaz hydrogène d'occuper la place de la cire; ce gaz, produit de la décomposition de l'eau, cause des détonnations à l'arrivée du métal, ce qui n'arrive que trop souvent dans le moulage en terre.

L'auteur y a fait depuis des additions qui consistent : A, dans l'application de l'étain, du cuivre, de l'argent et de l'or, sur la fonte blanche ou grise, ce qui donne le moyen de la patiner, comme le cuivre, procédé qui n'a jusqu'à présent été mis en usage que pour étamer des cuillers, des fourchettes, aux marmites, casseroles, conduites d'eau, réservoirs, balustrades, bas-reliefs, statues, etc., en fer fondu, tant pour les garantir de la rouille ou oxydation, que pour mieux les approprier aux usages domestiques, et les rendre propres aux opérations chimiques et pharmaceutiques. B, dans l'application de son procédé de moulage à la fonte des bouches à feu.

Procédé employé pour étamer.

Après avoir bien réuni la surface des pièces de fonte qu'on veut étamer, au moyen du grès, du sable, des batitures de fer, de l'émeri, ou autres matières propres à étamer la fonte, et en se servant du tour, et même du moyen mécanique employé pour dépolir les globes de verre, on décape au moyen de l'acide hydro-chlorique, les fontes blanches, qui prennent parfaitement l'étamage sans autre préparation que celle précitée, qui consiste à bien aviver la surface.

Pour la fonte grise, on est obligé, pour les vases destinés à la cuisine, de lui enlever une grande partie de charbon qu'elle contient, en la chauffant à un degré de température convenable, et en la mettant en contact avec le manganèse, de la limaille de fer, ou en jetant dessus du nitre, ou même en soufflant dessus avec du gaz oxygène; enfin, en employant concurremment avec la chaleur, les ingrédiens capables d'anéantir le charbon combiné avec la fonte, qui en noircit la surface, à l'effet de mettre le fer à découvert, et de le disposer ainsi à prendre l'étamage. Lorsque les pièces sont bien décapées, on y passe une couche de muriate de cuivre que l'on avive avec une couche d'acétate de ce métal; les pièces, en cet état, et même avant d'être cuivrées, s'étament avec la plus grande facilité dans un bain d'étain, en les chauffant à la température convenable. La fonte blanche étant aimantée avec du charbon de bois, acquiert un degré de ductilité qui permet de la limer et tourner: l'étain adhère parfaitement à la fonte et s'y incorpore comme dans le fer. Ce procédé sera surtout employé pour les marmites et casseroles, qu'on peut ensuite plaquer en argent très facilement. Comme la fonte ainsi étamée n'aurait point un aspect agréable pour les monuments, on la revêt d'une nouvelle couche d'acétate ou de sulfate de cuivre, qu'on recouvre de patine ou vert antique, en plongeant la fonte dans du cuivre jaune fondu; elle en sort recouverte d'une couche de ce métal, sur laquelle on peut appliquer de l'étain par les procédés d'étamage; on peut aussi cuivrer les pièces étamées par le même moyen.

La fonte est aussi recouverte d'une couche de cuivre, en enduisant la surface d'une sauce de limaille de cuivre et de borax, que l'on couvre d'une couche de charbon pilé et d'une seconde couche d'argile, avant de l'exposer au feu; si l'on saupoudre l'intérieur du moule avec de l'oxyde de cuivre, la fonte en ressort avec l'aspect cuivreux, et dans tous les cas, on peut l'étamer avec la plus grande facilité; je n'entrerai point ici dans les détails de tous les avantages de ce procédé, qui permet de substituer aux vases de cuivre, si dangereux pour la santé, ceux en fer fondu, dont l'usage n'offre aucun inconvénient, et qui sont à bien plus bas prix; enfin qu'on préserve ainsi de la rouille et de la destruction.

Moulage des bouches à feu et des projectiles.

Par le procédé de M. Lecour, le modèle, étant composé d'un métal qui réunit assez de dureté à la propriété de fondre à un degré de température que peut prendre le moule sans se déformer, ni éprouver aucune dégradation, il offre la facilité de mouler les noyaux des mortiers, à les gommer avec des terres presque sèches, au moyen d'une presse qui en consolide toutes les parties, en les comprimant fortement. Le moule, ainsi formé, sèche promptement, ne prend que peu de retrait, ce qui permet de calculer d'avance la capacité du moule, et met le fondeur, un peu soigneux, à portée de fondre des pièces qu'on n'aurait pas besoin d'aléser, opération qui enlève toujours la surface plus dure que le reste du métal, et qui met à découvert les piqûres et les soufflures qui se trouvent ordinairement au-dessous de cette croûte, qu'il est d'ailleurs très important de conserver à cause de sa dureté. Ce même procédé peut être appliqué au moulage des *mortiers à semelle*, du poids de 5000 kilog., qui offrent beaucoup de difficultés par les procédés usités.

Les projectiles, tels que les boulets, les bombes et obus, peuvent être moulés ainsi, en terre bien sphérique. Pour cet effet, on coule, dans des moules en plâtre, sur un noyau de terre ou composé de plâtre et de brique, un boulet ou bombe, etc., sans couture, bien sphérique, si l'on en excepte la place du jet, qu'on peut unir aisément avec un marteau à main, ce qui dispense de battre les boulets au martinet, comme cela se pratique. Cet avantage est bien plus grand encore pour les bombes et obus, qui, montés en coquille, conservent, comme les boulets, un côté circulaire qu'on ne peut effacer, qui raye et détruit l'âme des bouches à feu, et nuit à la direction du tir.

L'auteur se propose également de mouler et de couler ainsi des canons, caronades et obusiers, avec noyaux qui ne laisseront que très peu de métal à enlever, ce qui en rendra la fabrication plus prompte et plus économique. Enfin, il l'applique aux procédés de moulage en plâtre et briques, ou tripoli, aux cylindres creux, aux roues d'engrenage, et à tous les modèles qui exigent des pièces de rapport.

CHAPITRE V.

MASTIC BITUMINEUX ET SON EMPLOI POUR LES TERRASSES, TROTTOIRS, ETC.

Le *Mastic bitumineux*, dit vulgairement *bitume*, est un composé de *pierre calcaire* réduite en poussière, et d'un bitume minéral (espèce de goudron), dont il existe de nombreux gissemens. On l'exploite, en France, à Seyssel, département de l'Ain; à Lesban (Bas-Rhin), à Dax (Landes), et à Puy-de-la-Poix (Puy-de-Dôme). Enfin, à Paris, l'on a trouvé le moyen de remplacer le bitume minéral par le goudron provenant de la distillation de la houille. Dans toutes ces localités, on opère le mélange de calcaire avec le bitume, et l'on en forme des pains de mastic que l'on verse dans le commerce. Ces pains, concassés et chauffés convenablement dans une chaudière, entrent en fusion, et l'on coule la matière liquide sur les surfaces que l'on veut recouvrir. Par le refroidissement, elle acquiert une consistance plus ou moins dure, suivant que, dans le dosage, le calcaire est plus ou moins abondant. Un excès de bitume rend le mastic très ductile et le fait ramollir, dans les fortes chaleurs; lorsqu'il est très dur, au contraire, il n'a pas assez de malléabilité, et il se rompt pendant la dessiccation des bois. On peut l'employer, en ce dernier état, pour les trottoirs des villes et le rez-de-chaussée des maisons. L'expérience a fait adopter, par les fabricans de mastic, des proportions telles, qu'il n'est ni trop ductile ni trop dur.

La propriété d'être imperméable à l'eau rend le mastic très propre à recouvrir les toits, les auvents, les balcons, les chapes des voûtes, l'intérieur des aqueducs, les murs des citernes, des fosses-d'aisance, des lavoirs, etc., mais, c'est principalement pour former des terrasses et des trottoirs, que son emploi présente des avantages marqués. Dans les lieux voisins de ces fabriques, on trouve beaucoup d'économie à en revêtir tous les toits, au lieu des couvertures en tuiles qui sont si lourdes et d'un entretien si coûteux. Ainsi, à Bayonne, on recouvre toutes les maisons en mastic de Dax. Nous allons offrir à nos lecteurs le prix comparé des diverses fabriques de mastic.

TABLEAU COMPARATIF

DU PRIX DU MÈTRE CARRÉ DU MASTIC, DES FABRIQUES DE DAX, SEYSSEL ET PARIS.

A. *Mastic de Dax.*

21 kil. 80 de mastic, à 0,229 le kil., transport compris, ...	4,992 fr.
64 k. de goudron, à 0,349 *idem*, *id.* .	0,223
22 de journée de manœuvre, à 1 f. 80 c.	0,396
2 k. 9 de bois, à 0,2.	0,058
	5,669 fr.

B. *Mastic de Seyssel.*

22 kil. 60 de mastic, à 0,255, transport compris.	5,763 fr.
0 kil. 64 de goudron, à 0,585 *idem.* . . .	0,374
0, 22 de journée de manœuvre, à 1 f. 80 .	0,396
2 kil. 90 de bois, à 0,02.	0,058
	6,591 fr.

C. *Mastic de Paris.*

19 kil. 40 de mastic, à 0,350, transport compris.	6,790 fr.
0 kil. 64 de goudron, à 585 *idem.* . . .	0,374
0, 22 de journée de manœuvre, à 1 f. 80.	0,396
2 kil. 90 de bois, à 0,02.	0,058
	7,618 fr.

La petite quantité de goudron qu'on mêle au mastic en facilite la fusion. Les prix portés sur ce tableau doivent varier suivant la main-d'œuvre ; ils supposent qu'il y a un centimètre d'épaisseur de matière ; en retranchant le cinquième, on a le prix de la même surface, à 8 millimètres d'épaisseur, ce qui est suffisant pour le recouvrement des terrasses et des toits ; ces prix sont de 4 fr. 53 c. ; 5 fr. 37 c. et 6 fr. 09 cent., suivant qu'on se sert du mastic de Dax, de Seyssel ou de Paris. Nous devons ajouter que celui de Dax est plus facile à fondre et à couler, et qu'il ne produit pas plus de soufflures que les autres.

Ce coulage du mastic a été si bien étudié à Paris, que la fusion en est devenue très facile, la dureté au point le plus convenable, et qu'on n'y voit que rarement des soufflures.

Manière de placer le mastic-bitume pour les terrasses.

Le plancher sur lequel on veut établir la terrasse doit être couvert d'une couche de mortier, dont on fait varier l'épaisseur, afin de donner à sa surface une inclinaison de

25 à 30 millimètres par mètre. Il faut que cette aire soit bien dressée à la règle et très unie, afin de pouvoir la recouvrir sur tous les points d'une égale épaisseur de bitume. Quand la couche de mortier est bien sèche, on balaye avec soin, et l'on procède au coulage. Avant de décrire cette opération, nous allons faire connaître les instrumens les plus commodes dont on se sert pour des travaux importans.

Ustensiles pour couvrir les terrasses en mastic.

1° Une chaudière en fonte ou en forte tôle, pouvant contenir 120 litres (une charge), pour faire fondre le mastic; c'est, à-peu-près, ce qu'il faut pour couvrir 10 mètres carrés d'une couche de 1 centimètre d'épaisseur;

2° Une petite marmite de 10 litres environ, ou un grand poêlon pour porter le mastic fondu à certaine distance;

3° Deux règles en fer, une de 70 cent. environ, et l'autre de 1,50 de longueur, sur 10 à 15 millim. de largeur, et d'une épaisseur égale à celle qu'on veut donner à la couche de mastic. On peut remplacer les règles en fer par des règles en bois; la largeur de ces règles doit être de 5 à 6 centim., et leur épaisseur un peu moindre que celle à donner au mastic, attendu que la chaleur faisant relever les règles, conduirait à donner trop d'épaisseur à la couche.

4° Deux fers à souder et à aplanir, d'environ 2 centim. de longueur, 15 de largeur, et 2 ou 3 d'épaisseur; ils portent un manche semblable à celui d'une truelle de maçon;

5° Deux ou trois spatules en bois, pour étendre le mastic, après qu'on l'a coulé sur le sol;

6° Un cylindre en bois dur, de 15 à 20 centim. de diamètre, pour unir la surface du mastic. On le fait rouler à cet effet sur le bitume, en appuyant fortement dessus; deux poignées fixées à ses deux extrémités servent à le maintenir. Ordinairement on se sert d'une planchette carrée munie d'une poignée;

7° Un crible à cannevas de fer pour tamiser et répandre le sable sur la surface du mastic ;

8° Deux migards larges, ou deux spatules, pour remuer le mastic au fur et à mesure qu'il se fond.

Le mastic se vend en pains de divers poids. Pour les faire fondre, on les concasse et on les met dans la chaudière avec le goudron, dans les proportions que nous avons indiquées. Pour faciliter la fusion du mastic, on commence par en faire fondre d'abord une certaine quantité, et, au fur et à mesure que la matière se ramollit, on en ajoute d'autre, en ayant soin de remuer continuellement, afin d'empêcher les parties du fond de la chaudière de s'y attacher et de brûler. Le foyer du fourneau doit être disposé de manière à ce que la flamme ne puisse atteindre les bords de la chaudière et enflammer le mastic ; si cela arrivait, il suffirait de bien couvrir la chaudière pour l'éteindre ; dans tous les cas, il faut bien se garder d'y jeter du sable. La plus longue des deux règles se place parallèlement à un des côtés de la terrasse, et à environ 70 centim. de ce côté ; on place la seconde règle perpendiculairement à la première, de manière à former un cadre avec deux côtés de la terrasse et les deux règles ; s'il est nécessaire, on assujétit ces règles avec des pierres ou des poids ; si elles sont en bois, l'on a soin de les garnir de poussière, afinque le mastic n'y adhère point.

Tout étant ainsi disposé, dès que le mastic entre en fusion, et que des vapeurs blanches commencent à s'élever de sa surface, on diminue beaucoup le feu, afin que le mastic ne brûle point, et l'on se hâte d'en charger la marmite ou le poêlon ; trois hommes le versent dans le cadre et l'y étendent avec des spatules en bois, le plus uniformément possible ; on pratique une brèche de 3 ou 4 centim. de profondeur, et de 6 à 8 de hauteur le long des murs, sur la terrasse, et l'on y introduit du mastic avec la spatule, en lui donnant une pente vers l'intérieur, afin d'empêcher les eaux de s'infiltrer au-dessous de la couche bitumineuse. Deux hommes prennent ensuite un rouleau en bois et le promènent sur le cadre, en le pressant fortement.

Cette opération donne au mastic de la consistance, et rend la couche homogène et unie. La surface de rouleau devra être poudrée, afin d'empêcher le mastic d'y adhérer. Avant que le mastic soit solidifié, il faut le recouvrir avec un crible fin d'une couche légère de sable sec, qu'on fait chauffer, si cela est nécessaire. Ce sable s'incruste dans la matière encore liquide, et sert de préservatif contre la chaleur, en même temps qu'il consolide la couche bitumineuse et empêche le mastic de s'attacher aux pieds, quand on doit marcher sur la terrasse. On remplit de mastic liquide les soufflures et autres cavités qui se forment pendant le coulage, et l'on achève d'unir toute la surface, en la battant convenablement par dessus le gravier.

Lorsque le premier cadre est rempli, on passe au second, qui se forme en reculant la petite règle parallèlement à elle-même, jusqu'à la distance de 0,70 de sa première position; l'on y verse ensuite la seconde couche de mastic chaud, à côté de la première, en ayant soin de les souder ensemble à l'aide des spatules et de fers chauds, avant de l'étendre dans les autres sens. On continue ainsi, en suivant tout un côté de la terrasse; on procède ensuite au coulage d'une seconde rangée de carreaux, en faisant préalablement mouvoir la longue règle parallèlement à elle-même, d'une distance égale au côté que l'on veut donner au carreau. Pour les autres rangées, il n'y a pas d'autres précautions à prendre, seulement il faut ménager, en certains points de la surface du mastic, des pentes légères, dirigées vers les ouvertures par lesquelles les eaux doivent s'écouler.

Pour les trottoirs, il n'est pas nécessaire de couvrir le sol en mortier; il suffit de le bien tasser et de l'égaliser soigneusement, en promenant une règle sur les deux règles parallèles, afin de rendre la surface unie. On rend le sable qu'on y applique de la couleur qu'on veut (1).

---

(1) Voir la nouvelle édition du *Manuel du Chaufournier*, où se trouvent décrits les appareils et la manipulation du goudron provenant des usines à gaz, pour confectionner les trottoirs, etc.

CHAPITRE VI.

VARIÉTÉS ACCESSOIRES A L'ART DU MOULEUR.

MOULAGE DES CADAVRES AU PLATRE.

HÉRODOTE (livre 3) rapporte que les Egyptiens recouvraient leurs cadavres de plâtre. Aldrovande (*lib.* 6, *de insectis*) s'exprime, à ce sujet, en ces termes. « Après avoir retiré les entrailles et les chairs inutiles, les Éthyopiens recouvraient soigneusement de plâtre les cadavres de leurs amis, et quand ils étaient recouverts de cette enveloppe, ils les peignaient et tâchaient d'imiter leurs traits, comme s'ils étaient vivans. Ces opérations étant terminées, ils les mettaient sous de vastes globes de verre, à travers lesquels on les voyait très distinctement. On les conservait ainsi sans qu'ils répandissent aucune mauvaise odeur. » D'après Werserus, le corps de Saint Thomas l'apôtre fut ainsi préparé.

Ce moyen me paraît excellent; en mettant la couche de plâtre liquide très soigneusement, et couvrant auparavant tout le corps d'huile ou de graisse, on le moule parfaitement. Il est donc bien évident qu'en le sciant longitudinalement quatre ou cinq ans après, on obtient un moule parfait de ce même corps. Nous avons essayé ce moyen sur un bras et une jambe; il nous a parfaitement réussi. (Voir ce qui a été dit à ce sujet dans le chap. III.)

Moyen de connaître le Moulage ou altération des Monnaies.

Le moulage des métaux qui, depuis quelques années, a fait tant de progrès, paraît avoir augmenté la quantité de pièces fausses qui se trouvent en circulation. Quelques alliages fusibles à l'eau bouillante ayant fait obtenir dans les arts des objets bien plus difficiles à reproduire que les monnaies défectueuses, les faux-monnayeurs ont cherché à utiliser cette fusibilité; cependant, malgré la perfection de ces contrefaçons, il est des signes caractéristiques qu'il suffira de faire connaître pour que les personnes, même étrangères à l'art monétaire, puissent facilement éviter d'être trompées. Voici ce qu'en dit M. Gosset.

Le poids des pièces de 5 francs, dont le minimum, quand elles sortent des ateliers monétaires, est de 24 grammes 925, ne dépasse pas dans une pièce fausse, 21 ou 22 grammes. Dans les pièces coulées, les lettres ont ordinairement de la dépouille; elles sont baveuses. Le nom du graveur, placé sous l'effigie du souverain, est presque toujours illisible; les cheveux et l'œil n'offrent pas des traits bien distincts. Il est rare que ces pièces aient un cordon; si elles en ont un, tout porte à croire qu'il a été poinçonné. La distance qui sépare les lettres, leur circonvolution parallèle sur la tranche, sont autant d'indices qu'il faut consulter.

On a cru, pendant longtemps, que l'ancien système de monnayage offrait encore un moyen de contrôle, qui résultait de quatre boutons ovales, dont la tranche recevait l'empreinte en même temps que celui des lettres en creux. Ces boutons, qui servaient à *centrer le flan* dans la virole pleine, et qui, malgré le frappage, conservaient une saillie à peine sensible, sont très distinctement reproduits par le moulage.

Il n'en est pas de même aujourd'hui de la légende en relief sur la tranche des pièces, au moyen de la *virole brisée* (1). Non seulement la séparation des mâchoires de la virole, qui se reproduit sur la pièce frappée, donne à la

(1) Quelques objections ont été faites contre le système de la virole brisée et des légendes sur tranche à lettres en relief. Il a été dit que ces *lettres saillantes* sont plus exposées au frai et à l'usure. On a répondu que ces lettres s'écrouissant par la pression de la pièce contre la virole, sont moins exposées à s'altérer que les lettres en relief qui sont également sur les deux surfaces de la pièce, et où l'action du frai s'exerce presque uniquement.

légende une disposition *identique* et *constante*, mais elle rend encore impossible la rognure des lettres saillantes qui, facilement aperçue, ferait repousser de la circulation une pièce ainsi altérée.

Les faux monnayeurs ne se bornent pas au moulage : leur industrie a été jusqu'à monter sur un tour des pièces d'argent pour les creuser. J'ai vu des pièces, ainsi préparées, dont le cordon estampé était goupillé sur un *flan* en cuivre que recouvraient deux lames d'argent; mais ce moyen de contrefaçon, qui réclame un ouvrier habile, est très rare. Au reste, se présenterait-il, on comparera la pièce remise avec d'autres : si elle n'a pas le même poids ni la même épaisseur, on ne doit pas hésiter à la couper pour examiner le métal à nu. La perte qui résultera de la valeur réelle à la valeur nominale est trop minime pour s'exposer à accepter une pièce fausse, et à encourager, par une coupable insouciance, l'émission d'une monnaie ainsi altérée.

Il est aussi des pièces qui, par le frai, la percussion, etc., ont presque perdu le caractère légal de monnaie, et qui, se trouvant dans la circulation, sont acceptées sous la sauvegarde de la foi publique. Quelques misérables ayant exploité cette tolérance, il importe d'avoir recours au réactif suivant. On connaît l'action de l'huile nitrique sur l'argent; si une goutte, placée sur une pièce suspecte, donne un *bouillonnement coloré en vert*, on est certain que la pièce est en cuivre ou en une de ces compositions connues dans le commerce sous le nom d'*argental melchior* (1), etc.

---

(1) Ces métaux prennent un aussi beau poli que l'argent; les traces qu'ils déposent sur la pierre de touche sont les mêmes (circulaire aux essayeurs des bureaux de garantie.) Voici les constituants de l'alliage dit *argenton*.

Cuivre rosette bien exempt de fer.	3	parties et demie.
Zinc de la Chine très pur.	1	idem.
Nickel pur, exempt d'arsénic. . . .	1	

Faites fondre dans un creuset. Nous allons y joindre une autre recette presque semblable.

Cuivre blanc des Chinois.

Cuivre	400
Nickel.	316
Zinc.	254
Fer.	26

Cet alliage se vend à la Chine le quart de son poids en argent.

Mais, si vous agissez sur de l'argent, la dissolution aura lieu plus lentement, et l'endroit où la goutte aura été déposée présentera une *tache noire*. Lorsqu'un de ces effets aura été produit, l'on ajoute une goutte d'*huile chlorhydrique* (muriatique) (1), ce réactif accusera la présence de l'argent, par le précipité blanc *de chlorure d'argent*, qui est insoluble. S'il n'y a pas d'argent, l'acide chlorhydrique ne fera que diminuer la rapidité de la dissolution, sans altérer la couleur verte précédemment produite (2). La sapidité du métal sert quelquefois aussi de présomption.

Il peut arriver qu'on soit privé d'acide, et que des pièces, françaises ou étrangères, sur lesquelles on a des doutes, nous soient présentées; on décape alors, avec la lame d'un couteau, la pièce douteuse. On la met ensuite sur des charbons bien allumés. La fusibilité de l'étain, du zinc, etc., ne permet pas à ces métaux de résister à l'épreuve du feu.

Il y a encore un moyen de reconnaître si une pièce presque effacée a été frappée ou non : je l'ai employé bien souvent pour la vérification des écus de 5 fr., le voici : il consiste à placer cette pièce sur un charbon allumé, jusqu'à ce que toutes les molécules, ayant été pénétrées par la chaleur, viennent, en se dilatant, détruire la force de cohésion que leur avait imprimée la frappe du coin monétaire; alors l'empreinte se trouvera en quelque sorte ravivée, et on pourra saisir tous les contours de la pièce frappée.

PIERRES ARTIFICIELLES MOULÉES,

Propres à mouler des tablettes, des manteaux et des chambranles de cheminée.

Nous connaissons plusieurs moyens propres à remplacer la pierre de Liais, par des compositions très dures, non attaquables par l'humidité. Ainsi, M. Fleuret a fait con-

(1) La solution du sel marin produit le même effet.

(2) Commission des monnaies et médailles, 20 juin 1833.

naître un mastic inaltérable, qui a été employé avec succès pour les tuyaux de conduite, les chéneaux et les gouttières. M. Dihl en a également livré un au commerce dont l'utilité et la bonté ont été constatées par une longue expérience. Voici la description de celui de M. Ch. Wilson, qui a été publiée par la Société d'Encouragement des Arts de Londres :

Sable de rivière . . . . . 2 boisseaux;
Chaux vive. . . . . 1 boisseau;

pulvérisez, tamisez, et mêlez avec suffisante quantité d'eau. Pétrissez ce mélange pendant trois ou quatre jours; chaque fois pendant demi-heure, mais sans y ajouter de l'eau. Mêlez ensuite, à huit pintes d'eau, une pinte de colle chauffée, et quatre onces d'alun en poudre, en solution dans l'eau chaude. Pour former le mastic, on prend une pelletée de la composition de chaux et de sable; on y pratique un trou au milieu, et l'on y verse trois-quarts de pinte du mélange d'alun et de colle, auquel on ajoute trois ou quatre livres de plâtre. Le tout doit être bien broyé et pétri, jusqu'à ce qu'il forme une masse compacte.

On met ce mastic dans des moules de bois, ayant la forme de la pierre qu'on veut fabriquer, et dont les extrémités, les côtés et le dessus peuvent s'enlever. On passe préalablement dans l'intérieur de ce moule un enduit huilé épais, composé de :

Huile. . . . . . } parties égales.
Eau de chaux claire. }

Pour former les chambranles de cheminée, on remplit d'abord les moules à moitié de la composition de chaux, de sable et de plâtre; on y étend alors, dans le sens de la longueur, des fils de fer et de la filasse de chanvre; puis on remplit le moule, et on enlève l'excédent du mastic avec une truelle de bois. Cette opération étant achevée, on place le couvercle sur le moule, qu'on soumet à l'action d'une forte presse à vis; il doit y rester pendant environ 20 ou 30 minutes, jusqu'à ce que le mastic ait acquis un degré de dureté nécessaire. Les parois des moules sont réunies par des brides en fer, maintenues par des clavettes.

Le fil de fer et la filasse de chanvre, qu'on mêle, dans le mastic, ont le double avantage de donner plus de solidité au chambranle, et d'empêcher qu'il ne se brise entièrement, s'il se fendait par hasard. L'on peut faire des chambranles unis ou à moulures; on les finit en les frottant avec de l'eau d'alun, et en les polissant avec une truelle chargée d'un peu de plâtre mouillé.

Mastic inaltérable de Sarrebourg, pour toutes sortes de moulures.

Ce mastic, dont l'analyse a été faite par M. Cadet de Gassicourt, se prête à toutes les moulures, même les plus délicates; on en fait des bas-reliefs et des ornemens d'un goût très pur. Il peut s'appliquer sur les meubles, et remplacer, jusqu'à un certain point, les bronzes; il est d'une dureté apparente assez forte; il paraît enfin susceptible d'une foule d'applications utiles. Mais, est-il aussi solide qu'il le paraît ? Est-ce une invention nouvelle ? L'analyse va résoudre ces deux questions.

M. Cadet de Gassicourt a réduit en poudre 200 grammes du mastic ou pâte de Sarrebourg : il les a fait bouillir, à plusieurs reprises, avec suffisante quantité d'eau; ayant filtré la liqueur, il n'est resté sur le filtre que 82 grammes d'une poudre blanche, inodore et insipide. L'eau de lavage évaporée a laissé une substance gélatineuse qui avait toutes les propriétés de la colle forte.

200 grammes de ce mastic, chauffés dans un creuset, ont répandu une odeur de corne brûlée, et laissé pour résidu une poudre d'un blanc grisâtre, pesant 144 grammes, et faisant effervescence avec les acides. Les réactifs ont démontré que c'était du sulfate de chaux, un peu de carbonate de chaux et de charbon provenant de la colle brûlée. Comme le plâtre contient toujours une certaine quantité de carbonate calcaire, on peut conclure que le mastic de Sarrebourg est composé de :

Plâtre fin. . . . 72.
Colle forte. . . . 28.

Mais il faut comprendre ici les 28 parties de colle forte comme étant à l'état liquide ; car le sulfate de chaux, dans cette masse, retient la presque totalité, ou du moins une grande partie de l'eau employée pour dissoudre la colle avec laquelle on délaie le plâtre.

La couleur grise ou rougeâtre du mastic tient probablement à la qualité de la colle qu'on emploie, ou à quelque substance végétale ajoutée pour cette coloration.

Le mastic de Sarrebourg se ramollit au feu ; il est très hygrométrique, et se déforme si on l'expose dans les endroits humides. Sa composition diffère peu de celle du *stuc*. Nous sommes forcés de convenir que les moulures et les bas-reliefs qu'il donne sont très beaux et bien supérieurs à ceux en plâtre.

Mastic de M. Schmith.

En l'an XII, M. Smith, présenta des ornemens à l'imitation du bois ciselé, d'une exécution très soignée. Ils étaient composés de :

Un mastic d'huile de lin,
De résine noir,
De craie pulvérisée,
De farine,
De colle forte.

Ces ornemens, qui acquièrent une grande dureté, se jettent dans des moules en cuivre ou en bois, qu'on soumet à la presse. Ils sont propres à recevoir les dorures.

Composition d'une pâte par M. Pelletier.

En 1843, M. Pelletier prit un brevet, tombé depuis en déchéance, pour une pâte qu'il a décrit de la manière suivante :

Cette composition est destinée à remplacer la sculpture sur bois et sur pierre, ayant la propriété d'être fabriquée molle, et de prendre le moule et la forme qu'on veut lui donner, d'être adhérente avec toutes les matières et de durcir à l'eau et à l'air d'une manière qui lui permet de supporter le choc et la chute que la pierre ordinaire ne saurait souffrir sans s'altérer.

On obtient, par ce procédé, une promptitude et une modicité de prix relative que la sculpture ordinaire ne permettait pas d'espérer.

Cette composition peut servir à la confection des bustes, statues, statuettes, et à tous les ornements intérieurs et extérieurs des bâtimens, magasins, chapelles, mausolées etc : elle a une extrême facilité à prendre la couleur et la dorure, et elle résiste à l'intempérie des saisons.

Voici le détail de sa fabrication, et le volume exact contenu dans un kilo :

Blanc de Meudon.	700	grammes.
Gomme laque.	125	
Pâte séchée et hachée de papier non collé.	45	
Sandaraque.	15	
Alcool.	125	décilitres.

La dissolution de cette composition se fait au bain-marie et est ramenée manuellement à l'état de pâte solide.

Procédé pour durcir et marboriser les plâtres.

On prend un bloc de plâtre, tel qu'il sort de la carrière, on lui donne la forme qu'on veut, à la scie, au ciseau, au tour, etc.; puis on le met sécher pendant environ 24 heures dans un four. Si la pièce que l'on a ainsi préparée n'a que 18 lignes d'épaisseur, on ne la laisse que trois heures dans le four chauffé comme pour la cuisson du pain; si elle est plus épaisse, on l'y laisse plus long-temps ; on la retire ensuite avec précaution. Quand elle est froide, on la trempe pendant 30 secondes dans l'eau de rivière; on l'expose ensuite à l'air pendant quelques secondes, et on la plonge de nouveau dans l'eau pendant une ou deux minutes, suivant son épaisseur. Cette pièce, ainsi préparée, est exposée à l'air, où elle acquiert, au bout de trois ou quatre jours, la dureté et la densité du marbre; alors, elle est susceptible de se polir; si l'on veut la colorer, il faut le faire une heure après que la seconde immersion dans l'eau a eu lieu. Les couleurs végétales sont celles qui pénètrent le mieux dans ces sortes de pierres. Le poli est toujours la dernière opération qu'on doit leur faire subir; il se donne à l'aide des procédés ordinaires. On opère de même pour l'albâtre. Pour faciliter la main-d'œuvre de l'artiste, on fait cuire davantage la pièce, après l'avoir préalablement dégrossie. Quand elle est achevée et cuite d'avance, on la met dans l'eau, comme nous l'avons déjà dit pour le plâtre.

Il y a tout lieu de croire que ce ne sont que les albâtres gypseux que l'on peut traiter ainsi.

Autre procédé pour durcir ou aluner le plâtre.

Depuis quelque temps, on prépare, au moyen du plâtre, une nouvelle substance plastique qui, tout en conservant une partie des propriétés de la matière première en acquiert de nouvelles. Le plâtre aluné se rapproche du marbre par le poli, et il résiste très bien aux intempéries de l'atmosphère. Voici en peu de mots sa fabrication qui a été, en France, l'objet d'un brevet, et dont M. Curtel rend compte dans le Dictionnaire des Arts et Manufactures.

On commence à cuire dans un four à reverbère, chauffé à l'air chaud, le plâtre que l'on veut aluner; on a eu soin de choisir pour cela les pierres les plus belles et les plus blanches. Lorsque la cuisson est terminée, on laisse refroidir le plâtre, puis on le place dans de grandes caisses en bois à claire-voie, que l'on plonge dans un bain d'eau tenant en dissolution 10 pour 100 d'alun. Après une immersion de quelques minutes, on retire la caisse, on la laisse égoutter quelque temps au-dessus du bain; puis on la vide sur une aire préparée pour le recevoir. Ce plâtre aluné est porté dans le four, et on le remet à une température beaucoup plus élevée que la première fois, et qui doit être poussée jusqu'au rouge. Après l'avoir laissé refroidir, on le pulvérise dans un moulin en fonte; puis on le blutte.

Récemment on a perfectionné ce procédé de fabrication d'une manière remarquable. On mélange intimement le plâtre avec de l'alun en poudre, puis on chauffe une seule fois; on voit par là qu'on obtient une grande économie de combustible et de main-d'œuvre.

Procédé pour bronzer le cuivre.

M. Smith conseille de prendre du tritoxyde de fer, rouge-violet, en poudre fine, et d'en faire une pâte claire, avec de l'eau, qu'on applique ensuite sur le cuivre, au moyen d'un pinceau. On chauffe ensuite suffisamment pour fixer l'oxyde sur le métal. Dès qu'il est froid, on enlève la surabondance de l'oxyde au moyen d'une brosse, et l'on termine l'opération en martelant la pièce, ou au moyen d'un gratte-brosse. Le point le plus difficile est de savoir prendre le degré de chaleur convenable pour fixer l'oxyde; car, s'il est trop bas, il ne s'unit point au cuivre; s'il est trop haut, il est en partie désoxydé.

Procédé pour bronzer les médailles et statues de cuivre.

Pour leur donner la teinte et le coup-d'œil des bronzes antiques, il faut unir ensemble, 4 grammes de hydrochlorate d'ammoniaque, et 1 gramme d'acide oxatrique dans une pinte de bon vinaigre. Après avoir bien nettoyé le métal, on le frotte avec une brosse, légèrement trempée dans cette dissolution. Quand elle devient sèche par le frottement, on en prend de nouveau, et l'on continue jusqu'à ce que le métal ait acquis le degré de teinte qu'on veut lui donner. Pour rendre cette opération plus expéditive, on peut la faire au soleil ou sur un poêle.

Méthode pour faire toutes sortes d'ornements, à l'imitation des bois ciselés (1).

Il faut commencer par se procurer des moules en cuivre ou en bois. On fait dissoudre ensuite trois onces de résine noire dans une pinte d'huile de lin. On réduit en poudre fine, que l'on tamise, de la craie ; on y ajoute un huitième de farine, et l'on mêle le tout avec une solution de colle forte et un huitième d'huile de lin ; on en fait un mélange bien dense, qu'on gâche fortement et qu'on jette ensuite dans un moule, sur lequel on a passé auparavant de l'huile de lin. La composition et le moule sont couverts d'une planche bien unie, et placés, en cet état, sous une presse, au moyen de laquelle on fait entrer la composition dans toutes les parties du moule. Quand la planche est enlevée, on trouve que la composition qui a reçu l'impression du moule s'y est attachée, on l'en détache au moyen d'un couteau pointu. L'ornement ainsi formé, est placé sur une planche pour sécher. Si le moule dont on s'est servi est bon, l'empreinte est bien polie et tous les contours sont très bien dessinés; quand elle est sèche, on l'enduit d'huile de lin. Pour la conserver molle, on l'expose à la vapeur de l'eau bouillante, et l'on a soin de la gâcher avant de s'en servir. On peut fabriquer ainsi toutes sortes d'ornements, comme feuilles, festons composés de fleurs et de fruits, des rocailles, des médaillons, des vases, chapiteaux de colonnes, etc. Pour avoir un ouvrage de cette nature en creux, on le taille sur le revers. S'il s'agit de faire un ornement plat, pour servir à faire un cadre de glace, ou d'un tableau, l'on fait passer une ficelle par le trou pratiqué pour cet objet, sur le revers du moule, avant que la composition n'y soit coulée. Quand on veut les fixer sur le bois ou le plâtre, on trempe un linge grossier dans l'eau, on l'exprime et l'on en enveloppe l'ornement; dans quelques heures il est assez ramolli pour pouvoir être ployé. En enduisant le revers de

---

(1) Voyez, page 162, les *compositions pour un bois plastique*.

la composition avec un peu de colle chauffée, on peut la faire adhérer facilement sur le bois; mais pour les fixer sur le plâtre, on se sert de blanc de plomb délayé dans de l'huile.

Cette composition peut recevoir toutes les couleurs et même les donner; elle forme, en Angleterre, une branche de commerce considérable, on l'exporte dans presque tous les pays étrangers.

Moules propres à toutes sortes d'ornements d'architecture.

Les ornements qu'on peut obtenir avec ces moules n'exigent point d'être ajustés. Ils sont ordinairement d'un seul morceau, comme les moules de plâtre, ce qui favorise beaucoup la promptitude de l'opération.

Si le modèle sur lequel on veut faire le moule est en plâtre, il faut d'abord le tremper dans l'eau; on fait fondre dans un pot de terre égale quantité de cire jaune et de résine, et on laisse reposer ce mélange jusqu'à ce qu'il soit presque froid. C'est dans cet état qu'on l'applique sur le modèle. Lorsque cet enduit est entièrement refroidi, on le retire et on le pose sur une planche unie; s'il est bosselé, on le redresse au moyen d'un poids qu'on pose dessus. Toutes les fois qu'on veut s'en servir, on l'enduit d'un peu d'huile d'olives. En été, il faut ajouter plus de résine à la cire.

Moulage au papier.

Cette sorte de moulage est très peu connue en France; elle consiste à se procurer de beau papier fort et non collé. Quand on veut reproduire un objet en relief, on le mouille légèrement avec une éponge, et l'on y applique soigneusement le papier; on frappe dessus ensuite avec une brosse douce, afin de faire pénétrer exactement le papier dans toutes les cavités, pour en bien prendre la forme. Quand le papier se trouve ainsi appliqué partout, on soufle sur les bords, on l'enlève doucement et on le fait sécher. L'on obtient ainsi l'empreinte très correcte du dessin. On peut l'avoir en plâtre, si l'on coule ensuite du plâtre liquide dans la partie creuse du dessin pris avec le papier. Cette manière peut être fort utile au statuaire, à l'architecte, à l'antiquaire, au voyageur, au graveur, etc. Nous avons vu une jeune dame anglaise, miss Sarah Fenton, exécuter ainsi de fort jolis moulages.

FIN.

VOCABULAIRE EXPLICATIF

DES TERMES EMPLOYÉS DANS CET OUVRAGE.

A.

Alabastrite. Albâtre gypseux.

Annelets. Petites boucles de fil d'archal ou de ficelle pour lier les chapes.

Armatures. C'est la réunion des liens de fer dont on entoure les figures.

Assises. Les deux moitiés d'une statue que l'on s'apprête à mouler. La première assise est depuis la plinthe jusqu'au torse ; la seconde comprend le reste du corps.

Attaches. Boucles que l'on met après les pièces destinées à être suspendues contre un mur.

B.

Blaireau. Pinceau long et doux formé du poil de cet animal.

Bois coulé. Mélange de colle forte et de poussière de bois, stuc ligneux.

Bon creux. Moule persistant, duquel on peut retirer plusieurs plâtres.

Brosses. Pinceaux de soie de porc ou de sanglier.

C.

Caler un creux. Le soutenir par quelque objet, lorsqu'il est posé horizontalement, de peur qu'il se tourmente.

Cartonner. Couvrir la surface intérieure d'un moule de pâte à carton.

Carton de collage. Formé de feuilles de papier superposées les unes aux autres.

Carton de moulage. Composé de papiers macérés dans l'eau et réduits en pâte. (Voy. *Papier pourri*.)

Carton-pierre. Mélange de terre bolaire, de colle forte, de plâtre, d'huile de lin et de pâte à papier, ayant la dureté et la solidité de la pierre.

Carton-pierre superposé. Formé de deux couches de plâtre et d'une couche de filasse.

Carton-Cuir. Formé des déchets de peaux réduits en pâte.

Carton de laques. C'est le carton de moulage ayant subi d'avantageuses modifications.

Chape. Deuxième enveloppe extérieure d'un moule qui contient les pièces de la chapette.

Chapette. Première enveloppe extérieure d'un moule dont elle contient les pièces.

Charpente. C'est la même chose que châssis.

Châssis. Assemblage de charpente pour faire le creux et le moulage à cire perdue d'une statue équestre. — C'est aussi un pupitre ou encadrement propre à soutenir un creux ou une partie de creux lorsqu'on coule le plâtre.

Chaux maigre. Chaux mêlée de beaucoup de sable.

Chaux grasse. Chaux gonflant beaucoup en s'éteignant et ne durcissant pas dans l'eau.

Chaux hydraulique. Chaux durcissant dans l'eau.

Cire perdue. Qui entoure le creux d'une statue destinée à être coulée en bronze.

Coques. (Voyez *Coquilles*.)

Coquilles. Les deux parties égales d'un moule.

Coulage. L'action de couler le plâtre dans un moule.

Couler épais. Mettre le plâtre à la brosse dans le creux et en former une couche épaisse.

Couler à la volée. Verser le plâtre dans un creux à plusieurs reprises et vider l'excédent : la cire, le soufre, la gélatine et la colle forte se coulent aussi à la volée.

Coupes (faire des). Couper ou séparer d'une figure les parties saillantes pour les mouler séparément.

Couper. Faire des coupes.

Coutures. C'est la ligne saillante que les joints du creux laissent ordinairement sur une figure moulée.

Crampons. Carrés ouverts en fer qui servent à fermer le creux lorsqu'on coule des figures en plomb.

Creux. On appelle ainsi les moules dans lesquels on moule.

Creux perdu. Qui ne peut servir qu'une fois et que l'on casse sur la figure coulée.

D.

Dégraisser l'argile. C'est y ajouter un peu de sable.

Déjeter. Le plâtre ou autre matière plastique se déjette, c'est-à-dire s'égrène lorsqu'il commence à sécher.

Démonter un creux. En retirer les pièces de dessus la figure ou le modèle.

Dépouille (être de). Pièce qui sort facilement de la pla qu'elle occupait dans le moule.

Dépouiller un creux. Oter les pièces lorsque la figur coulée est prise.

Dessous. Fonds que présentent les parties saillantes d'un moule, lorsque les pièces sont arrangées dans la chapette et dans la chape.

Durcir un creux. L'enduire d'huile lithargirée bouillante.

E.

Ebauchage. C'est la seconde réparation que l'on fait subir aux masques.

Ebauchoir. Instrument qui sert à réparer le plâtre et à soulever ses parties.

Engraisser l'argile. Quand l'argile est trop maigre, on y ajoute de l'argile pure : c'est l'engraisser.

Engraisser une pièce. Lorsque l'argile du modèle s'attache au plâtre coulé, le mouleur en enlève la superficie avec un couteau ; c'est encore engraisser.

Epaisseurs. Couches de terre ou de cire.

Estamper. Prendre une empreinte avec de l'argile, de la cire, du mastic ou de la mie de pain.

Estampage. L'action d'estamper.

Estampage des creux. C'est la manière de mouler l'argile.

Etrésillon. Morceau de bois pour soutenir un moule.

Évent. Ouverture faite à un creux pour le passage de l'air.

F.

Fentons ou *côtes de vache.* Liens de fer doux qui composent les armatures.

Farine fossile. Plâtre très solide, blanc et léger comme du coton.

Farineux. État du plâtre coulé dans un creux trop sec.

Fausses pièces. Celles qui composent la chapette.

Fermoir. Instrument qui sert à ouvrir les pièces des creux et chapes.

Flou. Etat du plâtre coulé dans un creux trop imbibé d'huile.

G.

Gâcher. Délayer du plâtre avec de l'eau.

Gâcher lâche. Mettre beaucoup d'eau.

Gâcher serré. En mettre peu.

Gâcher clair. Plâtre noyé.

Gâchage. Action de gâcher.

Garrot. Pièce de bois pour serrer les cordages d'un moule.

Garotter. Mettre un garrot.

Gaupler (Voyez *Gobeter*.)

Gercer (*se*). État du plâtre sur un creux sec. C'est se fendiller. Les autres matières plastiques sont aussi sujettes à se gercer.

Gobeter. Appliquer avec une brosse du plâtre clair sur les joints d'un creux.

Godet. Petit bourrelet placé autour d'une ouverture faite à un creux.

Goujons. (Voyez *Repères*.)

I.

Imprimer. Mettre une couche de plâtre avec la brosse.

J.

Jet. Ouverture faite à un creux pour y introduire la matière.

L.

Laques. Ouvrage en carton verni.

Liante. Cire qui se pétrit facilement.

Lier. Réunir convenablement plusieurs sortes de plâtre.

Liens. Attaches de plomb qui lient le fer à la figure coulée.

M.

Masselotte. Petite ouverture pratiquée dans les petits creux pris sur nature pour faire écouler la matière du modèle.

Mastic. Mélange de substances plastiques.

Monter les creux. En réunir les parties.

Mouchettes. Plâtre de rebut, c'est ce qui reste quand le plâtre a été tamisé.

N.

Noyau. Partie non cuite qui se trouve au centre des pierres de plâtre mal calcinées.

Noyau d'une figure. Masse de plâtre que l'on coule dans le centre des figures.

Noyé (plâtre). Gâché extrêmement clair.

Noirs. Parties les plus renfoncées d'une figure.

P.

Papier bas-à-homme. Papier grossier employé pour le moulage des masques en carton.

Papier cartier. Papier fin et transparent dont le cartier double les cartes.

Papier joseph. Mince et fin, propre à prendre bien les empreintes.

Papier main-brune. Papier gris et commun.

Papier mâché. Pâte de papier.

Papier pourri. Ibid.

Pesée. Faire une pesée, c'est introduire le bout d'un ciseau dans une fente pour l'entr'ouvrir.

Pièces. Ce sont les morceaux ou parties d'un moule.

Pièces-chapes. Pièces assez épaisses pour n'avoir nul besoin d'être enveloppées par une chape.

Plomb rouge. Très incandescent.

Ponce. Sachet pour poncer ; c'est encore le sachet de litharge que l'on met tremper dans l'huile de lin.

Portées. Parties excédantes d'un moule : petites masses pour soutenir ou porter un creux.

Poussée. Travail ou gonflement du plâtre.

Pousser la terre. Estamper.

Prendre le plâtre (laisser). Lui donner le temps de se durcir.

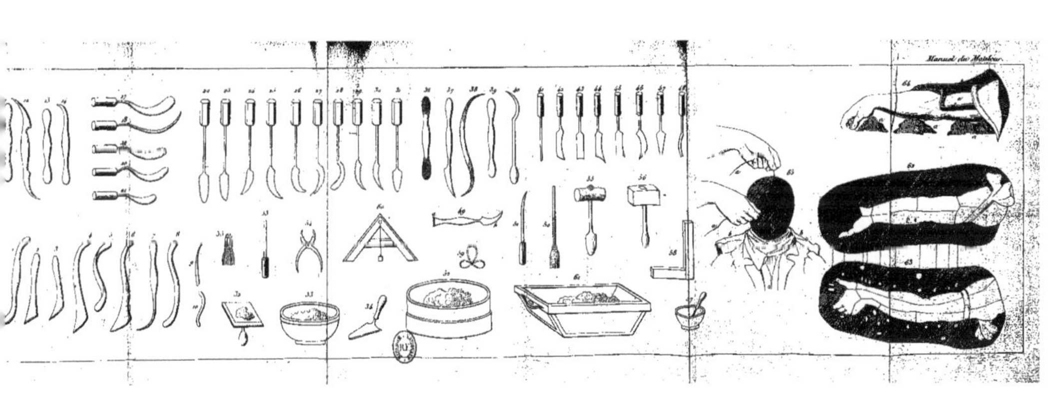

R.

Raisonner un moule. En calculer les pièces.

Recuire un moule. Mettre le feu sous le moule destiné à couler une figure en plomb.

Relâcher (se). Quand le plâtre nouvellement gâché se durcit d'abord, puis devient mou, on dit qu'il se relâche.

Repères ou *points de jonction.* Ce sont des marques arbitraires pour rejoindre des parties séparées précédemment.

Ripe. Grattoir à dents.

Rustiquer. Piquer deux parties que l'on veut rejoindre au moyen d'une substance plastique introduite entre elles.

S.

Serré. Plâtre gâché avec peu d'eau.

Souder. Réunir deux parties, les rejoindre, soit avec du plâtre, soit avec du plomb, etc.

Soufflures. Cavités que le plâtre produit en se boursoufflant.

Spatule. Sorte de truelle allongée.

Surmouler. Mouler sur un plâtre : contrefaire une figure coulée.

Surmoules. Figures surmoulées.

T.

Tourment. C'est le gonflement du plâtre.

Travail du plâtre. C'est encore le gonflement de cette matière.

V.

Vents. (Voyez *Soufflures.*)

Vase de terre. Argile piétinée trois fois par l'ouvrier tuilier.

Voies. (*à deux*). Argile piétinée jusqu'à cinq et six fois.

FIN DU VOCABULAIRE.

TABLE DES MATIÈRES.

DEUXIÈME PARTIE.

MOULAGE DES MATIÈRES MOLLES ET LIQUIDES AUTRES QUE LE PLATRE.

TROISIÈME PARTIE.

QUATRIÈME PARTIE.

FIN DE LA TABLE DES MATIÈRES.

TOUL. — IMPRIMERIE D'AUGUSTE BASTIEN.

N. B. *Comme il existe à Paris deux libraires du nom de* ROBET, *l'on est prié de bien indiquer l'adresse.*

DE

RORET,

RUE HAUTEFEUILLE, 10 BIS,

AU COIN DE LA RUE DU BATTOIR,

A PARIS.

Cette Librairie, entièrement consacrée aux Sciences et à l'Industrie, fournira aux amateurs tous les ouvrages anciens et modernes en ce genre, publiés en France, et fera venir de l'Étranger tous ceux que l'on pourrait désirer.

DIVISION DU CATALOGUE.

Publications annuelles à la LIBRAIRIE ENCYCLOPÉDIQUE DE RORET, *rue Hautefeuille*, n° 10 *bis*.

LE TECHNOLOGISTE, ou *Archives des Progrès de l'*INDUSTRIE FRANÇAISE ET ÉTRANGÈRE, publié par une Société de savants et de praticiens, sous la direction de M. MALEPEYRE. Ouvrage utile aux manufacturiers, aux fabricants, aux chefs d'ateliers, aux ingénieurs, aux mécaniciens, aux artistes, etc., etc., et à toutes les personnes qui s'occupent d'arts industriels. 9e année. Prix : 18 fr. par an pour Paris, 21 fr. pour la province, et 24 fr. pour l'Etranger.

Chaque mois il paraît un cahier de 48 pages in-8o, grand format, renfermant des figures en grande quantité, gravées sur bois et sur acier.

Ce recueil a commencé à paraître le 1er octobre 1839. Le prix des 9 années est de 18 fr. chacune.

L'AGRICULTEUR-PRATICIEN, REVUE D'AGRICULTURE, DE JARDINAGE, ET D'ÉCONOMIE RURALE ET DOMESTIQUE sous la direction de MM. Bossin, Malepeyre, G. Heuzé, etc. 10e année. Prix : 6 f. par an.

Tous les mois il paraît un cahier de 30 pag. in-8, grand format, renfermant des gravur. sur bois intercalées dans le texte.

Il a paru 9 années de ce Journal, qui a commencé le 1er octobre 1839. Prix de chaque année, 6 fr.

ANNUAIRE ENCYCLOPÉDIQUE RÉCRÉATIF ET POPULAIRE pour 1849, d'après les travaux de savants et de praticiens célèbres. 1 vol. in-16, grand raisin, orné de jolies gravures. 50 c.

Il a paru 10 années de cet Annuaire, à 50 c. chaque.

BULLETIN DE LA SOCIÉTÉ INDUSTRIELLE DE MULHOUSE. Le prix de souscription est de 12 fr. par volume in-8o, composé de 5 cahiers, et de 15 fr. franc de port. Chaque cahier, séparément, 3 fr.

Ce recueil a commencé en 1836. Il a paru 65 cahiers, ou vol. 1 à 13 jusqu'en 1840; prix : 9 fr. le vol. 117 fr.

De 1841 à 1848, il a paru les cahiers nos 66 à 104, ou vol. 14 à 21 ; prix : 12 fr. le volume.

ANNALES de la Société Royale d'Agriculture et de Botanique de Gand, rédigées par M. Ch. Morren. Par an, 30 fr. — Commencé en 1845.

L'AMEUBLEMENT, Recueil de Dessins de Siéges, Meubles et Tentures; 54 planches par an pour les 3 catégories. *Prix : fig. noires*, 24 fr., ou 8 fr. par chaque catégorie ; *fig. coloriées*, 37 fr. 50, ou 12 fr. 50 par chaque catégorie. — *Chaque planche se vend séparément : en noir*, 50 *centimes, et en couleur*, 70 *centimes.*

LE GARDE-MEUBLES, Journal d'Ameublement ; 54 planches par an. Prix des 3 catégories, fig. noires, 22 fr. 50 ; pour 2 catégories, 15 fr., et pour une catégorie, 7 fr. 50. En couleur, prix des 3 catégories, 36 fr. ; pour 2 catégories, 24 fr., et pour une catégorie, 12 fr. — *Chaque feuille se vend séparément : en noir,* 30 *centimes, et en couleur,* 80 *centimes.*

ENCYCLOPÉDIE-RORET.

COLLECTION

DES

MANUELS-RORET

FORMANT

UNE ENCYCLOPÉDIE DES SCIENCES ET DES ARTS,

FORMAT IN-18;

PAR UNE RÉUNION DE SAVANTS ET DE PRATICIENS,

Messieurs

AMOROS, ARSENNE, BEAUVALET, BIOT, BIRET, BISTON, BOISDUVAL BOITARD, BOSC, BOUTEREAU, BOYARD, CAHEN, CHAUSSIER, CHEVRIER, CHORON, CONSTANTIN, DE GAYFFIER, DE LAFAGE, DE LÉPINOIS, DE VALICOURT, Paulin DÉSORMEAUX, DUBOIS, DUJARDIN, FRANCŒUR, GIQUEL, HAMEL, HERVÉ, JANVIER, JULIA-FONTENELLE, JULIEN, HUOT, LACROIX, LANDRIN, LAUNAY, LED'HUY, Sébastien LENORMAND, LESSON, LORIOL, MALEPEYRE, MARCEL DE SERRES, MATTER, MINÉ, MULLER, NICARD, NOEL, PAULIN, Jules PAUTET, PÉDRONI, RANG, RENDU, RICHARD, RIFFAULT, SCHMIT, SCRIBE, TARBÉ, TERQUEM, THIÉBAUT DE BERNEAUD, THILLAYE, TOUSSAINT, TRÉMERY, TRUY, VALÉRIO, VASSEROT, VAUQUELIN, VERDIER, VERGNAUD, YVART, etc., etc.

Les personnes qui auraient quelque chose à faire parvenir dans l'intérêt des sciences et des arts, sont priées de l'envoyer franc de port à l'adresse de M. le *Directeur de l'Encyclopédie-Roret*, rue Hautefeuille, n. 10 *bis*, à Paris.

Tous les Traités se vendent séparément. Les ouvrages indiqués *sous presse* paraîtront successivement. Pour recevoir chaque volume franc de port, l'on ajoutera 50 c. La plupart des volumes sont de 3 à 400 pages, renfermant des planches parfaitement dessinées et gravées.

MANUEL POUR GOUVERNER LES ABEILLES et en retirer un grand profit, par M. RADOUAN. 2 vol. 6 fr.

— ACCORDEUR DE PIANOS, par M. GIORGIO DI ROMA. 1 vol. 1 fr. 25

— ACIDES GRAS CONCRETS, voyez *Bougies stéariques*.

MANUEL DES ACTES SOUS SIGNATURES PRIVÉES en matières civiles, commerciales, criminelles, etc., par M. BIRET, ancien magistrat. 1 vol. 2 f. 50

— AEROSTATS, BALLONS. (*Sous presse.*)

— AGRICULTURE ÉLÉMENTAIRE, à l'usage des écoles primaires et des écoles d'agriculture, par V. RENDU. (*Autorisé par l'Université.*) 1 fr. 25

— ALGÈBRE, ou Exposition élémentaire des principes de cette science, par M. TERQUEM. (*Ouvrage approuvé par l'Université.*) 1 gros vol. 3 fr. 50

— ALLIAGES MÉTALLIQUES, par M. HERVÉ, officier supérieur d'artillerie, ancien élève de l'Ecole polytechnique. 1 vol. 3 fr. 50

Ouvrage *approuvé par le Comité d'artillerie*, qui en a fait prendre un nombre pour les écoles, les forges et les fonderies.

— AMIDONNIER et VERMICELLIER, par M. le docteur MORIN. 1 vol. avec figures. 3 fr.

— ANECDOTIQUE, ou Choix d'Anecdotes anciennes et modernes, par madame CELNART. 4 vol. in-18. 7 fr.

— ANIMAUX NUISIBLES (Destructeur des) à l'agriculture, au jardinage, etc., par M. VERARDI. 1 vol. orné de planches. 3 fr.

— 2e *Partie*, contenant les HYLOPHTHIRES ET LEURS ENNEMIS, ou Description et Iconographie des Insectes les plus nuisibles aux forêts, avec une méthode pour apprendre à les détruire et à ménager ceux qui leur font la guerre, à l'usage des forestiers, des jardiniers, etc.; par MM. RATZEBURG DE CORBERON et BOISDUVAL. 1 vol. orné de 8 planches : prix 2 fr. 50

— ARCHÉOLOGIE, par M. NICARD. 3 vol. avec Atlas. Prix des 3 vol., 10 fr. 50; de l'Atlas, 12 fr., et de l'ouvrage complet : 22 fr. 50

— ARCHITECTE DES JARDINS, ou l'Art de les composer et de les décorer, par M. BOITARD. 1 vol. avec Atlas de 132 planches. 15 fr.

— ARCHITECTE DES MONUMENTS RELIGIEUX, ou Traité d'Archéologie pratique, applicable à la restauration et à la construction des Eglises, par M. SCHMIT. 1 gros volume avec Atlas contenant 20 planches. 7 fr.

— ARCHITECTURE, ou Traité de l'Art de bâtir, par M. TOUSSAINT, architecte. 2 vol. ornés de planches. 7 fr.

MANUEL D'ARITHMÉTIQUE DÉMONTRÉE, par MM. COLLIN et TREMERY. 1 vol. 2 fr. 50

— ARITHMÉTIQUE COMPLÉMENTAIRE, ou Recueil de Problèmes nouveaux, par M. TREMERY. 1 vol. 1 fr. 75

— ARMURIER, Fourbisseur et Arquebusier, par M. Paulin DÉSORMEAUX. 1 vol. avec figures. 3 fr.

— ARPENTAGE, ou Instruction élémentaire sur cet art et sur celui de lever les plans, par M. LACROIX, de l'Institut. 1 vol. avec figures. (*Autorisé par l'Université.*) 2 fr. 50.

— ARPENTAGE SUPPLÉMENTAIRE, ou Recueil d'exemples pratiques sur les différentes opérations d'arpentage et de levée des plans, par MM. HOGARD; avec des Modèles de Topographie, par M. CHARTIER, dessinateur au dépôt de la guerre. 1 vol. avec figures. 2 fr. 50

— ART MILITAIRE, par M. VERGNAUD. 1 vol. avec figures. 3 fr.

— ARTIFICIER, Poudrier et Salpêtrier, par M. VERGNAUD, capitaine d'artillerie. 1 vol. orné de planches. 3 fr.

— ASSOLEMENTS, JACHÈRE et SUCCESSION DES CULTURES, par M. Victor YVART, de l'Institut, avec des notes par M. Victor RENDU, inspecteur de l'agriculture. 3 vol. 10 fr. 50

— ASTRONOMIE, ou Traité élémentaire de cette science, de W. HERSCHEL, par M. VERGNAUD. 1 vol. orné de planches. 2 fr. 50

— ASTRONOMIE AMUSANTE, traduit de l'anglais, par A. D. VERGNAUD. In-18, figures. 2 fr. 50

— BANQUIER, Agent de change et Courtier, par MM. PEUCHET et TREMERY. 1 vol. 2 fr. 50

— BARÈME COMPLET DES POIDS ET MESURES, par M. BAGILET. In-18. 3 fr.

— BIBLIOGRAPHIE et Amateur de livres, par M. F. DENIS. (*Sous presse.*)

— BIBLIOTHÉCONOMIE, Arrangement, Conservation et Administration des bibliothèques, par L.-A. CONSTANTIN. 1 vol. orné de figures. 3 fr.

— BIJOUTIER, Joaillier, Orfèvre, Graveur sur métaux et Changeur, par M. JULIA DE FONTENELLE. 2 vol. 7 fr.

— BIOGRAPHIE, ou Dictionnaire historique abrégé des grands hommes, par M. NOEL, inspecteur-général des études. 2 vol. 6 fr.

MANUEL DU BLANCHIMENT ET BLANCHISSAGE, Nettoyage et Dégraissage des fil, lin, coton, laine, soie, etc., par M. JULIA DE FONTENELLE. 2 vol. ornés de pl. 5 fr.

— BLASON, *ou* Traité de cet art sous le rapport archéologique et héraldique, par M. Jules PAUTET, bibliothécaire de la ville de Beaune. 1 vol. orné de planches. 3 fr. 50

— BOIS (Marchands de) et de Charbons, *ou* Traité de ce commerce en général, par M. MARIÉ DE LISLE. 1 volume avec figures. 3 fr.

— BOIS (Manuel-Tarif métrique pour la conversion et la réduction des), d'après le système métrique, par M. LOMBARD. 1 vol. 2 fr. 50

— BONNETIER ET FABRICANT DE BAS, par MM. LEBLANC et PREAUX-CALTOT. 1 vol. avec fig. 3 fr.

— BOTANIQUE, Partie élémentaire, par M. BOITARD. 1 vol. avec planches. 3 fr. 50

— BOTANIQUE, 2e partie, FLORE FRANÇAISE, *ou* Description synoptique des plantes qui croissent naturellement sur le sol français, par M. le docteur BOISDUVAL. 3 gros volumes. 10 fr. 50

ATLAS DE BOTANIQUE, composé de 120 planches, représentant la plupart des plantes décrites dans l'ouvrage ci-dessus. Prix : Fig. noires, 18 fr.

Figures coloriées. 36 fr.

— BOTTIER ET CORDONNIER, par M. MORIN. 1 vol. avec figures. 3 fr.

— BOUGIES STÉARIQUES, et fabrication des acides gras concrets, etc., etc., par M. MALEPEYRE, un vol. orné de planches. 3 fr.

— BOULANGER, Négociant en grains, Meunier et Constructeur de Moulins, par MM. BENOIT et JULIA DE FONTENELLE. 2 vol. avec figures 5 fr.

— BOURRELIER ET SELLIER, par M. LEBRUN. 1 volume orné de figures. 3 fr.

— BOUVIER ET ZOOPHILE, *ou* l'Art d'élever et de soigner les animaux domestiques, par M. BOYARD. 1 volume. 2 fr. 50

— BRASSEUR, *ou* l'Art de faire toutes sortes de Bières, par M. VERGNAUD. 1 vol. 2 fr. 50

— BRODEUR, *ou* Traité complet de cet Art, par madame CELNART. 1 vol. avec un Atlas de 40 pl. 7 fr.

— CALENDRIER (Théorie du) et Collection de tous les

calendriers des années passées et futures, par M. Francoeur, professeur à la Faculté des sciences. 1 vol. 3 fr.

MANUEL DE CALLIGRAPHIE, *ou* l'Art d'écrire en peu de leçons, par M. Tremery. 1 vol. avec Atlas. 3 fr.

— CARTES GÉOGRAPHIQUES (Construction et Dessin des), par M. Perrot. 1 vol. orné de pl. 2 fr. 50

— CARTONNIER, Cartier et Fabricant de Cartonnage, par M. Lebrun. 1 vol. orné de figures. 3 fr.

— CHAMOISEUR, Pelletier-Fourreur, Maroquinier, Mégissier et Parcheminier, par M. Julia de Fontenelle. 1 vol. orné de planches. 3 fr.

— CHANDELIER, Cirier et Fabricant de Cire à cacheter, par M. Lenormand. 1 gros vol. orné de pl. 3 fr.

— CHAPEAUX (Fabricant de), par MM. Cluz, F. et Julia de Fontenelle. 1 vol. orné de planches. 3 fr.

— CHARCUTIER, *ou* l'Art de préparer et de conserver les différentes parties du cochon, par M. Lebrun. 1 volume avec figures. 2 fr. 50

— CHARPENTIER, *ou* Traité simplifié de cet Art, par MM. Hanus et Biston. 1 vol. orné de 14 pl. 3 fr. 50

— CHARRON ET CARROSSIER, *ou* l'Art de fabriquer toutes sortes de Voitures, par M. Lebrun. 2 volumes ornés de planches. 6 fr.

— CHASSELAS, sa culture à Fontainebleau, par un vigneron des environs. 1 vol. avec figures. 1 fr. 75

— CHASSEUR, contenant un Traité sur toute espèce de chasse, par MM. Boyard et de Mersan. 1 vol. avec figures et musique. 3 fr.

— CHAUDRONNIER, Description complète et détaillée de toutes les opérations de cet Art, tant pour la fabrication des appareils en cuivre que pour ceux en fer, etc.; par MM. Jullien et Valerio. 1 vol. avec 16 planches. 3 fr. 50

— CHAUFOURNIER, contenant l'Art de calciner la Pierre à chaux et à plâtre, de composer les Mortiers, les Ciments, etc., par M. Biston. 1 vol. avec figures. 3 fr.

— CHEMINS DE FER, *ou* Principes généraux de l'Art de les construire, par M. Biot, l'un des gérants des travaux d'exécution du chemin de fer de Saint-Étienne. 1 volume orné de figures. 3 fr.

— CHIMIE AGRICOLE, par MM. Davy et Vergnaud. 1 vol. orné de figures. 3 fr. 50

— CHIMIE AMUSANTE, *ou* Nouvelles Récréations chimiques, par M. Vergnaud. 1 vol. orné de figures. 3 fr.

MANUEL DE CHIMIE INORGANIQUE ET ORGANIQUE dans l'état actuel de la science, par M. VERGNAUD. 1 gros volume orné de figures. 3 fr. 50

— CIDRE ET POIRÉ (Fabricant de), avec les moyens d'imiter, avec le suc de pomme ou de poire, le Vin de raisin, l'Eau-de-Vie et le Vinaigre de vin, par M. DUBIEF. 1 volume avec figures. 2 fr. 50

— COIFFEUR, précédé de l'Art de se coiffer soi-même, par M. VILLARET. 1 joli vol. orné de figures. 2 fr. 50

— COLORISTE, contenant le mélange et l'emploi des Couleurs, ainsi que les différents travaux de l'Enluminure, par MM. PERROT, BLANCHARD et THILLAYE. 1 v. 2 fr. 50

— COMPAGNIE (Bonne), *ou* Guide de la Politesse et de la Bienséance, par madame CELNART. 1 vol. 2 fr. 50.

— COMPTES-FAITS, *ou* Barême général des poids et mesures, par M. ACHILLE NOUHEN. (Voir *Poids et Mesures.*)

— CONSTRUCTIONS RUSTIQUES, *ou* Guide pour les Constructions rurales, par M. DE FONTENAY (*Ouvrage couronné par la Société royale et centrale d'Agriculture*). 1 volume orné de figures. 3 fr.

— CONTRE-POISONS, *ou* Traitement des Individus empoisonnés, asphyxiés, noyés ou mordus, par M. H. CHAUSSIER, D.-M. 1 vol. 2 fr. 50

— CONTRIBUTIONS DIRECTES, Guide des Contribuables et des Comptables de toutes les classes, dépendant de la Direction générale des Contributions directes, etc.; par M. BOYARD. 1 vol. 2 fr. 50

— CORDIER, contenant la culture des Plantes textiles, l'extraction de la Filasse, et la fabrication de toutes sortes de cordes, par M. BOITARD. 1 vol. orné de fig. 2 fr. 50

— CORRESPONDANCE COMMERCIALE, contenant les Termes de commerce, les Modèles et Formules épistolaires et de comptabilité, etc., par MM. REES-LESTIENNE et TREMERY. 1 vol. 2 fr. 50

— CORPS GRAS CONCRETS. Voyez *Bougies stéariques.*

— COUPE DES PIERRES, par M. TOUSSAINT, architecte. 1 vol. avec Atlas. 5 fr.

— COUTELIER, *ou* l'Art de faire tous les Ouvrages de Coutellerie, par M. LANDRIN, ingénieur civil. 1 vol. 3 fr. 50

— CRUSTACÉS (Histoire naturelle des), comprenant leur Description et leurs Mœurs, par MM. BOSC et DESMAREST, de l'Institut, prof., etc. 2 v. ornés de pl. 6 fr.

ATLAS POUR LES CRUSTACÉS, 18 planches. Figures noires. 3 fr.; — figures coloriées. 6 fr.

MANUEL DU CUISINIER ET CUISINIÈRE, à l'usage de la ville et de la campagne, par M. CARDELLI. 1 gros volume de 464 pages, orné de figures. 2 fr. 50

— CULTIVATEUR FORESTIER, contenant l'Art de cultiver en forêts tous les Arbres indigènes et exotiques, par M. BOITARD. 2 volumes. 5 fr.

— CULTIVATEUR FRANÇAIS, *ou* l'Art de bien cultiver les Terres et d'en retirer un grand profit, par M. THIEBAUT de BERNEAUD. 2 volumes ornés de figures. 5 fr.

— DAMES, *ou* l'Art de l'Élégance, par madame CELNART. 1 vol. 3 fr.

— DANSE, comprenant la théorie, la pratique et l'histoire de cet art, par MM. BLASIS et VERGNAUD. 1 gros volume orné de planches. 3 fr. 50

— DÉCORATEUR-ORNEMENTISTE, du Graveur et du Peintre en Lettres, par M. SCHMIT, un vol. avec Atlas in-4° de 30 planches. 7 fr.

— DEMOISELLES, *ou* Arts et métiers qui leur conviennent, tels que Couture, Broderie, etc., par madame CELNART. 1 vol. orné de planches. 3 fr.

— DESSINATEUR, *ou* Traité complet du Dessin, par M. BOUTEREAU. 1 vol. avec Atlas de 20 pl. 3 fr. 50

— DISTILLATEUR ET LIQUORISTE, par M. LEBEAU et M. JULIA DE FONTENELLE. 1 vol. de 358 pages, orné de figures. 3 fr. 50

— DOMESTIQUES, *ou* l'Art de former de bons Serviteurs, par madame CELNART. 1 vol. 2 fr. 50

— DORURE ET ARGENTURE Électro-chimiques, par M. DE VALICOURT. 1 vol. 1 fr. 75

— ÉCOLES PRIMAIRES, MOYENNES ET NORMALES, *ou* Guide des Instituteurs et Institutrices (*Ouvrage autorisé par l'Université*), par M. MATTER, Inspecteur général de l'Université. 1 vol. 2 fr. 50

— ÉCONOMIE DOMESTIQUE, contenant toutes les recettes les plus simples et les plus efficaces, par madame CELNART. 1 vol. 2 fr. 50

— ÉCONOMIE POLITIQUE, par M. J. PAUTET. 1 vol. 2 fr. 50

— ÉLECTRICITÉ, contenant les Instructions pour établir les Paratonnerres et les Paragrêles, par M. RIFFAULT. 1 vol. 2 fr. 50

MANUEL DE L'ENREGISTREMENT ET DU TIMBRE, par M. BIRET. 1 vol. 3 fr. 50

— D'ENTOMOLOGIE, ou Hist. nat. des Insectes et des Myriapodes, par M. BOITARD. 3 vol. in-18. 10 fr. 50

ATLAS D'ENTOMOLOGIE, composé de 110 planches représentant les Insectes décrits dans l'ouvrage ci-dessus. Figures noires, 17 fr. — Figures coloriées. 34 fr.

— EPISTOLAIRE (Style), par M. BISCARRAT et madame la comtesse d'HAUTPOUL. 1 vol. 2 fr. 50

— EQUITATION, à l'usage des deux sexes, par M. VERGNAUD. 1 vol. orné de figures. 3 fr.

— ESCALIERS EN BOIS (Construction des), ou manipulation et posage des Escaliers, ayant une ou plusieurs rampes, par C. BOUTERREAU. 1 vol. et Atlas. 5 fr.

— ESCRIME, ou Traité de l'Art de faire des armes, par M. LAFAUGERE, maréchal-des-logis. 1 vol. 3 fr. 50

— ESSAYEUR, par MM. VAUQUELIN, GAY-LUSSAC et D'ARCET, publié par M. VERGNAUD. 1 vol. 3 fr.

— ETAT CIVIL (Officier de l'), pour la Tenue des Registres et la Rédaction des Actes, etc., etc., par M. LEMOLT, ancien magistrat. 2 fr. 50

— ETOFFES IMPRIMÉES (Fabricant d') et Fabricant de Papiers peints, par M. Seb. LENORMAND. 1 v. 3 fr.

— FABRICANT (du) DE PRODUITS CHIMIQUES ou Formules et Procédés usuels relatifs aux matières que la chimie fournit aux arts industriels et à la médecine, par M. THILLAYE, ex-chef des travaux chimiques de l'ancienne fabrique Vauquelin. 3 volumes ornés de planches. 10 fr. 50

— FALSIFICATIONS DES DROGUES simples et composées, par M. PEDRONI, professeur, un vol. orné de figures. 2 fr. 50

— FERBLANTIER ET LAMPISTE, ou l'Art de confectionner en fer-blanc tous les Ustensiles, par M. LEBRUN. 1 vol. orné de figures. 3 fr. 50

— FERMIER (du), ou l'Agriculture simplifiée et mise à la portée de tout le monde, par M. DE LEPINOIS. 1 vol. 2 fr. 50

— FILATEUR, ou Description des Méthodes anciennes et nouvelles employées pour filer le Coton, le Lin, le Chanvre, la Laine et la Soie, par MM. C.-E. JULLIEN et E. LORENTZ. 1 vol. in-18, avec 8 pl. 3 fr. 50

— FLEURISTE ARTIFICIEL, ou l'Art d'imiter, d'après nature, toute espèce de Fleurs, suivi de l'Art du Plumassier, par madame CELNART. 1 vol. orné de fig. 2 fr. 50

MANUEL DES FLEURS EMBLÉMATIQUES, ou leur Histoire, leur Symbole, leur Langage, etc., etc., par madame LENEVEUX. 1 vol. Fig. noires. 3 fr.

Figures coloriées. 6 fr.

— FONDEUR SUR TOUS MÉTAUX, par M. LAUNAY, fondeur de la colonne de la place Vendôme (*Ouvrage faisant suite au travail des Métaux*). 2 vol. ornés d'un grand nombre de planches. 7 fr.

— FORGES (Maître de), ou l'Art de travailler le fer, par M. LANDRIN. 2 vol. ornés de planches. 6 fr.

— GALVANOPLASTIE, ou Traité complet de cet Art, contenant tous les procédés les plus récents, par MM. SMEE, JACOBI, DE VALICOURT, etc., etc. 1 vol. orné de fig. 3 fr. 50

— GANTS (Fabricant de) dans ses rapports avec la Mégisserie et la Chamoiserie, par VALLET D'ARTOIS, ancien fabricant. 1 vol. 3 fr. 50

— GARANTIE DES MATIÈRES D'OR ET D'ARGENT, par M. LACHÈZE, contrôleur à Paris. 1 v. 1 fr. 75

— GARDES-CHAMPÊTRES, FORESTIERS ET GARDES-PÊCHE, par M. BOYARD, président à la cour royale d'Orléans. 1 vol. 2 fr. 50

— GARDES-MALADES, et personnes qui veulent se soigner elles-mêmes, ou l'Ami de la santé, par M. le docteur MORIN. 1 vol. 2 fr. 50

— GARDES NATIONAUX DE FRANCE, contenant l'École du soldat et de peloton, les Ordonnances, Règlements, etc., etc., par M. R. L. 33e édit. 1 vol. 1 fr. 25

— GAZ (Fabrication du) ou Traité de l'Éclairage des Ingénieurs, etc.; d'Usines à gaz, par M. MAGNIER. 1 vol. orné de figures. 3 fr. 50 c.

— GÉOGRAPHIE DE LA FRANCE, divisée par bassins, par M. LORIOL (*Autorisé par l'Université*). 1 vol. 2 fr. 50

— GÉOGRAPHIE GÉNÉRALE, par M. DEVILLIERS. 1 gros vol. de plus de 400 p., orné de 7 jolies cartes. 3 fr. 50

— GÉOGRAPHIE PHYSIQUE, ou Introduction à l'étude de la Géologie, par M. HUOT. 1 vol. 3 fr.

— GÉOLOGIE, ou Traité élémentaire de cette science, par M. HUOT. 1 vol. orné de planches. 2 fr. 50

— GÉOMÉTRIE, ou Exposition élémentaire des principes de cette science, par M. TERQUEM (*Ouvrage autorisé par l'Université*). 1 gros vol. 3 fr. 50

— GNOMONIQUE, ou l'Art de tracer les cadrans, par M. BOUTEREAU. 1 vol. orné de figures. 3 fr.

MANUEL DES GOURMANDS, ou l'Art de faire les honneurs de sa table, par CARDELLI. 1 vol. . . . . . 3 fr.

— GRAVEUR (du), ou Traité complet de l'Art de la Gravure en tous genres, par MM. PERROT et MALEPEYRE. 1 vol. orné de planches. . . . . 3 fr.

— GRÈCE (Histoire de la), depuis les premiers siècles jusqu'à l'établissement de la domination romaine, par M. MATTER, inspecteur-général de l'Université. 1 v. 3 fr.

— GYMNASTIQUE (de la), par le colonel AMOROS (*Ouvrage couronné par l'Institut, admis par l'Université, etc.*). 2 vol. et Atlas. . . . . 10 fr. 50

— HABITANTS DE LA CAMPAGNE et Bonne Fermière, contenant tous les moyens de faire valoir, de la manière la plus profitable, les terres, le bétail, les récoltes, etc., par madame CELNART. 1 vol. . . . . . 2 fr. 50

— HÉRALDIQUE. Voyez BLASON.

— HERBORISTE, Épicier-Droguiste, Grainier-Pépiniériste et Horticulteur, par MM. TOLLARD et JULIA DE FONTENELLE. 2 gros vol. . . . . 7 fr.

— HISTOIRE NATURELLE, ou Genera complet des Animaux, des Végétaux et des Minéraux. 2 gros vol. 7 fr.

ATLAS pour la Botanique, composé de 120 planches. Figures noires, 18 fr. — figures coloriées, 36 fr.

— pour les Mollusques, représentant les Mollusques nus et les Coquilles. 51 planches. Figures noires, ... 7 fr. figures coloriées. . . . . 14 fr.

— Pour les Crustacés, 18 planches, figures noires 3 fr.; figures coloriées. . . . . 6 fr.

— Pour les Insectes, 110 planches, figures noires, 17 fr.; figures coloriées. . . . . 34 fr.

— Pour les Mammifères, 80 planches, fig. noires, 12 fr.; figures coloriées. . . . . 24 fr.

— Pour les Minéraux, 40 planches, figures noires, 6 fr.; figures coloriées. . . . . 12 fr.

— Pour les Oiseaux, 129 planches, figures noires, 20 fr.; figures coloriées. . . . . 40 fr.

— Pour les Poissons, 155 planches, fig. noires, 24 fr.; figures coloriées. . . . . 48 fr.

— Pour les Reptiles, 54 planches, fig. noires, 9 fr.; figures coloriées. . . . . 18 fr.

— Pour les Zoophytes, représentant la plupart des Vers et des Animaux-Plantes, 25 pl., figures noires, 6 fr. figures coloriées, ... 12 fr.

— HISTOIRE NATURELLE MÉDICALE ET DE PHARMACOGRAPHIE, ou Tableau des Produits que la Médecine et les Arts empruntent à l'Histoire naturelle, par M. LESSON, pharmacien en chef de la Marine à Rochefort. 2 vol. 5 fr.

MANUEL DE L'HISTOIRE UNIVERSELLE, depuis le commencement du monde jusqu'en 1836, par M. CAHEN, traducteur de la Bible. 1 vol. 2 fr. 50

— HORLOGER (de l'), ou Guide des Ouvriers qui s'occupent de la construction des Machines propres à mesurer le temps, par MM. LENORMAND et JANVIER. 1 vol. fig. 3 fr. 50

— HORLOGES (Régulateur des), Montres et Pendules, par MM. BERTHOUD et JANVIER. 1 vol. orné de fig. 1 fr. 50

— HUILES (Fabricant et Épurateur d'), par M. JULIA DE FONTENELLE. 1 vol. orné de figures. 3 fr.

— HYGIÈNE, ou l'Art de conserver sa santé, par le docteur MORIN. 1 vol. 3 fr.

— INDIENNES (Fabricant d'), renfermant les Impressions des Laines, des Chalis et des Soies, par M. THILLAYE. 1 vol. 3 fr. 50

— INGÉNIEUR CIVIL, par MM. JULLIEN, LORENTZ et SCHMITZ, Ingénieurs Civils. 2 gros volumes avec un Atlas renfermant beaucoup de planches. 10 fr. 50

— INSTRUMENTS DE CHIRURGIE. (*Sous presse.*)

— JARDINAGE (PRATIQUE SIMPLIFIÉE) à l'usage des personnes qui cultivent elles-mêmes un petit domaine, contenant un Potager, une Pépinière, un Verger, des Espaliers, un Jardin paysager, des Serres, des Orangeries, et un Parterre, etc., par M. LOUIS DUBOIS. 1 vol. orné de fig. 2 fr. 50

— JARDINIER, *ou* l'Art de cultiver et de composer toutes sortes de Jardins, par M. BAILLY. 2 gros vol. ornés de planches. 5 fr.

— JARDINIER DES PRIMEURS, *ou* l'Art de forcer les Plantes à donner leurs fruits dans toutes les saisons, par MM. NOISETTE et BOITARD. 1 vol. orné de fig. 3 fr.

— JARDINIERS, OU L'ART DE CULTIVER LES JARDINS, renfermant un Calendrier indiquant mois par mois tous les travaux à faire en Jardinage, les principes d'Horticulture, etc., par *un Jardinier agronome*. 1 gros volume de 556 pages, orné de figures. 3 fr. 50

— JAUGEAGE ET DÉBITANTS DE BOISSONS. 1 volume orné de figures (*Voyez* Vins). 3 fr.

MANUEL DES JEUNES GENS, *ou* Sciences, Arts et Récréations qui leur conviennent, et dont ils peuvent s'occuper avec agrément et utilité, par M. VERGNAUD. 2 volumes ornés de figures. 6 fr.

— **DE JEUX DE CALCUL ET DE HASARD**, *ou* nouvelle Académie des Jeux, par M. LEBRUN. 1 v. 3 fr.

— **JEUX ENSEIGNANT LA SCIENCE**, *ou* Introduction à l'étude de la Mécanique, de la Physique, etc., par M. RICHARD. 2 vol. 6 fr.

— **JEUX DE SOCIÉTÉ**, renfermant tous ceux qui conviennent aux deux sexes, par madame CELNART. 1 g. v. 3 fr.

— **JUSTICES DE PAIX**, *ou* Traité des Compétences et Attributions tant anciennes que nouvelles, en toutes matières, par M. BIRET, ancien magistrat. 1 vol. 3 fr. 50

— **LAITERIE**, *ou* Traité de toutes les méthodes pour la Laiterie, l'Art de faire le Beurre, de confectionner les Fromages, etc., par THIEBAUD DE BERNEAUD. 1 vol. orné de figures. 2 fr. 50

— **LANGAGE** (Pureté du), par MM. BISCARRAT et BONIFACE. 1 vol. 2 fr. 50

— **LANGAGE** (Pureté du), par M. BLONDIN. 1 volume. 1 fr. 50

— **LATIN** (Classes élémentaires de), *ou* Thèmes pour es Huitième et Septième, par M. AMÉDÉE SCRIBE, ancien instituteur. 1 vol. 2 fr. 50

— **LIMONADIER**, Glacier, Chocolatier et Confiseur, par MM. CARDELLI, LIONNET-CLÉMANDOT et JULIA DE FONTENELLE. 1 gros vol. de 458 pages. 2 fr. 50

— **LITHOGRAPHE** (Dessinateur et Imprimeur), par M. BREGEAUT. 1 vol. 3 fr.

— **LITTÉRATURE** à l'usage des deux sexes, par madame D'HAUTPOUL. 1 fr. 75

— **LUTHIER**, contenant la Construction intérieure et extérieure des instruments à archets, par M. MAUGIN. 1 volume. 2 fr. 50

— **MACHINES LOCOMOTIVES** (Constructeur de), par M. JULLIEN, Ingénieur civil, etc. 1 gros vol. avec Atlas. 5 fr.

— **MACHINES A VAPEUR** *appliquées à la Marine*, par M. JANVIER, officier de marine et ingénieur civil. 1 volume avec figures. 3 fr. 50

— **MACHINES A VAPEUR** *appliquées à l'Industrie*, par M. JANVIER. 2 volumes avec figures. 7 fr.

MANUEL DU MAÇON, PLATRIER, PAVEUR, CARRELEUR, COUVREUR, par M. Toussaint, architecte. 1 vol. 3 fr.

— **MAGIE NATURELLE ET AMUSANTE**, par M. Vergnaud. 1 vol. avec figures. 3 fr.

— **MAITRE D'HOTEL**, *ou* Traité complet des menus, mis à la portée de tout le monde, par M. Chevrier. 1 vol. orné de figures. 3 fr.

— **MAITRESSE DE MAISON ET MÉNAGÈRE PARFAITE**, par madame Celnart. 1 vol. 2 fr. 50

— **MAMMALOGIE**, *ou* Histoire naturelle des Mammifères, par M. Lesson, corresp. de l'Institut. 1 gros vol. 3 f. 50

Atlas de mammalogie, composé de 80 planches représentant la plupart des animaux décrits dans l'ouvrage ci-dessus ; figures noires. 12 fr.

Figures coloriées. 24 fr.

— **MARINE**, *Gréement, manœuvre du Navire et de l'Artillerie*, par M. Verdier, capitaine de corvette. 2 volumes ornés de figures. 5 fr.

— **MATHÉMATIQUES** (Applications usuelles et amusantes), par M. Richard. 1 gros vol. avec figures. 3 fr.

— **MÉCANICIEN-FONTAINIER, POMPIER ET PLOMBIER**, par MM. Janvier et Biston. 1 vol. orné de planches. 3 fr.

— **MÉCANIQUE**, *ou* Exposition élémentaire des lois de l'Équilibre et du Mouvement des Corps solides, par M. Terquem, officier de l'Université, professeur aux Écoles royales d'Artillerie. 1 gros vol. orné de planches. 3 fr. 50

— **MÉCANIQUE APPLIQUÉE A L'INDUSTRIE.** Première partie. Statique et Hydrostatique, par M. Vergnaud, 1 vol. avec figures. 3 fr. 50

— Deuxième partie, Hydraulique, par M. Janvier. 1 volume avec figures. 3 fr.

— **MÉCANIQUE PRATIQUE**, à l'usage des directeurs et contre-maîtres, par Bernouilli, trad. par Valérius, un vol. 2 fr.

— **MÉDECINE ET CHIRURGIE DOMESTIQUES**, par M. le docteur Morin. 1 vol. 3 f. 50

— **MÉNAGÈRE PARFAITE.** (*V.* Maîtresse de maison.)

— **MENUISIER**, Ébéniste et Layetier, par M. Nosban, 2 vol. avec planches. 6 fr.

— **MÉTAUX** (Travail des), *Fer et Acier manufacturés*, par M. Vergnaud. 2 vol. 6 fr.

MANUEL DE MÉTÉOROLOGIE, par M. FELLENS. 1 vol. 3 fr. 50

— MICROSCOPE (Observateur au), par F. DUJARDIN, 1 vol. avec Atlas de 30 planches. 10 fr. 50

MANUEL SUR L'EXPLOITATION DES MINES. Première partie, HOUILLE (ou charbon de terre), par J.-F. BLANC. 1 vol. in-18, figures. 3 fr. 50

— *Idem*, deuxième partie, FER, PLOMB, CUIVRE, ETAIN, ARGENT, OR, ZINC, DIAMANT, etc. 1 v. in-18, avec fig. 3 f. 50

— MILITAIRE (De l'Art), à l'usage des Militaires de toutes les armes, par M. VERGNAUD. 1 vol. orné de fig. 3 fr.

— MINÉRALOGIE, ou Tableau des Substances minérales, par M. HUOT. 2 vol. ornés de figures. 6 fr.

ATLAS DE MINÉRALOGIE, composé de 30 planches représentant la plupart des Minéraux décrits dans l'ouvrage ci-dessus; figures noires. 6 fr.

Figures coloriées. 12 fr.

— MINIATURE, Gouache, Lavis à la Sépia et Aquarelle, par MM. CONSTANT VIGUIER et LANGLOIS DE LONGUEVILLE. 1 gros vol. orné de planches. 3 fr.

— MOLLUSQUES (Histoire naturelle des) et de leurs coquilles, par M. SANDER-RANG, officier de marine. 1 gros vol. orné de planches. 3 fr. 50

ATLAS POUR LES MOLLUSQUES, représentant les Mollusques nus et les Coquilles. 51 planches, fig. noires. 7 fr.

Fig. coloriées. 14 fr.

— MORALISTE, ou Pensées et Maximes instructives pour tous les âges de la vie, par M. TREMBLAY. 2 vol. 5 fr.

— MOULEUR, ou l'Art de mouler en plâtre, carton, carton-pierre, carton-cuir, cire, plomb, argile, bois, écaille, corne, etc., par M. LEBRUN. 1 vol. orné de fig. 2 fr. 50

— MOULEUR EN MÉDAILLES, etc., par M. ROBERT, 1 vol. avec figures. 1 fr. 50

— MUNICIPAUX (Officiers), ou Nouveau Guide des Maires, Adjoints et Conseillers municipaux, par M. BOYARD, président à la Cour royale d'Orléans. 1 gros vol. 3 fr.

— MUSIQUE, ou Grammaire contenant les principes de cet art, par M. LED'HUY. 1 v. avec 48 pages de musique. 1 f. 50

— MUSIQUE VOCALE ET INSTRUMENTALE, ou Encyclopédie musicale, par M. CHORON, ancien directeur de l'Opéra, fondateur du Conservatoire de Musique classique et religieuse, et M. DE LAFAGE, professeur de chant et de composition. (*Voyez le détail à la page suivante.*)

DIVISION DE L'OUVRAGE.

Ire PARTIE. — EXÉCUTION.

LIVRE I. Connaissances élémentaires. Sect. 1. Sons, Notations. — 2. Instruments, exécution. — 1 volume avec Atlas. — 5 fr. »

IIe PARTIE. — COMPOSITION.

— 2. De la composition en général, et en particulier de la Mélodie.
— 3. De l'Harmonie.
— 4. Du Contre-Point.
— 5. Imitation.
— 6. Instrumentation.
— 7. Union de la Musique avec la Parole.
— 8. Genres.
Sect. 1. Vocale. { Eglise. Chambre ou Concert. Théâtre.
— 2. Instrumentale { particulière. générale.

3 volumes avec Atlas. — 20

IIIe PARTIE. — COMPLÉMENT OU ACCESSOIRE.

— 9. Théorie physico-mathématique.
— 10. Institutions.
— 11. Histoire de la musique.
— 12. Bibliographie.
Résumé général.

2 volumes avec Atlas. — 10 50

SOLFÈGES, MÉTHODE.

Solfège d'Italie.	12 f.	»
— de Rodolphe.	4	»
Méthode de Violon.	3	»
— d'Alto.	1	»
— de Violoncelle.	4	50
— de Contre-basse.	1	25
— de Flûte.	3	»
— de Hautbois. — de Cor anglais.	1	75
— de Clarinette.	2	»
Méthode de Cor.		60
— de Basson.	»	75
— de Serpent.	1	50
— de Trompette et Trombone.	»	75
— d'Orgue.	3	50
— de Piano.	4	50
— de Harpe.	3	50
— de Guitare.	3	»
— de Flageolet.	2	»

MANUEL DES MYTHOLOGIES grecque, romaine, égyptienne, syrienne, africaine, etc., par M. DUBOIS. (*Ouvrage autorisé par l'Université.*) 2 fr. 50

— **NAGEURS**, Baigneurs, Fabricants d'eaux minérales et des Pédicures, par M. JULIA DE FONTENELLE. 1 vol. 3 fr.

— **NATURALISTE PRÉPARATEUR**, ou l'Art d'empailler les animaux, de conserver les Végétaux et les Minéraux, de préparer les pièces d'Anatomie et d'embaumer, par M. BOITARD. 1 vol. avec figures. 3 fr.

MANUEL SUR LA NAVIGATION, contenant la manière de se servir de l'Octant et du Sextant, de rectifier ces instruments et de s'assurer de leur bonté; l'exposé des méthodes les plus usuelles d'astronomie nautique, pour déterminer l'instant de la pleine mer, etc., etc., et les tables nécessaires pour effectuer ces différents calculs, par M. GIQUEL, professeur d'hydrographie. 1 volume orné de figures. 2 fr. 50

—NAVIGATION INTÉRIEURE, à l'usage des Pilotes, Mariniers et Agents, ou Instructions relatives aux devoirs des mariniers et agents employés au service de la navigation intérieure, par M. BEAUVALET, inspecteur de la navigation de la Basse-Seine. 1 v. 2 fr. 50

— NÉGOCIANT ET MANUFACTURIER, contenant les lois et règlements, les usages dans les ventes et achats, les douanes, etc., par M. PEUCHET, 1 vol. 2 fr. 50

— OCTROIS et autres impositions indirectes, par M. BIRET. 1 vol. 3 fr. 50

— ONANISME (dangers de l'), par M. DOUSSIN-DUBREUIL. 1 vol. 1 fr. 25

— OPTIQUE, ou Traité complet de cette science, par BREWSTER et VERGNAUD. 2 vol. avec figures. 6 fr.

— ORGANISTE, ou Nouvelle Méthode pour exécuter sur l'orgue tous les offices de l'année, etc., par M. MINÉ, organiste à Saint-Roch. 1 vol. oblong. 3 fr. 50

— ORGUES (Facteur d'), contenant le travail de DOM BÉDOS, etc., etc., par M. HAMEL, juge à Beauvais, 3 vol. avec un grand atlas. 18 fr.

— ORNEMENTISTE. Voyez *Décorateur*.

— ORNITHOLOGIE, ou Description des genres et des principales espèces d'oiseaux, par M. LESSON, correspondant de l'Institut. 2 gros vol. 7 fr.

ATLAS D'ORNITHOLOGIE, composé de 129 planches représentant les oiseaux décrits dans l'ouvrage ci-dessus; figures noires. 20 fr.

Figures coloriées. 40 fr.

— ORNITHOLOGIE DOMESTIQUE, ou Guide de l'Amateur des oiseaux de volière, par M. LESSON, correspondant de l'Institut. 1 vol. 2 fr. 50

— ORTHOGRAPHISTE, ou Cours théorique et pratique d'Orthographe, par M. TREMERY. 1 vol. 2 fr. 50

— PALÉONTOLOGIE, ou des Lois de l'organisation des êtres vivants comparées à celles qu'ont suivies les Espèces fossiles et humatiles dans leur apparition successive; par M. MARCEL DE SERRES, professeur à la Faculté des Sciences de Montpellier. 2 vol., avec Atlas. 7 fr.

MANUEL DU PAPETIER ET RÉGLEUR (Marchand), par MM. JULIA DE FONTENELLE et POISSON. 1 gros vol. avec planches. 3 fr.

— PAPIERS (Fabricant de), Carton et Art du Formaire, par M. LENORMAND. 2 vol. et Atlas. 10 fr. 50

— PARFUMEUR, par Mme CELNART. 1 vol. 2 fr. 50

— PARIS (Voyageur dans), ou Guide dans cette capitale, par M. LEBRUN. 1 gros vol. orné de fig. 3 fr. 50

— PARIS (Voyageur aux environs de), par M. DEPATY. 1 vol. avec figures. 3 fr.

— PATISSIER ET PATISSIÈRE, ou Traité complet et simplifié de Patisserie de ménage, de boutique et d'hôtel, par M. LEBLANC. 1 vol. 2 fr. 50

— PÊCHEUR, ou Traité général de toutes sortes de pêches, par M. PESSON-MAISONNEUVE. 1 vol. orné de planches. 3 f.

— PÊCHEUR-PRATICIEN, ou les Secrets et Mystères de la Pêche dévoilés, par M. LAMBERT, amateur; suivi de l'Art de faire des filets. 1 joli vol. orné de fig. 1 fr. 75

— PEINTRE D'HISTOIRE ET SCULPTEUR, ouvrage dans lequel on traite de la philosophie de l'Art et des moyens pratiques, par M. ARSENNE, peintre. 2 vol. 6 fr.

— PEINTURE A L'AQUARELLE (Cours de), par M. P. D., un vol. orné de planches coloriées. 1 fr. 75

— PEINTRE EN BATIMENTS, Fabricant de Couleurs, Vitrier, Doreur et Vernisseur, par M. VERGNAUD. 1 vol. de 528 pages, orné de figures. 3 fr.

— PEINTURE SUR VERRE, SUR PORCELAINE ET SUR ÉMAIL, contenant la Théorie des émaux, etc., par M. REBOULLEAU. 1 vol. in-18 avec figures. 2 fr. 50

— PERSPECTIVE, Dessinateur et Peintre, par M. VERGNAUD, chef d'escadron d'artillerie. 1 vol. orné d'un grand nombre de planches. 3 fr.

— PHARMACIE POPULAIRE, simplifiée et mise à la portée de toutes les classes de la société, par M. JULIA DE FONTENELLE. 2 vol. 6 fr.

— PHILOSOPHIE EXPÉRIMENTALE, à l'usage des colléges et des gens du monde, par M. AMICE, régent dans l'Académie de Paris. 1 gros vol. 3 fr. 50

— PHYSIOLOGIE VÉGÉTALE, Physique, Chimie et

Minéralogie appliquées à la culture, par M. BOITARD. 1 vol. orné de planches. 3 fr.

— MANUEL DU PHYSIONOMISTE ET PHRÉNOLOGISTE, ou les Caractères dévoilés par les signes extérieurs, d'après Lavater, par MM. H. CHAUSSIER fils et le docteur MORIN. 1 vol. avec figures. 3 fr.

— PHYSIONOMISTE DES DAMES, d'après Lavater, par un Amateur, 1 vol. avec figures. 3 fr.

— PHYSIQUE, ou Éléments abrégés de cette Science mise à la portée des gens du monde et des étudiants, par M. BAILLY, 1 vol. avec figures. 2 fr. 50

— PHYSIQUE AMUSANTE, *ou* Nouvelles Récréations physiques, par M. JULIA DE FONTENELLE. 1 vol. orné de planches. 3 fr. 50

— PLAIN-CHANT ECCLÉSIASTIQUE, romain et français, par M. MINÉ, organiste à St-Roch. 1 vol. 2 fr. 50

— POELIER-FUMISTE, indiquant les moyens d'empêcher les cheminées de fumer, de chauffer économiquement et d'aérer les habitations, les ateliers, etc., par MM. ARDENNI et JULIA DE FONTENELLE. 1 vol. 3 fr. 50

— POIDS ET MESURES (Fabrication des), contenant en général tout ce qui concerne les Arts du Balancier et du Potier d'étain, et seulement ce qui est relatif à la Fabrication des Poids et Mesures dans les Arts du Fondeur, du Ferblantier, du Boisselier, par M. RAVON, vérificateur au bureau central des Poids et Mesures. 1 vol. orné de fig. 3 fr.

— POIDS ET MESURES, Monnaies, Calcul décimal et Vérification, par M. TARBÉ, conseiller à la Cour de Cassation; *approuvé par le Ministre du Commerce, l'Université, la Société d'Encouragement, etc.* 1 vol. 3 fr.

PETIT MANUEL à l'usage des Ouvriers et des Écoles, *avec Tables de conversions*, par M. TARBÉ. 25 c.

PETIT MANUEL classique pour l'enseignement élémentaire, *sans Tables de conversions*, par M. TARBÉ. (*Autorisé par l'Université*). 25 c.

PETIT MANUEL à l'usage des Agents Forestiers, des Propriétaires et Marchands de bois, par M. TARBÉ. 75 c.

POIDS ET MESURES à l'usage des Médecins, etc., par M. TARBÉ. 25 c.

TABLEAU SYNOPTIQUE DES POIDS ET MESURES, par M. TARBÉ. 75 c.

TABLEAU FIGURATIF des Poids et Mesures, par M. TARBÉ. 75 c.

— **POIDS ET MESURES**, *Manuel Compte-faits*, ou Barême général des Poids et Mesures, par M. ACHILLE NOUHEN. *Ouvrage divisé en cinq parties qui se vendent toutes séparément.*

1re partie : Mesures de LONGUEUR. 60 c.
2e partie, — de SURFACE. 60 c.
3e partie, — de SOLIDITÉ. 60 c.
4e partie, POIDS. 60 c.
5e partie : Mesures de CAPACITÉ. 60 c.

MANUEL DE POLICE DE LA FRANCE, par M. TRUY, commissaire de police à Paris. 1 vol. 2 fr. 50

— PONTS ET CHAUSSÉES : *première partie*, ROUTES et CHEMINS, par M. DE GAYFFIER, ingénieur des Ponts et Chaussées. 1 vol. avec fig. 3 fr. 50

— *Seconde partie*, contenant les PONTS, AQUEDUCS, etc. 1 volume avec figures. 3 fr. 50

— PORCELAINIER, Faïencier, Potier de terre, Briquetier et Tuilier, contenant des notions pratiques sur la fabrication des Porcelaines, des Faïences, des Pipes, Poêles, des Briques, Tuiles et Carreaux, par M. BOYER. Nouv. édit. très-augmentée, par M. B...... 2 vol. ornés de pl. 6 fr.

— PRATICIEN, ou Traité de la Science du Droit, mise à la portée de tout le monde, par MM. D...... et RONDONNEAU. 1 gros vol. 3 fr. 50

— PRATIQUE SIMPLIFIÉE DU JARDINAGE (Voyez Jardinage.

— PROPRIÉTAIRE ET LOCATAIRE, ou Sous-Locataire, tant des biens de ville que des biens ruraux, par M. SERGENT. 1 vol. 2 fr. 50

— RELIEUR dans toutes ses parties, contenant les Arts d'assembler, de satiner, de brocher et de dorer, par M. Seb. LENORMAND et M. R. 1 gros vol. orné de pl. 3 fr.

— ROSES (l'Amateur de), leur Monographie, leur Histoire et leur Culture, par M. BOITARD. 1 vol. fig. noires, 3 fr. 50 c., — et fig. coloriées. 7 fr.

— SAPEUR-POMPIER, ou Théorie sur l'extinction des Incendies, par M. PAULIN, commandant les Sapeurs-Pompiers de Paris. 1 vol. 1 fr. 50

ATLAS composé de 50 planches, faisant connaître les machines que l'on emploie dans ce service, la disposition pour attaquer les feux, les positions des Sapeurs dans toutes les manœuvres, etc. 6 fr.

— SAVONNIER, ou l'Art de faire toutes sortes de

Savons, par M. THILLAYE, professeur de Chimie industrielle. 1 vol. orné de fig. 3 fr.

MANUEL DU SERRURIER, ou Traité complet et simplifié de cet Art, par MM. B. et G., serruriers, et TOUSSAINT, architecte. 1 volume orné de planches. 3 fr.

— SOIERIE, contenant l'Art d'élever les Vers à soie et de cultiver le Mûrier; l'Histoire, la Géographie et la Fabrication des Soieries, à Lyon, ainsi que dans les autres localités nationales et étrangères, par M. DEVILLIERS. 2 volumes et Atlas. 10 fr. 50

— SOMMELIER, ou la Manière de soigner les Vins, par M. JULIEN. 1 vol. avec figures. 3 fr.

— SORCIERS, ou la Magie blanche dévoilée par les découvertes de la Chimie, de la Physique et de la Mécanique, par MM. COMTE et JULIA DE FONTENELLE. 1 gros vol. orné de planches. 3 fr.

— SOUFFLEUR A LA LAMPE ET AU CHALUMEAU (Art du), par M. PEDRONI, professeur de chimie, un vol. orné de figures. 2 fr. 50

— SUCRE ET RAFFINEUR (Fabricant de), par MM. BLACHETTE, ZOEGA et JULIA DE FONTENELLE. 1 vol. orné de figures. 3 fr. 50

— STENOGRAPHIE, ou l'Art de suivre la parole en écrivant, par M. H. PREVOST. 1 volume. 1 fr. 75

— TABAC (Fabricant et Amateur de), contenant son Histoire, sa Culture et sa Fabrication, par P. CH. JOUBERT. 1 vol. 2 fr. 50

— TAILLE-DOUCE (Imprimeur en), par MM. BERTHIAUD et BOITARD. 1 vol. avec figures. 3 fr.

— TAILLEUR D'HABITS, contenant la manière de tracer, couper et confectionner les Vêtements, par M. VANDAEL, tailleur. 1 vol. orné de pl. 2 fr. 50

— TANNEUR, Corroyeur, Hongroyeur et Boyaudier, par M. JULIA DE FONTENELLE. 1 vol. avec fig. 3 fr. 50

— TAPISSIER, Décorateur et marchand de Meubles, par M. GARNIER AUDIGER, ancien vérificateur du Garde-Meuble de la Couronne. 1 vol. orné de fig. 2 fr. 50

— TEINTURIER, contenant l'Art de Teindre en Laine, Soie, Coton, Fil, etc., par M. VERGNAUD. 1 gros vol. avec figures. 3 fr.

— TENEUR DE LIVRES, renfermant un Cours de tenue de Livres à partie simple et à partie double, par M. TREMERY. (*Autorisé par l'Université.*) 1 vol. 3 fr.

MANUEL DU TERRASSIER, par MM. ETIENNE et MASSON, un vol. orné de 20 planches. 3 fr. 50

— TISSERAND, ou description des procédés et machines employés pour les divers tissages, par MM. LORENTZ et JULLIEN. 1 vol. orné de fig. 3 fr. 50

MANUEL DU TOISEUR EN BATIMENT; *première partie* : Terrasse et Maçonnerie, par M. LEBOSSU, architecte-expert. 1 vol. avec figures. 2 fr. 50

— *Deuxième partie* : Menuiserie, Peinture, Tenture, Vitrerie, Dorure, Charpente, Serrurerie, Couverture, Plomberie, Marbrerie, Carrelage, Pavage, Poêlerie, Fumisterie, etc., par M. LEBOSSU. 1 vol. 2 fr. 50

— TONNELIER ET BOISSELIER, suivi de l'Art de faire les Cribles, Tamis, Soufflets, Formes et Sabots, par M. DÉSORMEAUX. 1 vol. avec figures. 3 fr.

— TOURNEUR, ou Traité complet et simplifié de cet Art, d'après les renseignements de plusieurs Tourneurs de la capitale, par M. DE VALICOURT. 2 vol. avec pl. 6 fr.

— SUPPLÉMENT à cet ouvrage (tome 3e), un joli volume avec Atlas. 3 fr. 50

— TREILLAGEUR ET MENUISIER DES JARDINS, par M. DÉSORMEAUX. 1 vol. avec planches. 3 fr.

— TYPOGRAPHIE, FONDERIE. (*Sous presse.*)

— TYPOGRAPHIE, IMPRIMERIE, par M. FREY, ancien prote. 2 vol. avec planches. 5 fr.

— VERRIER ET FABRICANT DE GLACES, Cristaux, Pierres précieuses factices, Verres coloriés, Yeux artificiels, par M. JULIA DE FONTENELLE. 1 gros vol. orné de planches. 3 fr.

— VÉTÉRINAIRE, contenant la connaissance des chevaux, la manière de les élever, les dresser et les conduire; la Description de leurs maladies, les meilleurs modes de traitement, etc., par M. LEBEAU et un ancien professeur d'Alfort. 1 vol. avec planches. 3 fr.

— VIGNERON FRANÇAIS, ou l'Art de cultiver la Vigne, de faire les Vins, les Eaux-de-Vie et Vinaigres, par M. THIÉBAUT DE BERNEAUD. 1 vol. avec Atlas. 3 fr. 50

— VINAIGRIER ET MOUTARDIER, par M. JULIA DE FONTENELLE. 1 vol. avec planches. 3 fr.

— VINS (Marchand de), débitants de Boissons et Jaugeage, par M. LAUDIER. 1 vol. avec planches. 3 fr.

— ZOOPHILE, ou l'Art d'élever et de soigner les animaux domestiques (*voyez* Bouvier). 1 vol. 2 fr. 50

BELLE ÉDITION, FORMAT IN-OCTAVO.

SUITES A BUFFON

FORMANT,

AVEC LES OEUVRES DE CET AUTEUR,

UN COURS COMPLET

D'HISTOIRE NATURELLE

embrassant

LES TROIS RÈGNES DE LA NATURE.

Les possesseurs des OEuvres de BUFFON pourront, avec ces suites, compléter toutes les parties qui leur manquent, chaque ouvrage se vendant séparément, et formant, tous réunis, avec les travaux de cet homme illustre, un ouvrage général sur l'histoire naturelle.

Cette publication scientifique, du plus haut intérêt, préparée en silence depuis plusieurs années, et confiée à ce que l'Institut et le haut enseignement possèdent de plus célèbres naturalistes et de plus habiles écrivains, est appelée à faire époque dans les annales du monde savant.

Les noms des Auteurs indiqués ci-après, sont, pour le public, une garantie certaine de la conscience et du talent apportés à la rédaction des différents traités.

ZOOLOGIE GÉNÉRALE (Supplément à Buffon), ou Mémoires et notices sur la zoologie, l'anthropologie et l'histoire de la science, par M. ISIDORE GEOFFROY-SAINT-HILAIRE. 1 volume avec Atlas. Prix : fig. noires. 9 fr. 50
Figures coloriées. 12 fr.

CÉTACÉS (BALEINES, DAUPHINS, etc.), ou Recueil et examen des faits dont se compose l'histoire de ces animaux, par M. F. CUVIER, membre de l'Institut, professeur au Muséum d'Histoire naturelle, etc. 1 vol. in-8 avec 22 planches (*Ouvrage terminé*), figures noires. 12 fr. 50
Fig. coloriées. 18 fr. 50

REPTILES (Serpents, Lézards, Grenouilles, Tortues, etc.), par M. DUMÉRIL, membre de l'Institut, professeur à la faculté de Médecine et au Muséum d'Histoire naturelle, et M. BIBRON, professeur d'Histoire naturelle, 9 vol, et 9 livraisons de planches, fig. noires. 85 fr. 50
Fig. coloriées. 112 fr. 50

— *Les tomes 1 à 6 et 8 sont en vente; les tomes 7 et 9 paraîtront incessamment.*

POISSONS, par M.

ENTOMOLOGIE (Introduction à l'), comprenant les principes généraux de l'Anatomie et de la Physiologie des Insectes, des détails sur leurs mœurs, et un résumé des principaux systèmes de classification, etc., par M. LACORDAIRE, doyen de la faculté des sciences à Liége (*Ouvrage terminé, adopté et recommandé par l'Université pour être placé dans les bibliothèques des Facultés et des Colléges, et donné en prix aux élèves*). 2 vol. in-8 et 24 planches, fig. noires. 19 fr.
Fig. coloriées. 22 fr.

INSECTES COLÉOPTÈRES (Cantharides, Charançons, Hannetons, Scarabées, etc.), par M. LACORDAIRE, doyen à l'Université de Liége.

— ORTHOPTÈRES (Grillons, Criquets, Sauterelles), par M. SERVILLE, ex-président de la Société entomologique de France, 1 vol. et 14 pl. (*Ouvrage terminé*). fig. noires, 9 fr. 50 c., et fig. coloriées. 12 fr. 50 c.

— HÉMIPTÈRES (Cigales, Punaises, Cochenilles, etc.), par MM. AMYOT et SERVILLE. 1 vol. et une livraison de pl. (*Ouv. terminé.*)
Fig. noires. 9 fr. 50c.
Et fig. coloriées. 12 fr. 50 c.

— LÉPIDOPTÈRES (Papillons), par MM. BOISDUVAL et GUENÉE; tome 1er, avec 2 livraisons de pl.
Fig. noires. 12 fr. 50
Fig. coloriées. 18 fr. 50

— NÉVROPTÈRES (Demoiselles, Éphémères, etc.), par M. le docteur RAMBUR, 1 vol. avec une livraison de planches. (*Ouvrage terminé*). fig. noires 9 fr. 50 c. et fig. coloriées 12 fr. 50 c.

— HYMÉNOPTÈRES (Abeilles, Guêpes, Fourmis, etc.), par M. le comte LEPELETIER DE SAINT-FARGEAU et M. BRULLÉ; 4 vol. avec 4 livraisons de planches. (*Ouv. terminé.*)
Fig. noires. 38 fr.
Fig. coloriées. 50 fr.

— DIPTÈRES (Mouches, Cousins, etc.), par M. MACQUART, directeur du Muséum d'Histoire naturelle

de Lille; 2 vol. in-8 et 24 planches. (*Ouv. terminé.*) Fig. noires. 19 fr.
Fig. coloriées. 25 fr.

— APTÈRES (Araignées, Scorpions, etc.), par M. WALCKENAER et le docteur GERVAIS; 4 vol. avec 5 cahiers de pl. (*Ouv. term.*) Fig. noires. 41 fr.
Fig. coloriées. 56 fr.

CRUSTACÉS (Écrevisses, Homards, Crabes, etc.), comprenant l'Anatomie, la Physiologie et la Classification de ces animaux, par M. MILNE-EDWARDS, membre de l'Institut, etc. (*Ouvrage terminé*), 3 vol. avec 4 livraisons de pl. fig. noires. 31 fr. 50
Fig. coloriées. 43 fr. 50

MOLLUSQUES (Moules, Huîtres, Escargots, Limaces, Coquilles, etc.), par M. DE BLAINVILLE, membre de l'Institut, professeur au Muséum d'Histoire naturelle, etc.

HELMINTHES, ou Vers intestinaux, par M. DUJARDIN, de la Faculté des Sciences de Rennes. 1 vol. avec une livraison de pl. (*Ouvrage terminé*). Prix : fig. noires, 9 fr. 50, et fig. coloriées, 12 fr. 50.

ANNÉLIDES (Sangsues, etc.), par M.

ZOOPHYTES ACALEPHES (Physale, Béroé, Angèle, etc.) par M. LESSON, correspondant de l'Institut, pharmacien en chef de la Marine, à Rochefort, 1 vol. avec 1 livraison de pl. (*Ouvrage terminé.*) fig. noires. 9 fr. 50
Fig. coloriées. 12 fr. 50

— ÉCHINODERMES (Oursins, Palmettes, etc.), par M.

— POLYPIERS (Coraux, Gorgones, Éponges, etc.), par M. MILNE-EDWARDS, membre de l'Institut, prof. d'Histoire naturelle, etc.

— INFUSOIRES (Animalcules microscopiques), par M. DUJARDIN, doyen de la Faculté des Sciences, à Rennes; 1 vol. avec deux livraisons de pl. (*Ouvrage terminé.*) fig. noires. 12 fr. 50 c., et fig. coloriées, 18 fr. 50 c.

BOTANIQUE (Introduction à l'étude de la), ou Traité élémentaire de cette science, contenant l'Organographie, la Physiologie, etc., par ALPH. DE CANDOLLE, professeur d'Histoire naturelle à Genève (*Ouvrage terminé, autorisé par l'Université pour les colléges royaux et communaux*). 2 vol. et 8 pl. 16 fr.

VÉGÉTAUX PHANÉROGAMES (Organes sexuels apparents, Arbres, Arbrisseaux, Plantes d'agrément, etc.), par M. SPACH, aide-naturaliste au Muséum d'Histoire naturelle; 14 v. et 15 livr. de pl., (*ouvrage terminé*) fig. noires 136 fr. Fig. coloriées. 181 fr.

— CRYPTOGAMES, à Organes sexuels peu apparents ou cachés, Mousses, Fougères, Lichens, Champignons, Truffes, etc., par M. BRÉBISSON, de Falaise.

GÉOLOGIE (Histoire, Formation et Disposition des Matériaux qui composent l'écorce du Globe terrestre), par M. HUOT, membre de plusieurs Sociétés savantes. 2 vol. ensemble de plus de 1500 pages, avec un atlas de 24 pl. (*Ouv. terminé.*) 19 fr.

MINÉRALOGIE (Pierres, Sels, Métaux, etc.) par M. ALEX. BRONGNIART, membre de l'Institut, professeur au Muséum d'Histoire naturelle, etc., et M. DELAFOSSE, maître des conférences à l'Ecole Normale, aide-naturaliste, etc., au Muséum d'Histoire naturelle.

CONDITIONS DE LA SOUSCRIPTION.

Les SUITES à BUFFON formeront soixante-cinq volumes in-8 environ, imprimés avec le plus grand soin et sur beau papier; ce nombre paraît suffisant pour donner à cet ensemble toute l'étendue convenable. Ainsi qu'il a été dit précédemment, chaque auteur s'occupant depuis longtemps de la partie qui lui est confiée, l'Editeur sera à même de publier en peu de temps la totalité des traités dont se composera cette utile collection.

En mars 1849, 49 volumes sont en vente, avec 55 livraisons de planches.

Les personnes qui voudront souscrire pour toute la Collection auront la liberté de prendre par portion jusqu'à ce qu'elles soient au courant de tout ce qui a paru.

POUR LES SOUSCRIPTEURS À TOUTE LA COLLECTION :

Prix du texte, chaque volume (1) d'environ 500 à 700 pages. 5 fr. 50

Prix de chaque livraison d'environ 10 pl. noires. 3 fr.

— coloriées. 6 fr.

Nota. les personnes qui souscriront pour des parties séparées, paieront chaque volume 6 fr. 50. Le prix des volumes papier vélin sera double du papier ordinaire.

(1) L'Éditeur ayant à payer pour cette collection des honoraires aux auteurs, le prix des volumes ne peut être comparé à celui des réimpressions d'ouvrages appartenant au domaine public et exempts de droits d'auteurs, tels que Buffon, Voltaire, etc.

ANCIENNE COLLECTION

DES

SUITES A BUFFON,

FORMAT IN-18,

Formant avec les Œuvres de cet Auteur

UN COURS COMPLET D'HISTOIRE NATURELLE,

CONTENANT

LES TROIS RÈGNES DE LA NATURE;

Par Messieurs

BOSC, BRONGNIART, BLOCH, CASTEL, GUÉRIN, DE LAMARCK, LATREILLE, DE MIRBEL, PATRIN, SONNINI et DE TIGNY;

La plupart Membres de l'Institut et professeurs au Jardin-du-Roi.

Cette Collection, primitivement publiée par les soins de M. Déterville, et qui est devenue la propriété de M. Roret, ne peut être donnée par d'autres éditeurs, n'étant pas, comme les Œuvres de Buffon, dans le domaine public.

Les personnes qui auraient les suites de Lacépède, contenant seulement les Poissons et les Reptiles, auront la liberté de ne pas les prendre dans cette collection.

Cette Collection forme 54 volumes, ornés d'environ 600 planches, dessinées d'après nature par Desève, et précieusement terminées au burin. Elle se compose des ouvrages suivants :

HISTOIRE NATURELLE DES INSECTES, composée d'après Réaumur, Geoffroy, Degeer, Roesel, Linné, Fabricius, et les meilleurs ouvrages qui ont paru sur cette partie, rédigée suivant les méthodes d'Olivier, de Latreille, avec des notes, plusieurs observations nouvelles et des figures dessinées d'après nature; par F.-M.-G. DE TIGNY et BRONGNIART, pour les généralités. Édition ornée de beaucoup de figures, augmentée et mise au niveau des connaissances actuelles, par M. GUÉRIN. 10 vol. ornés de planches, figures noires. 23 fr. 40

Le même ouvrage, figures coloriées. 39 fr.

— **NATURELLE DES VÉGÉTAUX** classés par familles, avec la citation de la classe et de l'ordre de Linné, et l'indication de l'usage qu'on peut faire des plantes dans les arts, le commerce, l'agriculture, le jardinage, la médecine, etc.; des figures dessinées d'après nature, et un GENERA complet, selon le système de Linné, avec des renvois aux familles naturelles de Jussieu; par J.-B. LAMARCK, membre de l'Institut, professeur au Muséum d'Histoire naturelle, et par C.-F.-B. MIRBEL, membre de l'Académie des Sciences, professeur de botanique. Edition ornée de 120 planches représentant plus de 1600 sujets. 15 volumes ornés de planches, figures noires. 30 fr. 90

Le même ouvrage, figures coloriées. 46 fr. 50

HISTOIRE NATURELLE DES COQUILLES, contenant leur description, leurs mœurs et leurs usages, par M. BOSC, membre de l'Institut. 5 vol. ornés de planches, figures noires. 10 fr. 65

Le même ouvrage, figures coloriées. 16 fr. 50

— NATURELLE DES VERS, contenant leur description, leurs mœurs et leurs usages, par M. BOSC. 3 vol. ornés de planches, figures noires. 6 fr. 50

Le même ouvrage, figures coloriées. 10 fr. 50

— NATURELLE DES CRUSTACÉS, contenant eur description, leurs mœurs et leurs usages, par M. BOSC. 2 vol. ornés de planches, figures noires. 4 fr. 75

Le même ouvrage, figures coloriées. 8 fr.

— NATURELLE DES MINÉRAUX, par M. E.-M. PATRIN, membre de l'Institut. Ouvrage orné de 40 planches, représentant un grand nombre de sujets dessinés d'après nature. 5 volumes ornés de planches, figures noires. 10 fr. 30

Le même ouvrage, figures coloriées. 16 fr. 50

— NATURELLE DES POISSONS, avec des figures dessinées d'après nature, par BLOCH. Ouvrage classé par ordres, genres et espèces, d'après le système de Linné, avec les caractères génériques, par RENÉ RICHARD CASTEL. Edition ornée de 160 planches représentant 600 espèces de poissons, 10 volumes. 26 fr. 20

Avec figures coloriées. 47 fr.

— NATURELLE DES REPTILES, avec des figures dessinées d'après nature, par SONNINI, homme de lettres et naturaliste, et LATREILLE, membre de l'Institut. Edition ornée de 54 planches, représentant environ 150 espèces différentes de serpents, vipères, couleuvres, lézards, grenouilles, tortues, etc. 4 vol. avec planches, figures noires. 9 fr. 85

Le même ouvrage, figures coloriées. 17 fr.

Cette collection de 54 volumes a été annoncée en 108 demi-volumes; on les enverra brochés de cette manière aux personnes qui en feront la demande.

Tous les ouvrages ci-dessus sont en vente.

BOTANIQUE ET HISTOIRE NATURELLE.

(*Voir aussi la Collection de Manuels, page 3.*)

ANNALES (NOUVELLES) DU MUSEUM D'HISTOIRE NATURELLE, recueil de mémoires de MM. les professeurs administrateurs de cet établissement, et autres naturalistes célèbres, sur les branches des sciences naturelles et chimiques qui y sont enseignées. Années 1832 à 1835, 4 vol. in-4. Prix : 30 fr. chaque volume.

ARCHIVES DE LA FLORE DE FRANCE et D'ALLEMAGNE, par SCHULTZ. 1842. In-8.

Il paraîtra plusieurs feuilles par an. Prix : 50 c. par feuille.

ARCHIVES DU MUSÉUM D'HISTOIRE NATURELLE, publiées par les professeurs administrateurs de cet établissement.

Cet ouvrage fait suite aux *Annales*, aux *Mémoires* et aux *Nouvelles Annales du Muséum*.

Il paraît par volumes in-4, sur papier grand-raisin, d'environ 60 feuilles d'impression, et orné de 30 à 40 planches gravées par les meilleurs artistes, et dont 15 à 20 sont coloriées avec le plus grand soin.

Il en paraît un volume par an, divisé en quatre livraisons.

Prix de chaque volume	Papier ordinaire.	40 *fr.*
	Papier vélin.	80

Les tomes 1 à 4 sont en vente.

BOTANIQUE (la), de J.-J. Rousseau, contenant tout ce qu'il a écrit sur cette science, augmentée de l'exposition de la méthode de Tournefort et de Linné, suivie d'un Dictionnaire de botanique et de notes historiques; par M. DEVILLE. 2e édition, 1 gros volume in-12, orné de 8 planches. 4 fr.

Figures coloriées. 5 fr.

BOTANOGRAPHIE BELGIQUE, ou Flore du nord de

la France et de la Belgique proprement dite, par TH. LESTIBOUDOIS. 2 vol. in-8. 14 fr.

BOTANOGRAPHIE ÉLÉMENTAIRE, ou Principes de Botanique, d'Anatomie et de Physiologie végétale, par TH. LESTIBOUDOIS. In-8. 7 fr.

CALENDRIER DE FLORE, ou Etudes de Fleurs d'après nature. 3 vol. in-8. 40 fr.

CARTE GÉOGNOSTIQUE du nord du bassin tertiaire parisien, par M. MELLEVILLE. Feuille in-plano. 4 fr.

CATALOGUE DE LA FAUNE DE L'AUBE, ou Liste méthodique des animaux de cette partie de la Champagne, par J. RAY. In-12. 2 fr. 50

— DES COLÉOPTÈRES de la Collection de M. le comte DEJEAN. 3e édition, in-8. 15 fr.

— DES LÉPIDOPTÈRES du département du Var, par L.-P. CANTENER. In-8. 2 fr.

— DES LÉPIDOPTÈRES, ou Papillons de la Belgique, précédé du tableau des Libellulines de ce pays, par M. DE SÉLIS-LONGCHAMPS. In-8. 2 fr.

CAVERNES (des), de leur origine et de leur mode de formation, par TH. VIRLET. In-8. 1 fr.

COLLECTION ICONOGRAPHIQUE ET HISTORIQUE DES CHENILLES, ou Description et figures des chenilles d'Europe, avec l'histoire de leurs métamorphoses, et des applications à l'agriculture, par MM. BOISDUVAL, RAMBUR et GRASLIN.

Cette collection se composera d'environ 70 livraisons, format grand in-8, et chaque livraison comprendra *trois planches coloriées* et le texte correspondant.

Le prix de chaque livraison est de 3 fr. sur papier vélin, et franche de port 3 fr. 25 c. — *42 livraisons ont déjà paru.*

Les dessins des espèces qui habitent les environs de Paris, comme aussi ceux des chenilles que l'on a envoyées vivantes à l'auteur, ont été exécutés avec autant de précision que de talent. L'on continuera à dessiner toutes celles que l'on pourra se procurer en nature. Quant aux espèces propres à l'Allemagne, la Russie, la Hongrie, etc., elles seront peintes par les artistes les plus distingués de ces pays.

Le texte est imprimé sans pagination; chaque espèce aura une page séparée, que l'on pourra classer comme on voudra. Au commencement de chaque page se trouvera le même numéro qu'à la figure qui s'y rapportera, et en titre le nom de la tribu, comme en tête de la planche.

Cet ouvrage, avec l'Icones des Lépidoptères de M. Boisduval, de beaucoup supérieurs à tout ce qui a paru jusqu'à présent, formeront un supplément et une suite indispensable aux ouvrages de Hubner, de Godart, etc. Tout ce que nous pouvons dire en faveur de ces deux ouvrages remarquables peut se réduire à cette expression employée par M. Dejean dans le cinquième volume de son Species : *M. Boisduval est de tous nos entomologistes celui qui connaît le mieux les lépidoptères.*

CONFÉRENCES SUR LES APPLICATIONS DE L'ENTOMOLOGIE A L'AGRICULTURE, précédées d'un discours, par M. MACQUART. (Extrait des publications agricoles de la Société des sciences, de l'agriculture et des arts de Lille), br. in-8o. 75 c.

CONNAISSANCES (Des) CONSIGNÉES DANS LA BIBLE, mises en parallèle avec les découvertes des sciences modernes, par M. MARCEL DE SERRES. In-8. 1 fr. 50

COUPE THÉORIQUE DES DIVERS TERRAINS, ROCHES ET MINÉRAUX qui entrent dans la composition du sol du Bassin de Paris, par MM. CUVIER et ALEXANDRE BRONGNIART. Une feuille in-fol. 2 fr. 50

COURS D'ENTOMOLOGIE, ou de l'Histoire naturelle des crustacés, des arachnides, des myriapodes et des insectes, à l'usage des élèves de l'École du Muséum d'Histoire naturelle, par M. LATREILLE, professeur, membre de l'Institut, etc., contenant le discours d'ouverture du cours. — Tableau de l'histoire de l'entomologie. — Généralités de la classe des crustacés et de celle des arachnides, des myriapodes et des insectes. — Exposition méthodique des ordres, des familles, et des genres des trois premières classes. 1 gros vol. in-8, et un Atlas composé de 24 planches. 15 fr.

COURS D'HISTOIRE NATURELLE conforme au nouveau programme de l'Université, par M. FOURNEL. 1re partie. — *Règne animal.* In-8. 6 fr.

DESCRIPTION GÉOLOGIQUE DE LA PARTIE MÉRIDIONALE DE LA CHAINE DES VOSGES, par M. ROZET, capitaine au corps royal d'état-major. In-8 orné de planches et d'une jolie carte. 10 fr.

— GÉOLOGIQUE DES ENVIRONS DE PARIS, par MM. G. CUVIER et A. BRONGNIART. In-4, figures. 40 fr.

DESCRIPTION DES MOLLUSQUES FLUVIATILES ET TERRESTRES DE LA FRANCE, et plus particulièrement du département de l'Isère; ouvrage orné de planches représentant plus de 140 espèces, par M. ALBIN GRAS. In-8. 5 fr.

DICTIONNAIRE DE BOTANIQUE MÉDICALE ET HARMACEUTIQUE, contenant les principales propriétés des minéraux, des végétaux et des animaux, avec les préparations de pharmacie, internes et externes, les plus usitées en médecine et en chirurgie, etc., par une Société de médecins, de pharmaciens et de naturalistes. Ouvrage utile à toutes les classes de la société, orné de 17 grandes planches représentant 278 figures de plantes gravées avec le plus grand soin, 3e *édition*, revue, corrigée et augmentée de beaucoup de préparations pharmaceutiques et de recettes nouvelles, par M. JULIA DE FONTENELLE et BARTHEZ. 2 gros vol. in-8, figures noires. 18 fr.

Le même, figures coloriées d'après nature. 25 fr.

Cet ouvrage est spécialement destiné aux personnes qui, sans s'occuper de la médecine, aiment à secourir les malheureux.

* DICTIONNAIRE (nouveau) D'HISTOIRE NATURELLE appliquée aux arts, à l'agriculture, à l'économie rurale et domestique, à la médecine, etc., par une Société de naturalistes et d'agriculteurs. 36 vol. in-8, fig. noires. 120 fr.

Idem, figures coloriées. 250 fr.

* DICTIONNAIRE RAISONNÉ ET UNIVERSEL D'HISTOIRE NATURELLE, contenant l'histoire des animaux, des végétaux et des minéraux, par VALMONT BOMARE. 15 volumes in-8. 35 fr.

DILUVIUM (du). Recherches sur les dépôts auxquels on doit donner ce nom et sur les causes qui les ont produits, par M. MELLEVILLE; in-8. 2 fr. 50.

DIPTÈRES DU NORD DE LA FRANCE. Par M. J. MACQUART. 5 volumes in-8. 30 fr.

DIPTÈRES EXOTIQUES NOUVEAUX OU PEU CONNUS, par M. J. MACQUART, membre de plusieurs sociétés savantes; t. 1 et 2, et supplém., 6 livraisons in-8; prix, figures noires. 42 fr.

Le même ouvrage, fig. coloriées. 72 fr.

— Le Supplément 1846. In-8. 7 fr.

— *Idem*, figures coloriées. 12 fr.

DISCOURS SUR L'AVENIR PHYSIQUE DE LA TERRE, par MARCEL DE SERRES, professeur de minéralogie et de géologie à la Faculté des Sciences de Montpellier, in-8; prix 2 fr. 50.

ÉLÉMENTS DE MINÉRALOGIE appliquée aux sciences chimiques, d'après Berzélius, par MM. GIRARDIN et LECOCQ, 2 volumes in-8. 14 fr.

NOTA. Tous les articles portant cette marque * varient de prix, selon la beauté de l'exemplaire, la reliure, etc.

ÉLÉMENTS DES SCIENCES NATURELLES, par A.-M. CONSTANT-DUMÉRIL. 5e édition, 1846, 2 vol. in-12, fig. 8 fr.

ÉNUMÉRATION DES ENTOMOLOGISTES VIVANTS, suivie de notes sur les collections entomologistes des musées d'Europe, etc., avec une table des résidences des entomologistes. Par SILBERMANN, in-8. 3 fr.

ESQUISSES ORNITHOLOGIQUES, descriptions et figures d'oiseaux nouveaux ou peu connus, par le vicomte BERNARD DU BUS. 1re livraison. Bruxelles, 1845, in-4.

Il paraîtra 20 livraisons, de 5 pl. col. à 12 fr. la liv.

ESSAI MONOGRAPHIQUE sur les Campagnols des environs de Liège, par M. DE SÉLIS-LONGCHAMPS, in-8, figures. 3 fr.

ESSAI SUR L'HISTOIRE NATURELLE DES SERPENTS de la Suisse, par J. F. WYDER. in-8, fig. 2 fr. 50

ESSAI SUR LES BASES ONTOLOGIQUES de la Science de l'Homme, par P.-E. GARREAU 1846, in-8. 5 fr.

ESSAIS DE ZOOLOGIE GÉNÉRALE, *ou* Mémoires et notices sur la Zoologie générale, l'anthropologie et l'histoire de la science, par M. ISIDORE GEOFFROY SAINT-HILAIRE. 1 volume in-8, orné de planches noires. 8 fr. 50.

Figures coloriées. 12 fr.

ÉTAT (De l') DES MASSES MINÉRALES au moment de leur soulèvement; par M. MARCEL DE SERRES. In-8, fig. 2 fr. 50

ÉTUDES DE MICROMAMMALOGIE, revue des sorex, mus et arvicola d'Europe, suivies d'un index méthodique des mammifères européens, par M. EDM. DE SELYS LONGCHAMPS. 1 volume in-8. 5 fr.

ÉTUDES PROGRESSIVES D'UN NATURALISTE, pendant les années 1834 et 1835, par M. E. GEOFFROY SAINT-HILAIRE. Paris, 1835, in-4. 15 fr.

ÉTUDES SUR L'ANATOMIE et la Physiologie des Végétaux, par THEM. LESTIBOUDOIS. in-8, fig. 6 fr.

EUROPÆORUM MICROLEPIDOPTERORUM Index methodicus, sive Spirales, Tortrices, Tineæ et Alucitæ Linnæi. Auct. A. GUÉNÉE. Pars prima, in-8. 3 fr. 75

FAUNA JAPONICA, sive descriptio animalium quæ in itinere per Japoniam jussu et auspiciis superiorum, qui summum in India Batava imperium tenent, suscepto annis 1823-1830, collegit, notis, observationibus et adumbrationibus illustravit Ph. Fr. de Siebold. Prix de chaque livraison : 26 fr. L'ouvrage aura 25 livraisons.

Cet ouvrage, auquel participent pour sa rédaction MM. Temminck, Schlegel et Dehaan, *se continue avec activité. 17 livraisons sont en vente ; savoir : Mammalogie*, 3 liv. ; *Reptiles*, 3 liv. ; *Crustacés*, 5 liv. ; *Poissons*, 6 liv.

FAUNE BELGE, 1re partie, indication méthodique des mammifères, oiseaux, reptiles et poissons observés jusqu'ici en Belgique, par Ed. de Selys-Longchamps. in-8. 7 fr.

FAUNE DE L'OCÉANIE, par le docteur Boisduval. Un gros vol. in-8, imprimé sur grand papier vélin. 10 fr.

FAUNE ENTOMOLOGIQUE DE MADAGASCAR, BOURBON ET MAURICE. — *Lépidoptères*, par le docteur Boisduval ; avec des notes sur les métamorphoses, par M. Sganzin.

Huit livraisons, renfermant chacune 2 pl. coloriées, avec le texte correspondant, sur papier vélin. 32 fr.

FAUNE PARISIENNE, ou Histoire abrégée des Insectes des environs de Paris, par C. A. Walkenaer. 2 volumes in-8, fig. 10 fr.

FILLE BICORPS de Prunay (sous Abli), connue dans la science sous le nom de *Ischiopage* de Prunay, par M. Geoffroy Saint-Hilaire. In-4. Figures. 3 fr.

FLORA JAPONICA, sive Plantæ quas in imperio Japonico collegit, descripsit, ex parte in ipsis locis pigendas curavit, D. Ph.-Fr. de Siebold. Prix de chaque livraison 15 fr. coloriée, et 8 fr. noire. Il en paraît 23 livraisons.

FLORA JAVÆ nec non insularum adjacentium, auctore Blume. In-folio. Bruxelles. Livraisons 1 à 35. 15 fr. chacune.

FLORE DU CENTRE DE LA FRANCE et du bassin de la Loire, par M. A. Boreau, directeur du Jardin des Plantes d'Angers, etc. 2e édition. 2 vol. in-8 ; prix ; 13 fr.

FRAGMENTS BIOGRAPHIQUES, précédés d'études sur la vie, les ouvrages et les doctrines de Buffon, par M. Geoffroy Saint-Hilaire. In-8. 9 fr.

GENERA ET INDEX METHODICUS Europæorum Lepidopterorum, pars prima sistens Papiliones sphinges, Bombyces noctuas, auctore Boisduval. 1 vol. in-8. 5 fr.

HERBARII TIMORENSIS DESCRIPTIS, cum tabulis 6 æneis ; auctore J. Decaisne. 1 vol. in-4. 15 fr.

HERBIER GÉNÉRAL DES PLANTES DE FRANCE ET D'ALLEMAGNE, par M. Schultz. In-folio, livraisons 1 à 4. 20 fr. chacune.

* HISTOIRE ABRÉGÉE DES INSECTES, nouvelle édition. Par M. GEOFFROY. 2 vol. in-4, figures. 25 fr.

HISTOIRE DES CONFERVES D'EAU DOUCE, par VAUCHER. In-4, figures. 7 fr. 50.

HISTOIRE DES MOEURS ET DE L'INSTINCT DES ANIMAUX, distributions naturelles de toutes leurs classes, par J. J. VIREY. 2 vol. in-8. 12 fr.

HISTOIRE DES PROGRÈS DES SCIENCES NATURELLES, depuis 1789 jusqu'en 1831, par M. le baron G. CUVIER. 5 vol. in-8. 22 fr. 50.

Le tome 5 séparément. 7 fr.

Le Conseil royal de l'Université a décidé que cet ouvrage serait placé dans les bibliothèques des colléges et donné en prix aux élèves.

HISTOIRE D'UN PETIT CRUSTACÉ (*Artemia salina*, LEACH.), auquel on a faussement attribué la coloration en rouge des marais salants méditerranéens, etc., par N. JOLY. In-4, fig. 5 fr.

HISTOIRE NATURELLE DES LÉPIDOPTÈRES RHOPALOCERES, ou Papillons diurnes des départements des Haut et Bas-Rhin, de la Moselle, de la Meurthe et des Vosges, publiée par L. P. CANTENER. 15 livraisons in-8, fig. col. 26 fr.

HISTOIRE NATURELLE ET MYTHOLOGIQUE DE L'IBIS, par J. C. SAVIGNY. In-8, avec 6 pl. 4 fr.

* HISTOIRE NATURELLE GÉNÉRALE ET PARTICULIÈRE, par M. le comte de BUFFON; nouvelle édition accompagnée de notes, etc.; rédigée par M. SONNINI. Paris, Dufart, 127 vol. in-8. 300 fr.

HISTOIRE NATURELLE, ou Éléments de la Faune française, par MM. BRAGUIER et MAURETTE. In-12, cahiers 1 à 5, à 2 francs chaque. 10 fr.

ICONES HISTORIQUES DES LÉPIDOPTÈRES NOUVEAUX OU PEU CONNUS, collection, avec figures coloriées, des papillons d'Europe nouvellement découverts; ouvrage formant le complément de tous les auteurs iconographes; par le docteur BOISDUVAL.

Cet ouvrage se composera d'environ 60 livraisons grand in-8, comprenant chacune deux planches coloriées et le texte correspondant; prix, 3 francs la livraison sur papier vélin, et franche de port, 3 fr. 25.

Comme il est probable que l'on découvrira encore des es-

pèces nouvelles dans les contrées de l'Europe qui n'ont pas été bien explorées, l'on aura soin de publier, chaque année, une ou deux *livraisons pour tenir les souscripteurs au courant des nouvelles découvertes. Ce sera en même temps un moyen très-avantageux et très-prompt pour MM. les entomologistes, qui auront trouvé un lépidoptère nouveau, de pouvoir les publier les premiers. C'est-à-dire que, si, après avoir subi un examen nécessaire, leur espèce est réellement nouvelle, leur description sera imprimée textuellement; ils pourront même en faire tirer quelques exemplaires à part.* — 42 livraisons ont déjà paru.

ICONOGRAPHIA DELLA FAUNA ITALICA; di CARLO-LUCIANO BONAPARTE, principe di Musignano, 30 livraisons in-folio à 21 fr. 60 chaque.

ICONOGRAPHIE ET HISTOIRE DES LÉPIDOPTÈRES ET DES CHENILLES DE L'AMÉRIQUE SEPTENTRIONALE, par le docteur BOISDUVAL, et par le major JOHN LECONTE, de New-York.

Cet ouvrage, dont il n'avait paru que huit livraisons, et interrompu par suite de la révolution de 1830, va être continué avec rapidité. Les livraisons 1 à 26 sont en vente, et les suivantes paraîtront à des intervalles très-rapprochés.

L'ouvrage comprendra environ 50 *livraisons. Chaque livraison contient* 3 *planches coloriées, et le texte correspondant.* Prix pour les souscripteurs, 3 fr. la livraison.

ICONOGRAPHIE ET HISTOIRE NATURELLE DES COLÉOPTÈRES D'EUROPE, famille des *Carabiques*, par M. le comte DEJEAN et M. le docteur BOISDUVAL. 46 livraisons gr. in-8, fig. col. A 6 fr. la liv. 276 fr.

ILLUSTRATIONES PLANTARUM ORIENTALIUM, ou Choix de Plantes nouvelles ou peu connues de l'Asie occidentale, par M. le comte JAUBERT et M. SPACH. Cet ouvrage formera 5 vol. grand in-4, composés chacun de 100 planches et d'environ 30 feuilles de texte; il paraît par livraisons de 10 planches. Le prix de chacune est de 15 fr. Il en a paru 26 livraisons.

INSECTA SUECICA, descripta a Leonardo GYLLENHAL. Scaris, 1808 à 1827. 4 vol. in-8. 48 fr.

INTRODUCTION A L'ETUDE DE LA BOTANIQUE, par PHILIBERT. 3 vol. in-8°; fig. col. 18 fr.

ITER HISPANIENSE or a synopsis of plants collected in the Southern provinces of Spain and in Portugal, by P. B. WEBB. In-8°. 3 fr.

MÉMOIRE SUR LA FAMILLE DES COMBRÉTACÉES, par M. DE CANDOLLE. In-4°; fig. 3 fr.

MÉMOIRE SUR LES TERMITES observés à Rochefort et dans divers autres lieux du département de la Charente-Inférieure, par M. BOBE-MOREAU. In-8°. 3 fr.

MÉMOIRE DE LA SOCIÉTÉ DE PHYSIQUE DE GENÈVE, in-4°. — Divers Mémoires séparés sur les *Selaginées*, les *Lythraires*, les *Dypsacées*, le *Mont-Somma*, etc.

— **DE LA SOCIÉTÉ D'HISTOIRE NATURELLE** de Paris. 5 vol. in-4° avec planches. Prix : 20 fr. chaque volume. Prix total. 100 fr.

MÉMOIRES DE LA SOCIÉTÉ ROYALE DES SCIENCES DE LIÈGE. Tome 1, 1843, in-8°. 8 fr.

— Tome 2, 1845. 10 fr.

— Tome 3, 1845 (contenant la Monog. des Coléoptères subptentamères-phytophages, par LACORDAIRE, t. 1). 12 fr.

— Tome 4, 1re partie, in-8° et atlas. 10 fr.

— Tome 5, 1848. Monog. des Coléoptères subptentamères-phytophages, par M. LACORDAIRE, tome 2. 12 fr.

* **MÉMOIRES** pour servir à l'Histoire des Insectes, par DE RÉAUMUR. 6 vol. in-4°. 50 fr.

MÉMOIRES SUR LES ANIMAUX SANS VERTÈBRES, par J.-C. SAVIGNY. Paris, 1816, 1re partie, premier fascicule, avec 12 pl. 6 fr.

— 2e partie, premier fascicule, avec 24 pl. col. 24 fr.

— **SUR LES MÉTAMORPHOSES DES COLÉOPTÈRES**, par DE HAAN. In-4° ; fig. 10 fr

MONITEUR (Le) DES INDES orientales et occidentales, Recueil de Mémoires et de Notices scientifiques et industrielles, etc. ; publié par F. DE SIÉBOLD et P. MELVILL DE CARNBÉE. 1846, nos 1, 2, 3, un cahier in-4.

MONOGRAPHIE DES ÉROTYLIENS, famille de l'ordre des Coléoptères, par M. Th. LACORDAIRE. In-8. 9 fr.

— **DES LIBELLULIDÉES D'EUROPE**, par Edm. DE SELYS-LONGCHAMPS. 1 vol. gr. in-8, avec quatre planches représentant 44 figures. Prix : 5 fr.

NATURE (La) CONSIDÉRÉE comme force instinctive des organes, par J. GUISLAIN. In-8. 2 fr. 50

NOTES GÉOLOGIQUES sur la Provence, par M. MARCEL DE SERRES. In-8, fig. 3 fr.

NOTICE GÉOLOGIQUE sur le Département de l'Aveyron, par M. MARCEL DE SERRES. In-8. 3 fr. 50

NOTICE SUR LES DIFFÉRENCES SEXUELLES

des Diptères du genre Dolichopus, tirées des nervures des ailes; par M. MACQUART. 1844, in-8. 1 fr.

NOTICE SUR L'HISTOIRE, les Mœurs et l'Organisation de la Girafe, par M. JOLY. In-8. 1 fr.

NOTICES SUR LES LIBELLULIDÉES, extraites des Bulletins de l'Académie de Bruxelles, par Edm. DE SÉLYS-LONGCHAMPS. In-8, fig. 2 fr.

OBSERVATIONS BOTANIQUES, par B.-C. DUMORTIER. In-8. 4 fr.

* PAPILLONS D'EUROPE peints d'après nature, par ERNST. 8 tomes en 4 vol. in-4, avec 342 pl. col. 200 fr.

*PAPILLONS EXOTIQUES DES TROIS PARTIES DU MONDE, l'Asie, l'Afrique et l'Amérique, par P. CRAMER. 4 vol. in-4, rel., avec 400 planches coloriées. 400 fr.

PLANTES (les), Poème, par R. R. CASTEL; nouvelle édition, ornée de 5 figures en taille douce. In-18. 3 fr.

PLANTES RARES DU JARDIN DE GENÈVE, par A. P. DE CANDOLLE; livraisons 1 à 4, in-4, fig. col., à 15 fr. la livraison. Prix total. 60 fr.

RECHERCHES HISTORIQUES, ZOOLOGIQUES, ANATOMIQUES ET PALÉONTOLOGIQUES sur la Girafe, par MM. N. JOLY et A. LAVOCAT. In-4, fig. 10 fr.

RECHERCHES SUR LE DÉVELOPPEMENT et les Métamorphoses d'une petite Salicoque d'eau douce, par M. JOLY. In-8. 2 fr.

RECHERCHES SUR L'HISTOIRE NATURELLE ET L'ANATOMIE DES LIMULES, par J. VANDER HOEVEN. Leyde, 1838; in-folio, fig. 18 fr.

RÈGNE ANIMAL, d'après M. DE BLAINVILLE, disposé en séries, en procédant de l'homme jusqu'à l'éponge, et divisé en trois sous-règnes; tableau supérieurement gravé. Prix: 3 fr. 50

Et collé sur toile, avec gorge et rouleau. 8 fr.

REVUE ENTOMOLOGIQUE, publiée par G. SILBERMANN. Strasbourg, 1833 à 1837; 5 vol. in-8. 36 fr. par an. (2 vol.)

*RUMPHIUS (G. Ev.); Cabinet des raretés de l'île d'Amboine (en hollandais). Amsterdam, 1705; in-folio, fig. 50 fr.

*RUMPHII (G. Ev.) Herbarium Amboinense, Belgice et Lat., cura et studio J. BURMANNI. Amstelod., 1750; 7 vol. in-folio 200 fr.

RUMPHIA, sive Commentationes botanicæ imprimis de

plantis Indiæ Orientalis, tum penitus incognitis, tum quæ in libris Rheedii, Rumphii, Roxburghii, Gallichii, aliorum recensentur, auctore C.-L. BLUME, cognomine RUMPHIO. Le prix de chaque livraison est fixé, pour les souscripteurs, à 15 fr. Il en paraît 30 livraisons.

SINGULORUM GENERUM CURCULIONIDUM unam alteramve speciem, additis Iconibus a David LABRAM, illustravit L. IMHOF. Fascic. 1 à 7, in-12. à 2 fr. chaque.

SYNONYMIA INSECTORUM.—GENERA ET SPECIES CURCULIONIDUM (ouvrage comprenant la synonymie et la description de tous les Curculionites connus), par M. SCHOENHER. 8 tomes en 16 parties. (*Ouvrage terminé.*) Prix : 144 fr.

CURCULIONIDUM DISPOSITIO methodica cum generum characteribus, descriptionibus atque observationibus variis, seu Prodromus ad Synonymiæ insectorum partem IV, auctore C.-J. SCHOENHERR. 1 vol. in-8. Lipsiæ, 1826. 7 fr.

L'éditeur vient de recevoir de Suède et de mettre en vente le petit nombre d'exemplaires restant de la Synonymia insectorum *du même auteur. Chaque volume qui compose ce dernier ouvrage est accompagné de planches coloriées, dans lesquelles l'auteur a fait représenter des espèces nouvelles.*

SYNONYMIA INSECTORUM. Oder Versach, etc. SCHOENHERR. Skara et Upsaliæ, 1817. 4 vol. in-8. 50 fr.

* SPECTACLE (le) DE LA NATURE, ou Entretiens sur l'Histoire naturelle, suivi de l'Histoire du Ciel, par PLUCHE. 11 vol. in-12. 20 fr.

STATISTIQUE GÉOLOGIQUE ET MINÉRALOGIQUE du Département de l'Aube, par A. LEYMERIE. Troyes, 1846, 1 vol. in-8 et Atlas in-4. Prix 15 fr.

TABLEAU DE LA DISTRIBUTION MÉTHODIQUE DES ESPÈCES MINÉRALES, suivie dans le cours de minéralogie fait au Muséum d'Histoire naturelle en 1833, par M. Alexandre BRONGNIART, professeur. Brochure in-8. 2 fr.

TABLEAU DU RÈGNE VÉGÉTAL, d'après la méthode de A.-L. DE JUSSIEU, modifiée par M. A. RICHARD, comprenant toutes les familles naturelles; par M. Ch. D'ORBIGNY. 2e édition; 1 feuille et quart in-plano. 4 fr.

Idem, coloriée. 5 fr.

THÉORIE ÉLÉMENTAIRE DE LA BOTANIQUE, ou Exposition des Principes de la Classification naturelle et de l'Art de décrire et d'étudier les végétaux, par M. DE CANDOLLE. 3e édition ; 1 vol. in-8. 8 fr.

THÉORIE POSITIVE DE LA FÉCONDATION DES MAMMIFÈRES, basée sur l'observation de toute la série animale, par F.-A. POUCHET. In-8. 4 fr.

* **TRAITÉ ANATOMIQUE** de la Chenille qui ronge le bois de saule, par LIONNET. In-4. figures. 36 fr.

— **ÉLÉMENTAIRE DE MINÉRALOGIE**, par F.-S. BEUDANT, de l'Académie royale des Sciences, nouvelle édition considérablement augmentée. 2 vol. in-8, accompagnés de 24 planches. 21 fr.

TROIS CENTS ANIMALCULES INFUSOIRES dessinés à l'aide du microscope, par M. PRITCHARD, et publié par CH. CHEVALIER. In-8, figures. 3 fr.

ZEITSCHRIFT FUR DIE ENTOMOLOGIE herausgegeben von ERNST FRIEDRICH GERMAR. Leipzig, 1839 à 1844. 5 vol. in-8. 52 fr.

ZOOLOGIE CLASSIQUE, ou Histoire naturelle du Règne animal, par M. F.-A. POUCHET, professeur de zoologie au Muséum d'Histoire naturelle de Rouen, etc. : seconde édition, considérablement augmentée. 2 vol. in-8, contenant ensemble plus de 1,300 pages, et accompagnés d'un Atlas de 44 planches et de 5 grands tableaux gravés sur acier. Prix des 2 vol. 16 fr.

Prix de l'Atlas, figures noires. 10 fr.

— figures coloriées. 30 fr.

NOTA. *Le Conseil royal de l'Université a décidé que cet ouvrage serait placé dans les bibliothèques des colléges.*

AGRICULTURE,

ECONOMIE RURALE ET JARDINAGE.

(*Voir aussi la Collection de Manuels*, page 3.)

ABRÉGÉ DE L'ART VÉTÉRINAIRE, ou Description raisonnée des Maladies du Cheval et de leur Traitement; suivi de l'anatomie et de la physiologie du pied et des principes de ferrure, avec des observations sur le régime et l'exercice du cheval, etc., par WHITE; traduit de l'anglais et annoté par M. V. DELAGUETTE, vétérinaire. 2e édition, in-12. 3 fr. 50

AGRICULTURE FRANÇAISE, par MM. les Inspecteurs de l'agriculture, publiée d'après les ordres de M. le Ministre de l'Agriculture et du Commerce, contenant la description géographique, le sol, le climat, la population, les exploitations rurales; instruments aratoires, engrais, assolements, etc., de chaque département. 5 vol., accompagnés chacun d'une belle carte, sont en vente, savoir :

Département de l'Isère. 1 vol. in-8. 5 fr.
— du Nord. In-8. 5
— des Hautes-Pyrénées. In-8. 5
— de la Haute-Garonne. In-8. 5
— des Côtes-du-Nord. In-8. 5
— du Tarn. 5

AGRICULTURE DES ANCIENS, par DICKSON; traduit de l'anglais. 2 vol. in-8. 10 fr.

— PRATIQUE des différentes parties de l'Angleterre, par MARSCHAL. 5 vol. in-8 et Atlas. 20 fr.

ALMANACH DU CULTIVATEUR pour l'année 1836. 2e année. 25

Le Calendrier seul. 10

AMATEUR DES FRUITS (l'), ou l'Art de les choisir, de les conserver, de les employer, principalement pour faire es compotes, gelées, marmelades, confitures, etc., par M. L. DUBOIS. in-12. 2 fr 50

ANATOMIE DE LA VIGNE, par W. CAPPER, traduit de l'anglais par V. DE MOLÉON. In-8. 3 fr.

ANIMAUX (les) CÉLÈBRES, anecdotes historiques sur les traits d'intelligence, d'adresse, de courage, de bonté, d'attachement, de reconnaissance, etc., des animaux de toute espèce, ornés de gravures, par A. ANTOINE. 2 vol. in-12. 2e édition. 5 fr.

MM. Lebigre frères et Béchet, rue de la Harpe, *ont été condamnés* pour avoir vendu une *contrefaçon* de cet ouvrage.

ANNALES AGRICOLES DE ROVILLE, ou Mélanges Agriculture, d'Economie rurale et de Législation agricole, par M. C.-J.-A. MATHIEU DE DOMBASLE. 9 vol. in-8, figures. 61 fr. 50

Les volumes se vendent séparément, savoir :

Les tomes 1, 2, 3, 4, chacun 7 fr. 50

Et 5, 6, 8 et supplément, chacun 6 fr.

ANNUAIRE DU BON JARDINIER ET DE L'AGRONOME, renfermant la description et la culture de toutes les plantes utiles ou d'agrément qui ont paru pour la première fois.

Les années 1826, 27, 28, chacune 1 fr. 50

Les années 1829 et 1830, *idem* 3 fr.

Les années 1831 à 1842, *idem* 3 fr. 50

APPLICATION (De l') DE LA NOUVELLE LOI SUR LA POLICE DE LA CHASSE, en ce qui regarde l'agriculture et la reproduction des animaux; par L.-L. GADEBLED. In-8. 3 fr. 50

ART (l') DE COMPOSER ET DÉCORER LES JARDINS, par M. BOITARD; ouvrage entièrement neuf, orné de 132 planches gravées sur acier. Prix de l'ouvrage complet, texte et planches. 15 fr.

Cette publication n'a rien de commun avec les autres ouvrages du même genre, portant même le nom de l'auteur. Le traité que nous annonçons est un travail tout neuf que M. Boitard vient de terminer après des travaux immenses; il est très-complet et à très-bas prix, quoiqu'il soit orné de 132 planches gravées sur acier. L'auteur et l'éditeur ont donc rendu un grand service aux amateurs de jardins en les mettant à même de tirer de leurs propriétés le meilleur parti possible.

ART (l') DE CRÉER LES JARDINS, contenant les préceptes généraux de cet art, leur application développée sur des vues perspectives, coupe et élévations, par des exemples choisis dans les jardins les plus célèbres de France et d'Angleterre; et le tracé pratique de toutes espèces de jardins; par M. N. Vergnaud, architecte à Paris. Ouvrage imprimé sur format in-fol., et orné de lithographies dessinées par nos meilleurs artistes.

Prix : rel. sur papier blanc. 45 fr.
— sur papier chine. 56
— colorié. 80

ART DE CULTIVER LES JARDINS, ou Annuaire du bon Jardinier et de l'Agronome, renfermant un calendrier indiquant, mois par mois, tous les travaux à faire tant en jardinage qu'en agriculture : les principes généraux du jardinage; la culture et la description de toutes les espèces et variétés de plantes potagères, ainsi que toutes les espèces et variétés de plantes utiles ou d'agrément; par *un Jardinier agronome*. 1 gros vol. in-18. 1845. Orné de figures. 3 fr. 50

ART (l') DE FAIRE LES VINS DE FRUITS, précédé d'une Esquisse historique de l'Art de faire le Vin de Raisin, de la manière de soigner une cave; suivi de l'Art de faire le Cidre, le Poiré, les Aromes, le Sirop et le Sucre de Pommes de terre, etc.; traduit de l'anglais, de Accum, par MM. G*** et Ol***. un vol. avec planches. 1 fr. 80

ASSOLEMENTS, JACHÈRES ET SUCCESSION DES CULTURES, par feu V. Yvart, annoté par M. V. Rendu, inspecteur de l'agriculture. 3 vol. in-18. 10 fr. 50

Idem. Edition en 1 vol. in-4. 12 fr.

Ouvrage contenant les méthodes usitées en Angleterre, en Allemagne, en Italie, en Suisse et en France.

BOUVIER (le nouveau), ou Traité des Maladies des Bestiaux, Description raisonnée de leurs maladies et de leur traitement, par M. Delaguette, médecin-vétérinaire. 1 vol. in-12. 3 fr. 50

CALENDRIER DU BON CULTIVATEUR, ou Manuel de l'Agriculteur-Praticien, par C.-J.-A. Mathieu de Dombasle. 8e édition. In-12, figures. 4 fr. 50

CHASSEUR-TAUPIER (le), ou l'Art de prendre les taupes par des moyens sûrs et faciles, précédé de leur histoire naturelle, par M. Rédarès. in-12, fig. 1 fr. 25

CODE FORESTIER, conféré et mis en rapport avec la législation qui régit les différents propriétaires et usagers dans les bois, par M. Curasson. 2 vol. in-8. 12 fr.

***COLLECTION DE NOUVEAUX BATIMENTS** pour la décoration des grands jardins, avec 44 pl. in-fol. 50 fr.

CONSIDÉRATIONS SUR LES CÉRÉALES, et principalement sur les froments, par M. LOISELEUR DESLONGCHAMPS. In-8. 4 fr. 50

CORRESPONDANCE RURALE, contenant des observations critiques et utiles, par DE LA BRETONNERIE. 3 vol. in-12. 7 fr. 50

CORDON BLEU (le), nouvelle Cuisinière bourgeoise, rédigée et mise par ordre alphabétique, par mademoiselle MARGUERITE, 12e édition, considérablement augmentée. 1 vol. in-18. 1 fr.

COURS COMPLET D'AGRICULTURE (nouveau), du 19e siècle, contenant la grande et la petite culture, l'économie rurale domestique, la médecine vétérinaire, etc., par les Membres de la section d'Agriculture de l'Institut royal de France, etc. Nouvelle édition revue, corrigée et augmentée. Paris, Deterville. 16 vol. in-8, de près de 600 pages chacun, ornés de planches en taille-douce. 56 fr.

— D'AGRICULTURE (petit), ou Encyclopédie agricole, par M. MAUNY DE MORNAY, contenant les livres du Cultivateur, du Jardinier, du Forestier, du Vigneron, de l'Economie et Administration rurales, du Propriétaire et de l'Eleveur d'animaux domestiques. 7 volumes grand in-18, avec figures. 15 fr. 50

COURS COMPLET D'AGRICULTURE PRATIQUE, par BURGER, PFEIL, ROHLWES et RUFFINY; trad. de l'all. par N. NOIROT; suivi d'un Traité sur les Vers à Soie et la Culture du Murier, par M. BONAFOUS, etc. In-4. 10 fr.

— D'HIPPIATRIQUE, ou Traité complet de la Médecine des Chevaux, par LAFOSSE. Paris, 1772. Grand in-fol. Figures noires. 60 fr.

COURS PRATIQUE D'ARBORICULTURE, contenant les parties ou organes qui constituent un arbre fruitier, etc., par L. GAUDRY, 1 vol. in-12 br. 2 fr.

— SIMPLIFIÉ D'AGRICULTURE, par L. DUBOIS (*Voyez* Encyclopédie du Cultivateur). 9 vol. in-12. 20 fr.

* CULTIVATEUR (le) ANGLAIS, ou Œuvres choisies d'Agriculture et d'Economie rurale et politique, par ARTHUR YOUNG. 18 vol. in-8. 50 fr.

CULTURE DE LA VIGNE dans le Calvados et autres pays qui ne sont pas trop froids pour la végétation de cet intéressant arbrisseau, et pour que ses fruits y mûrissent, par M. JEAN-FRANÇOIS NOGET. In-8. 75 c.

DICTIONNAIRE D'AGRICULTURE PRATIQUE,

contenant la grande et la petite culture, par M. le comte FRANÇOIS DE NEUFCHATEAU. 2 vol. in-8. 12 fr.

*DICTIONNAIRE DES JARDINIERS, ouvrage traduit de l'anglais de MILLER. 10 vol. in-4. 50 fr.

ÉCOLE DU JARDIN POTAGER, suivie du Traité de la Culture des Pêchers, par M. DE COMBLES, 6e édition, revue par M. LOUIS DUBOIS. 3 vol. in-12. 4 fr. 50

ÉCONOMIE AGRICOLE, lait obtenu sans le secours de la main. *Trayons artificiels*; par M. PARISOT. 75 c.

ÉCUSSON-GREFFE, ou nouvelle manière d'écussonner les ligneux, par VERGNAUD ROMAGNÉSI. 1830. in-12. 1 fr.

ÉLÉMENTS D'AGRICULTURE, ou Leçons d'Agriculture appliquées au département d'Ille-et-Vilaine, et à quelques départements voisins, par J. BODIN. 2e édition, in-12 figures. 1 fr. 60

ÉLOGE HISTORIQUE de l'Abbé FRANÇOIS ROZIER, restaurateur de l'Agriculture française, par A. THIÉBAUT DE BERNEAUD. in-8. 1 fr. 50

ENCYCLOPÉDIE DU CULTIVATEUR, ou Cours complet et simplifié d'agriculture, d'économie rurale et domestique, par M. LOUIS DUBOIS. 2e édition, 9 vol. in-12 ornés de gravures. 20 fr.

Le vol. 9 se vend séparément 4 fr.

Cet ouvrage, très-simplifié, est indispensable aux personnes qui ne voudraient pas acquérir le grand ouvrage intitulé : Cours d'agriculture au XIXe siècle.

ESSAI SUR L'ÉDUCATION DES ANIMAUX, le Chien pris pour type, par AD. LÉONARD. in-8. 5 fr.

FABRICATION DU FROMAGE, par le Dr F. GERA, traduit de l'italien par V. RENDU. in-8, fig. (Couronné par la Société royale et centrale d'agriculture.) 5 fr.

GREFFES (Des) ET DES BOUTURES FORCÉES pour la rapide Multiplication des Roses rares et nouvelles, par M. LOISELEUR DESLONGCHAMPS. In-8. (Extrait de l'*Agriculteur praticien*.) 50 c.

HOMME (l') RIVAL DE LA NATURE, ou l'Art de donner l'existence aux oiseaux et principalement à la volaille, d'après RÉAUMUR. in-8, figures. 4 fr. 50

INSTRUCTION SUR LA CULTURE NATURELLE ET FORCÉE DE L'ASPERGE, par ROUSSELON. In-8. 50 c.

JOURNAL D'AGRICULTURE, d'Economie rurale et

des Manufactures du royaume des Pays-Bas. La collection complète, jusqu'à la fin de 1823, se compose de 16 vol. in-8. Prix, à Paris. 75 fr.

JOURNAL DE MÉDECINE VÉTÉRINAIRE théorique et pratique, et Analyse raisonnée de tous les ouvrages français et étrangers qui ont du rapport avec la médecine des animaux domestiques; recueil publié par MM. BRACY-CLARK, CRÉPIN, CRUZEL, DELAGUETTE, DUPUY, GODINE jeune, LEBAS, PRINCE, RODET, médecins vétérinaires. 6 vol. in-8. (1830 à 1835.) 60 fr.

Chaque année séparée. 12 fr.

LAIT (Du) ET DE SES EMPLOIS en Bretagne, par GUSTAVE HEUZÉ. In-8. 1 fr. 50

LOIS RURALES DE LA FRANCE, rangées dans leur ordre naturel, par FOURNEL. 2 vol. in-12. 8 fr.

* MAISON RUSTIQUE (la nouvelle), ou Économie rurale-pratique des biens de campagne. 3 vol. in-4. fig. 24 fr.

MANUEL POPULAIRE D'AGRICULTURE, d'après l'état actuel des progrès dans la culture des champs, des prairies, de la vigne, des arbres fruitiers; dans l'éducation du gros bétail, etc., par J. A. SCHLIPF; trad. de l'All. par NAPOLÉON NICKLÈS. 1844. In-8. 4 fr.

MANUEL DES INSTRUMENTS D'AGRICULTURE ET DE JARDINAGE les plus modernes, contenant la gravure et la description détaillée des instruments nouvellement inventés ou perfectionnés, la plupart dessinés dans les meilleurs Ateliers de la capitale. Ouvrage orné de 121 planches et de gravures sur bois intercalés dans le texte, par M. BOITARD. 1 vol. grand in-8°. 12 fr.

MANUEL COMPLET DU JARDINIER, Maraîcher, Pépiniériste, Botaniste, Fleuriste et Paysagiste, par M. NOISETTE. 2e édition. 3 vol. in-8. 30 fr.

MANUEL DU FABRICANT D'ENGRAIS, ou de l'Influence du noir animal sur la végétation, par M. B[illegible]. 1 vol. in-18. [illegible] fr. 50

MANUEL DU PLANTEUR. Du Reboisement, de sa nécessité et des méthodes pour l'opérer, par DE BAZELAIRE. In-12. 1 fr. 25

MÉMOIRE SUR L'ALTERNANCE DES ESSENCES FORESTIÈRES, par GUSTAVE GAND. In-8. 1 fr. 50

MÉMOIRE SUR LES DAHLIAS, leur culture, leurs propriétés économiques et leurs usages comme plantes d'ornement, par ARSÈNE THIÉBAUT DE BERNEAUD. Brochure in-8, 2e édition. 75 c.

MÉTHODE DE LA CULTURE DU MELON en pleine terre, par M. J.-F. NOGET. In-8. 1 fr. 25

NOTICE SUR LA PLEUROPNEUMONIE ÉPIZOOTIQUE DE L'ESPÈCE BOVINE, régnant dans le département du Nord, par A. B. LOISET, 1 vol. in-8°. 2 fr.

OBSERVATIONS GÉNÉRALES sur les Plantes qui peuvent fournir des Couleurs Bleues à la Teinture, suivies de Recherches sur le Polygonum Tinctorium, etc. ; par N. JOLY. In-4, fig. 5 fr.

ORDONNANCE DE LOUIS XIV, roi de France et de Navarre, indispensable à tous les marchands de bois flottés, de charbon, à tous autres marchands et à tous les propriétaires de biens situés près des rivières navigables. in-18. 2 fr.

PATHOLOGIE CANINE, ou Traité des Maladies des Chiens, contenant aussi une dissertation très-détaillée sur la rage, la manière d'élever et de soigner les chiens ; par M. DELABÈRE-BLAINE, traduit de l'anglais et annoté par M. V. DELAGUETTE, vétérinaire. Avec 2 planches représentant 18 espèces de chiens. 1 vol. in-8. 6 fr.

PHARMACOPÉE VÉTÉRINAIRE, ou Nouvelle Pharmacie hippiatrique, contenant une classification des médicaments, les moyens de les préparer et l'indication de leur emploi, etc., par M. BRACY-CLARK. 1 vol. in-12, planches. 2 fr.

PRATIQUE DU JARDINAGE, par ROGER SCHABOL. 2 vol. in-12, fig. 7 fr. 50

PRATIQUE RAISONNÉE de la taille du pêcher en espalier carré, par LEPÈRE. In-8. Figures. 4 fr.

PRATIQUE SIMPLIFIÉE DU JARDINAGE, à l'usage des personnes qui cultivent elles-mêmes un petit domaine, contenant un potager, une pépinière, un verger, des espaliers, un jardin paysager, des serres, des orangeries et un parterre, etc. ; 6e édition ; par M. L. DUBOIS. 1 vol. in-18, orné de planches. 2 fr. 50

PRINCIPES D'AGRICULTURE et d'Hygiène-Vétérinaire, par MAGNE. 1 vol. in-8. 10 fr.

QUATRE (les) JARDINS ROYAUX DE PARIS, ou Descriptions de ces quatre jardins. 3e édition, in-18. 1 fr. 50

RECUEIL DE MÉMOIRES, notices et procédés choisis sur l'agriculture, l'industrie, l'économie domestique, le mûrier multicaule, etc. (ou l'Omnibus journal, année 1834.) 1 vol. in-8. 3 fr.

SECRETS DE LA CHASSE AUX OISEAUX, contenant la manière de fabriquer les filets, les divers pièges, appeaux, etc.; l'art de les élever, de les soigner, de les guérir, etc., par M. G..., amateur. 1 vol. in-12 avec figures. 3 fr. 50

SERRES CHAUDES, Galerie de Minéralogie et de Géologie, ou Notice sur les constructions du Muséum d'Histoire Naturelle, par M. ROHAULT (architecte). In-folio. 30 fr.

* **SYSTEM OF AGRICULTURE**, from the Encyclopedia britannica, seventh edition, by JAMES CLEGHORN. Edimburgh, 1831, in-4, fig. 13 fr. 50

TABLEAUX DE LA VIE RURALE, ou l'Agriculture enseignée d'une manière dramatique, par M. DESORMEAUX. 3 vol. in-8. 18 fr.

TARIF POUR CUBER LES BOIS en grume et équarris, par E. PRUGNEAUX. in-12. 2 fr. 50

* **THÉATRE D'AGRICULTURE** et ménage des champs, d'OLIVIER DE SERRES, nouv. édition. 2 vol. in-4. 25 fr.

— *Idem*, revue par GISORS, 4 vol. in-8. 10 fr.

TRAITÉ DES ARBRES ET ARBUSTES que l'on cultive en pleine terre en Europe et particulièrement en France, par *Duhamel du Monceau*, rédigé par MM. *Veillard*, *Jaume Saint-Hilaire*, *Mirbel*, *Poiret*, et continué par M. *Loiseleur-Deslonchamps*; ouvrage enrichi de 500 planches gravées par les plus habiles artistes, d'après les dessins de *Redouté* et *Bessa*, peintres du muséum d'histoire naturelle; 7 vol. in-fol., papier jésus vélin, figures coloriées. Au lieu de 3,300 francs, 450 fr.

— Le même, papier carré vélin, figures coloriées. Au lieu de 2,100 francs, 350 fr.

— Le même, papier carré fin, figures noires. Au lieu de 775 francs. 200 fr.

TRAITÉ COMPLET DE LA GREFFE ET DE LA TAILLE, par L. NOISETTE, in-8. 6 fr.

TRAITÉ DE CULTURE FORESTIÈRE, par HENRI COTTA, traduit de l'allemand par GUSTAVE GAND, garde général des forêts. 1 vol. in-8. 7 fr.

* **TRAITÉ PARFAIT DES MOULINS**, ou Recherches exactes de toutes sortes de moulins connus jusqu'à présent, par L.-V. NATERUS, J. POLLY et C.-V. VUNREN. Amsterdam, 1734 (en hollandais), grand in-folio, fig. 75 fr.

TRAITÉ DE LA COMPTABILITÉ AGRICOLE, par

l'application du système complet des écritures en parties doubles, par MM. PERRAULT DE JOTEMPS père et fils. 4 cahiers in-folio. 12 fr.

TRAITÉ DE LA FABRICATION ET DU RAFFINAGE DES SUCRES, par M. PAYEN. In-8, fig. 4 fr.

TRAITÉ DE L'AMÉNAGEMENT DES FORÊTS, enseigné à l'école royale forestière, par M. DE SALOMON. 2 vol. in-8 et Atlas in-4. 20 fr.

TRAITÉ DES MALADIES DES BESTIAUX, ou Description raisonnée de leurs maladies et de leur traitement ; suivi d'un aperçu sur les moyens de tirer des bestiaux les produits les plus avantageux, par M. V. DELAGUETTE, vétérinaire. In-12. 3 fr. 50

TRAITÉ DU CHANVRE DU PIÉMONT, DE LA GRANDE ESPECE, sa culture, son rouissage et ses produits, par REY, in-12. 1 fr. 50

TRAITÉ RAISONNÉ SUR L'ÉDUCATION DU CHAT DOMESTIQUE ; et du Traitement de ses Maladies, par M. R***. In-12. 1 fr. 50

TRAITÉ THÉORIQUE ET PRATIQUE sur la Culture des Grains, suivi de l'Art de faire le pain, par PARMENTIER, etc. 2 vol. in-8, fig. 12 fr.

TRÉSOR DU CULTIVATEUR, par LEMERCIER. Paris, 1819, in-12. 1 fr. 25

ÉDUCATION, MORALE, PIÉTÉ.

ABRÉGÉ CHRONOLOGIQUE DE L'HISTOIRE DE FRANCE, depuis les temps les plus anciens jusqu'à nos jours, par H. EUGELHARD. In-18, broché. 75 c.

Idem, cartonné. 90 c.

ABRÉGÉ DE LA FABLE ou de l'Histoire poétique, par le P. JOUVENCY, in-18. 1 fr. 50

ABRÉGÉ DE LA GRAMMAIRE ALLEMANDE, pour les élèves des cinquième et quatrième classes des colléges de France, par M. MARCUS. In-12, broché. 1 fr. 50

ABRÉGÉ DE LA GRAMMAIRE LATINE (ou Méthode brévidoctive de prompt enseignement), par B. JULLIEN. 1841, in-12. 2 fr.

ABRÉGÉ DE LA GRAMMAIRE DE WAILLY, in-12. 75 c.

ABRÉGÉ DE LA GRAMMAIRE DU NOUVEAU MONDE, par F. MOINE, in-12. 1 fr.

ABRÉGÉ DE LA MYTHOLOGIE à l'usage de la jeunesse chrétienne, in-18. 1 fr.

ABRÉGÉ DE L'HISTOIRE DE FRANCE à l'usage de l'École-Militaire, par Ch. BATTEUX, revue par MASSELIN, 2 vol. in-12. 3 fr.

ABRÉGÉ DE L'HISTOIRE SAINTE, avec des preuves de la religion, par demandes et par réponses, in-12. 60 c.

ABRÉGÉ D'HISTOIRE UNIVERSELLE; *première partie*, comprenant l'histoire des Juifs, des Assyriens, des Perses, des Egyptiens et des Grecs, jusqu'à la mort d'Alexandre-le-Grand, avec des tableaux de synchronismes, par M. BOURGON, professeur de l'Académie de Besançon. 2e édition. In-12. 2 fr.

— *Deuxième partie*, comprenant l'histoire des Romains, depuis la fondation de Rome, et celle de tous les peuples principaux, depuis la mort d'Alexandre-le-Grand jusqu'à l'avènement d'Auguste à l'empire, par M. BOURGON, etc. In-12. 3 fr. 50

— *Troisième partie*, comprenant un ABRÉGÉ DE L'HISTOIRE DE L'EMPIRE ROMAIN, depuis sa fondation jusqu'à la prise de Constantinople, par M. BOURGON. In-12. 2 fr. 50

Quatrième partie, comprenant l'histoire des Gaulois, les Gallo-Romains, les Francs et les Français jusqu'à nos jours, avec des tableaux de synchronismes, par M. J.-J. BOURGON. 2 vol. in-12. 6 fr.

ABRÉGÉ DU COURS DE LITTÉRATURE de DE LA HARPE, publié par RENÉ PÉRIN. 2 vol. in-12. 7 fr.

ALPHABET CHRÉTIEN, ou Règlement pour les enfants qui fréquentent les écoles chrétiennes. Paris, in-18.

ALPHABET COMPLET, composé de 5 feuilles. 50 c.

ALPHABET ENCYCLOPÉDIQUE DU XIXe SIÈCLE, ou Résumé élémentaire des connaissances humaines, par VANDEREST. In-12. 3 fr. 75

ALPHABET INSTRUCTIF pour apprendre facilement à lire à la jeunesse. In-12. 30 c.

ANALYSE DES SERMONS du P. GUYON, précédée de l'Histoire de la mission du Mans, par GUYARD. 1 vol. in-12, 3e édition, au Mans, 1833. 2 fr.

ANALYSE DES TRADITIONS RELIGIEUSES des peuples indigènes de l'Amérique, in-8. 3 fr.

ANNÉE AFFECTIVE (l'), ou Sentiments sur l'amour

de Dieu, tirés du Cantique des Cantiques, pour chaque jour de l'année, par le Père AVRILLON, in-12. 2 fr. 50

ARITHMÉTIQUE DES DEMOISELLES, ou Cours élément. d'arithm. en 12 leç., par M. VENTENAC. In-12. 1 fr. 50

Cahier de questions pour le même ouvrage. 50 c.

ARITHMÉTIQUE DES ÉCOLES PRIMAIRES, en 22 leçons, par L.-J. GEORGE. In-8. 1 fr.

ARITHMÉTIQUE ÉLÉMENTAIRE, théorique et pratique, par M. JOUANNO. In-8. 3 fr. 50

ARITHMÉTIQUE MÉTHODIQUE des Écoles primaires, par F. MOINE. In-12. 2 fr.

ARITHMÉTIQUE (l') PRATIQUE, mise à la portée des enfants, par A. JEANNIN. In-8. 3 fr. 50

ART DE BRODER, ou Recueil de modèles coloriés, analogues aux différentes parties de cet art, à l'usage des demoiselles, par AUGUSTIN LEGRAND. 1 vol. oblong. 7 fr.

ART (l') D'ÉCRIRE DE LA MAIN GAUCHE enseigné, en quelques leçons, à toutes les personnes qui écrivent selon l'usage, comme ressource en cas de perte ou d'infirmité du bras droit ou de la main droite, par M. PILLON. 1 vol. oblong avec une planche lithographiée. 1 fr.

— MODÈLES DE MINUSCULES ANGLAISES, 1 cahier 1 fr.

— *Idem*, RONDES. 50 c.

— *Idem*, GOTHIQUE ALLEMANDE. 50 c.

— Taille de la plume, 1 cahier. 1 fr. 50

ART (l') DE PEINTURE de C.-A. DU FRESNOY, traduit par DE PILES. in-12. 2 fr 50

ASTRONOMIE DES DEMOISELLES, ou Entretiens, entre un frère et sa sœur, sur la Mécanique céleste, démontrée et rendue sensible sans le secours des mathématiques, suivie de problèmes dont la solution est aisée, par JAMES FERGUSSON et M. QUÉTRIN. 1 vol. in-12. 3 fr. 50

ASTRONOMIE à la portée des enfants, suivie de quelques Éléments de Géologie, d'Hydrographie, d'Aérograpie et de Météorologie, par Mlle H. ROBILLARD. In-12. 2 fr. 50

ATLAS DE LA PETITE HISTOIRE NATURELLE DES ÉCOLES. In-8, planches noires. 1 fr.

Planches coloriées. 2 fr.

— (NOUVEL) NATIONAL DE LA FRANCE, par départements, divisés en arrondissements et cantons, avec le tracé des routes royales et départementales, des canaux, rivières, cours d'eau navigables, des chemins de fer construits et projetés, etc., dressé à l'échelle de 11,350,000, par

CHARLES, géographe, avec des augmentations, par DARMET, chargé des travaux topographiques au ministère des affaires étrangères. In-folio, grand-raisin des Vosges.

L'Atlas complet, avec titre et table, noir. 40 fr.

Idem, colorié, cartonné. 56 fr.

Le *Nouvel Atlas national* se compose de 80 planches (à cause de l'uniformité des échelles; sept feuilles contiennent deux départements).

Chaque carte séparée, en noir. 40 c.

Idem, coloriée. 60 c.

AVENTURES DE ROBINSON CRUSOÉ, par DANIEL DE FOË, édition mignone, 4 vol. in-32. 5 fr.

— DE TÉLÉMAQUE, fils d'Ulysse, par FÉNÉLON, in-12, figures. 2 fr. 50

AVIS AUX PARENTS sur la nouvelle méthode de l'enseignement mutuel, par G. C. HERPIN. In-12. 2 fr. 50

BEAUTÉS (les) DE LA NATURE, ou Description des arbres, plantes, cataractes, fontaines, volcans, montagnes, mines, etc., les plus extraordinaires et les plus admirables qui se trouvent dans les quatre parties du monde; par M. ANTOINE. In-12, orné de 6 grav. 2e édition. 2 fr. 50

BEAUX TRAITS DU JEUNE AGE, par A.-F.-J. FRÉVILLE. In-12. 3 fr.

CAHIERS DE CHIMIE, à l'usage des Écoles et des Gens du monde, par M. BURNOUF. Prix, l'ouvrage complet, 4 cahiers in-12. 5 fr.

CATÉCHISME du diocèse de Toul, qui doit être enseigné dans toutes les écoles. In-12. 1 fr. 25

— HISTORIQUE, par FLEURY. 1822, in-18. 50 c.

— HISTORIQUE (Petit), contenant, en abrégé, l'Histoire sainte, par M. FLEURY, in-18. Au Mans, 1838. 30 c.

— ou Abrégé de la Foi. In-18. 30 c.

CHIENS (les) CÉLÈBRES, par M. FRÉVILLE. 1 vol. in-12. 3 fr.

CHOIX (Nouveau) D'ANECDOTES ANCIENNES ET MODERNES, tirées des meilleurs auteurs, contenant les faits les plus intéressants de l'histoire en général; les exploits des héros, traits d'esprit, saillies ingénieuses, bons mots, etc., etc. 5e édition, par Mme CELNART. 4 vol. in-18, ornés de jolies vignettes. (Même ouvrage que le *Manuel anecdotique*.) 7 fr.

CICERONIS (M. T.) ORATOR. Nova editio, ad usum holarum. Tulli-Leucorum, 1823; in-18. 75 c.

COLLECTION DE MODÈLES pour le Dessin linéaire, par M. BOUTEREAU. 40 tableaux in-4. 4 fr.

Cet ouv. est extrait de la Géométrie usuelle du même auteur.

COMMENTAIRES DE CÉSAR. Nouvelle édition, par M. DE WAILLY. 2 vol. in-12. 6 fr.

CORRIGÉ DES COURS DE THÊMES, par BONNAIRE. 5e édition, in-12. 1 fr. 75

COURS COMPLET, THÉORIQUE ET PRATIQUE, D'ARITHMÉTIQUE, par RIVAIL. 3e éd., in-12. 2 fr. 25

— Solutions. In-12. 80 c.

COURS D'ARITHMÉTIQUE ET D'ALGÈBRE, par P.-F. JOUANNO. In-8. 6 fr.

COURS D'ARITHMÉTIQUE PRATIQUE, à l'usage des écoles primaires des deux sexes et des pères de famille, par J. MOLLET. In-18. 1er cahier, Connaissance des chiffres. 40 c.

2e cahier, Multiplication, Division, etc. 40 c.

3e cahier, Fractions, Nombres, etc. 40 c.

Livret des solutions. 1 fr.

COURS DE CHIMIE ÉLÉMENTAIRE ET INDUSTRIELLE, à l'usage des gens du monde, par M. PAYEN. 2 vol. in-8. 14 fr.

— DE DESSIN LINÉAIRE, appliqué au dessin des machines, par C. ARMENGAUD. 4 livr., in-4 obl. 6 fr.

— DE THÊMES, pour l'enseignement de la traduction du français en allemand dans les colléges de France, renfermant un Guide de conversation, un Guide de correspondance, et des Thêmes pour les élèves des classes élémentaires supérieures. 1 vol. in-12 broché. 4 fr.

COURS DE THÊMES pour les sixième, cinquième, quatrième, troisième et deuxième classes, à l'usage des colléges, par M. PLANCHE, professeur de rhétorique au collége royal de Bourbon, et M. CARPENTIER. *Ouvrage recommandé pour les colléges par le Conseil royal de l'Université.* 2e éd., entièrement refondue et augmentée. 5 vol. in-12. 10 fr.

Avec les corrigés à l'usage des maîtres. 10 vol. 22 fr. 50

On vend séparément :

Cours de sixième à l'usage des élèves. 2 fr.

Le corrigé à l'usage des maîtres. 2 fr. 50.

Cours de 5e à l'usage des élèves. 2 fr. Le corrigé. 2 fr. 50

Cours de 4e à l'usage des élèves. 2 fr. Le corrigé. 2 fr. 50

Cours de 3e à l'usage des élèves. 2 fr. Le corrigé. 2 fr. 50

Cours de 2e à l'usage des élèves. 2 fr. Le corrigé. 2 fr. 50

COURS ÉLÉMENTAIRE DE DESSIN LINÉAIRE appliqué aux ornements, à l'usage des écoles d'arts et métiers, par M. A. GUETTIER. In-fol. obl. 6 fr.

COURS ÉLÉMENTAIRE DE GÉOMÉTRIE, par ZOËGA. In-8. 5 fr.

DÉVOTION PRATIQUE aux sept principaux mystères douloureux de la très-sainte Vierge, mère de Dieu. In-12. 2 fr.

DIALOGUES MORAUX, instructifs et amusants, à l'usage de la jeunesse chrétienne. In-18. 1 fr.

DICTIONNAIRE (Nouveau) **DE POCHE** français-anglais et anglais-français, par NUGENT ; revu par L.-F. FAIN. 2 vol. in-12 carré. 4 fr.

— **FRANÇAIS-LATIN**, refait sur un plan entièrement neuf, par NOEL. In-8. 8 fr. 65

ÉDUCATION (De l') **DES JEUNES PERSONNES**, ou Indication de quelques améliorations importantes à introduire dans les pensionnats, par Mlle FAURE. In-12. 1 fr. 50

ÉLÉMENTS (Premiers) **D'ARITHMÉTIQUE**, suivis d'exemples raisonnés en forme d'anecdotes, à l'usage de la jeunesse, par un membre de l'Université. In-12. 1 fr. 50

— **DE LA GRAMMAIRE FRANÇAISE**, par LHOMOND. Édit. refondue, par L. GILBERT ; 2e éd. in-12. 75 c.

— **DE LA GRAMMAIRE LATINE**, à l'usage des collèges ; par LHOMOND. Paris, 1838 ; in-12. 75 c.

— (Nouveaux) **DE LA GRAMMAIRE FRANÇAISE**, par M. FELLENS. 1 vol. in-12. 1 fr. 25

ENSEIGNEMENT (l'), par MM. BERNARD-JULLIEN, docteur ès-lettres, licencié ès-sciences, et C. HIPPEAU ; docteur ès-lettres, bachelier ès-sciences. 1 gros vol. in-8 de 500 pages. 6 fr.

Cet ouvrage est indispensable à tous ceux qui veulent s'occuper avec intelligence des questions d'éducation, traiter à fond les points les plus difficiles et les moins connus de cette science difficile.

ÉPITRES ET ÉVANGILES des dimanches et fêtes de l'année. In-12. 2 fr. 50

ESSAIS DE GÉOMÉTRIE APPLIQUÉE, par P. LEPELLETIER. In-8. 4 fr.

ESSAI D'UNITÉ LINGUISTIQUE ; par Jos. BOUZERAN. In-8. 1 fr. 50

ÉTRENNES (Mes) **A LA JEUNESSE**, par Mlle Émilie R**. In-12. 1 fr. 50

ÉTUDES ANALYTIQUES SUR LES DIVERSES ACCEPTIONS DES MOTS FRANÇAIS, par Mlle Faure. 1 vol. in-12. 2 fr. 50

ÉTUDE DE LA LANGUE ESPAGNOLE, à l'usage des Français, d'après une nouvelle méthode; par Segismundo Mir. Gr. in-8. 7 fr. 50

EXERCICES FRANÇAIS (Nouveaux) sur l'Orthographe, la Syntaxe et la Ponctuation, par C.-F.-V. Troutet. In-12. 75 c.

— **SUR LES HOMONYMES FRANÇAIS**, par A. Champalbert. 2e édition, in-12. 1 fr.

EXERCICES SUR L'ORTHOGRAPHE ET LA SYNTAXE, calqués sur toutes les règles de la grammaire classique, par Villeroy. In-12. 1 fr. 25

EXPLICATION DES ÉVANGILES DES DIMANCHES, par de la Luzerne. In-12, 5 vol. 6 fr.

FABLES DE FÉNELON. Nouv. édit. Clermont, 1839, in-18. 50 c.

FABLES DE LESSING, adaptées à l'étude de la langue allemande dans les cinquième et quatrième classes des colléges de France, moyennant un Vocabulaire allemand-français, une Liste des formes irrégulières, l'indication de la construction, et les règles principales de la succession des mots, par Marcus. 1 vol. in-12. 2 fr. 50

FLÉCHIER. Morceaux choisis. In-18, avec portrait. 1 f. 80

FLEURY. Morceaux choisis. In-18, avec portrait. 1 f. 80

GÉOGRAPHIE CLASSIQUE, suivie d'un Dictionnaire explicatif des lieux principaux de la géographie ancienne, par Villeroy. In-12. 1 fr. 25.

— **DES ÉCOLES**, par M. Huot, continuateur de la Géographie de Malte-Brun et Guibal, ancien élève de l'Ecole polytechnique. 1 vol. 1 fr. 50

Atlas de la Géographie des Écoles. 2 fr. 50

GÉOMÉTRIE PERSPECTIVE, avec ses applications à la recherche des ombres, par G.-H. Dufour, colonel du génie. In-8., avec un Atlas de 22 planches in-4. 4 fr.

— **USUELLE**. Dessin géométrique et dessin linéaire, sans instruments, en 120 tableaux, par V. Boutereau, professeur des Cours publics et gratuits de géométrie, de mécanique et de dessin linéaire, à Beauvais. In-4. 10 fr.

L'on vend séparément la Collection de modèles pour le Dessin linéaire, par M. Boutereau. 40 tableaux. (*Extrait de l'ouvrage ci-dessus.*) 4 fr.

GRADUS AD PARNASSUM, ou Dictionnaire poétique latin-français. In-8. 7 fr.

GRAMMAIRE DE L'ENFANCE. Clermont-Ferrand, 1839, in-12, cart. 1 fr. 25

GRAMMAIRE, ou **TRAITÉ COMPLET DE LA LANGUE ANGLAISE**, par GIDOLPH. In-8. 5 fr.

GRAMMAIRE ABRÉGÉE de la Langue universelle, par A. GROSSELIN. In-8. 2 fr.

GRAMMAIRE ALLEMANDE, à l'usage des commençants (1re partie), par C. T. RÜFFER. 4e éd., in-12. 3 fr. 50

— **CLASSIQUE**, ou Cours complet et simplifié de langue française, par M. VILEROY. In-12. 1 fr. 25

Idem, Exercices. 1 fr. 25

— **COMPLÈTE DE LA LANGUE ALLEMANDE**, pour les élèves des classes supérieures des colléges de France, renfermant, *de plus que les autres grammaires*, un Traité complet de la succession des mots; un autre sur l'influence qu'elle a exercée sur l'emploi de l'indicatif, du subjonctif, de l'infinitif et des participes; un Vocabulaire français-allemand des conjonctions et des locutions conjonctives; par MARCUS. 1 vol. in-12 broché. 3 fr. 50

GRAMMAIRE DU NOUVEAU MONDE, par F. MOINE. In-12. 2 fr.

— **FRANÇAISE** à l'usage des pensionnats de demoiselles, par Mme ROULLEAUX. In-12. 60 c.

— **ITALIENNE**, en 20 leçons, avec des Thèmes, des Dialogues, etc., par VERGANI. 10e édition, in-12. 1 fr. 50

GRAMMAIRE (Nouvelle) **ITALIENNE**, méthodique et raisonnée, par le comte DE FRANCOLINI. In-8. 7 fr. 50

— **POLYGLOTTE**, ou Tableaux synoptiques comparés des langues française, allemande, anglaise, italienne, etc., par S. JOST. In-8. 3 fr. 50

Thêmes anglais. 50 c.
— allemands. 1 fr.
— italiens. 1 fr.
— espagnols. 1 fr.

GRAMMATICA ARABICA, breviter in usum scholarum academicarum conscripta, à T. ROORDA. Lugduni Batavorum, 1835; in-8. 20 fr.

GUIDE (Nouveau) **DES MÈRES DE FAMILLE**, ou Education physique, morale et intellectuelle de l'Enfance jusqu'à la 7e année, par le docteur MAIRE. In-8. 6 fr.

HISTOIRE ABRÉGÉE DU MOYEN-AGE, suivie d'un Tableau chronologique et ethnographique, par Henri ENGELHARDT. In-8. 5 fr.

HISTOIRE DE LA LANGUE ET DE LA LITTÉRATURE PROVENÇALES, par E. DE LAVELEYE. Gr. in-8. 6 fr.

HISTOIRE DE LA SAINTE BIBLE, contenant le Vieux et le Nouveau Testament, par DE ROYAUMONT. Au Mans, 1834; in-12. 1 fr.

— DES CHEVAUX CÉLÈBRES. 1 v. in-12, fig. 2 fr. 50

HISTOIRE DES FÊTES CIVILES ET RELIGIEUSES DE LA BELGIQUE MÉRIDIONALE, par Mme CLÉMENT, née HÉMERY. 1 vol. in-8, avec fig. 8 fr.

HISTOIRE DES VARIATIONS DES ÉGLISES PROTESTANTES, par BOSSUET. 4 vol. in-8. 18 fr.

IMITATION DE JÉSUS-CHRIST, avec une Pratique et une Prière à la fin de chaque chapitre; traduite par le P. GONNELIEU. In-18. 1 fr. 75

INSTRUCTION MATERNELLE, ou Direction morale de l'enfance, par mademoiselle A. FAURE. Paris, 1840, in-12. 3 fr.

INSTRUCTIONS POUR LA CONFIRMATION, à l'usage des jeunes gens qui se disposent à recevoir ce sacrement, par l'abbé REGNAULT. Toul, 1816, in-18. 75 c.

JARDIN (le) DES RACINES GRECQUES, recueillies par LANCELOT, et mis en vers par LE MAISTRE DE SACY, par C. BOBET. In-8. 5 fr.

JEUX DE CARTES HISTORIQUES, par M. JOUY, au nombre de 15, sur la Mythologie, la Géographie, la Chronologie, l'Astronomie, l'Histoire Sainte, l'Histoire Romaine, l'Histoire de France, d'Angleterre, etc. — A 2 fr. chaque. — La Géographie seule à 2 fr. 50.

JUSTINI HISTORIARUM, ex Trogo Pompeio, libri XLIV. Accedunt excerptiones chronologicæ ad usum scholarum. Tulli-Leucorum. 1823, in-18. 1 fr. 50

LEÇONS ÉLÉMENTAIRES de Philosophie, destinées aux élèves de l'Université de France qui aspirent au grade de bachelier-ès-lettres, par J.-S. FLOTTE. 5e édition. 3 v. in-12. 7 fr. 50

LEVÉS (des) A VUE, et du Dessin d'après nature, par M. LEBLANC. In-18, figures. 25 c.

MANUEL COMPLET ET MÉTHODIQUE D'ÉDU-

CATION. Livre de Lectures journalières à l'usage des Écoles primaires, par A. DUCASTEL. In-12. 2 fr.

MANUEL DE L'HISTOIRE DE FRANCE, par ACHMET D'HÉRICOURT. 2 vol. in-8. 15 fr.

MANUEL DES INSTITUTEURS ET DES INSPECTEURS D'ÉCOLES PRIMAIRES, par ***. In-12. 4 fr.

— DU STYLE, en 40 leçons, à l'usage des Maisons d'éducation, des jeunes littérateurs et des gens du monde. Edition augmentée d'un résumé des études parlementaires sur les orateurs de la Chambre des députés, par M. CORMENIN, sous le pseudonyme de TIMON, par RAYNAUD. 1 vol. in-8. 3 fr. 50

— POÉTIQUE ET LITTÉRAIRE, ou Modèles et Principes de tous les genres de composition en vers, par J.-B. FELLENS. 1 vol. in-18. 2 fr. 25

MAPPEMONDE (la) de l'Atlas, de LESAGE. 2 fr.

MÉTHODE COMPLÈTE DE CARSTAIRS, dite AMÉRICAINE, ou l'Art d'écrire en peu de leçons par des moyens prompts et faciles; traduit de l'anglais, sur la dernière édition, par M. TREMERY, professeur. 1 vol. oblong, accompagné d'un grand nombre de modèles mis en français. 5 fr.

MÉTHODE DE LECTURE, de CHARPENTIER, de Cosny (Aisne). 4 feuilles. 1 fr. 50

MODÈLES DE L'ENFANCE, par l'abbé TH. PERRIN. In-32. 50 c.

MORALE DE L'ENFANCE, ou Quatrains moraux, à la portée des Enfants, et rangés par ordre méthodique, par M. le vicomte de MOREL-VINDE, pair de France et membre de l'Institut de France. 1 vol. in-16. (Adopté par la Société élémentaire, la Société des méthodes, etc.) 1 fr.

— *Le même* ouvrage, *papier vélin*, format in-12. 2 fr.

— *Le même*, *tout latin*, traduction faite par M. VICTOR LECLERC. 1 fr.

— *Le même*, *latin-français* en regard. 2 fr.

MORALE (la) EN ACTION, ou Choix de faits mémorables et Anecdotes instructives. In-12. 2 fr.

MUSIQUE DES CANTIQUES RELIGIEUX ET MORAUX, pour le Cours d'éducation de M. AMOROS. In-18. 2 fr.

PARAFARAGARAMUS, ou Croquignole et sa famille. In-18. 1 fr. 25

PARFAIT MODÈLE (le), ou la Vie de Berchmans. In-18. 1 fr. 25

PARTICIPES RENDUS FACILES, surtout pour les jeunes intelligences, par M. COLLIN. In-12. 80 c.

PÉLERINAGE (le) DE DEUX SOEURS, COLOMBELLE ET VOLONTAIRETTE, vers Jérusalem. In-12, fig. 1 fr. 75

PENSÉES ET MAXIMES DE FÉNÉLON. 2 vol. in-18, portrait. 3 fr.

— **DE J.-J. ROUSSEAU.** 2 vol. in-18, portrait. 3 fr.

— **DE VOLTAIRE.** 2 vol. in-18, portrait. 3 fr.

PETITS PROVERBES DRAMATIQUES, à l'usage des jeunes gens, par VICTOR CHOLET. In-12. 2 fr. 50

PHRÉNOLOGIE DES GENS DU MONDE. Leçons publiques données à Mulhouse, par le dr A. PÉNOT. In-8. 7 fr. 50

PHYSIQUE USUELLE, présentant les phénomènes de la nature, etc., par G.-F. OLIVIER. 2e édition, in-12. 2 fr.

PREMIÈRES PAGES DE L'HISTOIRE DU MONDE. Leçons publiques, données à Mulhouse, par A. PÉNOT. In-8. 7 fr. 50

PRINCIPES DE LITTÉRATURE, mis en harmonie avec la morale chrétienne, par J.-B. PÉRENNÈS. In-8. 5 fr.

PRINCIPES DE PONCTUATION, fondés sur la nature du langage écrit, par M. FREY. (*Ouvrage approuvé par l'Université.*) 1 vol. in-12. 1 fr. 50

PRINCIPES GÉNÉRAUX ET RAISONNÉS DE LA GRAMMAIRE FRANÇAISE, par DE RESTAUT. In-12. 2 fr. 50

PROGRAMME D'UN COURS ÉLÉMENTAIRE DE GÉOMÉTRIE, par M. R... In-8. 1 fr. 50

RECHERCHES SUR LA CONFESSION AURICULAIRE, par M. l'abbé GUILLOIS. In-12. 1 fr. 75

RECUEIL DE MOTS FRANÇAIS, rangés par ordre de matières, avec des notes sur les locutions vicieuses et des règles d'orthographe, par B. PAUTEX. 6e éd. in-8. 1 fr. 50

— Abrégé de l'ouvrage ci-dessus. 30 c.

— Exercices sur l'Abrégé ci-dessus. 1 fr.

RHÉTORIQUE FRANÇAISE, composée pour l'instruction de la jeunesse, par M. DOMAIRON. In-12. 3 fr.

SAINTE (la) BIBLE. Paris, 1819, 7 vol. in-18., sur papier coquille. 25 fr.

* **SAINTE BIBLE** en Latin et en Français, contenant l'Ancien et le Nouveau Testament, par DE CARRIÈRES. 10 vol. in-8. 45 fr.

SCIENCE (la) ENSEIGNÉE PAR LES JEUX, ou Théorie scientifique des jeux les plus usuels, accompagnée de recherches historiques sur leur origine, servant d'Introduction à l'étude de la mécanique, de la physique, etc.; imitée de l'anglais, par M. RICHARD, professeur de mathématiques. Ouvrage orné d'un grand nombre de vignettes gravées sur bois par M. GODARD. 2 jolis vol. in-18. (Même ouvrage que le *Manuel des Jeux enseignant la science*.) 6 fr.

SELECTÆ E NOVO TESTAMENTO HISTORIÆ ex Erasmo desumptæ. Tulli-Leucorum, 1823, in-18. 1 fr. 40

SERMONS DU PÈRE LENFANT, Prédicateur du roi Louis XVI. 8 gros vol. in-12, ornés de son portrait. 2e édition. 20 fr.

SIX (les) PREMIERS LIVRES DES FABLES DE LA FONTAINE, par VANDEREST. In-18. 1 fr.

SUPPLÉMENT A L'ARITHMÉTIQUE ET A LA GÉOMÉTRIE USUELLES, par G.-F. OLIVIER. In-8. 4 fr.

SYNONYMES (Nouveaux) FRANÇAIS à l'usage des demoiselles, par mademoiselle FAURE. 1 vol. in-12. 5 fr.

SYSTÈME (Nouveau) D'ENSEIGNEMENT DU LATIN, par F.-G. POTTIER. In-8. 5 fr.

TABLEAU DE LA MISÉRICORDE DIVINE, tirée de l'Écriture-Sainte, par l'abbé BERGIER. In-12. 1 fr.

Id. Édition in-8, papier fin. 3 fr.

TABLEAU SYNOPTIQUE DE LA CONJUGAISON DES VERBES, par MILLOT. Une feuille in-folio. 1 fr. 50

TABLEAUX (35) DE GRAMMAIRE FRANÇAISE, applicables à tous les modes d'enseignement, par M. J.-F. WALEFF. In-folio. 3 fr. 50

TABLES DE LOGARITHMES pour les Nombres et pour les Sciences, par DELALANDE. Paris, 1842. In-18. 3 fr.

TABLE DES VERBES IRRÉGULIERS de la langue allemande. Tours, in-8. 1 fr. 50

TABLES SYNCHRONISTIQUES DE L'HISTOIRE ANCIENNE ET MODERNE, par MM. LAMP et ENGELHARDT, in-4. 6 fr.

THE ELEMENTS OF ENGLISH CONVERSATION, by J. PERRIN, in-12. 1 fr. 75

THE KEY, ou la traduction des thèmes de la grammaire anglaise de GIDOLPH. In-8. 1 fr. 50

TRAITÉ D'ARITHMÉTIQUE ET D'ALGÈBRE, par A. RÉVILLE. In-8. 3 fr.

TRAITÉ DE GÉOMÉTRIE, de Trigonométrie rectiligne, d'Arpentage et de Géodésie pratique, suivi de tables des Sinus et des Tangentes en nombres naturels, par M. JEANNET, considérablement augmenté par M. GIGAULT D'OLINCOURT, ingénieur civil et architecte. 2 vol. in-12. 7 fr.

TRAITÉ DE L'ORTHOGRAPHE des Verbes réguliers, irréguliers et défectueux, par V.-A. BOULENGER. Paris, 1831, in-18. 50 c.

TRAITÉ DES PARTICIPES, par E. SMITS. In-12. 30 c.

TRAITÉ DES VERTUS et des moyens de les acquérir, par DE PAZ, traduit du latin par BROUILLON. In-12. 1 fr. 50

USAGE DE LA RÈGLE LOGARITHMIQUE, ou Règle-calcul. In-18. 25 c.

VEILLÉES (les) DE LA LORRAINE, ou Lectures du soir, par F. D'OLINCOURT. 4 vol. in-12. 12 fr.

VOCABULAIRE USUEL DE LA LANGUE FRANÇAISE, par A. PETER. In-12. 2 fr. 50

VOYAGES DE GULLIVER. 4 vol. in-18, fig. 6 fr.

OUVRAGES DE MM. NOEL, CHAPSAL, PLANCHE ET FELLENS.

GRAMMAIRE LATINE (nouvelle) sur un plan très-méthodique, par M. NOEL, inspecteur-général à l'Université, et M. FELLENS. Ouvrage adopté par l'Université. 1 fr. 80

EXERCICES (latins-français). 1 fr. 80

THÊMES pour 7e et 8e. 1 fr. 50

CORRIGÉS. 1 fr. 50

ABRÉGÉ DE LA GRAMMAIRE FRANÇAISE, par MM. NOEL et CHAPSAL. 1 vol. in-12. 90 c.

EXERCICES ÉLÉMENTAIRES, adaptés à l'abrégé de la Grammaire française de MM. NOEL et CHAPSAL. 1 fr.

GRAMMAIRE FRANÇAISE (nouvelle) sur un plan très-méthodique, par MM. NOEL et CHAPSAL. 3 vol. in-12 qui se vendent séparément, savoir :

— LA GRAMMAIRE, 1 vol. 1 fr. 50

— LES EXERCICES. (*Première année.*) 1 vol. 1 fr. 50.

— LE CORRIGÉ DES EXERCICES. 2 fr.

EXERCICES FRANÇAIS SUPPLÉMENTAIRES, sur les difficultés qu'offre la syntaxe, par M. CHAPSAL. (*Seconde année.*) 1 fr. 50.

CORRIGÉ DES EXERCICES SUPPLÉMENTAIRES. 2 fr.

LEÇONS D'ANALYSE GRAMMATICALE, par MM. NOEL et CHAPSAL. 1 vol. in-12. 1 fr. 80.

LEÇONS D'ANALYSE LOGIQUE, par MM. NOEL et CHAPSAL. 1 vol. in-12. 1 fr. 80.

TRAITÉ (nouveau) **DES PARTICIPES**, suivi de dictées progressives, par MM. NOEL et CHAPSAL. 3 vol. in-12 qui se vendent séparément, savoir :

— THÉORIE DES PARTICIPES. 1 vol. 2 fr.

— EXERCICES SUR LES PARTICIPES. 1 vol. 2 fr.

— CORRIGÉ DES EXERCICES SUR LES PARTICIPES. 1 vol. 2 fr.

SYNTAXE FRANÇAISE, par M. CHAPSAL, à l'usage des classes supérieures. 1 vol. 2 fr. 75.

COURS DE MYTHOLOGIE. 1 vol. in-12. 2 fr.

DICTIONNAIRE (nouveau) **DE LA LANGUE FRANÇAISE**, 9e édition. 1 vol. in-8, grand papier. 8 fr.

OUVRAGES DE M. MORIN.

GÉOGRAPHIE ÉLÉMENTAIRE ancienne et moderne, précédée d'un Abrégé d'astronomie. In-12, cart. 1 fr. 80.

OEUVRES DE VIRGILE, traduction nouvelle, avec le texte en regard et des remarques. 3 vol. in-12. 7 fr. 50.

BUCOLIQUES ET GEORGIQUES. 1 vol. in-12. 2 fr. 50.

PRINCIPES RAISONNÉS DE LA LANGUE FRANÇAISE, à l'usage des collèges. Nouv. éd. In-12. 1 fr. 20

— **DE LA LANGUE LATINE**, suivant la méthode de Port-Royal, à l'usage des collèges. 1 vol. in-12. 1 fr. 25.

NOUVEAU SYLLABAIRE, ou Principes de lecture. Ouvrage adopté par l'Université, à l'usage des écoles primaires. 60 c.

TABLEAUX DE LECTURE destinés à l'enseignement mutuel et simultané, 50 feuilles. 4 fr.

OUVRAGES CLASSIQUES DES ÉCOLES CHRÉTIENNES.

PAR L. C. ET F. P. B.

TRAITÉ DES DEVOIRS DU CHRÉTIEN ENVERS DIEU. In-12. 1 fr. 50.

GRAMMAIRE FRANÇAISE ÉLÉMENTAIRE. In-12. 1 fr. 40.

ABRÉGÉ DE GÉOGRAPHIE COMMERCIALE ET HISTORIQUE. In-12. 1 fr. 35

EXERCICES ORTHOGRAPHIQUES. In-12. 1 fr. 80

DICTÉES ET CORRIGÉ DES EXERCICES ORTHOGRAPHIQUES. 2 fr.

TRAITÉ D'ARITHMÉTIQUE DÉCIMALE. In-12. 2 fr.

SOLUTIONS DES PROBLÈMES DU TRAITÉ D'ARITHMÉTIQUE. 1 fr. 75

SYSTÈME MÉTRIQUE DÉCIMAL. In-12. 1 fr.

COURS D'HISTOIRE, contenant l'Histoire sainte et l'Histoire de France. In-12. 1 fr. 75

ABRÉGÉ DE GÉOMÉTRIE PRATIQUE. In-12. 2 fr. 50

OUVRAGES DIVERS.

ABUS (des) EN MATIÈRE ECCLÉSIASTIQUE, par M. BOYARD. 1 vol. in-8. 2 fr. 50

ALBUM DU COMPTOIR, ou la Pratique de la Tenue des Livres en partie double ordinaire, rendue plus facile même que la partie simple, par D. BERTRAND. 2e édition. In-4 obl. 5 fr.

ALLÉGORIE (de l'), ou Traité sur cette matière, par WINCKELMANN, ADDISON, SULZER, etc. 2 vol. in-8. 6 fr.

ANIMADVERSIONES in Musei antiquarii Lugduno-Batavi inscriptiones græcas et latinas, a L.-J.-F. JANSSEN editas. Scripsit CONRADUS LEEMANS. Lugduni-Batavorum, 1842, in-4, figures. 10 fr.

ANIMAUX (les) PARLANTS, poème épique en 26 chants, de CASTI, traduit de l'italien par MARÉCHAL. 2 vol. in-8. 6 fr.

ANNALES DE L'INDUSTRIE NATIONALE ET ÉTRANGÈRE, par MM. LENORMAND et DE MOLÉON. 1820 à 1826. 24 vol. in-8, demi-rel. 190 fr.

— RECUEIL INDUSTRIEL, Manufacturier, Agricole et Commercial, par M. DE MOLÉON. 1827 à 1831. 20 vol. in-8, cartonnés. 150 fr.

***ANNALES DES ARTS ET MANUFACTURES**, par MM. ORBILLY et BARBIER-VEMARS. 23 vol. in-8. 35 fr.

ANNÉE (L') DE L'ANCIENNE BELGIQUE, Mémoire, etc., par le docteur COREMANS. Bruxelles, 1844, in-8.

ANNÉE FRANÇAISE, ou Mémorial des Sciences, des Arts et des Lettres. 1825, 1re année. 1 vol. in-8. 7 fr.

— 1826, 2e année. 2 vol. in-8. 14 fr.

ANNUAIRE ENCYCLOPÉDIQUE Récréatif et Populaire, pour 1848. 1 vol. in-16, grand-raisin, orné de jolies gravures. 50 c.

Les années 1840 à 1847 se vendent chacune 50 c.

APPLICATION DE L'APPAREIL PAULIN aux Arts industriels, du doreur sur métaux, du broyeur de couleurs, fabrication du minium, étamage, etc. In-4, fig. 3 fr.

AQUARELLE-MINIATURE PERFECTIONNÉE, reflets métalliques et chatoyants, et peinture à l'huile sur velours, par M. SAINT-VICTOR. 1 vol. grand in-8, orné de 8 planches. 8 fr.

Le même ouvrage, augmenté de 6 planches peintes à la main. 12 fr.

ARCHÉOLOGIE DU DÉPARTEMENT DU LOIRET, et de quelques Localités voisines, avec des lithographies et des plans, par C.-F. VERGNAUD-ROMAGNÉSI. In-8. 15 fr.

On vend séparément les Mémoires suivants :

Eglise de Sainte-Croix, d'Orléans.	1 f.	»
Instruments antiques.	1	»
Médailles romaines.	1	»
Porte Saint-Jean, d'Orléans.	1	»
Sculptures antiques.	1	50
Fort des Tourelles, à Orléans.	2	50
Idem, réponse à M. Jollois.	1	»
Eglise Saint-Pierre, en Pont.	1	50
Mosaïque et antiquités romaines.	2	»
Bannière d'Orléans.	1	50
Porte Saint-Laurent, à Orléans.	1	50

Butte (tumulus), de Mézières. 1 »
Abbaye de Saint-Mesmin-de-Micé. 2 50
Monastère de Fleury-Saint-Benoît. 1 50

ARCHIVES DES DÉCOUVERTES ET DES INVENTIONS NOUVELLES faites dans les Sciences, les Arts et les Manufactures, en France et à l'Étranger. Paris, 1808 à 1838. 30 vol. in-8, rel. 210 fr.

ARCHIVES (nouvelles) **HISTORIQUES DES PAYS-BAS**, ou Recueil pour la Géographie, la Statistique, l'Histoire, etc., par le baron DE REIFFENBERG. Juillet 1829 à mai 1831. 9 numéros in-8. 18 fr.

ART (l') **DE CONSERVER ET D'AUGMENTER LA BEAUTÉ**, corriger et déguiser les imperfections de la nature, par LAMI. 2 jolis vol. in-18, ornés de gravures. 6 fr.

— **DE LEVER LES PLANS**, et nouveau Traité d'Arpentage et de Nivellement, par MASTAING. 1 vol. in-12. Nouvelle édition. 4 fr.

ARTISTE (l') **EN BATIMENTS**. Ordres d'architecture, consoles, cartouches, décors et attributs, etc., par L. BERTHAUX. In-4 oblong. 6 fr.

ATLAS DU MÉMORIAL DE SAINTE-HÉLÈNE. In-4. 6 fr.

ATTENDS-MOI AU MONT-SAINT-MICHEL, par ANNE BEAULÈS. Paris, 1840, 2e édition, in-8. 75 c.

BARBARIE (La) **FRANKE** et la Civilisation Romaine, études historiques, par GÉRARD. In-18. 3 fr.

BARÊME DU LAYETIER, contenant le toisé par voliges de toutes les mesures de caisses, depuis 12-6-6, jusqu'à 72-72-72, etc., par BIEN-AIMÉ. 1 vol. in-12. 1 fr. 25

BARÊME-MÉTRIQUE (Le nouveau), ou Guide complet du Marchand de Bois, par MM. L.-N. DESPERROIS et G.-F. FÉRON. In-12. 3 fr. 50

BESANÇON : DESCRIPTION HISTORIQUE des Monuments et Etablissements publics de cette ville, par A. GUÉNARD. In-18. 2 fr.

BIBLIOGRAPHIE ACADEMIQUE BELGE, ou Répertoire systématique et analytique des mémoires, dissertations, etc., publiés jusqu'à ce jour par l'ancienne et la nouvelle Académie de Bruxelles, par P. NAMUR. 1 vol. in-8. 5 fr.

BIBLIOGRAPHIE-PALÉOGRAPHICO-DIPLOMATICO-BIBLIOLOGIQUE générale, ou Répertoire systématique indiquant 1° tous les ouvrages relatifs à la Paléographie, à la Diplomatie, à l'Histoire de l'Imprimerie et de la Librairie, et suivi d'un Répertoire alphabétique général, par M. P. NAMUR. 2 vol. in-8. 15 fr.

BIBLIOTHÈQUE CHOISIE DES PÈRES DE L'ÉGLISE grecque et latine, ou Cours d'Eloquence sacrée, par M.-N.-S. GUILLON. Paris, 1824 à 1828. 26 vol. in-8. demi-rel. 80 fr.

BIBLIOTHÈQUE DES ARTS ET MÉTIERS,

Format in-18, grand papier.

LIVRE de l'ARPENTEUR-GÉOMÈTRE, par MM. PLACE et FOUCARD, 1 vol. 2 fr.

— du BRASSEUR, par M. DELESCHAMPS, 1 vol. 1 fr. 50

LIVRE de la COMPTABILITÉ DU BATIMENT, par M. DIGEON. 1 vol. 2 fr.

— du CULTIVATEUR, par M. MAUNY DE MORNAY. 1 vol. 2 fr. 50

— de l'ÉCONOMIE et de l'ADMINISTRATION RURALE, par M. DE MORNAY. 1 vol. 2 fr. 50

— du FORESTIER, par M. DE MORNAY. 1 vol. 2 fr.

— du JARDINIER, par M. DE MORNAY. 2 vol. 4 fr.

— des LOGEURS et TRAITEURS. 1 vol. 1 fr. 50

— du MEUNIER, par M. DE MORNAY. 1 vol. 2 fr 50

— du PROPRIÉTAIRE et de l'ÉLEVEUR D'ANIMAUX DOMESTIQUES, par M. DE MORNAY. 1 vol. 2 fr. 50

— du FABRICANT DE SUCRE et du RAFFINEUR, par M. DE MORNAY. 1 vol. 2 fr. 50

— du TAILLEUR, par M. AUGUSTIN CANEVA. 1 vol. 1 fr. 50

— du TOISEUR-VÉRIFICATEUR, par M. DIGEON. 1 vol. 2 fr.

— du VIGNERON et du FABRICANT DE CIDRE, par M. DE MORNAY. 1 vol. 2 fr.

Cette collection, publiée par les soins de M. *Pagnerre*, étant devenue la propriété de M. ROBET, c'est à ce dernier que MM. les libraires dépositaires de ces ouvrages devront rendre compte des exemplaires envoyés en commission par M. *Pagnerre*.

BILAN EN PERSPECTIVE DES CHEMINS DE

FER en France; Envahissement du travail national par le mécanisme, par DAGNEAU-SYMONSEN. In-8. 2 fr. 25

BONNE (la) COUSINE, ou Conseils de l'Amitié; ouvrage destiné à la Jeunesse; par Mme EL. CELNART. 2e édition, in-12. 2 fr. 50

BRITISH (the) CYCLOPOEDIA, of Arts and Sciences, Manufactures, Commerce, Litterature, etc., by CHARLS F. PARTINGTON. London, 1834-35. 8 vol. in-8 et Atlas, savoir:

— Littérature, Géographie, etc. 3 vol. et Atlas.
— Natural History. 3 vol et Atlas. 225 fr.
— Sciences et Arts. 2 vol. in-8 et Atlas.

BULLETIN DE LA SOCIÉTÉ D'ENCOURAGEMENT pour l'industrie nationale, publié avec l'approbation du Ministre de l'Intérieur. An XI à 1845. 44 vol. in-4, avec beaucoup de gravures. Prix de la collection. 536 fr.

On vend séparément les années 1 à 28, 9 fr.; 29e à 45e, 15 fr.; table, 6 fr.; notice, 2 fr.

BULLETIN DU BIBLIOPHILE BELGE, sous la direction du baron DE REIFFENBERG. Tomes 1, 2 et 3, 1844-1846. 36 fr.

Il paraît par livraisons qui forment un vol. in-8 de 500 pages par an. 12 fr.

CALLIPÉDIE (la), ou la Manière d'avoir de beaux enfants; extrait du poème latin de Quillet. In-8. 1 fr. 50

CARACTÈRES POÉTIQUES, par ALLETS. In-8. 6 fr.

CARTE TOPOGRAPHIQUE DE L'ILE SAINTE-HÉLÈNE, dressée pour le Mémorial de Sainte-Hélène. In-plano. 1 fr. 50

CAUSES (des) DE LA DÉCADENCE DE LA POLOGNE, par D'HERBELOT. In-8. 1 fr.

CHANTS (les) DU TOMBEAU. Poésies, par ED. GRUET. In-18. 1 fr. 50

CHARTE (de la) D'UN PEUPLE LIBRE et digne de la liberté, par A.-D. VERGNAUD. In-8. 1 fr. 50

CHRIST, ou l'Affranchissement des Esclaves, Drame humanitaire en cinq actes, par M. H. CAVEL. In-8. 3 fr. 50

CHEMISE (la) SANGLANTE DE HENRY-LE-GRAND. In-8. 75 c.

CHIMIE APPLIQUÉE AUX ARTS, par CHAPTAL, membre de l'Institut. Nouvelle édition avec les additions de M. GUILLERY. 5 livraisons formant un gros volume in-8, grand papier. 20 fr.

CHINE (la), L'OPIUM ET LES ANGLAIS, contenant des documents historiques sur le commerce de la Grande-Bretagne en Chine, etc., par M. SAURIN. 5 fr.

CHOLÉRA (le) A MARSEILLE, en 1834-1835. In-8. Marseille, 1835. 4 fr.

CODE DES MAITRES DE POSTE, des Entrepreneurs de Diligences et de Roulage, et des Voitures en général par terre et par eau, ou Recueil général des Arrêts du Conseil, Arrêts de règlement, Lois, Décrets, Arrêtés, Ordonnances du roi et autres actes de l'autorité publique, etc., par M. LANOE, avocat à la Cour Royale de Paris. 2 vol. in-8. 12 fr.

COLLECTION DE MANUELS-RORET, *formant une Encyclopédie des* Sciences et des Arts. 295 vol. in-18, avec un grand nombre de planches gravées. (Voir le détail p. 3.)

COLLECTION UNIQUE de sujets peints à la main, à la manière dite aquarelle-miniature, par le chev. SAINT-VICTOR. 4 livraisons in-4. 40 fr.

COMPTES-FAITS des intérêts à 6 du cent par an, etc., par DUPONT aîné. In-12. 1 fr. 25

COMPTES-RENDUS HEBDOMADAIRES des séances de l'Académie des Sciences, par MM. les Secrétaires perpétuels. Paris, 1835 à 1842. 15 vol. in-4. 150 fr.

CONCORDANCE DE L'ÉCRITURE-SAINTE, avec les traditions de l'Inde, par AD. KARSTNER. In-8. 3 fr.

CONDUITE (la) DE SAINT-IGNACE DE LOYOLA, menant une âme à la perfection, par le P. ANT. VATIER. In-12. 1 fr. 75

CONGRÈS SCIENTIFIQUE de France. Première Session, tenue à Caen, en juillet 1833. In-8. 4 fr. 50

CONSEILS AUX ARTISTES et aux amateurs sur l'application de la Chambre claire à l'art du Dessin, par CH. CHEVALIER. In-8. 2 fr.

CONSIDÉRATIONS SUR LES TROIS SYSTÈMES DE COMMUNICATIONS INTÉRIEURES, au moyen des routes, des chemins de fer et des canaux, par M. NADAULT, ingénieur des Ponts-et-Chaussées. 1 vol. in-4. 6 fr.

CONSTRUCTION (de la) DES ENGRENAGES, et de la meilleure forme à donner à leur denture, par S. HAINDL. In-12. Fig. 4 fr. 50

CONSTRUCTION (De la) ET DE L'EXPLOITATION DES CHEMINS DE FER en France, par P. DENIEL. In-8. 4 fr.

COUP-D'OEIL GÉNÉRAL ET STATISTIQUE sur la Métallurgie considérée dans ses rapports avec l'Industrie et la richesse des peuples, etc., par TH. VIRLET. In-8. 3 fr.

COUP-D'OEIL GÉNÉRAL SUR LES POSSESSIONS NÉERLANDAISES dans l'Inde archipélagique, par C.-J. TEMMINCK. Tome 1, in-8. 12 fr.

COUR DE CASSATION, Lois et Règlements, par M. TARBÉ. 1 vol. in-8, grand format. 18 fr.

COURS COMPLET D'ÉCONOMIE POLITIQUE-PRATIQUE, par J.-B. SAY. 2 vol. grand in-8. 20 fr.

COURS DE CHIMIE, par M. GAY-LUSSAC. 2 v. in-8. 6 fr.

COURS DE DROIT CIVIL FRANÇAIS, traduit de l'all., de M. C.-S. ZACHARIÆ; par MM. C. AUBRY et C. RAU. 2e édition, 5 vol. in-8. 40 fr.

COURS DE PEINTURE A L'AQUARELLE, contenant des Notions générales sur le Dessin, les Couleurs, etc.; par DUMÉNIL. In-18. 1 fr. 50

COURS DE TENUE DE LIVRES en parties simple et double, par C.-F. REESS-LESTIENNE. 2 vol. in-8. 7 fr. 50

COUTUME DU BAILLAGE DE TROYES, avec les Commentaires de M. LOUIS-LE-GRAND. Paris, 1737, in-folio. Relié. 30 fr.

CULTE (du) MOSAIQUE au XIXe siècle, par P.-B. In-12. 2 fr.

DÉCOUVERTES DANS LA LUNE, au Cap de Bonne-Espérance, par sir JOHN HERSCHEL. In-8. 1 fr.

DERNIERS MOMENTS DE LA RÉVOLUTION DE POLOGNE, en 1831, par M. JANOWSKI. In-8. 3 fr.

* **DESCRIPTION DES MACHINES** et procédés spécifiés dans les BREVETS D'INVENTION, de perfectionnement et d'importation, dont la durée est expirée, publiée d'après les ordres du Ministre de l'Intérieur, par MM. MOLARD, CHRISTIAN, etc. 63 vol. in-4, avec un grand nombre de planches gravées. Paris, 1812 à 1847. Les 63 vol. 900 fr.

Chaque volume se vend séparément : 1er à 5e à 15 fr.; 6e à 20e à 12 fr.; 21e à 63e à 15 fr.

— Table générale des matières contenues dans les 40 premiers volumes. In-4. 5 fr.

DESCRIPTION GÉNÉRALE DE LA CHINE, par l'abbé GROSIER. 2 vol. in-8. 12 fr.

* **DICTIONNAIRE DES DÉCOUVERTES**, Inventions, Innovations, Perfectionnements, etc., en France, dans les

Sciences, la Littérature et les Arts, de 1789 à 1820. 17 vol. in-8. Demi-rel. 50 fr.

DICTIONNAIRE DES GIROUETTES, ou nos Contemporains peints par eux-mêmes. Paris, 1815, in-8. 5 fr.

DICTIONNAIRE RAISONNÉ de la Législation usuelle des Prudhommes et leurs Justiciables, par A. DURUT. In-12. 2 fr.

* DICTIONNAIRE TECHNOLOGIQUE, ou Nouveau Dictionnaire universel des Arts et Métiers, et de l'économie industrielle et commerciale, par une Société de savants et d'artistes. Paris, 1822. 22 vol. in-8, et Atlas. In-4. 222 fr.

DICTIONNAIRE UNIVERSEL géographique, statistique, historique et politique de la France. 5 vol. in-4. 40 fr.

DICTIONNAIRE UNIVERSEL de la Géographie commerçante, par J. PEUCHET. 5 vol. in-4 reliés. 40 fr.

DZIETA KRASICKIEGO, dziesiec Tomow W Jednym. Barbezata, in-8. (Œuvres poétiques de Krasicki.) 19 fr.

ÉCLECTISME (de l') EN LITTÉRATURE, Mémoire auquel la médaille d'or de 1re classe a été décernée par la Société royale des Sciences de Clermond-Ferrand, par Mme CELNART, in-8. 1 fr. 25

ÉLECTIONS (des) SELON LA CHARTE et les lois du royaume, par M. BOYARD. In-8. 6 fr.

ELEMENTS OF ANATOMY GENERAL, special, and comparative, by DAVID CRAIGIE. Edimburgh, 1831; in-4. figures. 15 fr.

ÉLÉONORE DE FIORETTI, ou Malheurs d'une jeune Romaine sous le pontificat de ***. 2 vol. in-12. 3 fr.

ÉLOGE DE LA FOLIE, par ÉRASME, traduction nouvelle, par C. B. de PANALBE, in-8. 6 fr.

EMMELINE ET MARIE, suivies des Mémoires sur Madame BRUNTON; traduit de l'anglais, 4 vol. in-12. 6 fr.

EMPLOI (de l') DU REMÈDE CONTRE LES GLAIRES, et observations sur ses effets, in-8. 75 c.

EMPRISONNEMENT (de l') pour dettes. Considérations sur son origine, ses rapports avec la morale publique et les intérêts du commerce, des familles, de la société, suivies de la statistique générale de la contrainte par corps en France et en Angleterre, et de la statistique détaillée des prisons pour dettes de Paris et de Lyon, et de plusieurs autres grandes villes de France, par J.-B. BAYLE-MOUILLARD. *Ouvrage couronné en 1835 par l'Institut.* 1 vol. in-8. 7 fr. 50

ENCYCLOPEDIA BRITANNICA, or a Dictionnary of Arts, Sciences, and miscellaneous Litterature. Edimburgh, 1817, 20 vol. in-4, fig., cartonnés. 300 fr.

EPILEPSIE (de l') EN GÉNÉRAL, et particulièrement de celle qui est déterminée par des causes morales, par M. DOUSSIN-DUBREUIL. 1 vol. in-12, 2e édition. 3 fr.

ÉPITAPHE DES PARTIS; celui dit *juste-milieu*, son avenir; par H. CAVEL. in-8. 1 fr. 50

ESPAGNE (de l') ET DE SES RELATIONS COMMERCIALES, par F.-A. DE CH. in-8. 2 fr. 50

ESPRIT DE LA COMPTABILITÉ COMMERCIALE, ou Résumé des Principes généraux de Comptabilité, par VALENTIN MEYER-KOECHLIN. In-8. 2 fr. 50

ESPRIT DES LOIS, par MONTESQUIEU. 4 volumes in-12. 12 fr.

ESQUISSE D'UN TABLEAU HISTORIQUE des progrès de l'esprit humain, par CONDORCET. In-18. 3 fr.

ESSAI HISTORIQUE ET CRITIQUE SUR LES JOURNAUX BELGES, par A. WARZÉE. 1re partie, *Journaux politiques*, in-8. 3 fr.

ESSAI SUR L'ADMINISTRATION, par le Sous-Préfet de Béthune. In-8. 3 fr.

ESSAI SUR LE COMMERCE et les intérêts de l'Espagne et de ses colonies, par F.-A. DE CHRISTOPHORO D'AVALOS. In-8. 2 fr. 50

ESSAI SUR LES ARTS et les Manufactures de l'empire d'Autriche, par MARCEL DE SERRES. 3 vol. in-8. 12 fr.

ESSAI SUR LES MALADIES qui attaquent les gens de mer. In-12. 2 fr.

ESSAI SUR L'HISTOIRE GÉNÉRALE DES MATHÉMATIQUES, par Ch. BOSSUT. 2 vol. in-8. 15 fr.

ÉVÉNEMENTS DE BRUXELLES ET DES AUTRES VILLES DU ROYAUME DES PAYS-BAS, depuis le 25 août 1830, précédés du Catéchisme du citoyen belge et de chants patriotiques. 1 vol. in-18. 1 fr. 25

EXAMEN DE CE QUE RENFERME LA BIBLIOTHÈQUE DU MUSÉE BRITANNIQUE, par OCT. DELEPIERRE. In-12. 1 fr. 50

EXAMEN DU SALON DE 1827, avec cette épigraphe: *Rien n'est beau que le vrai*. 2 brochures in-8. 3 fr.

— *Idem* de 1834, par VERGNAUD. 1 fr. 50

EXAMEN HISTORIQUE DE LA RÉVOLUTION ESPAGNOLE, suivi d'Observations sur l'esprit public, la religion, etc., par Ed. Blaquière ; traduit de l'anglais par J.-C. P***. 2 vol. in-8. 10 fr.

EXPÉDITIONS DE CONSTANTINE, accompagnées de réflexions sur nos possessions d'Afrique, par V. Devoisins. In-8, fig. 2 fr. 50

EXPLICATIONS DU MARÉCHAL CLAUZEL. In-8. 1837. 3 fr.

EXTRAIT D'UN DISCOURS sur l'Origine, les Progrès et la Décadence du Pouvoir temporel du Clergé, par S. E. Mgr l'ancien Archevêque de T.., In-8. 2 fr.

EXTRAITS DES REGISTRES DES CONSAUX DE TOURNAY, 1472 à 1581 ; suivis de la Liste des Mayeurs de cette ville, depuis 1667 jusqu'en 1794 ; par M. Gachard. In-8 3 fr. 50

EXTRAITS TIRÉS d'un JOURNAL ALLEMAND destiné à rendre compte de la législation et du droit, dans toutes les contrées civilisées, par M. J.-J. de Sellon, In-8. 1 fr. 50

FASTES DE LA FRANCE, ou Tableaux chronologiques, synchroniques et géographiques de l'Histoire de France, par C. Mullié. 1841, in-fol. 35 fr.

FILLE (la) D'UNE FEMME DE GÉNIE, traduit de l'anglais de madame Hofland. 2 vol. in-12. 4 fr.

FLEURS DE BRUYÈRE, par Mlle M. F. Seguin, dédiées à M. A. de Lamartine, in-8. 6 fr.

FLEURS DE L'ARRIÈRE-SAISON (Poésies). In-8 Genève, 1840. 2 fr. 50

FONCTIONS (des) DE LA PEAU, et des maladies graves qui résultent de leur dérangement, par J.-L Doussin-Dubreuil. Paris, 1827. In-12. 2 fr. 50

FRANCE (la) CONSTITUTIONNELLE, ou la Liberté reconquise; poëme national, par M. Boyard. In-8. 6 fr.

FRANCE (la) MOURANTE, consultation historique à trois personnages. 1829. In-8. 2 fr.

GÉNIE (Le) DE L'ORIENT, commenté par ses monuments monétaires, études historiques, numismatiques, etc.; par Sawaszkiewicz. In-12, fig. 7 fr.

GÉOGRAPHIE ANCIENNE DES ÉTATS BARBARESQUES, d'après l'allemand de Mannert, par MM. Marcus et Duesberg. In-8. 10 fr.

GLAIRES (des), DE LEURS CAUSES, de leurs effets, et des indications à remplir pour les combattre. 8e édition, par Doussin-Dubreuil. Paris, in-8. 4 fr.

GLOSSAIRE ROMAN-LATIN du XVe siècle, extrait de la bibliothèque de la ville de Lille, par E. GACHET. In-8. 1 f. 50

GRAISSINET (M.), ou Qu'est-il donc? Histoire comique satirique et véridique, publiée par DUVAL. 4 v. in-12. 10 fr.

Ce roman, écrit dans le genre de ceux de Pigault, est un des plus amusants que nous ayons.

GUIDE DE L'INVENTEUR dans les principaux États de l'Europe, ou Précis des lois sur les brevets d'invention, par CH. ARMENGAUD jeune. In-8. 2 fr. 50

GUIDE DES MAIRES (nouveau), ou Manuel des Officiers municipaux, dans leurs rapports avec l'ordre administratif et l'ordre judiciaire, les colléges électoraux, la garde nationale, l'armée, l'administration forestière, l'instruction publique et le clergé; par M. BOYARD, président à la Cour royale d'Orléans, etc. 1 gros vol. in-18 de 538 pages. 3 fr.

GUIDE DES MALADES. Manuel des personnes affectées de maladies chroniq., par le doct. BELLIOL. In-12. 6 fr.

GUIDE DU MÉCANICIEN, ou Principes fondamentaux de mécanique expérimentale et théorique, appliqués à la composition et à l'usage des machines, par M. SUZANNE, ancien professeur. 2e édition. 1 vol. in-8 orné d'un grand nombre de planches. 12 fr.

GUIDE (nouveau) EN AFFAIRES, ou Recueil complet des Actes sous seing-privé; mis en modèles d'écritures, par GIGAULT D'OLINCOURT. 3 cahiers obl. 3 fr.

GUIDE GÉNÉRAL EN AFFAIRES, ou Recueil des modèles de tous les actes, par J.-B. NOELLAT. 4e édition. 1 vol. in-12. 4 fr.

HARPE HELVÉTIQUE, par CH.-M. DIDIER. In-8. 1 fr. 50

HISTOIRE AUTHENTIQUE du prisonnier d'État connu sous le nom du Masque-de-Fer, extraite des documents trouvés aux archives des affaires étrangères du Royaume; trad. de l'anglais de GEORGE AGAR ELLIS. In-8. 5 fr.

HISTOIRE CONSTITUTIONNELLE DE LA VILLE DE GAND et de la Châtellenie du Vieux-Bourg, jusqu'à l'année 1305, par WARNKOENIG, trad. de l'all. par CHELDOLF. In-8. 5 fr.

HISTOIRE D'ANGLETERRE, de DAVID HUME. 20 vol. in-12.

— Plantagenet. 6 vol. 18 fr.

— Tudor. 6 vol. 18 fr.

— Stuart. 8 vol. 24 fr.

HISTOIRE DE LA LÉGISLATION NOBILIAIRE DE BELGIQUE, par P.-A.-F. GÉRARD. In-8, t. 1. 7 fr.
(L'ouvrage aura 2 vol.)

HISTOIRE DE LA MAISON DE SAXE-COBOURG-GOTHA, par A. SCHELER. Gr. in-8, fig. 7 fr.

HISTOIRE DE LA PEINTURE FLAMANDE ET HOLLANDAISE, par ALFRED MICHIELS. In-8, t. 1 et 2, chaque vol. 8 fr
(L'ouvrage aura 4 vol.)

HISTOIRE DE JEAN BART, chef d'escadre sous Lou XIV, par VANDEREST. In-8. 3 fr. 75
— Deuxième édition. 1844. in-18. 1 fr. 50

HISTOIRE DE LA VILLE D'ORLÉANS, de ses édifices, monuments, etc., par VERGNAUD-ROMAGNÉSI. 2 vol. in-12. 7 fr.

HISTOIRE DE LA VILLE DE TOUL, et de ses évêques, suivie d'une Notice sur la cathédrale; ornée de 16 lithographies, par A.-D. THIÉRY. 2 vol. in-8. 10 fr.

HISTOIRE DES BELGES à la fin du XVIIIe siècle, par A. BORGNET. 2 vol. in-8. 10 fr.

— **DES BIBLIOTHÈQUES** publiques de la Belgique, par NAMUR. 3 vol in-8.
Tome 1er Bibl. de Bruxelles. 9 fr.
— 2e Bibl. de Louvain. 6 fr. 50
— 3e Bibl. de Liège. 6 fr. 50

— **DES CAMPAGNES** de 1814 et de 1815, par A. DE BEAUCHAMP. 2 vol. in-8. 12 fr.

— **DES DOUZE CÉSARS**, trad. du latin de Suétone, par DE LAHARPE. 3 vol. in-32. 6 fr. 50

— **DES LÉGIONS POLONAISES EN ITALIE**, sous le commandement du général Dombrowski, par LÉONARD CHODZKO. 2 vol. in-8. 17 fr.

— **DES VANDALES**, depuis leur première apparition sur la scène historique jusqu'à la destruction de leur empire en Afrique; accompagnée de recherches sur le commerce que les Etats barbaresques firent avec l'Etranger dans les six premiers siècles de l'ère chrétienne. 2e éd. in-8. 7 fr. 50

HISTOIRE GÉNÉRALE DE POLOGNE, d'après les historiens polonais Naruszewiez, Albertrandy, Czacki, Lelewel, Bandtkie, Niemcewiez, Zielinskis, Kollontay, Oginski, Chodzko, Podzaszynski, Mochnacki, et autres écrivains nationaux. 2 vol. in-8. 7 fr.

— **IMPARTIALE DE LA VACCINE**, ou appréciation

du bien qu'on lui attribue et du mal qu'on lui impute, par C.-A. BARREY. In-8. 3 fr. 50

HISTOIRE NUMISMATIQUE DE LA RÉVOLUTION BELGE, par M. GUIOTH. In-4, liv. 1 à 10, à 2 fr. la livraison (l'ouvrage en aura 15).

HOMME (l') AUX PORTIONS, ou Conversations philosophiques et politiques, publiées par J.-J. FAZY. 1 vol. in-12. 3 fr.

I BACI DI GIOVANI SECONDO volgarizzati da Cesare L. BIXIO. Parigi, 1834, in-12. 1 fr. 50

INAUGURATION DU CANAL du duc d'Angoulême, à Amiens, le 31 août 1825. In-folio. 1 fr. 50

INDICATEUR GÉNÉRAL du Haut-Rhin pour 1841. In-12. 1 fr. 25

INFLUENCE (de l') DES ÉRUPTIONS ARTIFICIELLES DANS CERTAINES MALADIES, par JENNER, auteur de la découverte de la vaccine. Brochure in-8. 2 fr. 50

INSTRUCTIONS (Nouvelles) sur l'usage du Daguerréotype. Description d'un nouveau photographe, etc., par CH. CHEVALIER. In-8. 2 fr.

INTRODUCTION A L'ÉTUDE DE L'HARMONIE, ou Exposition d'une nouvelle théorie de cette science, par V. DERODE. In-8. 9 fr.

INVASION DES ARMÉES ÉTRANGÈRES dans le département de l'Aube, en 1814 et 1815; par F.-E. POUGIAT. In-8. 6 fr.

JEANNE HACHETTE, ou le Siège de Beauvais, poème, par madame FANNY DENOIX. In-8. 1 fr.

JOURNAL DES CONNAISSANCES USUELLES et pratiques, par MM. GILLET DE GRANDMONT et DE LASTEYRIE. Paris, 1832 à 1837. 26 t. en 13 vol. in-8. 65 fr.

— DES VOYAGES, Découvertes et Navigations modernes, novembre 1818 à déc. 1829. 44 vol. in-8, cart. 176 fr.

JOURNAL DU PALAIS, présentant la Jurisprudence de la Cour de Cassation et des Cours royales. Nouvelle édition, par M. BOURJOIS. (1791 à 1828.) Paris, 1823 à 1828. 42 vol. in-8. 100 fr.

JOURNALISME (du), ou Il est temps d'en finir avec la mauvaise presse, par D.-J. 1832. In-12. 50 c.

LANGUE (De la) ET DE LA POÉSIE PROVENÇALES, par le baron E. VAN BEMMEL. In-12, 3 fr. 50

LEÇONS D'ARCHITECTURE, par DURAND. 2 vol. in-4. 40 fr.

— La partie graphique, ou tome 3ᵉ du même ouv. 20 fr.

LEÇONS DE DROIT DE LA NATURE ET DES GENS, par De Félice. 4 vol. in-12. 6 fr.

LETTRES DE JEAN DE MULLER à ses amis MM. De Bonstettin et Gleim. In-8. 6 fr.

— DE MADEMOISELLE AISSÉ. In-12. 2 fr. 50

— DE MESDAMES DE COULANGES et de NINON DE L'ENCLOS. In-12. 2 fr. 50

— DE MESDAMES DE VILLARS, DE LAFAYETTE et DE TENCIN. In-12. 2 fr. 50

— INÉDITES de Buffon, J.-J. Rousseau, Voltaire, Piron, de Lalande, Larcher, etc., avec *fac simile*, publiées par C.-X. Girault. In-8. 3 fr.

— *Idem*, in-12. 3 fr.

— PERSANNES, par Montesquieu. In-12. 3 fr.

— SUR LA MINIATURE, par M. Mansion. 1 vol. in-12, fig. 4 fr.

— SUR LA VALACHIE. 1 vol. in-12. 2 fr. 50

LIBERTÉS (des) GARANTIES PAR LA CHARTE, ou de la Magistrature dans ses rapports avec la liberté des cultes, de la presse, etc., par M. Boyard. In-8. 6 fr.

LIVRE (le) DU COMMERÇANT EN DÉTAIL, ou tous les Créanciers et Débiteurs classés en un seul compte, par D. Bertrand. In-8. 2 fr.

LOI (Nouvelle) SUR LES BREVETS D'INVENTION, du 5 juillet 1844. In-8. 60 c.

LOI SUR LES PATENTES, du 25 avril 1844. In-12. 50 c.

LOI SUR L'EXPROPRIATION pour cause d'utilité publique, du 3 mai 1841. In-12. 30 c.

LOI SUR L'ORGANISATION de la GARDE NATIONALE de France. Mars 1831. Édition officielle, in-18. 50 c.

LOIS (les) DES BATIMENTS, ou le Nouveau Desgodets, par Lepage. 2 vol. in-8. 10 fr.

— D'HOWEL-DDA mab Cadell, Brenin Cymru (fils de Cadell, chef du pays des Kimris), par M. A. Duchatellier. In-8. 2 fr.

*MACHINES ET INVENTIONS approuvées par l'Académie R. des Scien., par Gallon. 7 vol. in-4. 80 fr.

MAGISTRATURE (de la) dans ses rapports avec la liberté des cultes, par M. Boyard. In-8. 6 fr.

MANUEL (Nouveau) COMPLET DES EXPERTS,

Traité des matières civiles, commerciales et administratives donnant lieu à des expertises, 7e édit., par CH. VASSEROT, avocat à la Cour Royale de Paris. 6 fr.

MANUEL (Nouveau) COMPLET DES MAIRES, Adjoints, Conseils municipaux, des Préfets, Conseils de Préfecture et Conseils généraux, Juges de paix, Commissaires de police, Prêtres, Instituteurs, et des Pères de famille, etc., par M. BOYARD, président à la Cour royale d'Orléans, 3e édition, 2 vol. in-8. 12 fr.

— DE GÉNÉALOGIE HISTORIQUE, ou Familles remarquables des peuples anciens et modernes, etc., par J.-B. FELLENS. 1 vol. in-18. 3 fr. 50

— DE L'ÉCARTÉ, contenant des notions générales sur ce jeu. 2e édition, Bordeaux. In-18. 1 fr.

MANUEL DE L'OCULISTE, ou Dictionnaire ophthalmologique, par DE WENZEL. 2 vol. in-8, 24 planches. 12 fr.

— DE PEINTURES ORIENTALES ET CHINOISES en relief, par SAINT-VICTOR. In-18, fig. noires. 3 fr.

— DES ARBITRES, ou Traité des principales connaissances nécessaires pour instruire et juger les affaires soumises aux décisions arbitrales, soit en matières civiles ou commerciales; contenant les principes, les lois nouvelles, les décisions intervenues depuis la publication de nos Codes, et les formules qui concernent l'arbitrage, etc., par M. CH., ancien jurisconsulte. Nouvelle édition. 8 fr.

— DES BAINS DE MER, leurs avantages et leurs inconvénients, par M. BLOT. 1 vol. in-18. 2 fr.

— DES CANDIDATS à l'emploi de Vérificateurs des poids et mesures, par P. RAVON. 2e édition, in-8. 5 fr.

— DES DROITS DE TIMBRE et d'Enregistrement, pour les maires, percepteurs, receveurs des hospices, etc., par H. de SAINT-GENIS. In-8. 3 fr. 50

— DES JUSTICES DE PAIX, ou Traité des fonctions et des attributions des Juges de Paix, des Greffiers et Huissiers attachés à leur tribunal, avec des formules et modèles de tous les actes qui dépendent de leur ministère, etc., par M. LEVASSEUR, ancien jurisconsulte. Nouvelle édition, entièrement refondue, par M. BIRET. 1 gros volume in-8. 1839. 6 fr.

— *Idem*, en 1 vol. in-18. 3 fr. 50

MANUEL DES MARINS, ou Dictionnaire des termes de marine, par BOURDÉ. 2 vol. in-8. 8 fr.

MANUEL DES MYOPES et des Presbytes, par CH. CHEVALIER. In-8. 2 fr. 50

— DES NÉGOCIANTS, ou le Code commercial et maritime, commenté et démontré par principes, par P.-B. BOUCHER. 2 vol. in-8. 10 fr.

— DES NOURRICES, par Mme EL. CELNART. In-18. 1 fr. 50

— DU BOTTIER, par A. MOUREY. In-12. 1 fr. 50

— DU CAPITALISTE, par M. BONNET. 1 vol. in-8. 11e édition. 6 fr.

— DU FABRICANT DE ROUENNERIES, comprenant tout ce qui a rapport à la fabrication, par un Fabricant. 1 vol. in-18. 2 fr. 50

— DU FABRICANT DES BLEUS et Carmins d'indigo, par F. CAPRON. In-18. 2 fr.

— DU NÉGOCIANT, dans ses rapports avec la douane, par M. BAUZON-MAGNIER. In-12. 4 fr.

— DU PEINTRE A LA CIRE, application des divers procédés propres à la peinture artistique et autres, par A.-M. DUROZIEZ. In-8. 1 fr. 75

— DU POSEUR DE SONNETTES, Cordons de Portes cochères et Grilles, etc., par J. CLEFF. In-4, fig. 3 fr.

— DU SAVONNIER, ou l'Art de fabriquer le Savon, vert ou noir, avec méthode, par G. DE CROOS. Paris, 1819. In-4. 12 fr.

— DU SYSTÈME MÉTRIQUE, ou Livre de Réduction de toutes les mesures et monnaies des quatre parties du monde, par P.-L. LIONET. 1 vol. in-8. 7 fr.

— DU TOURNEUR, ouvrage dans lequel on enseigne aux amateurs la manière d'exécuter tout ce que l'art peut produire d'utile et d'agréable, par M. HAMELIN-BERGERON. 2 vol. in-4, avec Atlas et le Supplément. 40 fr.

MANUEL DU VOILIER, ou Traité pratique du Tracé, de la Coupe et de la Confection des Voiles, par J.-F.-M. LELIÈVRE. In-12. 3 fr.

— MÉTRIQUE DU MARCHAND DE BOIS, par M. TREMBLAY. 1 vol. in-12. 1840. 1 fr. 50

MATÉRIAUX POUR L'HISTOIRE DE GENÈVE, recueillis et publiés par J.-A. GALIFFE. tome 1, in-8. 6 fr.

MÉCANIQUE USUELLE, contenant la théorie des [illegible]ces appliquées à un même point, etc., par G.-F. OLIVIER. 2e édition, in-12. 1 fr. 50

MÉDECINE DOMESTIQUE, ou Traité complet des moyens de se conserver en santé, et de guérir les maladies par le régime et les remèdes simples, par BUCHAN; traduit par DUPLANIL. 5 vol. in-8. 20 fr.

MÉDECINE (la) POPULAIRE, ou l'Art de guérir, indiqué par la nature, par L. RIOND. 3e édition, in-8. 6 fr.

MÉDITATIONS LYRIQUES, par J.-J. GALLOIS. In-8. 1 fr. 50

MÉLANGES DE POÉSIE ET DE LITTÉRATURE, par FLORIAN. 3 vol. in-18. 4 fr. 50

MÉLANGES PHOTOGRAPHIQUES. Complément des nouvelles instructions sur l'usage du Daguerréotype, par CH. CHEVALIER. In-8. 2 fr.

MÉMOIRE SUR LA CONSTRUCTION DES INSTRUMENTS A CORDES ET A ARCHET, par FÉLIX SAVART. In-8. 3 fr.

MÉMOIRE SUR LES INSTITUTIONS CONTRACTUELLES entre Epoux, par GÉRARD. In-8. 1 fr. 50

MÉMOIRES DU CARDINAL DE RETZ, DE GUY-JOLI ET DE LA DUCHESSE DE NEMOURS. 6 vol. in-8. 36 fr.

MÉMOIRES DU COMTE DE GRAMMONT, par HAMILTON. 2 vol. in-32. 3 fr.

MÉMOIRES RÉCRÉATIFS, SCIENTIFIQUES ET ANECDOTIQUES, du physicien-aéronaute ROBERTSON. 2 vol. in-8, fig. 12 fr.

MÉMOIRES SUR LA GUERRE DE 1809 EN ALLEMAGNE, avec les opérations particulières des corps d'Italie, de Pologne, de Saxe, de Naples et de Walcheren, par le général PELET, d'après son journal fort détaillé de la campagne d'Allemagne, ses reconnaissances et ses divers travaux; la correspondance de Napoléon avec le major-général, les maréchaux, etc. 4 vol. in-8. 28 fr.

L'Auteur fera paraître bientôt un Atlas pour cet ouvrage.

MÉMOIRE SUR LE PARTI AVANTAGEUX que l'on peut tirer des bulbes de safran, par M. VERGNAUD-ROMAGNÉSI. In-8. 1 fr.

MÉMOIRE SUR LES OPÉRATIONS de l'avant-garde du 8e Corps de la Grande Armée, formé de troupes polonaises en 1813. In-8. 1 fr. 50

MÉMOIRES TIRÉS DES ARCHIVES DE LA POLICE DE PARIS, par PEUCHET. 6 vol. in-8. 24 fr.

MÉNESTREL (le), poëme en deux chants, par JAMES BEATTIE; traduit de l'anglais, avec le texte en regard, par M. LOUET. 2e édition, in-18. 3 fr.

MENUISERIE DESCRIPTIVE, nouveau Vignole des menuisiers, utile aux ouvriers, maîtres et entrepreneurs, par COULON. 2 vol. in-4, dont un de planches. 20 fr.

MICROSCOPES (des) et de leur usage, par CH. CHEVALIER. In-8. 9 fr.

MILVIA, ou l'Héroïne de la Catalogne, Nouvelle historique, par D. FRICK. 2e édition, in-12. 2 fr.

MINISTRE DE WAKEFIELD, traduit en français par M. AIGNAN, de l'Académie française. Nouvelle édition. 1841, 1 vol. in-12, fig. 1 fr. 50

MONITEUR DE L'EXPOSITION DE 1839, ou Archives des produits de l'industrie. In-8. 5 fr.

MONNAIES DES ÉVÊQUES DE TOURNAI, par J. LELEWEL. In-8. 1 fr. 50

MON ONCLE LE CRÉDULE, ou Recueil des prédictions les plus remarquables qui ont paru dans le monde, etc., par DÉODAT DE BOISPRÉAUX. 3 vol. in-12, fig. 4 fr. 50

MORALE DE L'ÉVANGILE, comparée à la morale des philosophes anciens et modernes, par madame E. CELNART. In-8. 75 c.

MUSEI LUGDUNO-BATAVI Inscriptiones Etrusquæ. Edidit L.-J.-F. JANSSEN. Lugduni-Batavorum, 1840. in-4. 12 fr.

MUSEI LUGDUNO-BATAVI Inscriptiones Græcæ et Latinæ. Edidit L.-J.-F. JANSSEN, accedunt tabulæ XXXIII. Lugduni-Batavorum. 1842. in-4. 32 fr.

NÉCESSITÉ (de la) **ET DE L'EXPÉRIENCE**, considérées commme critérium de la vérité, par G. M***. in-8. 7 fr. 50

NOSOGRAPHIE GÉNÉRALE ÉLÉMENTAIRE, ou Description et Traitement rationnel de toutes les maladies; par M. SEIGNEUR GENS, docteur de la Faculté de Paris. Nouvelle édition, 4 vol. in-8. 20 fr.

NOTES SUR LES PRISONS DE LA SUISSE, et sur quelques-unes du continent de l'Europe; moyen de les améliorer, par M. Fr. CUNINGHAM; suivies de la description des prisons améliorées de Gand, Philadelphie, Ilchestes et Millbank, par M. BUXTON. In-8. 4 fr. 50

NOTICE DES ARCHIVES DE M. LE DUC DE CARAMAN, précédée de Recherches historiques sur les Princes de Chimay et les Comtes de Beaumont, par GACHARD. In-8. 3 fr. 50

NOTICE HISTORIQUE sur la Fête de Jeanne-d'Arc à Orléans, par VERGNAUD-ROMAGNÉSI. In-4. 1 fr. 50

— **HISTORIQUE** sur la ville de Toul, ses antiquités et ses célébrités, par C.-L. BATAILLE. In-8. 4 fr.

— **SUR LA PROJECTION DES CARTES GÉOGRAPHIQUES**, par E.-A. LEYMONNERYE. In-18, figures. 1 fr. 50

— **SUR L'ŒUVRE** de François Girardon, de Troyes, sculpteur, avec un précis sur sa vie. In-8. 1 fr. 50

NOTIONS SYNTHÉTIQUES, historiques et physiologiques de philosophie naturelle, par M. GEOFFROY-ST-HILAIRE. In-8. 6 fr.

NOVELLE ITALIANE DI GIOVANNI LA CECILIA. In-8. 4 fr.

* **ŒUVRES CHOISIES** de l'abbé PRÉVOST, avec fig. 39 vol. in-8, reliés. 100 fr.

OBSERVATIONS SUR LES PERTES DE SANG des femmes en couche et sur les moyens de les guérir, par M. LEROUX. 2e édition. In-8. 4 fr. 50

OBSERVATIONS SUR UN ARTICLE de la Revue Encyclopédique relatif à la traduction du Talmud de Babylone, et à la théorie du judaïsme, par l'abbé CHIARINI. In-8. 2 fr.

ŒUVRES COMPLÈTES DE CHAMFORT, recueillies et publiées par P.-A. AUGUIS. 5 vol. in-8. 15 fr.

ŒUVRES DE BALLANCHE, de l'Académie de Lyon. 4 vol. in-18. 15 fr.

ŒUVRES DE BOILEAU, nouvelle édition, accompagnées de Notes faites sur Boileau par les commentateurs ou littérateurs les plus distingués, par M. J. PLANCHE, professeur de rhétorique au collége royal de Bourbon, et M. NOEL, inspecteur général de l'Université. In-12. 1 fr. 50

— **DE BOILEAU**. Paris, Didot. 2 vol. in-folio. 30 fr.

— **DE SERVAN**, nouvelle édition, avec une notice, par X. DE PORTETS. 5 vol. in-8. 18 fr.

— **DE VOLTAIRE**, avec Préfaces, Avertissements, Notes, etc., par M. BEUCHOT, t. 71 et 72. TABLE ALPHABÉTIQUE ET ANALYTIQUE DES MATIÈRES, par MIGER. 2 vol. in-8. 24 fr.

Idem, papier vélin. 36 fr.

Idem, grand papier jésus. 48 fr.

ŒUVRES D'ÉVARISTE PARNY. 5 vol. in-18. 12 fr. 50

— DIVERSES DE LAHARPE, de l'Académie française. 16 vol. in-8. 64 fr.

— DIVERSES. Économie politique; Instruction publique; Haras et Remontes, par C.-J.-A. MATHIEU DE DOMBASLE. In-8. 8 fr.

— DRAMATIQUES DE N. DESTOUCHES. Nouvelle édition. Paris. 6 vol. in-8. 24 fr.

— POÉTIQUES DE KRASICKI. 1 seul vol. in-8, à 2 col. grand papier vélin. 25 fr.

OLYMPIQUE (l') DE DION CHRYSOSTOME, Gr.-Lat., revue par J. GEELIUS. Lugduni-Batavorum. 1840. In-8. 12 fr.

OPUSCULES FINANCIERS sur l'effet des priviléges, des emprunts publics et des conversions sur le crédit de l'industrie en France, par J.-J. FAZY. 1 vol. in-8. 5 fr.

ORDONNANCE SUR L'EXERCICE ET LES MANŒUVRES D'INFANTERIE, du 4 mars 1831. (École du soldat et de peloton). 1 vol. in-18, orné de fig. 75 c.

OUVRIER (l') MÉCANICIEN, Guide de mécanique pratique, précédé de notions élémentaires d'arithmétique décimale, d'algèbre et de géométrie, par CH. ARMENGAUD eune. 2e édition, in-12. 4 fr.

OVER DE VATICAAUSCHE, groep van Laocoon, van L.-J.-F. JANSSEN. Te Leyden. 1840. in-8. 3 fr. 50

PARFAIT CHARRON-CARROSSIER, ou Traité complet des Ouvrages faits en Charronnage et Ferrure, par L. BERTHAUX. In-8. 10 fr.

— Le Parfait Charron, seul. 5 fr.

— Le Parfait Carrossier, seul. 5 fr.

PARFAIT (le) CUISINIER, ou le Bréviaire des Gourmands. 4e édition, par RAIMBAULT. In-12. 3 fr.

PARFAIT SERRURIER, ou Traité des ouvrages faits en fer, par LOUIS BERTHAUX, 1 vol. in-8, cartonné. 9 fr.

PASSÉ (DU), DU PRÉSENT ET DE L'AVENIR de l'Organisation municipale de la France, par E. CHAMPAGNAC, tome 1er. in-8. 4 fr.

PEINTRES BRUGEOIS (Les), par ALFRED MICHIELS. In-12. 2 fr.

PETIT (le) BARÊME DES CAISSES D'ÉPARGNE,

ou Méthode simple et facile pour calculer les intérêts depuis 1 jusqu'à 40 ans, par VAN-TENAC. In-32. 10 c.

PETIT PAMPHLET sur quelques tableaux du salon de 1835, par A.-D. VERGNAUD. In-8. 30 c.

PHILOSOPHIE ANTI-NEWTONIENNE, ou Essai sur une nouvelle physique de l'univers, par J. BAUTÈS. Paris, 1835, 2 livraisons in-8. 3 fr.

POÉSIES DE CHARLES FROMENT. 2 vol. in-18. 7 fr.

— GENEVOISES. 3 vol. in-32. 3 fr.

POËTES (les) FRANÇAIS depuis le XIIe siècle jusqu'à Malherbe, avec une Notice historique et littéraire sur chaque poète. Paris, 1824, 6 vol. in-8. 48 fr.

POEZYE ADAMA MICKIEWICZA, tomes 3 et 4. In-12. Prix, chacun 3 fr.

POLITIQUE POPULAIRE, ou Manuel des droits et des devoirs du citoyen. In-18 carré. 50 c.

PRÉCIS DE L'HISTOIRE DES TRIBUNAUX SECRETS DANS LE NORD DE L'ALLEMAGNE, par A. LOEVE VEIMARS. 1 vol. in-18. 1 fr. 25

— HISTORIQUE SUR LES RÉVOLUTIONS DES ROYAUMES DE NAPLES ET DU PIÉMONT, en 1820 et 1821, suivi de documents authentiques sur ces évènements, par M. le comte D..... 2e édition. In-8. 4 fr. 50

PROJET D'UN NOUVEAU SYSTÈME BIBLIOGRAPHIQUE des Connaissances humaines, par NAMUR. In-8. 4 fr.

PRUYS (C.) VAN DER HOEVEN de arte medica libri duo ad tirones. Liber primus, pars prior, de inflammationibus. Lugduni-Batavorum, 1838. In-8. 12 fr.

— de historia medicinæ, liber singularis, auditorum in usum editus. Lugduni-Batavorum, 1842. In-8. 7 fr. 50

QUELQUES MOTS SUR LA GRAVURE, au millésime de 1418, par C. D. B. In-4, avec 7 planches. 4 fr.

QUELQUES RÉFLEXIONS sur la Législation commerciale, par A.-J. MENOT. Paris, 1823. In-8. 2 fr. 50

QUESTION DE L'ORIENT sous ses rapports généraux et particuliers, par M. DE PRADT. In-8. 5 fr.

RAPPORT FAIT A LA CHAMBRE des Représentants et au Sénat, par le Ministre des affaires étrangères, sur l'état des négociations en 1831. Bruxelles, in-8. 6 fr.

RAPPORTS DES MONNAIES, POIDS ET MESURES des principaux Etats de l'Europe (ce tarif est collé sur bois). 3 fr.

RAYONS (les) **DU MATIN**, poésies par ELIE SAUVAGE. In-18. 2 fr. 50

RECHERCHES ANATOMIQUES, Physiologiques, Pathologiques et Séméïologiques, sur les glandes labiales, par A.-A. SEBASTIAN. In-4. 2 fr. 50

— **SUR L'ANATOMIE** et les Métamorphoses de différentes espèces d'insectes; ouvrage posthume, de PIERRE LYONNET, publié par M. W. DEHAAN; accompagnées de 54 planches. 1 vol. in-4. 40 fr.

— **HISTORIQUES SUR LA VILLE DE SALINS**, par M. BECHET. 2 vol. in-12. 5 fr.

RECHERCHES SUR LA VILLE DE MAESTRICHT et sur ses Monnaies, par A. PERREAU. In-8. 3 fr.

— (Nouvelles) sur les mouvements du camphre et de quelques autres corps placés à la surface de l'eau, par MM. JOLY et BOISGIRAUD aîné. In-8. 1 fr. 50

— **SUR LE SYSTÈME LYMPHATICO-CHYLIFÈRE**, par le docteur LIPPI; traduit de l'italien par JULIA DE FONTENELLE. In-8. 75 c.

RECUEIL ET PARALLÈLES D'ARCHITECTURE, par M. DURAND. Grand in-fol. 180 fr.

— **GÉNÉRAL ET RAISONNÉ DE LA JURISPRUDENCE** et des attributions des justices de paix, en toutes matières, civiles, criminelles, de police, de commerce, d'octroi, de douanes, de brevets d'invention, contentieuses et non contentieuses, etc., par M. BIRET. 4e éd. in-8. 2 vol. 14 fr.

RÉFORME (de la) **ANGLAISE** et de ses suites probables, par M. DE PRADT. In-8. 5 fr.

RÈGLES DE POINTAGE à bord des vaisseaux, par MONTGÉRY. In-8. 4 fr.

RÉGNICIDE ET RÉGICIDE, par M. DE PRADT. In-8. 75 c.

RELATION (nouvelle) **DE LA BATAILLE DE FRIEDLAND** (14 juin 1807), par M. DERODE. In-8. 2 fr. 25

— *Idem*, Papier vélin. 3 fr.

— **DES FAITS** qui se sont passés lors de la descente de la statue de Napoléon, etc., par J.-B. LAUNAY. In-8. 75 c.

— **DU CAPITAINE MAITLAND**, ex-commandant du Bellerophon, concernant l'embarquement et le séjour de l'empereur Napoléon à bord de ce vaisseau. Traduit de l'anglais par PARISOT. In-8. 3 fr.

— **DU VOYAGE AU POLE SUD ET DANS L'O-**

CÉANIE, sur les corvettes l'Astrolabe et la Zélée, exécuté par ordre du Roi pendant les années 1837, 1838, 1839 et 1840, sous le commandement de M. J. DUMONT-D'URVILLE, capitaine de vaisseau. 10 vol. in-8, avec cartes. 30 fr.

RELATIONS DE VOYAGES D'AUCHER-ÉLOY EN ORIENT, de 1830 à 1838, revues et annotées par M. le comte JAUBERT. 2 vol. in-8, avec carte. 12 fr.

RELIGION (de la), DU CLERGÉ ET DES JÉSUITES, par un Magistrat. 1844. In-8. 1 fr. 25.

RÉPERTOIRE ADMINISTRATIF DES PARQUETS, par L.-G. FAURE. 2 vol. in-8. 15 fr.

— (Nouveau) DE LA JURISPRUDENCE et de la Science du Notariat, par J.-J.-S. SERIEYS. In-8. 7 fr.

RÉPUBLIQUE (la) PARTHÉNOPÉENNE, épisode de l'histoire de la république française, par JEAN LA CÉCILIA. Traduit de l'italien par THIBAUD. In-8. 7 fr. 50

RÉSERVE (De la) LÉGALE en Matière de Succession, et de ses conséquences, par J.-B. KUHLMANN. In-8. 1 fr. 50

RODRIGUE ET EUDOXIE, dialogue en vers et en prose, par A.-F. GÉRARD. In-12. 1 fr.

ROMAN COMIQUE, par SCARRON, nouvelle édition revue et augmentée. 4 vol. in-12. 8 fr.

RÉVOLUTIONS DE CONSTANTINOPLE en 1807 et 1808, précédées d'observations sur l'empire ottoman, par A. DE JUCHEREAU DE SAINT-DENIS. 2 vol. in-8. 9 fr.

— DE JUILLET 1830, Caractère légal et politique du nouvel établissement fondé par la Charte constitutionnelle. 1833. In-8. 1 fr. 50

SAVANT (le) DE SOCIÉTÉ, ou petite Encyclopédie des Jeux familiers. 2 vol. in-12, figures. 3 fr.

SCHOLICA HYPONMEMATA. Scripsit Joh. BAKINS. Lugduni-Batavorum, 1837. 2 vol. in-12. 13 fr.

SÉCRÉTISME (le) ANIMAL, nouvelle doctrine fondée sur la philosophie médicale, par A. CHRISTOPHE. In-8. 3 fr.

SIÈCLE (le), Revue critique de la littérature, des Sciences et des Arts. 2 vol. in-8. 20 fr.

SITES PITTORESQUES DU DAUPHINÉ, dessinés d'après nature et lithographiés, par DAGNAN. In-fol. 40 vues. 50 fr.

— Chaque vue séparément. 2 fr.

SOIRÉES DE MADRID, ou Recueil de nouvelles historiettes, etc., par Mme AMÉDÉE DE B***. 4 vol. in-12. 10 fr.

SOURCE (La) DE LA VIE, ou Choix d'Idées,

Axiomes, Sentences, Maximes, etc., contenus dans le *Talmud*, trad. par SAMSON LÉVY. 2 parties, in-12. 2 fr.

SOUVENIRS DE MADAME DE CAYLUS, suivis de quelques-unes de ses lettres. Nouv. édit. in-12. 2 fr. 50

STATISTIQUE DE LA SUISSE, par M. PICOT, de Genève. 1 gros vol. in-12 de plus de 600 pages. 7 fr.

SUÈDE (la) SOUS CHARLES XIV JEAN, par FR. SCHMIDT. In-8. 6 fr.

SUITE AU MÉMORIAL DE SAINTE-HÉLÈNE, ou Observations critiques et anecdotes inédites pour servir de supplément et de correctif à cet ouvrage, contenant un manuscrit inédit de Napoléon, etc. Orné du portrait de M. Las-Case. 1 vol. in-8. 7 fr.

* SUITE DU RÉPERTOIRE DU THÉATRE FRANÇAIS, par LEPEINTRE. Paris, Ve Dabo. 81 vol. in-18. 60 fr.

TABLE ALPHABÉTIQUE ET CHRONOLOGIQUE des instructions et circulaires émanées du Ministère de la justice, depuis 1795 jusqu'au 1er janvier 1837, par M. MASSABIAU. 1 vol. in-4. 3 fr. 50

TABLEAU DES PRINCIPAUX ÉVÈNEMENTS QUI SE SONT PASSÉS A REIMS, depuis Jules-César jusqu'à Louis XVI inclusivement, par M. CAMUS-DARAS. 2e édition, revue et augmentée. 1 vol. in-8. 10 fr.

TABLEAU SYNOPTIQUE DU SYSTÈME LÉGAL des Poids et Mesures de M. F.-G. D'OLINCOURT. 1 feuille in-plano. 1 fr.

TABLETTES BRUXELLOISES, ou Usages, mœurs et coutumes de Bruxelles, par MM. IMBERT et BELLET. In-18. 2 fr. 50

TARIF (Nouveau) DES PRIX COMPARATIFS des anciennes et nouvelles mesures, suivi d'un abrégé de géométrie graphique, par ROUSSEAU. In-12. 2 fr. 50

TEMPÉRAMENT (du) PITUITEUX ou glaireux, et de l'identité des vices goutteux et hémorrhoïdal, par J.-L. DOUSSIN-DUBREUIL. In-8. 2 fr.

TENUE (Nouvelle) DES LIVRES ABRÉGÉE, spécialement à l'usage du petit commerçant, système BERTRAND. In-8. 2 fr.

THÉORIE DE L'ART DU MINEUR, par GENSS. Traduit de l'all. par SMEETS. In-8. 4 fr.

THÉORIE DES SIGNES, ou Introduction à l'étude des langues, par l'abbé SICARD. 2 vol. in-8. 12 fr.

THÉORIE DU JUDAISME appliquée à la réforme des Israélites de toutes les parties de l'Europe, par l'abbé L.-A. CHIARINI. 2 vol. in-8. 10 fr.

THÉORIE MUSICALE, par V. MAGNIEN. In-8. 1 fr. 25

TOISÉ THÉORIQUE ET PRATIQUE, ou Art de mesurer les longueurs, les surfaces, etc., par G.-F. OLIVIER. 2e édition. in-8. 2 fr.

TOURNEUR (supplément à tous les ouvrages sur l'art du). Orné de planches. In-4. 5 fr.

TRAITÉ COMPLET DE LA FILATURE DU CHANVRE ET DU LIN, par MM. COQUELIN et DECOSTER. 1 gros vol. avec un bel Atlas in-folio, renfermant 37 planches gravées avec beaucoup de soin. Paris, 1846. Prix. 36 fr.

TRAITÉ DE CHIMIE APPLIQUÉE AUX ARTS ET MÉTIERS, et principalement à la fabrication des acides sulfurique, nitrique, muriatique ou hydro-chlorique; de la soude, de l'ammoniac, du cinabre, minium, céruse, alun, couperose, vitriol, verdet, bleu de cobalt, bleu de Prusse, jaune de chrôme, jaune de Naples, stéarine et autres produits chimiques; des eaux minérales, de l'éther, du sublimé, du kermès, de la morphine, de la quinine, et autres préparations pharmaceutiques; du sel, de l'acier, du fer-blanc, de la poudre fulminante, etc., etc., par M. J.-J. GUILLOUD, professeur de chimie et de physique; avec planches, représentant près de 60 figures. 2 forts vol. in-12. 10 fr.

TRAITÉ DE LA COMPTABILITÉ DU MENUISIER, applicable à tous les états de la bâtisse, par D. CLOUSIER. 1 vol. in-8. 2 fr. 50

TRAITÉ DES MANIPULATIONS ÉLECTRO-CHIMIQUES, appliquées aux arts et à l'industrie, par M. BRANDELY, ingénieur civil, in-8°, orné de 6 planches. 5 fr.

TRAITÉ DE LA MORT CIVILE en France, par A.-T. DESQUIRON. In-8. 7 fr.

TRAITÉ DE LA NATATION, d'après la découverte d'ORONCIO BERNARDI, napolitain. In-18. 1 fr. 50

— DE LA POUDRE LA PLUS CONVENABLE AUX ARMES A PISTON, par M. C.-F. VERGNAUD aîné. 1 vol. in-18. 75 c.

— DE L'ART DE FAIRE DES ARMES, par LA BUSSIÈRE. In-8. 4 fr. 50

— DE PHYSIQUE APPLIQUÉE AUX ARTS ET MÉTIERS, et principalement à la construction des fourneaux, des calorifères à air et à vapeur, des machines à vapeur, des pompes; à l'art du fumiste, de l'opticien, du distillateur; aux sécheries, artillerie à vapeur, éclairage, bélier et presses hydrauliques, aréomètres, lampes à niveau constant, etc., par J.-J. GUILLOUD, professeur de chimie et de physique; avec planches représentant 160 figures. 1 fort volume in-12. 5 fr. 50

TRAITÉ D'ÉQUITATION sur des bases géométriques, contenant 74 fig., par A.-C.-M. PARISOT. In-8. 10 fr.

TRAITÉ DES ABSENTS, contenant des Lois, Arrêtés, Décrets, etc., par M. TALANDIER. In-8. 7 fr.

TRAITÉ DES MOYENS DE RECONNAITRE LES FALSIFICATIONS des Drogues simples et composées, et d'en constater la pureté, par A. BUSSY et A.-F. BOUTRON-CHARLARD. In-8. 7 fr.

— DES PARAFOUDRES ET DES PARAGRÊLES, en cordes de paille, 3e suppl., par LAPOSTOLE. In-8. 1 fr. 50

— DES ODEURS, suite du Traité de la distillation, par DEJEAN. In 12. 3 fr.

— ÉLÉMENTAIRE DE LA FILATURE DU COTON, par M. OGER, directeur de filature. 1 vol. in-8 et Atlas. 16 fr.

— ÉLÉMENTAIRE DES RÉACTIFS, leurs préparations, leurs emplois spéciaux et leur application à l'analyse, par A. PAYEN et A. CHEVALIER. 3e éd. 2 vol. in-8. 15 fr.

TRAITÉ ÉLÉMENTAIRE DU PARAGE ET DU TISSAGE MÉCANIQUE DU COTON, par L. BEDEL et E. BOURCART. In-8, fig. 10 fr.

— PRATIQUE DE CHIMIE appliquée aux arts et manufactures, à l'hygiène et à l'économie domestique, par GRAY. Traduit par RICHARD. 3 vol. in-8 et Atlas. 30 fr.

TRAITÉ PRATIQUE DES NOUVELLES MESURES, ou Nouveaux Comptes faits pour les Métrés superficiels et cubes, par LANCELOT aîné. 22e édit., in-8. 4 fr.

— SUR LA NATURE ET LA GUÉRISON DES MALADIES DE LA PEAU, par le Dr BELLIOL. In-8. 5 fr.

— SUR LA NOUVELLE DÉCOUVERTE DU LEVIER VOLUTE, *dit* LEVIER-VINET. In-18. 1 fr. 50

TROIS RÈGNES de l'Histoire d'Angleterre, par M. SAUQUAIRE SOULIGNÉ. 2 vol. in-8. 10 fr.

TUILEUR (le) EXPERT des sept grades du rite français, ou rite moderne, etc. In-12. 3 fr.

UNE ANNÉE, ou la France depuis le 27 juillet 1830, jusqu'au 27 juillet 1831, par M. De Jailly. In-8. 7 fr.

VACCINE (de la) et ses heureux résultats, par MM. Brunet, Doussin-Dubreuil et Charmont. In-8. 4 fr.

VÉRITABLE (le) **ESPRIT** de J.-J. Rousseau, par l'abbé Sabatier de Castres. 3 vol. in-8. 15 fr.

VICTOIRES, Conquêtes, Désastres, Revers et Guerres civiles des Français. Paris, 1817 à 1825. 29 vol. in-8. 175 fr.

VIEUX (le) **CÉVENOL**, ou Anecdotes de la vie d'Ambroise Borély, par Rabaud-Saint-Etienne. In-18. 1 fr. 75

VIRGINIE, ou l'Enthousiasme de l'Honneur, tiré de l'histoire romaine, par Mme Elisabeth C**. 4 vol. in-12. 10 fr.

VISITE DE MADAME DE SÉVIGNÉ, à l'occasion de la révocation de l'édit de Nantes, ou le Rubis du Père-Lachaise. In-8. 1 fr.

VOCABULAIRE DU BERRY et de quelques cantons voisins, par un amateur du vieux langage. 1 vol. in-8. 3 fr.

VOYAGE DE DÉCOUVERTE AUTOUR DU MONDE, et à la recherche de La Pérouse, par M. J. Dumont d'Urville, capitaine de vaisseau, exécuté sous son commandement et par ordre du gouvernement, sur la corvette l'Astrolabe, pendant les années 1826, 1827, 1828 et 1829. — Histoire du Voyage. 5 gros vol. in-8, avec des vignettes en bois, dessinées par MM. De Sainson et Tony Johannot; gravées par Porret, accompagnées d'un Atlas contenant 20 planches ou cartes grand in-fol. 60 fr.

Cet important ouvrage, *totalement terminé, qui a été exécuté par le gouvernement sous le commandement de M. Dumont-d'Urville et rédigé par lui, n'a rien de commun avec le voyage pittoresque publié sous sa direction.*

VOYAGE HISTORIQUE dans le département de l'Aube, en vers. In-8. 1 fr. 50

— **MÉDICAL AUTOUR DU MONDE**, exécuté sur la corvette du roi *la Coquille*, commandée par le capitaine Duperrey, pendant les années 1822, 1823, 1824 et 1825, suivi d'un Mémoire sur les Races humaines répandues dans l'Océanie, la Malaisie et l'Australie, par M. Lesson. 1 vol. in-8. 4 fr. 50

— **AUX PRAIRIES OSAGES**, Louisiane et Missouri, 1839-40, par Victor Tixier. In-8. 5 fr.

— **IMAGINAIRES**, Songes, Visions et Romans cabalistiques, ornés de fig. 39 vol. in-8, rel. 100 fr.

BAR-SUR-SEINE. — IMP. DE SAILLARD.

www.ingramcontent.com/pod-product-compliance
Ingram Content Group UK Ltd.
Pitfield, Milton Keynes, MK11 3LW, UK
UKHW020304230726
13925UKWH00001B/204

9 782013 602907